부부 · 가족 치료를 위한

마음챙김과 수용

Mindfulness and Acceptance in Couple and Family Therapy
by Diane R. Gehart

부부·가족 치료를 위한

마음챙김과 수용

Diane R. Gehart 저 | 정정화 · 이숙자 공역

부부와 가족이 겪는 고통의 근원과 그에 대한 명쾌한 해결책

Mindfulness and Acceptance in Couple and Family Therapy

학지사

역자 서문

이 책은 약 20년간을 캘리포니아 주립대학교에서 결혼과 가족치료전공 교수로 지내며 개인, 커플, 아동 및 가족의 문제를 신속하고도 효과적으로 해결하기 위해 노력해 온 Diane R. Gehart 박사의 소중한 결과물이다. 저자와 마음챙김과의 인연은 John Kabat-Zinn(1990)이 마음챙김 훈련을 행동의학 분야에 처음 소개할 당시로 거슬러 올라간다. 당시 저자는 마음챙김을 통해 자신이 학문적으로 범한 죄를 마치 용서받기라도 한 듯 심리적 자유를 만끽했다고 회상하며, 그 이후부터 심리치료 분야에서, 특히 마음챙김에 관해 그녀만의 강한 열정을 나타내기 시작했다.

이 책은 '마음챙김'이라는 불교의 수행 기법을 응용한 심리치료를 기반으로 인간이 겪는 고통의 근원과 그에 대한 해결책을 명쾌하게 담아내고 있다. 특히, 신이 아닌 인간으로서 우리보다 먼저 깨달음에 이른 붓다의 가르침 가운데 존재하는 현상의 세 가지 특성인 '무상(無常), 고통(苦), 무아(無我)' 중 부부와 가족 관계에서 일어나는 고통의 형태에 초점을 두고 마음챙김과 수용을 다루고 있다.

우선 마음챙김이 언뜻 보기에는 '마음을 챙김'으로 잘못 이해될 수도 있겠지만, 마음챙김(sati)이란 한마디로 '마음이 대상을 챙기는 것'이라고 정의한다. 여기서 대상이란 '나' 자신을 가리키며, 따라서 대상인 내 안에서 이루어지는 다양한 현상을 챙기는 것이 중요하다. '나'라는 대상은 다시 몸〔身〕, 느낌〔受〕, 마음〔心〕, 심리현상〔法〕이라는 네 가지 영역으로 분류되며, 궁극적으로는 '나'도 '타인'도 '나의 것'도 '타인의 것'도 존재하지 않으며 단지 '일어남'과 '사라짐'만이 있을 뿐이라는 관점을 취하고 있다. 따라서 마음챙김에서는 내 자신에 대해서조차 제3자와 같은 관찰자적 입장에서 바라볼 수 있도록 하며, 먼저 몸에 대한 마음챙김이 항상 선행되고, 그 가운데 들숨과 날숨의 마음챙김이 모든 명상 혹은 수행법의 기초가 되는 것이다.

특히 심리치료자처럼 영혼이 아닌 심리적 문제를 다루기 위해 마음챙김 훈련을 할 때는 현재 스트레스 상황에서 벗어나 현상을 있는 그대로 바르게 볼 수 있는 '주의의 초점을 다시 맞추는 것'이란 중요한 성과를 얻게 된다. 이는 마치 컴퓨터에 오류가 발생했을 때 지우고 새롭게 재부팅하듯 우리의 대뇌 신경회로를 바꿔 줌으로써 스트레스를 잘 관리하게 되고, 수용과 자비라는 배움을 통해 자기와 타인에 대한 판단을 줄여 궁극적으로는 부부와 가족 사이에 그들이 원하는 심리적 이득, 즉 적응적인 관계패턴, 정서적 연결감 및 대상 간의 기능적인 상호작용 등을 얻게 되는 것이다.

여기에 저자인 Diane R. Gehart 박사는 자칫 딱딱하기 쉬운 마음챙김 상담 이론에 대한 설명이나 분석에만 머무르지 않고 수년간 자신이 만난 많은 내담자의 사례들을 예시해 줌으로써 마음챙김 지향 치료 및 그와 유사한 가족치료들 속에 내포되어 있는 다양한 불교 이론의 기반을 연결하여 자연스럽게 체화할 수 있도록 하였다.

한편, 우리 사회에 가족치료에 대한 수요가 급증하기 시작한 것은 약 20여 년 안팎이라 여겨진다. 그 이후 가족치료를 전공하는 사람들과 가족치료 관련 서적들이 계속 나오고 있다. 이는 1990년대 이후 우리 사회의 높은 이혼율과 가족해체로 인한 아동-청소년 문제, 아울러 최근 10여 년 전부터의 낮은 결혼율 및 출산율과 같은 '가족의 위기(혹은 문제)'로 인해 사회에서 요구하는 시대정신의 반영일지도 모른다.

역자인 나 자신을 포함한 대부분의 가족치료사는 마음챙김 및 수용이라는 가족치료보다 가족치료의 고전에 해당되는 체계론적 가족치료나 포스트모던 가족치료에 더 익숙해 있을 것이다. 이러한 특징을 고려하여 이 책의 저자는 가족 및 부부치료의 실제 접근에서 치료자들의 선호 모델이 어떤 것이든 현재 치료자가 하고 있는 실제 속에 쉽게 통합할 수 있도록 설계하여 책의 내용을 구성하였다. 이는 마음챙김 지향 치료 및 그와 유사한 가족치료와 그 속에 깃들어 있는 불교 이론의 기반을 연결시키기 위함이다.

총 10장으로 구성된 이 책은 다시 크게는 세 부분으로 나뉘어 내용을 다루고 있다. 제1부는 부부와 가족치료에서의 마음챙김, 수용 및 불교심리학의 철학과 연구 기반에 대한 소개, 제2부에서는 마음챙김 지향 부부 및 가족치료의 세부적인 실제 절차, 제3부에서는 수퍼바이저로 수련시키면서 수퍼비전하기와 궁극적으로는 치료자 스스로 자기돌봄과 양식으로 구성되어 있다.

얼핏 보면 마음챙김 및 수용이라는 수행이나 훈련이 분주한 현대 생활과는 잘 맞지 않을 것 같고, 얻을 이득 또한 별로 없어 혼자서 지속적으로 수행을 유지하는 것이 쉽지 않을 거라 여길 수도 있다. 그러나 부부가 배우자와 함께, 가족 구성원 전체가 함께 마음챙김 수행—아주 잠깐이지만 하루 5분 정도의 짧은 명상(mini-meditation)—을 규칙적으로 진행해도 신체적 · 심리적 치유에 효과적이다.

저자도 언급했듯이 치료자가 치료 이론의 기본 개념과 기법을 자신이 이해한 만큼 실제 상담현장에서 내담자에게 그대로 잘 적용하여 실천하기란 쉽지 않다. 내담자 가족, 부부뿐만 아니라 치료자인 우리 자신 또한 각자 자신의 의식 속에서 일어나는 모든 것에 대해 나름의 우아한 주인이 되어야 한다는 것을 배우고 받아들이는 것, 즉 마음챙김(mindfulness)과 수용(acceptance)이 아마도 삶에서 가장 커다란 도전 중 하나일 것이다.

이러한 맥락에서 내담자와 함께하는 치료 장면뿐만 아니라 우리의 일상에서도 자기 자신에 대해 마음챙김할 것을 강력히 추천한다. 매 순간순간 일어나고 사라지는 현상에 대해 주관적으로 판단하지 않은 채, 지금 이 순간에 의도적으로 주의를 기울여 알아차림하기를…….

역자는 이 책의 출판을 진심으로 뜻깊게 생각하며, 이를 바탕으로 서양에 뿌리를 두고 발달해 온 가족치료에 우리 문화권에 나름 가깝게 자리잡고 있는 불교에서 유래된 마음챙김 수행을 배운다는 것이 왠지 더 흥미진진하고 친숙하게 느껴졌다.

소중한 이 책의 번역은 심리학 전공 분야에서 든든한 선배이자 훌륭한 멘토이신 이숙자 선생님이 함께 진행해 주셨다. 1~5장, 10장은 이숙자 선생님이 번역을 하였고, 6~9장까지는 정정화가 번역을 했고 그 과정 속에서 서로 상대방이 번역한 내용을 교환하여 수정 및 보완하는 과정을 몇 차례 거치기도 하였다. 아울러 번역과 수정 과정 및 불교 용어의 정의와 관련하여 무한한 도움을 주신 이은혜 선생님, 정진경 선생님 그리고 대원경 스님과 초벌 번역 후 함께 읽고 공부할 수 있는 기회를 기꺼이 나눠 준 소중하고 똑똑한 후배님들, 최경하 선생님, 신혜린 선생님, 국혜윤 선생님, 아울러 역자를 신뢰하고 이 책의 번역 작업을 시작하도록 도움을 주신 학지사의 정승철 이사님 등 소중한 분들과의 인연에 깊은 감사를 드린다. 더욱이, 여전히 부족한 엄마이자 아내인 내가 이 작업에 평안한 마음으로 헌신할 수 있게 격려하며 지켜 봐 준 나의 남편, 박병렬 님과 나의 소중한 두 딸, 지현, 지수에게 깊은 고마움을 전한다.

마지막으로 직접 뵙지는 못했지만 유익한 책 출판에 기꺼이 앞장서 주신 학지사의 김진환 사장님과 이 책의 교정과 편집에 만전을 기해 주신 학지사 김순호 이사님과 소민지 선생님께 깊이 감사드린다.

2019년

박앤정 임상심리클리닉 상담실에서

정정화 씀

서문

이 책의 시작은 1988년 버지니아주(Virginia州), 윌리엄스버그(Williamsburg)의 덥고 습한 8월 오후로 거슬러 올라간다. 지도교수(advisor)가 나에게 선택과목을 정해 보라고 하면서, 심리학과에서 첫 학기에 수강해야 하는 필수과목들을 이수하라고 하였다. 윌리엄(William)과 메리(Mary)는 내가 선택과목을 휙휙 넘겨 보면서 종교학과 과목을 수강신청하려고 하자 매우 놀라워했다. 남부 캘리포니아 태생인 내가 불교 관련 과목에 관심을 갖고, 지도교수에게 사인을 해 달라고 하자 그들은 상당히 당혹스러워했다. 현실이 지각자의 언어를 통해 해석된다고 보는 구성주의 철학은 어렵지만 사로잡힐 만큼은 아니더라도 매력적임을 알게 되었다. 머지않아 나는 중국어로 말할 수 있게 되었고, 동아시아학과 심리학을 전공하게 되었다. 그렇지만 나는 종교학과 심리학, 이 두 세계를 억지로 분리해 놓고 있었다. 또한 나는 불교와 심리학, 두 분야에 관한 나의 졸업논문을 지도해 줄 교수를 심리학이나 종교학에서는 찾을 수가 없었는데, 모두 그 주제가 학술적인 연구 주제로는 부적절하다고 주장하였다.

두 과목에 대한 열정(passion)을 모두 따를 수 없어서, 나는 워싱턴 대학교에서 박사학위를 취득하고 난 후에 티베트 불교 장학생이 되어 연구장학금(fellowship)을 받아야겠다고 결심하였다. 그렇지만 졸업생 대부분이 상아탑 내에서 지루한 강의를 듣기보다는 졸업 후 CIA 기밀업무에 관해 일하고 싶어 한다는 소리를 듣고, 덜 위험한 심리학으로 돌아가기로 하였다. 불행하게도 그땐 내가 그 분야의 분위기를 이해하지 못했기에 결혼 및 가족치료를 공부하게 되었다. 살면서 종종 일어나는 일이지만 이런 '실수(mistake)'가 내게는 커다란 축복을 가져다주고 있다. 나는 첫 번째 가족치료 이론 과목을 끝까지 들으면서, 이 분야가 불교와 심리학에 대한 나의 열정을 좇을 수 있게 해 줄 것이라는 생각이 들었다. 체계적이고 포스트모던한 가족치료 이론은 동양철학의 서양 치료 버전이었고, 불교의 원리는 11개의 외국어를 숙달하지 않고도 타인의 삶을 풍요롭게 만들어 줄 실제적인 조치(practical action)들을 착수할 수 있도록 해 주었다. 나는 학문의 본거지를 찾았다. 감사하게도 내게는 열린 마음을 가진 교수진이 있었고, 그들이 불교 관련 자료 중 몇 가지를 정기간행물에 실을 수 있는 기회를 주어서 가족치료를 행위 불교로 어떻게 접근하였는지에 대해 저술할 수 있었다. 그러나 대학원 졸업 이후, 내가 학부에서 공부할 가치가 있는 주제에 관해 이전에 배웠던 부끄러운 수업을 기억하면서도 이런 두 세계를 접목시키는 것에 대해 이야기해 보지 못했다.

심리치료 분야에서 마음챙김이 주요 세력으로 등장하기 시작했을 때, 나는 말이 나오지 않을 정도로 놀랐다. 금기가 깨져 버린 것이었다. 문자 그대로 내 눈에서는 기쁨의 눈물이 흘러내렸다. 학계 외부에 있던 이들에게는 약간 드라마틱하게 보인다는 것도 알고 있지만, 마침내 내가 학문적으로 범한 죄를 용서받는 듯한 느낌이 들었다. 후에 나는 존 카밧진(Jon Kabat-Zinn, 1990)이 행동의학 분야에서 마음챙김 훈련을 소개하면서 심리적 자유(liberation)를 얻게 되었음을 알게 되었다. 많은 사람과 마찬가지로 나 역시도 그의 선구적인 정신에 빚을 지고 있다.

이 책에서 나는 마음챙김 지향 치료 및 그와 유사한 가족치료들과 불교의 이론적 기초들을 연결하고자 하며, 이것을 세 부분으로 나누어 다룰 것이다. 제1부에서는 부부와 가족치료에서 활용할 수 있는 마음챙김, 수용 및 불교심리학 연구와 철학적 이론 기초에 대해 개관할 것이다. 제2부에서는 이런 아이디어를 치료실 작업으로 끌어들여 세부적이고 실제적인 접근방법을 다룰 것이다.

- 치료 관계를 형성하고 유지하기

- 사례개념화 개발하기
- 목표 확인하고 치료 계획 개발하기
- 마음챙김과 수용을 활용하여 '치료' 접근하기
- 부부 및 가족치료에서 변화를 이끌어 내는 개입하기
- 내담자들에게 마음챙김 실제를 적절하게 가르치기
- 마음챙김훈련으로 치료자 자신을 돌보기

이런 접근 실제는 치료자들의 선호 모델이 어떤 것이든 간에 현재 그들이 하고 있는 실제 속에 쉽게 통합할 수 있도록 설계되어 있다. 책 전반에 걸쳐서 수많은 내담자 사례를 제시하고 있는데, 그 사례들 모두 수년 간에 걸쳐서 내가 만났던 내담자들이다. 여기서는 그들의 신원(identities)을 보호하기 위해 식별 가능한 정보와 세부사항은 바꾸었다. 특히 내가 이 책에 기술한 실제들을 개발할 때 기꺼이 나와 함께 새로운 영역을 탐구해 준 이들의 모험정신에 깊은 감사를 드린다.

독자 여러분이 자신의 내담자에게 더 충만하고 풍요로운 삶을 살아가는 방법을 찾게끔 도와주면서, 여러분 스스로도 그런 삶을 살아가는 방법을 찾아가며 마음챙김과 수용의 잠재력을 발견하였으면 한다.

여정을 즐기시기를.

나마스테.

차례

제 1 부

철학 및 연구 기반에 대한 소개

· 01 ·
치료에서 마음챙김

교실에서 반 친구들과 싸우고, 소리 지르고, 간단한 과제도 해 오지 않는 아들 제프리(Jeffery)의 행동이 학교에서 심각한 문제가 되고 있다는 말을 들었다면서 어머니 수사나(Susana)가 극도로 흥분하여 설명할 때, 제프리는 사무실에 있는 카우치 끝부분에 푹 쓰러져 조용히 앉아 있었다. 열 살 소년은 그곳이 교장실이라는 것도 잘 알고 있었다. 교사들은 어머니에게 제프리가 주의력결핍 과잉행동장애에 대한 평가를 받아 보도록 권유하였다. 수사나와 그녀의 남편 알(Al)은 3년 전에 이혼하였는데, 그 이후 많은 부분에서 의견을 달리하고 있었음에도 자녀에게 약물치료를 하지 않겠다는 점에서는 재빨리 합의하였다. 수사나는 아들 제프리가 치료를 받으면 좋아질 것이라는 희망을 품고 나에게 데려왔다.

첫 회기 동안 수사나가 가장 관심을 가지고 있었던 문제는 약물치료를 받기 전에 우리가 어떤 치료법을 시도하는가였다. 나는 내담자에 대해 우호적으로 기술한 문헌들과 증거 기반들을 개략적으로 정리한 자료(Northey, Wells, Silverman, & Bailey, 2002)들을 제공해 주었는데, 그 자료들은 마음챙김이 내재된 신경학적 문제를 실제적으로 다룰 수 있는 가능성을 지닌 새로운 접근방법이라고 설명하고 있었다. 그녀는 제프리보다 자신이 더 그 방법을 시도해 보고 싶다고 하였다.

다음 회기에 나는 기본적인 마음챙김 호흡명상 훈련을 실시하였고, 그들과 협력해서 훈련 계획을 개발하였다. 그들은 학교에 가기 전 5분 동안 '앉아서 자신의 호흡을 지켜보는 것'에 동의하였는데, 이것이 가장 좋은 계획이었다. 그들은 또 아침식사 후에 거실에서 함께 훈련을 했고, 시작과 끝을 알리는 신호로 수사나의 엄마 휴대전화에 있는 타이머를 활용하였다.

그다음 주에 그들의 경험에 대해 물었을 때, 제프리는 흥분해서 자신이 생각하기에 마음챙김이 매우 도움되었다고 설명했는데, 왜냐하면 그 경험이 엄마의 기분을 좋게 했기 때문이라는 것이었다. 그는 '새롭게 변한 엄마'를 좋아하였고, 그것이 그녀에게 도움이 된다면 기꺼이 훈련을 해 보겠다고 하였다. 수사나는 5분 동안 호흡에 고요히 집중하면서 아침마다 미칠 것 같은 공황상태에 빠져 문 밖으로 뛰쳐나가지 않고도 균형감(sense of perspective)을 유지할 수 있었다고 고백하였다. 또한 그녀는 제프리가 더 조용해지고, 더 협조적이라고 생각하게 되었다. 게다가 그녀는 전 남편이 일관성을 유지하기 위해 인쇄된 지시문과 온라인 기록지를 사용하여 계속 훈련 스케줄을 유지하는 데 동의를 받았다. 그 두 사람이 약물치료를 받지 않겠다는 같은 가치관을 가지고 있었던 것이 지난 (이혼 이후) 3년 동안에 있었던 그 어떤 것보다 이 문제를 둘러싼 양육문제에서 서로 더 잘 협력할 수 있게 만들었던 것 같다.

다음 몇 주가 지나자, 그들의 교장실 출입도 줄어들었고(얼마 후에는 전혀 없었다), 방과 후에 학교에 남아서 과제를 하는 일도 줄어들었으며, 수업시간에 집중을 더 잘 한다고 하는 등 여러 면에서 차츰 좋아지고 있다고 보고하였다. 우리는 매주 마음챙김 훈련 진행 방식 등 훈련 요소들(예, 훈련을 얼마나 자주 할 것인지 등)에 대해 논의했을 뿐만 아니라 보다 중요한 훈련 효과와 그 의미(예, '내가 더 차분해졌다.' '나는 괜찮은 어머니다.' '조용하게 아침시간을 보내는 것이 수업에 더 잘 집중할 수 있게 도움을 주었다.')에 대해 논의하였다. 이런 의미들이 학교와 가정에서 '더 차분해지고' '더 좋아진다'는 의미를 지닌 새로운 행동으로 발전해 가는 풍요로운 토양이 되었다. 우리는 또한 마음챙김이 가족관계에 미친 영향에 대해서도 살펴보았다. 수사나와 제프리의 싸움이 상당히 줄어들었고, 수사나와 알은 이혼 이후 가장 잘 소통하였다. 제프리는 양쪽 가정에서 이전과 똑같은 일과를 보냈는데도 '좋았다'고 생각했고, 선생님들과 교장선생님이 더 많이 격려해 주었다는 인상을 받았다. 그는 또 새엄마 없이 아버지와 둘만이 갖는 특별한 시간을 좋아하게 되었다. 3개월 후, 제프리는 학교에서 문제를 한 번도 일으키지 않았을 뿐만 아니라 엄마와의 관계도 해마다 좋아졌으며 수사나와 알은 이혼 후 처음으로 공동양육을 잘해 나가게 되었다.

마음챙김이 가족에게 미친 파급효과는 제프리의 행동에 대한 그들의 초기 불만보다 훨씬 더 컸다. 이 방법으로 가정의 분위기는 긍정적으로 바뀌었고, 가족 구성원 모두 유능감을 경험하였으며, 또한 다른 삶의 영역에까지 영향을 미쳤다. 마음챙김 훈련이 가족끼리 일상 과제를 공유하게 해 주었고, 일상 과제를 공유하게 되면서 그들은 서로 함께 협력하고, 목적을 공유하고 있다는 느낌을 갖게 해 주었다. 선생님들과 교장선생님이 제프리에게 그 전과는 다르게 대하기 시작했고, 그들이 그렇게 하면서 또래들도 다르게 대하기 시작했다.

제프리의 가족처럼 모든 가족이 마음챙김 훈련에 협조적이거나 성공적인 것은 아니라고 하더라도, 치료자들은 마음챙김 및 수용과 같은 관련 개념들을 통합하여 부부와 가족에게 도움이 되는 대안들을 넓혀갈 수 있다. 마음챙김은 성인 우울증, 불안 그리고 수많은 다른 정신 및 신체 문제의 훌륭한 증거 기반 치료로 밝혀지고 있고(Baer, 2003), 차츰 아동, 부부 및 가족에 대한 적용 가능성도 연구되고 있다. 이 책은 내담자들이 성공적으로 타인과 관계하는 데 도움이 되는 이론, 연구 기반 그리고 마음챙김과 수용을 접목한 실제 기술들을 치료자에게 소개할 목적으로 저술되었다.

마음챙김과 가족치료

모든 형태의 고통(苦) 중에서, 아마도 가장 당혹스럽고, 가장 흔한 고통은 부부 및 가족 관계다. 속담에도 있듯이, "그들과 함께 살 수도 없고, 그들 없이 살 수도 없다". 애정관계의 강도는 거의 항상 상처와 분노의 혼란스러운 순간들과 관련된다. 경험 많은 관계치료자들은 부부와 가족 작업이 인간이 된다는 것, 즉 사람들이 서로를 신뢰하고 안전감을 찾고, 죄를 용서하고, 더 깊이 완전하게 사랑하고, 삶에서 가장 중요한 것이 무엇인지를 발견하는 방법을 배우는 것과 관련되어 있음을 잘 알고 있다. 하지만 이것은 매우 힘든 작업이다. 종종 모든 이가 지친 상태로 회기를 마치곤 한다. 그럼에도 이 작업은 노력과 에너지를 들일 만한 가치가 있다. 연구자들에 의해 차츰 행복과 신체적 건강이 개인의 친밀한 관계의 질과 통합적으로 관련되어 있음이 밝혀지고 있다(Gambrel & Keeling, 2010).

이 책은 외래 및 개별 훈련장면에서 부부, 아동 그리고 가족을 대상으로 일하고 있는 치료자들이 마음챙김, 수용 및 관련 훈련을 잘 활용할 수 있도록 만든 실제적인 안내 지침서다. 다음과 같은 목적으로 마음챙김 접근에 포함되어 있는 일관되고, 통합적인 접근방법에 대해 기술하고 있다.

- 치료 관계를 맺고 유지하기
- 사례개념화 개발하기
- 목표를 확인하고 치료 계획 개발하기
- 마음챙김과 수용 원리를 활용하여 '치료'에 접근하기
- 부부 및 가족치료에서 변화 이끌어내기
- 내담자들에게 마음챙김 훈련시키기
- 마음챙김으로 치료자 자기 돌봄 훈련하기

이 책에서는 단일 방법을 제시하기보다는 이런 훈련을 사용할 수 있는 다양한 대안을 제시하여 임상가들이 자신들의 현 작업과 기술세트에 이런 아이디어들을 융통성 있게 통합시킬 수 있도록 할 것이다. 그러나 이런 치료적 접근방법을 다루기 전에, 먼저 마음챙김의 정의, 철학적 기초 및 이런 훈련의 증거 기반에 대해 다룰 것이다.

마음챙김의 정의

곧 알게 되겠지만, 마음챙김의 정의는 단순하거나 간단하지 않다. 오히려 마음챙김의 정의는 당신의 마음챙김 경험과 함께 다면적인 개념으로 바뀌게 된다. 자, 이제부터 시작해 보자.

치료에서 사용되고 있는 것처럼 마음챙김은 팔리(Pali)어 **sati**와 산스크리트(Sanskrit)어 **smrti**의 번역어이며, 때때로 **알아차림**(awareness) 혹은 **식별력**(discernment)으로도 번역된다. 행동건강 분야에서 마음챙김 작업의 최고 선구자로 꼽히고 있는 카밧진(Kabat-Zinn, 2003)은 수년 간에 걸쳐 다음과 같은 정의를 개발하였다.

> 순간순간 펼쳐지는 경험으로 판단하지 않고, 지금 이 순간에 의도적으로 주의를 기울여 알아차림하는 것(p. 145).

카밧진 정의의 주요 요소들은 (a) 판단하지 않고, (b) 지금 이 순간에 대해 (c) '의도적으로 알아차림'하는 것이다. 일반적으로 마음챙김 훈련은 훈련하는 동안 일어나는 호흡이나 생각 그리고 느낌에 대해 어떠한 판단도 하지 않으면서 지금 이 순간에 자신이 호흡하고 있음을 의도적으로 알아차림하는 것이다. 즉, 마음챙김은 걷기, 먹기, 듣기, 정서 느끼기, 신체적 고통 느끼기와 같이 내적으로 그리고 외적으로 지금 이 순간에 일어나는 경험에 대해서 알아차림하는 것이다.

마음챙김 연구를 위해 비숍(Bishop et al., 2004)은 카밧진 정의에서 b요소와 c요소를 합쳐서 하나로 만들고, 거기다 마음챙김 정의에 뉘앙스(nuance)와 외양(contour)을 더해서 다음 두 가지 요인으로 조작적 정의를 내리고 있다.

1. 즉시적 경험에 주의를 지속시키는 자기조절
2. 호기심, 개방성 및 수용으로 특징지어지는, 지금 이 순간에 일어나는 자신의

경험에 대한 세세한 관심(p. 232)

이 조작적 정의는 마음챙김 주의가 본질적으로 지속적이고, 의도적인 노력을 요하는 자기조절적 주의와 초점을 지속해야 하는 2차 과정임을 강조하고 있다. 게다가 이 정의는 지금 이 순간의 경험과 훈련자가 맺고 있는 관계의 질에 대해서 구체적으로 다루고 있는데, 그것은 경험하고 있는 것이 무엇이든지 간에 그 경험에 대해 가지는 호기심과 수용이다. 특히 수용 요소는 부부와 가족치료자들이 관심을 갖는 요소다(Christensen, Sevier, Simpson, & Gattis, 2004).

브라운, 리안 그리고 크레스웰(Brown, Ryan, & Creswell, 2007)은 마음챙김 정의에 두 가지 다른 특성, **비개념적(nonconceptual)**인 측면과 **경험 측면**을 추가하였다. 그들은 마음챙김은 마음에 대해 **비개념적 상태(nonconceptual state)**에 있어야 한다고 강조한다. 즉, 마음챙김 상태에 있을 땐, 마음이 세상을 해석하기 위해 이전에 가지고 있는 개념을 사용하지 않고 지금 이 순간에 일어나고 있는 것을 단순히 알아차릴 뿐 간섭하지 않아야 한다. 비개념적 접근은 과학자가 판단이나 결정을 내리기 전에 편견 없이 현상을 기술하듯이 '사실 그 자체에만 충실하려고(full fact)' 노력한다는 점에서 경험적이다. 이런 비개념적 상태가 가족치료 내의 수많은 **구성주의 전통**과 잘 통합될 수 있다(Gehart & McCollum, 2007; Gehart & Pare, 2009). 게다가 브라운 등(Brown et al.)은 댄 시겔(Dan Siegel)과 같은 신경연구자들에게도 커다란 관심을 끌었던 마음챙김의 상향식 처리 요소에도 관심을 가지고 있다(2장에서 상세하게 논의한다).

아마도 마음챙김에 대한 주관적 경험을 가장 잘 기술한 것 중 하나는 불교도나 심리치료자에게서 나온 것이 아니라, 13세기 수피 시인 루미(Rumi)에게서 나온 것일 것이다.

여인숙

인간이란 존재는 여인숙과 같다.

매일 아침 새로운 손님이 도착한다.
기쁨, 절망, 슬픔,
그리고 약간의 순간적인 깨달음 등이
예기치 않은 방문객처럼 찾아온다.
그 모두를 환영하고 맞아들여라.
설령 그들이 슬픔의 군중이어서
그대의 집을 난폭하게 쓸어가 버리고
가구들을 몽땅 내가더라도.
그렇다 해도 각각의 손님들을 존중하라.
그들은 어떤 새로운 기쁨을 주기 위해
그대를 청소하는 것인지도 모르니까.
어두운 생각, 부끄러움, 후회,
그들을 문에서 웃으며 맞이하라.
그리고 그들을 집 안으로 초대하라.
들어오는 사람이 누구든 감사하라.
모든 손님은 저 멀리에서 보낸
안내자들이므로. (Barks, 2003, pp. 179-180)

루미의 시에는 마음챙김 훈련 과정에서 경험하는 개인적인 어려움들이 잘 표현되어 있다. 마음챙김을 위해 앉아 있는 그 순간에 일어나는 많은 것이 불쾌하고 때로는 참을 수 없는 것이란 것을 알게 될 때까지 '**수용**'과 '**지금 이 순간에 머무르기**'가 낭만적으로, 이상적으로 그리고 쉬운 것처럼 느껴질 수 있다. 불현듯 루미가 말하는 '난폭(violence)'이란 말이 고통스러울 정도로 완전하게 이해할 수도 있다. 자신의 의식 안에서 일어나는 모든 것의 우아한 주인이 되어야 함을 배우는 것이 아마도 삶에서 가장 커다란 도전 중 하나일 것이다. 마음속에서 일어나는 모든 것을 수용하고 받아들일 때 얻게 되는 긍정적인 이점(利點)에 대한 루미의 가정은 많은 불자가 주장하는 것보다 낙관적이기는 하지만, 이런 도전적인 훈련에 들어갈 때는 많은 격려와 도움이 될 수 있다.

마음챙김에 대한 다면적 정의

마음챙김의 행동적 · 조작적 및 주관적 기술을 한데 모아 보면, 다음과 같은 다면적 정의에 도달하게 된다.

> **마음챙김:** 지금 이 순간의 모든 경험을 선입견 없이 혹은 판단하지 않고, **호기심과 자비**(compassion)를 가지고 '있는 그대로' 받아들이는 **자기조절적인 알아차림**

마음챙김의 가장 기본적 요소는 자신의 호흡이나 신체감각과 같은 지금 이 순간의 경험에서 어떤 한 지점에 대하여 자신의 알아차림에 의도적으로 초점을 맞추고 다시 초점을 맞추는 것이다. 계속해서 주의를 자기조절해야 하는데, 그것은 초점을 유지하는 데 많은 노력이 필요하기 때문이다. 그다음으로 이런 주의를 기울인다는 것은 어떻게 되어야 한다는 선입견을 가지지 않고 혹은 일어나고 있는 것들에 대해 판단하지 않고 일어나는 것이 무엇이든 간에 기꺼이 받아들인다는 것이다. 마지막으로, 열린 호기심과 수용은 그 중심에 있는 약하고 보잘것없는 경험에 대해 반사적으로 반응하지 않고, 탐구는 하지만 깊은 연민의 태도를 가지는 것이다. 당신이 초보 훈련자라면, 그것이 심약한 사람들을 위한 훈련이 아님을 미리 말해 둔다.

상태와 특질

그렇게 복잡한 것은 아니지만, **마음챙김의 상태**(state)와 **마음챙김의 특질**(trait)은 다르다(Didonna, 2009). 마음챙김의 상태는 지금 이 순간의 상태를 알아차림하는 것을 말한다. 반면, 마음챙김의 특질은 마음챙김 상태로 더 빈번하게 들어

가고 더 쉽게 그 상태에 머무르는 한 개인의 경향성을 말한다. 어떤 사람은 규칙적인 마음챙김 훈련, 환경 혹은 유전적 특질로 인해 마음챙김의 특질 수준이 더 높을 수 있다(Smalley & Winston, 2010). 마음챙김 설문지 대부분은 마음챙김의 특질을 측정한다. 따라서 마음챙김 연구 문헌들을 살펴볼 때, 임상가들은 이런 두 가지 연구 흐름을 구분해야 한다.

한마디로 마음챙김이란

본질적으로 알아차림의 특성(quality)과 알아차림에 대한 태도로서 마음챙김은 알아차림의 초점이 될 수 있는 그 어떤 것으로도 훈련할 수 있는데, 즉 대상, 신체 감각, 신체 움직임, 정서, 심지어는 생각으로도 훈련할 수 있다. 그중에서도 시대를 초월해서 횡문화적으로 선호하는 마음챙김 알아차림의 초점은 호흡이다. 의식하는 매 순간마다 이용 가능하다는 점에서 호흡은 훈련에서 가장 쉽게 이용하는 주의 대상이 된다. 게다가 신경학 연구자들은 호흡에 초점을 맞추는 것의 또 다른 이점(利點)으로 들이쉬고 내쉬는 리듬이 대뇌를 통합된 신경학적 상태로 유도하고, 이것이 대뇌 기능을 최적 상태로 만들어 준다고 설명하고 있다(Siegel, 2007; 2장에서 상세하게 논의한다).

한마디로 **마음챙김 호흡 알아차림(Mindfulness breath awareness)**은 마음속 잡념을 가라앉히고 호흡을 관찰하는 바로 그것이다. 간단하게 들리지만, 훈련하지 않으면 오랫동안 마음에 초점을 맞추고 고요히 머무를 수 없기 때문에 숙달하는 데 평생이 걸리기도 한다. 몇 초 만에 초점에서 벗어나 이리저리 헤매게 된다. 이것이 올바른 명상법인가라는 의심도 들고, 저녁 식사 동안에 무엇을 했는가, 여동생이 한 말이 무슨 의미였을까, 해야 할 일의 목록을 검토하고, 2학년 때 불량배들로부터 비웃음을 당했던 일들이 떠오르고, 세금을 계산하고, 다시 저녁을 먹는 등.

기본 훈련 지시문이 간단하기는 하지만 훈련에서 더 도전적이고 보다 중요한 측면은 일단 마음이 헤매기 시작하면 **다시 정신을 집중하는 것(refocusing)**이다.

즉, 마음이 헤매고 있음에 주목하고 집중이 흐트러진 자신을 판단하지 않으면서 다시 정신을 집중하는 것이다. 우리 대부분에게는 판단하지 않고 초점을 다시 맞추는 것이 가장 힘든 부분이다. 이 지점에서 대부분의 학습이 일어난다. 다시 정신을 집중하려면 먼저 선입견을 갖거나 판단하지 않고 일어나는 모든 것을 받아들이고 그런 다음에 집중이 흐트러진 자신을 질책하지 않고 자비로운 마음으로 다시 정신을 집중시켜야 한다. 따라서 **수용**과 **자비**(compassion)는 상대적으로 지복(至福)의, 비개념적인 지금 이 순간을 알아차림하는 순간을 통해서라기보다는 주로 다시 정신을 집중하는 과정을 통해 배우게 된다. 이런 이유로 심리적 및 관계 문제를 다루기 위해 마음챙김을 사용할 때, 정신 집중이 흐트러지고 다시 정신을 집중하는 순간이 마음챙김 알아차림의 지속 기간보다 더 치유적인 순간이고, 영성 발달과도 더 관련되어 있다('종교인가 아니면 영성인가' 부분을 보라). 나는 내담자에게 마음챙김 훈련을 시킬 때 이 점을 강조한다. 이것이 오히려 기꺼이 시도해 보려고 하고, 실패하고 나서도 다시 시도하려는 마음을 키워 준다는 사실을 발견하였다.

요약하면, 마음챙김 훈련은 다음과 같이 이루어진다.

정신집중하기-정신집중이 흐트러짐-부드럽게 다시 정신집중하기
정신집중하기-정신집중이 흐트러짐-부드럽게 다시 정신집중하기
정신집중하기-정신집중이 흐트러짐-부드럽게 다시 정신집중하기
정신집중하기-정신집중이 흐트러짐-부드럽게 다시 정신집중하기

훈련을 마치는 종이 울릴 때까지 필요한 만큼 반복한다. 아이가 걷기나 자전거 타는 법을 배우는 과정과 매우 흡사하다. 마음챙김 훈련에 전념한다는 것은 넘어지고 다시 자신을 일으켜 세우고, 그때마다 자비로운 마음을 갖고, 수용하고, 기쁘게 받아들이면서 온전한 인간이 되어 가는 삶에 참여하는 것이다.

종교인가 아니면 영성인가

종교인가 아니면 영성인가라는 질문이 간단해 보일지라도 의외의 대답들이 많이 나온다. 대부분의 마음챙김 문헌과 훈련은 불교에 그 근거를 두고 있는데, 사실 **카밧진**(Kabat-Zinn, 1990)이 영감을 얻은 원천이기도 하다. 다른 어느 전통보다 불교는 이러한 훈련에 집중하고 있기 때문에 불교가 가장 고급 명상 훈련을 하고 있다는 데 대부분 동의하였다. 그렇지만 사실상 마음챙김 훈련은 세계 주요 종교들과 사회에서 발견되고 있다. 예를 들어, 그리스도교에는 **묵상기도**(**contemplative prayer**) 전통이 있는데, 이 전통은 마음챙김에 대한 관심이 증가하면서 지난 몇 년 동안 **관상기도**(**centering prayer**)로 되살아나 현대화되고 있다(Ferguson, 2010). 흥미롭게도 두 전통 모두 같은 마음챙김 기법을 가르치고 있다. 즉, 호흡에 초점을 맞추고 마음을 고요히 하여 마침내 초점이 없는 상태인 순수한 의식 상태로 나아가는 기법을 가르친다. 주요한 차이는 그리스도교에서는 묵상기도를 신과 직접 접촉한다는 의미로 사용한다는 점이다. 즉, 마음이 고요해지고 평온해지는 오랜 침묵 기간을 경험하게 되면서 신과 더 큰 **통교**(**contact**)를 하게 된다. 유대교와 이슬람 전통에서도 수행가들로 하여금 마음을 고요히 하고 신과 통교하는 것을 도와주는 유사한 묵상법들을 지니고 있다(Hamdan, 2010; Weiss & Levy, 2010).

다른 세계 종교들과 달리, 엄밀히 말하면 불교는 무신론이기 때문에 신과 직접 연결하기 위해 마음챙김이나 다른 명상을 사용하지 않는다. 붓다는 신이라기보다는 인간이다. 게다가 유대-그리스도교 전통과 달리 불교는 신앙에 근거한다기보다는 경험적이다(Levine, 2000). 붓다는 제자들에게 믿음에 기초하여 그의 가르침을 가르친 것이 아니라 자신의 가르침을 공부하고, 탐구하고, 실험해 보고 나서 그것이 사실인지 아닌지 스스로 판단해 보도록 하였다. 그의 가르침 대부분은 인간의 고통의 근원과 그에 대한 해결책(antidote), 즉 도덕적 행동과 의식 상태 조절(예, 마음챙김과 그의 변형들)에 대한 것이어서 불교와 그의 **경험적 자기 검증**(**test-it-for-yourself**) 방식은 서구 심리학과 많은 유사점을 지니고 있고 유대-그리스도교 종교보다 현대 심리학과 더 유사하다.

또한 치료자들이 치료에서 마음챙김을 사용하는 방식은 영성 계발을 목적으로 사용할 때와 달라야 한다는 점을 알고 있어야만 한다. 영성 계발을 목적으로 마음챙김을 훈련할 때, 주로 고요한 침묵의 순간에서 이득을 얻을 수 있다. 그러나 심리적 문제를 다루기 위해 마음챙김 훈련을 한다면, 가장 중요한 결과는 지속되는 고요한 알아차림의 순간보다는 다시 주의의 초점을 맞추는 것에서 얻을 수 있다. 신경학적으로 주의의 초점을 다시 맞추는 것은 대뇌회로를 바꾸는 것인데, 대뇌의 '고차적'이고 더 논리적인 중추인 전두엽이 불안한 변연계와 스트레스 반응을 평온하게 만든다. 따라서 다시 초점을 맞추는 것이 스트레스를 잘 관리하도록 신경회로를 발달시키는 것이다. 또한 다시 초점을 맞추는 것은 한 개인이 수용과 자비를 배우는 기회가 되고, 그런 배움을 통해 자기와 타인에 대한 판단을 줄이는 기회가 된다. 종종 내담자들도 '초점을 맞추지 못하는 것'을 실패의 징표로 보지 않고, 오히려 그들에게 다시 초점을 맞추는 기회를 제공해 주고, 그들이 가장 원하는 심리적 이득을 얻는 데 필요한 기회로 재명명하는 것이 도움이 된다는 사실을 발견한다.

마음챙김의 신경생리학

마음챙김의 많은 이점(利點)은 **스트레스 반응**이 영향을 미치는 방식에 대해 추적해 볼 수 있다는 점이다(Badenoch, 2008; Goleman, 2003, 2005; Goleman & Schwartz, 1976; Treadway & Lazar, 2010). **싸움-도피-마비 반응**으로 언급되는 스트레스 반응은 **교감신경체계**와 **부교감신경체계**로 구성되어 있는데, 전자는 스트레스를 촉발하고 후자는 이완을 촉발한다. 스트레스 반응은 주로 대뇌의 중간 영역에 있는 **변연계**에 의해 일어난다. 스트레스 반응은 편도체가 내적 혹은 외적 상황을 위험한 것으로 해석할 때 촉발된다. 이것이 교감신경계와 신경전달물질을 활성화시켜 우리로 하여금 심박률을 증가시키고, 근력을 강화시키고, 동공을 확장시켜서 싸우거나 도망치거나 마비되도록 준비시킨다(Badenoch, 2008). 이런 스트레스 상황에, **편도체**가 사활이 걸린 순간에 필요한 순간적인 생존반응으로 대뇌를 강탈(highjack)할 때에, 사람들은 더 느린 전전두엽 피질의 '논리' 센터에는 덜 접근한다(Goleman, 2003, 2005). 이런 놀라운 반응은 긴 칼 모양의 송곳니를 가진 검치 호랑이(saber tooth tigers), 침입군 (invading army) 혹은 구조가 필요한 위기 상황에 놓여 있는 아동 등과 같이 신체적인 위험 상황에 잘 들어맞는다. 이런 상황에서 인간은 자신과 타인의 생명을 보호하기 위해 '초인적인' 힘과 에너지를 발휘하곤 한다.

이후 상황이 안전하다고 느끼게 되면 부교감신경계는 과도하게 작동하고 있는 기능을 차단하고 신체를 이완시켜, 다시 정상 기능으로 되돌린다. 이 스트레스 반응 체계는 오랫동안 작동되도록 설계된 것도 아니고, 몸에 가해지는 심한 물리적 부담을 견딜 수 있게 설계된 것도 아니다. 소화 기능이 닫히고, 혈액은 기관으로부터 전용되고, 심장과 근육도 과도하게 작동하게 된다. 불행히도 몸은 심리적 위협에 대해서도 이와 같은 스트레스 반응을 보이고, '안전한' 상황이 되었을 때 시스템을 차단하라는 신호를 분명하게 보내지 않는 경우도 있다. 사람이 스트레스 사건을 걱정하고, 반추하고, 반복적으로 이야기하면서 이런 심리적 위협을 오랜 시간 동안 지속시킬 수 있는데, 이런 것들이 짧은 시간 동안 참을성 있게 사용할 수 있도록 설계된 체계에게는 지나친 부담으로 작용하게 된다.

마음챙김은 사람들이 스트레스 반응을 차단하고 이완반응을 불러일으키는 능력을 향상시킴으로써 그들의 신경학적 능력을 증진시킬 수 있도록 도와준다. 실제로 연구에서 대뇌 구조가 물리적으로 변화되어 스트레스 반응을 차단하는 한 개인의 능력을 향상시켜 주는 것으로 밝혀지고 있다. 트레드웨이와 라자르(Treadway & Lazar, 2010)에 의해 개관되고 요약된 일련의 연구들을 보면, 장기간 마음챙김 훈련을 하게 되면 내부 및 외부 감각 관찰하기, 결정하기, 인지적 처리, 기억, 집행감각과 관련된 영역을 포함하여 피질(대뇌의 고차원적 센터)의 두께가 증가되었다. 홀젤 등(Holzel et al., 2010)은 마음챙김 훈련이 (변연계의 일부인) 편도체의 회백질 양을 감소시켰고, 보고된 스트레스 감소와도 상관이 있음을 발견하였다. 이런 연구들은 마음챙김이 **대뇌 신경가소성**을 증가시켜서, 전두엽의 기능을 증가시키고, 스트레스 반응과 관련된 영역을 축소시켜서 신체적으로 대뇌가 스트레스를 더 잘 관리하도록 만들어 준다는 간접적인 증거들이다. 마음챙김이 스트레스 반응에 미치는 지대한 영향은 이 훈련과 관련된 광범위한 심리적 및 관계적 이득을 설명하는 데 도움이 된다.

마음챙김의 이득

마음챙김 연구자들이 스트레스 반응을 변화시키는 데 효과적이라고 믿는 관계 및 심리적 이득을 포함하여 마음챙김과 관련한 다양하고 긍정적 성과들을 밝혀내고 있다.

마음챙김의 관계적 이득

연구자들이 밝혀낸 마음챙김 훈련과 '특질' 마음챙김의 관계적 이득은 다음과 같다.

- **결혼 만족도 증가**: '특질' 마음챙김에서 더 높은 점수를 얻은 부부들이 더 행복한 결혼생활을 하고 있었는데, 자신의 감정에 대해 효과적으로 의사소통하는 능력과 분노조절능력이 중요 매개변인이었다(Barnes, Brown, Krusemark, Campbell, & Rogge, 2007; Burpee & Langer, 2005; Wachs & Cordova, 2007).
- **의사소통능력 증진**: '특질' 마음챙김에서 더 높은 점수를 얻은 부부들이 더 질 높은 의사소통을 하고 있었는데, 특히 더 낮은 수준의 언어적 공격성, 부정성, 철수를 보였고, 더 높은 수준의 긍정적인 문제해결, 의사소통, 지지를 보였다(Barnes, 2007).
- **공감과 자비 증진**: 마음챙김은 한 개인의 공감 능력과 타인에 대한 관점 수용

능력을 증진시킨다(Birnie, Speca, & Carlson, 2010; Block-Lerner, Adair, Plumb, Rhatigan, & Orsillo, 2007).

- **자신과 배우자에 대한 수용 증가**: 마음챙김과 관련된 **수용증진기법**은 자신의 배우자와 자신에 대한 수용을 증진시킨다(Christensen et al., 2004; Harris, 2009; Peterson, Eifert, Feingold, & Davidson, 2009; Pruitt & McCollum, 2010, South, Doss, & Christensen, 2010).
- **상호작용 패턴에 대한 알아차림 증가**: 마음챙김에 기반을 둔 양육 프로그램은 '상위조망(meta perspective)'을 취하여 그들의 자녀들과 문제가 되는 상호작용 패턴을 마음챙김으로 관찰하는 부모의 양육 능력을 증진시킨다(Dumas, 2005).
- **알아차림으로 반응하는 능력 증가**: 마음챙김에 기반을 둔 양육 및 부부 프로그램은 참가자들이 마음챙김 의사소통기술들을 개발하는 데 도움이 된다(Carson, Carson, Gil, & Baucom, 2004; Duncan, Coatsworth, & Greenberg, 2009a, 2009b; Pruitt & McCollum, 2010).
- **관계 속에서 자유로움과 안전감 증가**: 경험 많은 명상가는 지속적인 훈련이 관계 속에서 안전감을 느끼는 그들의 능력을 증가시켜 주었고, 그로 인해 그들의 방어를 내려놓고 자신을 더 많이 개방할 수 있게 되었다고 보고한다(Pruitt & McCollum, 2010).
- **일체감과 분리감 증가**: 경험 많은 명상가들은 자주 분리되고 독립된 전체 경험에 대한 알아차림뿐만 아니라 모든 생명과 깊은 일체감을 보고하는데, 이런 영성적 일체감은 부부 및 가족 관계에서 보다 온전한 **친밀감**과 **독립감** 경험으로 해석된다(Pruitt & McCollum, 2010).

마음챙김의 심리적 이득

마음챙김이 우울, 조증, 불안, 식이, 주의, 행동, 성격 및 물질사용장애를 포함하여 놀라울 정도로 다양한 범위의 정신건강 장애를 치료하는 데 도움이 될 것이라는 증거들이 급격히 증가하고 있다(Baer, 2003; Shapiro & Carlson, 2009). 마음챙김의 심리적 이득들은 다음과 같다.

- **긍정적 정서와 안녕감 증가**: 개인의 일상에서 긍정적 정서 경험과 전반적인 안녕감 증가(a.k.a., 행복; Brown & Ryan, 2003; Fredrickson, Cohn, Coffey, Pek, & Finkel, 2008).
- **스트레스 감소**: 개인의 일상적인 스트레스 경험의 감소와 생리적인 이완 상태의 빈도 증가(Holzel et al., 2010).
- **정서조절능력 증진**: 부정적이고 문제가 되는 정서를 조절하는 능력의 증진(Brown & Ryan, 2003).
- **상위인지 알아차림 증진**: 사고와 느낌을 지나가는 정신적 사상으로 보는 개인 능력의 증진(Kocovski, Segal, & Battista, 2009; Pruitt & McCollum, 2010; York, 2007).
- **반추사고 감소**: 우울증 및 불안과 연관 있는 사건들의 부정적 정서에 머무르려는 경향성 감소(Kocovski et al., 2009).
- **주의력 증가**: 과제에 초점을 맞추고 주의 집중하는 개인 능력의 증진(Kocovski et al., 2009). 한 연구에서는 단지 하루 20분씩 5일간 훈련을 한 후에도 주의에서 유의미한 증가가 있었음을 밝혀냈다(Tang et al., 2007).
- **수용 증진 및 회피 감소**: 종종 많은 정신건강 장애의 근원으로 여겨지는 힘든 사고, 정서 혹은 상황을 회피하지 않고 더 잘 수용할 수 있게 한다(Kocovski et al., 2009; York, 2007).
- **가치 명료화**: 자동조정장치(automatic pilot)를 조작하려는 경향성이 감소되면서, 개인은 종종 가치, 목표 그리고 삶의 방향성이라는 측면에서 명확해진다(Kocovski et al., 2009).
- **자기 연민(self-compassion)의 증진**: 사람들이 스스로를 더 잘 돌보고 그들 자신에 대해 자비심을 갖도록 돕는 것은 심리적 건강 증진과 연관되어 있다(Baer, 2010; Pruitt & McCollum, 2010).

▌마음챙김, 안녕감 그리고 긍정심리학

규칙적으로 마음챙김을 경험하는 사람들이 더 행복하고, 더 만족스러운 관계를 갖게 되면서, 행복을 연구하는 긍정심리학자들도 차츰 마음챙김에 관심을 갖기 시작했다. 어떤 심리학자들은 마음챙김을 치료와 긍정심리학 사이에서 '빠져 있는 연결고리(missing link)'로도 기술하였는데, 이는 치료자들이 지속적인 행복을 증진시키기 위해 해야 할 많은 것이 지금 이 순간 '있는 그대로' 수용하는 내담자의 능력을 증진시키는 것으로 요약됨을 시사한다(Hamilton, Kitzman, & Guyotte, 2006). 이런 견지에서 보면, 치료자들에게는 현재 그들 레퍼토리에 있는 것들(2장에서 다룰 것이다)과 내담자의 마음챙김 경향성을 증진시키기 위해 그들이 사용할 수 있는 레퍼토리에 추가할 수 있는 것들(4~8장에서 다룰 것이다)을 탐구하는 데 도움이 될 수 있을 것이다.

심리치료에서 마음챙김

역사적으로, 주류 심리치료자들은 명상 훈련을 뉴에이지의 미신숭배(mumbo jumbo)라고 의심해 왔다. 꾀죄죄한 옷을 입고 책상다리(cross-legged)를 하고 앉아서 산스크리트어를 웅얼거리고 있는 극성팬들의 이미지를 떠올린다. 그러나 30년 전 존 카밧진이 씨앗을 뿌려 싹을 키워서 꿈에도 생각하지 못할 정도로 성장시켜 놓았다. 그는 내과의사들이 불안감소기법으로부터 이득을 얻을 수 있을 것이라고 믿었던 매사추세츠 병원 환자들에게 **마음챙김에 기반을 둔 스트레스 완화(Mindfulness-Based Stress Reduction: MBSR)** 워크숍을 개최하기 시작했다. 그는 환자의 종교가 과학과 의학 영역에서 그것을 받아들이는 데 문제가 되지 않도록 일부러 마음챙김과 불교를 분리했다(Baer, 2003, 2006; Kabat-Zinn, 1990). 그의 놀랄 만한 성공은 그의 프로그램에 대한 신중하고 체계적인 연구들을 통해 광범위한 신체적 및 심리적 문제들에서 프로그램의 효율성이 입증되는 데 기인한다. 그 결과는 정신건강 혁명과도 같았다. 10년도 못 되어 심리치료 공동체는 회의적인 입장에서 전폭적으로 인정하는 입장으로 바뀌었다.

비록 겉보기에는 이상한 협력자일지라도, 인지행동 치료자들이 가장 열광적으로 치료에서 마음챙김의 적용을 고찰하였다. 존 카밧진의 MBSR 행동의학적 작업은 의심할 여지없이 마음챙김과 인지행동 치료자들 간 중개자다. 마음챙김은 **수용**(acceptance)—바람직하지 않고 방해가 되는 행동, 사고, 그리고 느낌의 수용—의 개념을 도입하면서 전통적인 인지행동치료에 혁명을 가져왔다. 수용은 '**행동치료의 제3의 물결**'이라고 일컬어왔다(Hayes, 2004). 미국 국립보건원(National Institute of Health)은 마음챙김에 기반을 둔 치료에 대한 재원을 1998년 0에서 2008년에는 44로 증액시키면서 이런 노력들을 지원하고 있다(Shapiro & Carlson, 2009).

마음챙김에 기반을 둔 치료와 마음챙김 정보에 기반을 둔 치료

마음챙김 치료는 전형적으로 마음챙김에 기반을 둔 치료와 마음챙김에서 정보를 얻는 치료로 분류된다(Shapiro & Carlson, 2009). **마음챙김에 기반을 둔 치료들**(mindfulness-based therapies)에서는 마음챙김 명상 훈련을 주요 개입법으로 가르친다. 반면, **마음챙김 정보에 기반을 둔 치료들**(mindfulness-informed therapies)은 더 폭넓은 치료모델에 마음챙김과 수용의 원리를 통합시킨다. 최근에 몇 가지 마음챙김에 기반을 둔, 마음챙김 정보에 기반을 둔 치료들이 개발되고 있다.

마음챙김에 기반을 둔 스트레스 완화(Mindfulness-Based Stress Reduction: MBSR)

마음챙김에 기반을 둔 접근방법들과 사실상 모든 마음챙김에 기반을 둔 치료모델들은 1979년 카밧진(Kabat-Zinn, 1990)에 의해 치료하기 어려운 의학적 문제를 가지고 있는 환자들을 돕기 위해 매사추세츠 대학교 의학센터에서 개발되었다. MBSR은 그룹당 최고 35명 정도를 대상으로 실시하는 대단히 비용 효과적이고, 8주간의 집중적인 집단 프로그램이다. MBSR 교육과정에는 다음의 중요한 요소를 포함하고 있다.

- 8주간에 걸쳐서 매주 2~3시간씩 이루어지는 집단모임
- 집단모임 이외에 6시간 정도의 침묵훈련
- 매일 20~45분 정도의 훈련
- 마음챙김 호흡명상
- 마음챙김에 기반을 둔 보디스캔
- 마음챙김을 사용한 간단한 요가 자세 훈련
- **자애명상(meditation of loving-kindness)**
- 일상적인 마음챙김 활동 경험

비교적 요구가 많은 프로그램이지만, **과정 참여율**(adherence rate)과 수료율은 높고 추수연구에서 참가자 80~95%가 계속해서 마음챙김을 훈련하는 것으로 나타났다(Baer, 2003). 참가자들은 매사추세츠 대학교에 있는 마음챙김센터에서 제공하는 프로그램으로 철저하고 집중적으로 훈련받았다.

마음챙김에 기반을 둔 인지치료

MBSR에 직접 기반하고 있는 마음챙김에 기반을 둔 인지치료(Mindfulness-Based Cognitive Therapy: MBCT, Segal, Williams & Teasdale, 2002)는 우울증 치료와 우울증 재발 방지를 위해 고안되었다. 똑같이 8주간의 집단 형태로 진행하는 MBCT는 좀 더 작은 집단으로 설계하여 12명 정도의 참가자로 구성한다. MBCT 교육과정은 자신을 향한 친절함이 강조되기는 하지만 정식적으로 MBCT의 부분이 아닌 자애명상을 제외하고는 MBSR에 있는 명상들과 똑같다(Shapiro & Carlson, 2009). 그러나 MBSR과는 달리, 교육 자료는 스트레스와 스트레스 반응보다는 우울증에 초점을 맞추고 있다. 논리적으로 우울증적 사고와 논쟁하는 전통적인 인지행동 접근방법과 달리, MBCT는 내담자들에게 부정적 사고 패턴

을 알아차리고, 그런 것들을 붙들지 않으면 나타나자마자 사라지는, '단지' 생각으로만 바라보게 함으로써 부정적 사고 패턴들과 그들의 관계를 변화시켜 간다. 따라서 우울증적 사고를 억지로 멈추려고 애쓰기보다 우울증적 사고를 과도하게 확인하려고 하지 않는 데 중점을 둔다.

MBCT는 우울재발방지의 '표준(gold standard)'으로 간주되고 있다(Shapiro & Carlson, 2009). 비록 대부분 치료 형태가 우울증을 치료하는 데 효과적이기는 하지만(Elkin, Shea, Watkins, & Imber, 1989), 근본적인 문제는 적어도 우울증으로 진단받은 모든 내담자의 절반 정도에서 발생하는 재발을 예방하는 것이다. MBCT는 3번 이상의 우울 삽화를 가지고 있는 사람들의 우울 재발률을 78%에서 36%로 유의미하게 감소시킨 첫 개입법이다(Ma & Teasdale, 2004).

마음챙김에 기반을 둔 관계 증진

가족치료자들과 관련이 있는 것 중 하나로, 카슨과 그의 동료(Carson, Carsons, Gil, & Baucom, 2004, 2006, 2007)들은 MBSR을 토대로 문제 없는(non-distressed) 부부들을 위한 관계 증진 프로그램을 개발하고 이에 대한 초기 연구를 수행하였다. 다른 마음챙김에 기반을 둔 프로그램들과 비교하여 마음챙김에 기반을 둔 관계 증진(Mindfulness-Based Relationship Enhancement: MBRE)에는 배우자, 자기 그리고 타인에 대한 연민과 돌봄을 증진시키기 위해 고안된 자애명상이 포함되어 있다. 자애명상은 첫 회기에서 소개되고 프로그램 내내 강조된다. 또한, 교육과정에는 마음챙김 의사소통과 경청, 부부를 위한 요가 연습 그리고 **마음챙김 접촉(mindful touch)** 연습들이 포함되어 있다. MBRE는 문제 없는 부부들이 보다 만족스러운 관계를 발달시키도록 도와주는 유망한 접근방법이다.

마음챙김에 기반을 둔 양육 프로그램

몇몇 마음챙김에 기반을 둔 양육 프로그램으로 **마음챙김에 기반을 둔 부모 훈련**(Dumas, 2005), **마음챙김 양육**(Duncan et al., 2009a) 그리고 **마음챙김에 기반을 둔 자녀 출산과 양육**(Duncan & Bardacke, 2010) 등이 개발되었다. 모든 프로그램이 마음챙김의 초점을 달리하여 잘 확증되어 있는 기존의 양육 프로그램과 접목시켰다. 듀마스(Dumas, 2005)는 마음챙김을 문제가 되고 있는 자동적 상호작용(automatic interaction)을 감소시키는 데 사용하였는데, 부모에게 문제가 되고 있는 자동적 상호작용을 알아차리고 그들의 반응들을 변화시키도록 도와주었다. 던컨 등(Duncan et al., 2009a)은 부모들이 자녀들과 상호작용하는 순간들을 알아차림하도록 도와 부모의 정서적 알아차림과 자기조절능력을 증진시키는 데 마음챙김을 사용하였다. 던컨과 그 동료들은 그들의 접근방법에 대한 전도 유망한 성과 연구를 수행하였다(Coatsworth, Duncan, Greenberg, & Nix, 2010). 마지막으로, 마음챙김에 기반을 둔 자녀 출산과 양육은 MBSR 형태에 토대를 두고 있지만, 보디스캔 명상과 임신 후반기 3개월 어머니들의 출산 과정 준비를 돕는 호흡에 중점을 둔다.

마음챙김에 기반을 둔 재발 방지

MBCT의 모형을 본뜬 마음챙김에 기반을 둔 재발 방지(**Mindfulness-Based Relapse Prevention: MBRP**)는 물질중독자들의 재발률을 줄이기 위해 개발되었다(Witkiewitz, Marlatt, & Walker, 2005). 이 접근방법은 MBCT에서 우울증적 사고를 **탈동일시**(de-identify) 하기 위해 사용하는 기법과 유사한 기법을 사용하여, 내담자들에게 마음챙김을 활용하여 충동과 갈망이 일어났다가 사라지는 것을 연민의 마음으로 신기하게 바라보면서 효과적으로 관리할 수 있는 방법들을 가르친다.

마음챙김에 기반을 둔 식이자각

MBSR과 CBT를 통합한, 마음챙김에 기반을 둔 식이자각(Mindfulness-Based Eating Awareness: MBEA)은 신체상, 체중 및 식이 관련 과정과 연관된 폭식장애 및 비만문제를 가지고 있는 사람들을 대상으로 마음챙김과 유도된 명상을 사용하는 접근방법이다(Kristeller & Wolever, 2011).

변증법적 행동치료

MBSR과 MBCT처럼 명확하게 마음챙김 명상을 가르치는 것은 아니지만, 변증법적 행동치료(Dialectical Behavior Therapy: DBT, Linehan, 1993)에는 경계선 성격장애로 진단받은 사람들(점차 다른 장애를 가진 사람들도)을 돕는 네 가지 주요 책략들 중 하나로 마음챙김 기법들이 포함되어 있다. DBT에서는 내담자들이 마음챙김을 사용하여 그들의 정서 경험들과 행동들을 바라보고, 기술하고, 온전히 주의를 기울여서 더 나은 반응을 선택할 수 있도록 도와준다. 접근방법은 내담자들이 변증적인 통합을 통해 대립되는 정반대(opposing opposite)의 것들에 더 능숙하게 관여하도록 도와주는 데 초점을 맞춘다.

수용전념치료

DBT와 비슷하게, 수용전념치료(Acceptance & Commitment Therapy: ACT)는 마음챙김 명상을 가르치지 않고, 대신에 우울증, 불안 및 통증과 같은 다양한 문제를 가지고 있는 내담자들에게 도움을 주고자 마음챙김 요소들과 관련된 수용 개념을 통합하였다. 이 접근방법에서는 내담자들이 전형적으로 회피하는 사고와 느낌들을 마음챙김하여 경험할 수 있도록 격려한다. 그렇게 하면서 그들은 회피하는 사고와 느낌을 수용하고, 더 효과적인 행동을 선택하는 법을 배운다. 이 접근방법의 핵심은 내담자들이 인지적 혼란 혹은 사고가 실재하며, 그것이 자신을 규정하는 일부라는 잘못된 신념에서 벗어날 수 있도록 도와주는 것이다.

가족치료의 새로운 지평: 마음챙김과 자기조절

가족치료는 **인공두뇌학**(cybernetic)과 **일반체계이론** 연구에 기반을 두고 있는데, 이들 이론의 체계(전체로서 작용하는 상호 연관된 부분들의 집합)는 두 가지 요소를 가지고 있는 것으로 기술한다. 하나는 **항상성**(homeostasis), 즉 역동적이지만 안정적인 상태를 유지하려는 경향이고, 다른 하나는 **자기조절**, 즉 항상성 유지를 위해 피드백을 사용하는 능력이다(Bateson, 1972; Gehart. 2010). **체계적 자기조절**은 의식적 과정이라기보다는 오히려 체계 부분들 사이의 상호작용을 통해 나타나는 과정이다. 따라서 실제적인 측면에서 보면, 자기조절 과정은 어느 한 부분이 체계의 자기조절 방식을 '의식적으로' 결정하고 조정하는 것이 아니라 체계를 조직화하고 상호작용 규칙을 만드는, 반복된 상호작용 속에서 이루어진다. 예를 들어, 부부의 초기 구애 과정에서 상대의 농담, 감정, 분노, 슬픔 등에 대한 각 개인의 반응들이 연결을 조율하면서 체계의 '규준'과 기대되는 행동(항상성)을 만들어 간다. 이런 상호작용을 지시하거나 통제하는 누군가가 있는 것이 아니라, 오히려 그들은 자연스럽고 자발적으로 쉼 없이 복잡하게 이리저리 움직이는 상호작용 속에서 드러난다. 이런 상호작용은 시간이 지나면서 발전하게 되는데, 때로는 경직되고 곤경에 빠트리는, 혹은 문제시되는 대인관계 갈등이나 대인관계 불편감(예, 우울, 불안 등)을 만들어 낸다.

가족치료는 특정 기법을 사용하고 문제시되는 체계적 패턴에 개입하여 이런 관계를 새롭고, 선호하는 상호작용 패턴으로 구조화하는 과정이다. 예를 들어, **잔소리-철수 패턴**(nag-withdraw pattern)을 발달시킨 부부는 한쪽 배우자가 어떤 것을 요구하면, 다른 쪽 배우자가 이에 대한 반응으로 철수하는 수많은 일화가 일어난 후에 그렇게 한다. 두 번째 배우자가 철수하면 할수록 첫 번째 배우자는 더 몰아붙인다. 이 패턴은 체계가 상호 규정한 불편한 외측한계, 즉 체계가 '**정상 상태**(normalcy)'라는 느낌을 재설정하기 위해 자기 교정하는 지점에 도달할 때까지 계속된다. 이런 패턴이 반복될 때마다 부부는 친밀감과 거리를 조정하는 방법의 **관계 '규칙'**을 개발한다. 이런 규칙들이 체계를 '조절한다'. 상호작용이 관계에서 정상 상태(예, 항상성)라고 규정하는 핵심 행동들로부터 너무 멀어지면 불편감을 경험한다. 체계 치료자들은 그런 부부들의 이런 패턴에 개입하여 그들이 다르게 반응하도록 하여 새롭고 더 생산적인 패턴을 발달시킬 수 있도록 도와준다.

마음챙김은 체계 치료자들에게 체계적 자기조절에 대한 보완적 선택사항, 즉 **의식적 자기조절**(conscious self-regulation)을 제공한다(Labbre, 2011). 본질적으로 규칙적인 마음챙김 훈련은 개인으로 하여금 그들의 정서와 사고를 의식적으로 조절할 수 있도록 해 준다. 예를 들어, 그들 자신들이 잔소리-철수 순환고리에 빠져 있음을 발견한 마음챙김 훈련자들은 그들이 그 순환고리에 들어갔던 순간들에 대해 의식적으로 더 잘 알아차릴 수 있게 된다. 그들 역시 의식적인 자기조절을 통해 역기능적 순환고리를 줄일 수 있게 되면, 부정적 상호작용의 순환과정을 피할 수 있게 된다. 어떤 점에서 보면, 사실상 모든 부부 및 가족치료 접근이 이렇게 하려고 한다. 마음챙김은 치료자들에게 내담자들이 더 의식적으로 그렇게 할 수 있도록 해 주는 자원을 제공한다.

체계적 가족 접근방법의 선구자인 제이 헤일리(Jay Haley)가 대부분의 내담자가 의식적으로 자기조절을 할 수 없기 때문에 한 번의 비효과적인 상호작용 패턴을 변화시키기 위해서는 항상 체계적으로 개입할 필요가 있다고 설명한 적이 있다. "좋은 충고를 한다는 것(i.e. 전략적 치료에서 '직접적인' 지시)은 치료자가 사람은 자신이 행하고 있는 것에 대해 합리적인 통제력을 가지고 있다는 가정을 의미한다. 치료가 성공적이려면, 그 생각을 내려놓는 것이 더 좋을 것이다(Haley, 1987, p. 61)."

가족치료 훈련과 마음챙김을 결합시키면 자기조절을 통해 '좋은 충고'와 직접적인 지시로부터 도움을 받을 수 있는 내담자들의 수가 크게 증가할 것이고, 그렇게 되면 치료자가 내담자를 도울 수 있는 대안들이 많아질 것이고, 치료 속도도 빨라질 것이다. 더욱이 **정서중심적 치료(EFT**; Johnson, 2004)의 주요 변화 요소들 중 하나는 마음챙김과 상당히 유사한 방식으로, 치료자가 내담자들에게 지금 이 순간의 정서적 경험을 확인하고 표현할 수 있도록 도와주는 것과 관련한다. EFT는 회복률이 70%에 이르고, 효과크기도 1.3 정도로 치료 성과가 매우 좋은 방법이며(Johnson, Hunsley, Greenberg, & Schindler, 1999), 관계 증진을 목적으로 마음챙김 경험을 사용하는 실제적인 모델이다. 차세대 부부 및 가족 치료자들이 마음챙김을 치료에 적용하게 되면 이전 세대들과는 다른 방법으로 더 효율적으로 내담자들을 도와줄 수 있게 될 것이다.

통상적 가족치료에서 마음챙김: 실제적인 접근방법

이 책을 읽으면서 어떤 분들은 우리 모두가 모든 내담자에게 마음챙김을 훈련시켜야 한다고 강하게 주장할 수도 있을 것이다. 도움을 구하는 대다수 내담자들의 문제들에 마음챙김이 도움이 되었다는 증거들은 분명하다. 하지만 나는 여기서 그러고 싶은 열망을 누르고 있다. MBSR과 MBCT와 같은 매우 구조화된 집단 맥락 밖에서(Imel, Baldwin, Bonus, & MacCoon, 2008), 대부분의 내담자가 1년 내내 바쁘게 움직이는 자신들의 삶과 잘 맞지 않기 때문에 명상을 해야겠다는 충분한 동기를 갖지 못한다. 따라서 비-집단 맥락에서 개인, 부부 및 가족을 대상으로 일하는 임상가들에게 적합한 실제적인 접근방법은 마음챙김 정보에 기반을 둔 훈련, 즉 관계나 개입과 같이 더 통상적인 회기 내 상호작용과 마음챙김을 통합한 훈련을 더 많이 활용하고, 그들의 진단이나 명상에 대한 편견 때문에 아직은 이 훈련이 적합하지 않은 내담자에게는 마음챙김에 기반을 둔 개입을 유보해야 한다. 따라서 다음 장에서는 마음챙김의 원리들이 회기 내에서 우리가 하고 있는 것들과 그렇게 하는 이유들을 재고하는 데 어떻게 활용할 수 있는지에 대한 이해를 돕기 위해 불교심리학과 가족치료 훈련 간의 철학적 연관성에 대해서 살펴볼 것이다.

· 02 ·

부부 및 가족치료 훈련을 마음챙김으로 재조명하기

우리의 현재 모습은 우리가 생각했던 것들의 결과다. 그것은 우리의 사고에 근거를 두고 있고, 그것이 우리의 사고를 만든다(Müller, 1898, p. 3).

인간은 무엇인가를 만들어 내는 시공자(builder)다. 그저 피라미드, 고층건물, 혹은 우주선을 만드는 건설자가 아니라 현실을 만들어 내는 시공자다. 신경연구자들의 실험실에서 아원자 입자(subatomic particle)를 연구하는 물리학자들이든, 불편감을 겪고 있는 젊은이들을 대상으로 일하는 가족치료자들이든 간에, 과학자들과 임상가들 모두 인간은 능동적으로 그들의 현실 경험을 구성하고 이런 구성물을 극적으로 미래 경험의 형태로 만들어 낸다는 결론을 도출해 내고 있다(Gergen, 1999; Hanson, 2009; Hayward & Varela, 1992). 현대 대부분의 학자가 의식, 마음이 환경과 상호작용하는 방식에 대한 구성주의자의 견해를 기술하기 위해 포스트모던 문헌에 의지하는 편이지만, 구성주의자의 견해는 동양과 서양 철학 모두에서 오랜 역사를 가지고 있다(McWilliams, 2010; Sagamura, Haruki, & Koshikawa, 2007). 이런 고대 전통 중에서 불교가 가장 영향력 있고 오래된 구성주의 전통일 뿐만 아니라 심리학적 의미에 가장 큰 강조점을 두고 있다. 마음챙김 정보에 기반을 둔 치료 접근방법에 대한 관심이 폭증하고 있는 상황에서, 임상가들이 그 기원에 대한 철학적 기초를 잘 이해하는 것은 문화적으로 책임 있는 일이다(Sagamura, Haruki, & Koshikawa, 2007).

이 장에서는 마음챙김과 수용 훈련에 대한 불교의 기초 이론들에 대해 기술하고 이를 현대 부부 및 가족치료 접근방법에 담겨 있는 철학적 가정과 연관시키고, 유사점과 차이점 그리고 훈련에 대한 함의에 대해 고찰하고자 한다. 마지막으로, 이 장에서는 부부 및 가족을 대상으로 한 치료에서 마음챙김 정보를 활용하는 접근방법을 뒷받침해 줄 수 있는 원리를 개발할 것이다.

불교: 심리학인가 종교인가

엄밀히 말하면, 불자들은 무신론자들이다. 붓다를 신으로 생각하지 않고, 오히려 인간으로 생각한다. 그는 인간으로 태어나서 인간으로 죽었으며, 그의 존재를 인간 삶에 강력하게 영향을 미치는, 보이지 않는 실체로 규정하지도 않았다(Dalai Lama, Benson, Thurman, Gardner, & Goleman, 1991; Hahn, 1998). 그러나 그는 (적어도) 한 가지 특별한 일을 했다. 그는 **깨달음(enlightenment)**, 즉 고통으로부터 자유로움을 얻었다. 깨달음을 얻은 후에 그가 가르쳤던 것은 고통[苦]의 경험을 줄이기 위해서 어떻게 세상을 새롭게 지각하고, 재경험할 것인가 하는 것이었다. 따라서 어떤 사람은 그를 고전적 가족치료 기법인 **재명명하기(reframing)**를 가르친 첫 번째 사람이라고 생각한다. 그의 시대 이후로, 종교적 수행은 그의 철학과 가르침을 중심으로 발달되어 왔다. 불교심리학은 고통[苦]의 본질, 자기, 의식 그리고 고통의 완화에 대해 조심스럽게 해설하고 있다. 다음에서 기술할 **사성제(Four Noble Truth)**, **팔정도(Eightfold Path)**와 같은 주요 불교 교리에는 삶의 문제들이 어떻게 발생하는지, 그리고 그것들을 어떻게 해결할 것인지에 대한 이론들이 설명되어 있다. 분명 가장 오래된 심리치료 모델이라고 할 수 있다.

불교심리학과 가족치료 이론

▌간략한 불교 역사와 가족치료 연관성

구성주의 접근방법으로서, 불교심리학은 **체계적 가족치료**의 철학적 기초와 수많은 원리와 가정을 공유하고 있다—인공두뇌학(체계 맥락 내에서 의미 구성), 구성주의(지각자에 의한 의미 구성) 그리고 사회구성주의(관계 속에서 의미 구성). 이런 유사점들은 가족치료 분야에서 중요하지만 별로 인정받지 못했던 초기 공헌자인 앨런 와츠(Alan Watts)에 의해 부분적으로 설명되고 있다. 와츠는 그레고리 베이트슨(Gregory Bateson), 제이 헤일리(Jay Haley), 돈 잭슨(Don Jackson), 리처드 피쉬(Richard Fisch), 파울 바츨라비크(Paul Watzlawick), 버지니아 사티어(Virginia Satir), 존 위크랜드(John Weakland) 등 많은 학자가 영향력이 큰 가족치료 이론을 개발하였던, 팔로 알토(Palo Alto)에 있는 정신건강연구소(Mental Research Institute) 연구팀 소속 컨설턴트였다. 와츠(Watts, 1961)는 그의 대표 저서인 『동양과 서양의 심리치료(Psychotherapy East and West)』에서 처음으로 체계적 가족치료와 불교를 연결하려고 하면서, 둘 모두 지각자(perceiver)와 지각되는 것(perceived)은 따로 분리될 수 없음을 인식하고 있다고 하였다. 지각자는 본래 지각되는 것과 연관되어 있고, 지각되는 것에 영향을 준다. 그 반대의 경우도 마찬가지다. 와츠는 이야기하는 개인, 단독으로가 아니라 관계, 사회 그리고 우주라는 맥락 속에서 가족치료 실제를 행해야 한다고 하였다. 게다가 와츠는 역설을 통해 **삶의 딜레마(이중구속, double bind)**를 확인하고 해결하는 데 목표를 둔 공안(公案 koan)과 같은 불교 전통과 가족치료 기법들을 유사하게 보았다.

그러나 『동양과 서양의 심리치료』 이후, 치료 전반에서 혹은 가족치료 이론들에서 동양 철학과 심리학을 연결하는 작업들에는 한계가 있었다. MRI 초기 작업 이외에도, 융(Jung, 1927/1960; Meckel & Moore, 1992를 보라; Moacanin, 1988)과 후기 융학파 심리학자들은 깨달음을 얻는 것과 같은 영성적 요소를 강조하는 불교심리학 개념들과 자아를 초월한 영성적 자기의 개념을 가장 진지하게 연구하고 통합하였다. 융은 『**사자의 서**(The Tibetan Book of Great Liberation)』를 포함하여 많은 아시아 서적을 처음으로 서양의 언어로 번역한 서적들을 소개하면서 이에 대한 심리적 해석을 가미하였다. 보다 최근엔 심리역동적 치료자, 엡스타인(Epstein, 1995, 1999)이 **응집적 자기**(coherent self)의 가정에 근거를 둔 불교 개념인 **무아**(nonself)를 심리분석 맥락에서 역사적으로 고찰하였다. 불교 관점에서 보면, 정신분석은 보다 심오한 무아의 진리를 깨닫기보다는 잘못 만들어진 허구의 자기 혹은 자아를 분석하여 더 많은 '실재감(realness)'과 힘을 부여한다. 그것은 또 사회적으로 구체화되고, 깊은 수준에서 상호 연관되어 있는 자기감으로 개념화된다(Hahn, 1998).

가족치료에서, 해결중심 치료자 오한론과 와이너 데이비스(O'Hanlon & Weiner-Davis, 1989)는 내담자들이 자신들의 문제를 기술하는 이야기를 경청할 때, 선(禪 Zen)에서 말하는 '초보자의 마음(beginner's mind)'을 활용하라고 하는데, 치료자들이 판단하지 않는 마음챙김 알아차림의 상태에 있으면 내담자가 해결할 수 없는 것처럼 보이는 문제를 창의적이고 효과적으로 다룰 수 있도록 도와주는 방법을 더 잘 알아챌 수 있기 때문이다. 마찬가지로 메이시(Macy, 1991)도 인공두뇌학 체계 이론과 불교가 상호 인과론과 현실과 정체성의 상호 의존적인 속성에 대해 얼마나 유사한 구성주의적 이해를 가지고 있는지를 잘 설명하고 있다. 비슷한 연구 작업에서 플레먼스(Flemons, 1991)는 체계적 가족치료, 불교와 밀접한 연관성을 가지고 있는 철학인 도교 간에 유사점을 확인했는데, 거기에는 이중 견해(both perspective)를 취하는 것과 현실의 맥락적 속성을 인식한다는 것들이 포함되어 있다. 몇몇 포스트모던적 가족치료자들 역시, 특히 '**무명**(**not knowing**)'과 무아의 개념과 관련하여 철학적 유사점에 대해 언급하고 있다(Gehart, 2004; Gehart & McCollum, 2007; Lax, 1996; Percy, 2008; Rosenbaum & Dyckman, 1996; Selekman, 1997).

▌공통 근거: 6가지 공유된 구성주의 원리

체계적 가족치료자들과 포스트모던적 가족치료자들은 그들의 치료적 접근방법의 개발 과정에서 불교심리학을 고찰하였고, 거기에 의존하였다. 게하르트(Gehart, 2004)가 약술한 것처럼 여섯 가지 불교심리학 원리들은 특히 구성주의 가정을 공유하고 확대시켰던 가족치료자들과 관련이 있다. **공**(Emptiness), **상호 의존성**(**연기성**, Interdependence), **무상**(Impermanence), **무아**(Nonself), **무명**(Not knowing), **자비**(Compassion). 이런 원리들은 마음챙김 정보에 기반을 둔 가족치료와 **수용 정보에 기반을 둔 가족치료**(acceptance-informed family therapy)의 철학적 기초가 된다. 나는 불교 용어를 사용하여 불교-체계적-포스트모던 유사점들을 고찰하고자 하는데, 왜냐하면 그것이 치료자들에게 신선하고 새로운 언어와 그들 작업에 대한 새로운 이해 가능성을 제공해 주기 때문이다.

공(空, Emptiness)

> 관세음보살(Avalokiteshvara, 자비의 보살)은 모든 현상이 공(空)이라고 말한다. 이는 아무것도 존재하지 않는다는 것을 의미하는 것은 아니다. 모든 현상은 어떤 것(something)이 비어 있는 것이다. '어떤 것(something)'이 본래적이고 혹은 객관적인 존재다(Gyeltsen, 2000, p. 109).

불교에서는 현실을 '**공**(空, 산스크리트어로, **Shunyata**)'이라고 하는데, 개인들, 사물들 그리고 경험들에는 독자적인 본질이 없다는 것이다. 체계적 및 포스트모던적 치료자들(Gergen, 1999; Watzlawick, 1984)과 마찬가지로 불교에서도 현실은 구성되고, 언어는 우리가 우리의 현실을 구성하는 매체라고 주장한다(Gudmunsen, 1977). 그러나 불교에서는 언어 작업에 의존하는 치료자들보다 더 많이 언어를 의심해 본다. 왜냐하면 언어들이 '별로 중요하지 않은(lesser)' 진실을 전달하기 때문이다. 불교의 견해에서 보면 언어들이 살아 있는 경험을 왜곡하는데, 그것은 언어가 '있는 그대로'의 경험에 사회언어적 범주를 부여하여 여

과시켜 버리기 때문이다. 그러므로 불교 수행은 "문법적 허구(grammatical fiction)의 덫으로부터 우리를 해방시켜 준다(Gudmunsen, p. 123)". 이 목표는 많은 구성주의자들과 구성주의 치료학자들의 수행 목표와 유사하다. 언어를 사용하지 않고 이루어지는 '있는 그대로'에 대한 마음챙김 경험하기는 공(空)을 경험하는 주요 매개체다.

상호 의존성과 상호 존재성(Interbeing)

지식의 주체가 지식의 객체와 독립적으로 존재할 수 없다(Hahn, 1998, p. 74).

불교심리학은 공(空)의 대척점에 있는 **상호 의존성**(산스크리트어로 anicca)과 **연기(緣起, dependent co-arising**, 산스크리트어로 pratityasamutpada)의 존재론적 원리를 가정한다. 상호 의존성 없는 공(空)을 가정하면 허무주의로 빠져 버리는데, 그로 인해 불교는 어떻게 상호 의존성과 공의 가르침이 함께할 수 있는지를 이해하지 못하는 이들에 의해 종종 비난을 받아 왔다(Hahn, 1998; Samagura & Fusako, 2007). 불교의 상호 의존성 원리는 각 현상이 독립적으로 존재하기보다는 모든 사물들은 상호 연관성을 가지고 존재한다고 가정한다. "우리가 ……. 보고 있을 때 우리는 공(空)을 경험한다. 우리의 몸, 가슴 그리고 마음은 변화하는 생명의 그물망(changing web of life) 안에서 일어나며, 연관되어 있지 않거나 분리되어 있는 것은 아무것도 없다(Kornfield, 1993, p. 51)". 상호 의존성에 대한 기술에서 모든 살아 있는 것은 '마음'이라는 복잡한 일련의 피드백 고리를 통해 연결되어 있다고 한 베이트슨(Bateson)의 정의(1979/2002)가 생각난다. 베이트슨(1991)은 후기 활동에서, 이런 우주의 복잡한 상호 연결성의 도해인 불교의 만다라 개념을 그의 생태학 개념과 동등시하고 있다.

현실(reality)은 분자적, 생리적, 심리적 그리고 사회적 수준에서 계속 변화하고 관계들이 서로 얽혀 있는, 복잡하고 역동적인 그물망(web)으로 간주된다. 불교에서는 이런 사상을 가지고 있기 때문에 한 대상으로부터 모든 것이 '발생(arising)'한다고 설명한다. 빵 한 조각은 태양, 땅, 물, 농부의 양육, 인간의 노동, 생산기계, 오븐 기술자, 소금 광부, 제분업자, 제분업자의 가족, 관개수로, 강철노동자, 제빵사 등에 의존하고 있고, 민주주의와 같은 추상적인 사상 속에는 수천 년의 역사, 철학, 정치학 및 사회적 담화가 반영되어 있다고 설명한다. 한(Hahn, 1998)은 이런 역동을 '**상호 존재성**(interbeing)'이라고 말하며, 그들의 존재에 대한 모든 사물의 피할 수 없는 상호 연관성이라고 기술하고 있다. 이런 사상들은 우리의 개별 실재와 정체성이 우리의 사회와 얼마나 분리될 수 없는지를 강조한 사회구성주의 견해와 비슷하다(Gergen, 1991, 1999). 그러나 베이트슨(Bateson)과 마찬가지로 불교 개념은 언어적 구성 개념뿐만 아니라 물리적 현상까지 포함하여 보다 더 광범위하게 적용되고 있다. 상호 연관성을 필연적이고 발전적이라고 보는 견해는 관계와 연결에 초점을 맞추는 가족치료자들에게 특히 중요하다.

무아(無我, Nonself)

> 우리는 우리가 지각하는 무엇이다. 이것이 무아의 가르침이다(Hahn, 1998, p. 126).

불교와 힌두교의 가장 초창기 차이점 중 하나는 "영속적인 '자기'라고 부를 수 있는 것은 아무것도 없다(Hahn, 1998, p. 123)."는 불교의 주장이었다. 불교는 '자기'가 변화하는 의식, 지각 그리고 성향의 흐름에 지나지 않는다고 가정한다. 이 흐름에서 본질의 결여를 **무아**(**無我**, **nonself**, 산스크리트어로 **anatman**)라고 부른다. 이 가르침은 본질적으로 상호 존재성의 개념을 자기에게 적용한 것이다. 상호 존재성 원리에 기초하여, '자기'라고 부르는 것은 모든 사물과 모든 사람의 반영이라고 간주할 수 있다. "우리가 무아를 깊게 들여다보면, 우리는 모든 단일 사물이 모든 사물의 존재 때문에 가능하다는 것을 알게 된다(p.123)." 우리가 소유한 각각의 대상과 생각한 각각의 사고는 시공간을 넘어서까지 확장되는 무한한 수의 연결 속에 존재한다. 예를 들어, 이 책은 글을 쓰고, 편집하고, 복사하고, 조판하고, 제본하고, 상자에 담고, 운송하고, 판매하는 많은 사람과 관련되어 있을 뿐 아니라 반만년 동안 서구와 동양 문화 속에서 논의하고 발전시켜 왔던 사고와 사상들과도 관련되어 있다.

보다 급진적이기는 하지만 자기에 대한 불교적 해석은 자기를 핵심 혹은 본질적 자기가 없는—자기의 가족적 및 사회적 구성 개념을 반영하는—다면적인 것으로 보는 포스트모던적 설명과도 유사한 측면을 가지고 있다(Gergen, 1991; Percy, 2008). 자기에 대한 두 가지 설명 모두 개인의 정체성은 타인 및 맥락과 불가피하게 연관되어 있다는 가정과 모든 가족치료 학파에서 거슬러 올라갈 수 있다는 가정을 공유하고 있다. 불교에는 수행자들이 이런 심오한 통찰을 깊이 알아차릴 수 있도록 도와주어 지혜를 얻게 만드는 훈련법이 많이 있는데, 이런 것은 가족치료에서도 사용할 수 있다.

무상(無常, Impermanence)

> 우리를 괴롭게 만드는 것은 무상(無常)이 아니다. 우리를 괴롭히는 것은 사물이 영원하지 않음에도 영원하기를 바라는 것이다(Hahn, 1998, p. 123).

불교에서는 개인이 내적 · 외적 과정을 마음챙김하여 바라보면, 정서, 사고, 관계 그리고 행동 등 모든 것이 끊임없이 변화하고 있다는 사실을 금세 알아차릴 수 있다고 주장한다(Hahn, 1998). 마음챙김 명상의 첫 시도에서 얻는 가장 놀랄 만한 교훈은 폭풍 전의 작은 새들처럼 마음이 항상 이 생각 저 생각으로 오간다는 것이다. 그러므로 삶이 항상 변화한다고 가정하면, 지속적이고, 끝없는 행복과 같은 안정된 상태를 얻으려고 할 때는 불가피하게 고통을 경험하게 되는 것이다. 체계적 · 포스트모던적 사고자들 역시 개인의 현실 경험과 의미가 어떻게 개인의 사회적 상호작용에 따라 끊임없이 변화하는가에 대해 서술하고 있다(deShazer, 1988; Gergen, 1999). 두 학파는 경험과 의미의 가변성(fluidity)을 강조하고, 우리가 경험에 대한 서술에 '매달리거나' 구체화시킬 때, 우리는 그것을 문제로 경험하는 경향이 있다고 주장한다.

무상(無常)이란 개념은 특히 증후들(예, 우울증, 분노, 관계긴장)이 계속 변화한다기보다는 변함없이 지속된다는 지각에서 이름을 붙이는 경우에 중요하다. 밀란(Milan) 치료자들은 이것을 **'언어의 횡포(tyranny of linguistics)'**라고 불렀고, 언어의 영향을 줄이는 방향으로 조심스럽게 그들의 언어를 고쳐 내담자 행동을 종종 형용사나 명사보다는 동사로 기술하였다(예, 우울하다 혹은 주요 우울장애를 갖고 있다; Selvini Palazzoli, Cecchin, Prata, & Boscolo, 1978). 해결중심 치료자들은 무상과 유사한 개념을 가정하고 있는데, 상황은 항상 변화하므로 만약 개인이 불일치에 주목하고 이런 불일치를 통해 문제의 예외 사항에 그들의 주의를 돌린다면, 보다 쉽게 가능한 해결책을 찾을 수 있을 것이라고 주장한다(deShazer, 1988; O'Hanlon & Weiner-davis, 1989). 마찬가지로 독특한 결과는 모든 문제가 스며들어 있는 이야기 속에 존재한다는 이야기 치료자들의 가정 역시 무상(無常)의 이해를 반영하고 있다(White & Epston, 1990).

무명(無明, Not Knowing)

> 무명에 대한 여지를 남겨두는 것이 모든 것 중에서 가장 중요한 일이다. 우리는 우리가 도움이 된다고 생각하는 것을 하려고 한다. 그러나 우리는……. 커다란 절망을 마주할 때 그것이 이야기의 끝인지 아닌지를 알지 못한다. 단지 커다란 모험의 시작일 수도 있다(Chödrön, 1997, p. 8).

불교는 포스트모던적 치료자들과 '무명(無明, not knowing)'이라는 개념을 공유하고 있다(Anderson, 1997; Anderson & Gehart, 2007). 불교는 무명을 폭넓게 적용하여, 생은 무상(無常)하고, 사람은 계속해서 발전하고 변화하기 때문에 우리가 알 수 없다고 주장한다. 무상(無常)으로 인해 절대적인 최선의 행위과정을 결정할 수 없기 때문에 불교에서는 내담자와 치료자를 '성공'에 대해 지나치게 기뻐하거나 '실패'에 대해 지나치게 낙심하지 않으면서 가능성을 함께 탐구해 가는 '비전문가(non-expert)'로 본다. 불교의 지혜는 기쁨과 슬픔, 눈물과 웃음 그리고 승리와 실패를 부드럽게 수용하도록 한다. 삶은 끊임없이 양극단들 사이에서 엮어지고 있다는 생각과 한 사물의 다른 측면을 모르고서는 그 사물에 대해 제대로 안다고 말할 수 없다(Bateson, 1972, 1991; Keeney, 1983)는 생각은 인공두뇌학 이론에서도 가정하는 개념이다. 불교 수행에서 무명의 '지혜'는 불교심리학에서 '정신건강'과 안녕감으로 묘사되는 인생관인 인생의 성쇠(盛衰)에 따라 움직이면서 **평정심**(equanimity)을 만들어 가는 것이다.

자비(慈悲, Compassion)

> 자비로운 경청은 치유를 가져온다. 어떤 이가 이런 방식으로 우리에게 경청해 줄 때, 우리는 곧바로 위로를 받는다(Hahn, 1998, pp. 79–80).

자비(산스크리트어로 karuna)는 불교 수행의 중심이며, 모든 다른 개념을 이해하는 핵심이다. 불교의 자비는 타인의 고통을 겸손하게 바라보면서 **진심어린 관심**(heart-felt concern)을 표현하는 것을 의미한다. 자비의 보살은 산스크리트어로 **Avalokiteshvara(관세음보살)**, 중국어로는 Kuan-yin(Guan-yin으로 발음)으로 알려져 있다. **Kuan-yin(관음, 觀音)**은 한자로 '보다(觀)'와 '듣다(音)'로 구성되어 있다. Kuan-yin은 얼마나 자비롭게 사람의 고통을 바라보아야 하는지를 말해 준다. 가톨릭 전통에서 보면 이는 성모 마리아와 유사하다. 자비는 또한 **자애**(loving-kindness)로도 번역되며, 자비로운 행동은 예의범절에서 나오는 행동이 아니라 가슴으로부터 나오는 의도된 친절임을 강조한다. 동아시아와 티베트에서 발견되는 **대승불교**(Mahayana forms of Buddhism)에서는 자비수행은 감화를 주는 훈련이며, 훈련자들에게 자비를 발달시켜 '있는 그대로' 자애롭게 수용하도록 격려하면서 마음챙김 수행에 대해 알려 주는 훈련이다.

치료 분야에서는 두 가지 형태의 자비가 쉽게 확인되고 있으며, 그 둘은 불교와 유사한 부분이 있다. 첫 번째, 가장 보편적인 형태의 자비는 불교 보살들과 유사한, 분명한 온화함과 배려를 드러내 보여 준 사티어, 밴먼, 거버와 고모리(Satir, Banmen, Gerber, & Gomori, 1991) 그리고 로저스(Rogers, 1961, 1981)와 같은 인본주의 치료자들에 의해 구체화되어 있다. 두 번째 자비인 **강렬한 자비**(fierce compassion)는 우리가 가장 두려워하고 무서워하는 것에 대해서 두려움 없이 자비로운 마음으로 참여하도록 격려하는 **미친 지혜**(crazy wisdom)에서 나온다(Trungpa, 1991). 체계적 · 전략적 가족치료자들이 이런 접근방법을 가장 명확하게 활용하고 있는데, 이들은 문제를 임상적 병리로 보지 않고 가족 항상성을 안정화시키는 데 도움이 되는 관계 패턴에서 의미 있고 실제적인 기능을 행한다고 본다. 그러므로 이 치료자들은 증상에 대해 존중, 유머, 대담성, 놀이 혹은 반권위주의로 접근하지, 결코 심각하거나 변화시킬 수 없는 현실을 담고 있는 것으로 접근하지 않는다(Haley, 1987; Watzlawick, Weakland, & Fisch, 1974).

대승불교에서는 그들의 지혜 가르침(wisdom teachings)이라고 부르는 구성주의를 가르치기 전에 자비를 가르치는데, 가족치료자들보다 훨씬 더 자비를 가르치는 데 신경을 쓴다(Dalai Lama, 1996). 출가자(novice monk)들은 무아(無我)나 공(空) 같은 구성주의 개념을 배우기 전에, 덜 인도적 세계관(humane worldview)으로 이끌 수 있는 인지적 분리를 막기 위해 먼저 모든 존재에게 자비를 수행하라는 가르침을 받는다. 이 수행은 특히 치료자를 위한 훈련에 적합하다. 만약 한 치료자가 지적으로는 인생이 무상하다는 것을 이해하지만, 내담자의 고통에 대해 자비심을 잘 발달시키지 못한다면, 치료자는 논리적으로 내담자의 고통을 단순히 없애 버려야 하는 자기영속적인 환상으로 볼 것이고, 도움이 되는 방식으로 내담자와 관계를 맺고, 참여하는 데 필요한 공감을 해 주지 못할 것이다.

고통(苦): 근원과 구제책

불교가 치료자들에게 행한 가장 귀중한 공헌들 중 하나는 고통(苦)에 대한 명확하고 간단한 정의, 그 근원과 구제책이다. 고통의 완화가 중요 목적이었던 정신건강 분야에서, 그 주제에 관한 직접적이고 성찰적인 논의가 거의 없었다(Gehart & McCollum, 2007). 때로 심리치료 분야는 충분한 치료, 금전, 자조(self-help), 기도 그리고 혹은 사랑이 있으면 고통을 피할 수 있다는 신화 또는 희망을 주었다. 반면에 불교에서는 고통과 우리의 관계를 변화시키는, 보다 온건하고 현실적인 목표를 제안하고 있는데, 여기에는 다른 사람이 이런 관계를 잘 다룰 수 있도록 돕는 치료자들에게 던지는 중요한 의미가 담겨 있다.

고통(苦)의 근원

불자는 어떻게 현세의 삶에서 고통이 일어나는지, 그 고통을 가장 잘 다루는 방법을 설명하기 위해 가장 기본적인 교리 중 하나인, 사성제(四聖諦, Four Noble Truth)를 사용한다. 첫 번째 성제(聖諦)는 **고통**[**고제**(**苦諦**), 산스크리트어(**dukkha**)]이다. 불교의 견지에서 보면, 어떤 형태의 고통들, 즉 질병, 변화, 상실과 죽음은 인간조건에 내재되어 있다. 그러나 실제로 삶의 고통 대부분을 차지하는 또 다른 형태의 고통은 한 개인이 특별한 방식으로 일이 진행되었으면 하고 바라는 욕망에서 일어난다. 불교에서는 우리에게 고통을 끝내려고 시도하거나, 회피하기, 고통으로부터 도망가거나 그 고통 속에서 길을 잃고 헤매지 말고 오히려 호기심과 연민을 가지고 어려운 경험 속으로 자신을 개방하며, 그 어려운 경험과 '함께 머물러 있으라'고 권한다. 자애로운 마음으로 고통에 참여하는 동안에 고통과 지금까지와는 다른 새로운 관계를 만들어 낼 수 있고, 그렇게 되면 그 상황을 다르게, 공포에 덜 휩싸이면서 더 재치 있는 방식으로 경험할 수 있게 된다.

두 번째 성제(聖諦)는 가장 보편적인 고통의 원인은 개인의 사상, 대상과 구성 개념, 특히 자기 개념에 대한 **집착**(**attachment**)이다. 불교적 맥락에서 집착은 긍정적인 함의를 지니고 있지 않으며, 전통 심리학에서 말하는 애착(attachment)은 유아기에 형성된 한 개인의 관계양식을 말한다. 반대로, 불교에서는 애착이 상대적으로 부정적인 함의를 지니고 있는데, 이것은 마치 사람은 항상 행복해야만 한다는 사상이나 성공 스토리(white-picket-fence story of success)에 '집착'하는 것처럼 특정 사랑이나 욕망에 대해 과잉 투자와 과잉 동일시하는 것과 비슷하다(Hahn, 1998).

집착의 개념은 문제가 확인되고 언어를 통해 유지된다는 인공두뇌학적 · 포스트모던적 주장과 관련이 있다(Bateson, 1972, 1991; Gergen, 1999). 불자들은 해석 자체보다는 오히려 고통을 만들어 내는 특정한 해석에 대한 개인의 집착을 강조한다. 예를 들어, 고통을 만들어 내는 것은 **흰 말뚝 울타리 이야기**(**white-picket-**

fence story)나 고통에 대한 그 사람의 독특한 해석 방식이 아니라 오히려 그 사람이 문제가 되고 있는 그 고통에 집착하는 정도다. 한 개인이 특정 스토리에 에너지를 쏟을수록 그와 관련하여 더 많은 고통을 겪게 된다. 따분하게 틀에 박힌 생활을 하지 않기로 결정한 부부뿐만 아니라 흰 말뚝 울타리가 있는 집에서 개를 기르며, 아들, 딸을 각각 두 명씩 낳아 기르면서 살자고 결정한 부부 모두 그것의 포로가 된다. 이런 불교의 견해는 때로 이야기 치료에서처럼 **지배적인 담론**(dominant discourse)과 문제에 좀 더 부드럽고 덜 대립적인 방식으로 접근할 수 있도록 해 준다(Gehart & McCollum, 2007; Monk & Gehart, 2003). 불교의 견해에서 보면, 개인의 과제는 호기심, 유머 그리고 우리가 만든 집착이 상황 자체보다 훨씬 더 고통의 근원이 된다는 이해로부터 오는 통찰에서 집착을 내려놓는 것이다. 이것이 세 번째 성제(聖諦)다.

마지막 성제(聖諦)인 **팔정도(八正道, Eightfold Path)**는 고통에 대한 치료법이다. **정견(正見)**, **정사유(正思惟)**, **정어(正語)**, **정업(正業)**, **정명(正命)**, **정정진(正精進)**, **정념(正念)**, **정정(正定)**이 팔정도다. 이런 것들은 대부분의 문화와 전통에서도 쉽게 받아들일 수 있다. 예를 들어, 모든 문화에서 좋은 의도를 가지고, 친절한 말을 하고, 모두에게 이로운 행동을 선택하고, 사회에 이로운 생활을 하며, 그 노력에 자신을 온전히 바치는 것이 좋은 삶으로 이끄는 미덕이라고 여긴다(Seligman, 2002). 불교 팔정도의 가장 독특한 점은 고통에서 벗어나는 핵심으로 마음챙김과 정신집중을 강조한다는 것이다.

고통 변형시키기: 마음챙김 경험

불자들은 변화에 대한 매개체로서 언어에 의존하기보다는 통찰을 증진시키고 문제를 변형시키기 위해 마음챙김 경험에 초점을 맞춘다. 마음챙김은 지금 이 순간의 내적 혹은 외적 현상에 대해 집착하지 않고 깊이 바라보는 것(engaged witnessing)이다. 마음챙김을 통해 개인은 마음이 의미에 대해 해석하지 않는 짧은 순간의, 그 순수한 경험의 풍요로움과 잠재성을 고찰할 수 있다. 마음챙김은 순수한 비언어적, 이야기되지 않은(unstoried) 경험에 관심을 두려는 시도로 이해할 수 있다. 언어적 해석을 내려놓음으로써 새로운 공간과 가능성이 열린다. 그런 순간들은 신체, 정서, 사고의 알아차림과 관련이 있고, 어떤 경험적 훈련 형태 외에도 치료에서 전형적인 것보다 더 본능적인(visceral) 혹은 '**체화된(bodied)**' 앎을 요구한다. **해체(deconstruction)**에 대한 불교의 접근방법은 서구 포스트모더니즘 형태에서 공통적으로 나타나는 언어적 해체뿐만 아니라 경험적 해체와도 관련된다.

마음챙김은 **집착하지 않음(nonattachment)**인데, 그것이 차갑고, 논리적인 형태의 **무심(無心, detachment)**을 의미하지는 않는다. **마음챙김하여 집착하지 않는다**는 것은 '있는 그대로의 실제(what is)'를 좋다 나쁘다고 판단하지 않고, 오히려 적어도 그 순간엔 그것은 '이다(is)'로 인식하면서 그 경험에 매우 관심을 가지고 자비롭게 바라보는 것이다. 예를 들어, 배우자가 화해의 전화를 하지 않는 **상황에 대해 마음챙김하여 집착하지 않음**은 일어난 분노, 실망, 슬픔 그리고 다른 느낌뿐만 아니라 이런 느낌들이 자신의 몸 어느 곳에서 표현되고 있는지를 인식하는 것이다. 동시에 (자신이나 타인에 대한) 비판단과 연민의 입장에서 정서를 느끼고 관찰한다. 반면, 전화하지 않은 배우자에 대한 반응을 마음챙김 없이 경험할 때는 이런 것들을 느끼고 있다는 이차적 인식도 하지 못한 채 화를 내게 되고, 실망하게 되고, 슬퍼하게 된다. 따라서 차이점은 마음챙기면서 경험하는 정서는 서로 다른 정서의 흐름 속에서 이를 온전히 인식하면서 의식적인 결정을 한다. 반면에, 마음챙김 없이 경험하는 정서는 그렇게 해야겠다는 인식도 하지 못한 채 그 정서에 의해 휩쓸릴 뿐이다.

일단 마음챙김을 하겠다고 선택하면, 발생할 수 있는 가장 커다란 도전은 개인이 바람직하지 않는 상황을 마음챙김으로 경험할 수 있도록 하기 위해 개인의 집착을 줄이는 것이다. 이전의 생활사건과 지배적인 사회 이야기들은 삶을 평가하고, 비교 해석하는 수많은 방식을 제공한다. 대부분 경험의 판단은 경험 그 자체와 거의 동시에 일어난다. 예를 들어, 대부분의 미국인이 슬픔을 경험할 때, 그들은 자동적으로 어떤 것이 잘못되었으니 고칠 필요가 있다고 느낀다. 반면에 집착하지 않음은 슬픔을 좋고 나쁨으로 판단하지 않고 오히려 경험을 구성하는 신체적, 정서적, 정신적 그리고 관계적 과정으로 경험한다.

고통에 대한 접근

포스트모던적 치료자와 마찬가지로 **불교 정보에 기반을 둔 치료**(Buddhist-informed therapy)들은 사람과 고통 혹은 문제 사이에 만들어진 공간에 문제를 놓는다. 그러나 불자들은 경험을 통해서 이렇게 하지만, 대부분의 치료자는 언어를 통해서 이렇게 한다. 불자들의 과정은 앤더슨(Anderson, 1997)이 **문제 해소**(problem dissolution)라고 부르는 것과 매우 유사한데, 새로운 이해가 '문제'와 새로운 관계를 만든다는 것이다. 두 가지 접근방법 모두 호기심을 가지고, 알지 못함의 자세로 언어적 해석에 대한 개인의 집착을 '느슨하게 만들기'는 하지만, 다른 방법들을 사용한다. 설명을 위해 과거를, 바람직한 해석을 위해서 현재를 혹은 해결을 위해서는 미래를 살펴보는 전통적인 치료방법들과는 달리, 불교의 견해에서 작업을 하게 하면 치료자의 주의가 먼저 최소한의 해석으로 지금 이 순간을 온전히 '있는 그대로' 경험하는 데 집중된다. 먼저 온전히 경험하고 문제와 함께하면서 그에 대해 알아야만 그를 둘러싸고 있는 불안을 내려놓을 수 있다. 여기서부터 내담자들은 그들의 고통의 원인과 그것을 다룰 수 있는 방법들을 고찰할 수 있게 된다.

마음챙김 지향 부부 및 가족치료의 원리

불교심리학의 마음챙김과 수용의 개념을 사용하는 부부 및 가족치료 접근법은 치료자들이 현재 사용하고 있는 치료적 접근방법의 효과를 증진시키고 확장시킬 수 있는 몇 가지 독특한 원리를 가지고 있다.

1. 자기와 타인에 대한 자비심 계발하기
2. 호기심을 가지고 경험 바라보기

3. 친절하게 마음 돌보기
4. 통찰과 지혜 추구하기
5. 지금 이 순간을 스승으로 받아들이기
6. 자기와 타인에 대해 깊이 경청하기
7. 비공격적인 말, 행동에 대해 서약하기
8. 무심(無心)히 이루어지는 상호작용 패턴에 대해 마음챙김하기
9. 관계 속에서 평정심 갖기

자기와 타인에 대한 자비심 계발하기

불교에서 자비는 무작위로 할당된 성격특질이 아니라 오히려 의도적인 수행을 통해 길러진 습관이다(Hahn, 1997). **자애명상**(compassion meditation)은 사람들로 하여금 그들 자신, 사랑하는 이들, 심지어는 이방인들을 향해 자비심을 계발하도록 도와준다. 결국에는 다음과 같이 단순하고 명확한 소망이 된다.

> 제가 행복하고 건강하고 안전하기를 빕니다. 제 마음이 평화롭기를 빕니다.
>
> 당신이 행복하고 건강하고 안전하기를 빕니다. 당신의 마음이 평화롭기를 빕니다.
>
> 모든 사람이 행복하고 건강하고 안전하기를 빕니다. 그들의 마음이 평화롭기를 빕니다. (상세한 것은 8장을 보라.)

Gottman(1999)과 그의 동료들은 이혼 위기에 처한 부부들이 전형적으로 기본적인 긍정적 의도조차도 진실되게 표현하지 못하게 막는 방어, 비난, 담쌓기 그리고 경멸의 고통스러운 의사소통 패턴을 발달시켜 왔음을 밝혀냈다. 치료의 주요 목표들 중 하나는 자신과 배우자에 대한 자비심을 회복하고, 부부들이 그들 자신과 서로에 대해 자비심을 유지하고 심화시키는 습관과 수행을 돕는 것이다.

불교의 자비수행은 흔히 말하는 그런 자비가 아니라 오히려 인간 조건에 대한

영적 견지에 깊은 뿌리를 두고 있는 고유의 지혜이다. '**사성제(四聖諦, Four Noble Truth)**' 절에서 설명한 것처럼 불자들은 고통이란 살아 있는 모든 것 안에 내재되어 있고, 구축된 현실 세계의 속성을 이해하지 못하는 것이 쓸데없이 많은 고통을 만든다는 것을 잘 알고 있다. 깊이 들여다보면 불교의 자비는 인간이 되어 가는 것이 얼마나 힘든가에 대한 인식에서 나온 것이다. 치료자들은 내담자들과의 관계 속에서 이런 자비를 사용할 수 있고, 또 부부 및 가족들이 서로 더 사랑하는 법을 배우도록 도와줄 때도 이런 불교의 자비를 사용할 수 있다.

호기심을 가지고 경험 바라보기

자비심에 이어 마음챙김 정보에 기반을 둔 치료의 두 번째 중요 원리는 호기심을 가지고 경험을 바라보는 것이다. 치료자와 내담자 모두 어려운 정서 문제를 대상으로 하는 마음챙김 접근을 하면서 도움을 받을 수 있다. 치료자들이 내담자에게 호기심과 자비심, 용기를 가지고 마음챙김하면서 내담자 문제에 관여하는 방식들의 역할 모델이 되어 줄 때, 치료자들은 포착하기 어려울 수 있지만 심오한 메시지를 전달한다. 치료자들이 고통스러운 주제에 대해 편안하게 고찰해 볼 수 있도록 도와주면, 내담자가 그들의 경험에 대해 호기심을 가지고, '어떻게 그런 문제들이 일어나고 있는지?' '내가 더 나쁘게 혹은 더 좋게 만드는 그 어떤 것을 하고 있는지?' '그것이 나의 삶과 관계에 얼마나 영향을 주고 있는지?' 보다 깊이 있게 살펴보고, 탐구해 볼 수 있게 된다.

치료자들은 다른 수많은 마음챙김에 기반을 둔 개입뿐만 아니라 마음챙김 명상 훈련을 사용하여 내담자들이 호기심과 자비심을 가지고 내적 경험과 관계적 상호작용을 바라보는 능력을 발달시키고, 궁극적으로 이를 습관화하도록 도울 수 있다. 한 개인이 자신의 힘든 내적 정서를 바라볼 수 있으면 그만큼 경험에 효과적으로 반응하여 보다 바람직한 결과를 만들 수 있게 된다. 마음챙김 습관이나 특질은 더 높은 관계 만족감 및 관계 스트레스에 대한 더 나은 반응과 상관관계를 가지고 있다(Barnes, Brown, Krusemark, Campbell, & Rogge, 2007). 마음챙김 기술은 부부 및 가족이 잠재적인 갈등을 더 효과적으로 다룰 수 있도록 도와서 그들의 문제를 해소할 수 있는 좀 더 나은 방법을 찾도록 해 준다.

친절하게 마음 돌보기

항상 직접적으로 명확하게 표현되지는 않지만 마음챙김 연구와 치료에서 시사하는 가장 명확한 메시지들 중 하나는 인간에게는 자신의 마음을 관리하고 자기조절하는 능력과 책임이 있다는 것이다. 자기조절 능력을 증진시키기 위해 마음챙김을 사용하는 대부분의 경우에는 주로 우울, 불안 혹은 신체적 통증과 같이 개인 안에서 확인되고 제기되는 문제에 초점을 맞춰 왔다(보다 상세한 논의는 3장에서 다뤄지고 있다). 분명 자기조절 능력은 역동적이고 복잡한 부부 및 가족관계를 증진시키는 데도 중요하다. 부부 혹은 가족 중 한 사람만이라도 자기조절 능력을 증진시킬 수 있다면, 그 노력만으로도 관계 갈등의 빈도와 심각도가 감소될 것이다.

일반적으로 부부 및 가족치료 접근방법 중 자기조절 능력 증진을 옹호하는 접근방법은 거의 없고, 대신 부부 및 가족의 행동적 상호작용 패턴을 변화시키는 데 초점을 맞추어 왔다. 물론 어떤 수준에서는 행동적 패턴을 변화시키는 데 상당한 자기조절 능력이 요구된다. 마음챙김 접근방법은 치료자에게 부부 및 가족의 사고와 정서에 대한 자기조절 능력을 증진시켜 그들 간 관계를 향상시킬 수 있는 보다 직접적이고 효율적인 수단을 제공한다.

통찰과 지혜 추구하기

대부분의 부부 및 가족 접근방법이 현실(reality)에 대한 구성주의 가정에 근거하고 있기는 하지만 내담자들에게 이런 세계관을 직접적으로 교육시키는 것을 옹호할 사람은 거의 없다. 반면에, 많은 마음챙김 접근방법에서는 내담자에게 고통이 일어나는 방식에 대해 교육시키는 것을 옹호하고 있고, 그들이 현실의 속성에 대해 더 큰 차원의 통찰과 지혜를 발달시킬 수 있도록 격려해 준다(Hayes, Strosahl, & Wilson, 1999; Segal, Williams, & Teasdale, 2002). 예를 들어, ACT와 MBCT에서 치료자들은 내담자들이 그들의 사고와 정서가 '사실' 혹은 '진짜 현실(true reality)'이 아니라 오히려 도움이 될 수도 있고 아닐 수도 있는, 혹은 정확할 수도 있고 아닐 수도 있는 순간적인 경험임을 알아차리도록 돕는다. 또한 이런 접근방법 및 다른 관련 접근방법은 내담자들이 의미를 어떻게 해석하고 어떻게 상황에 반응하는지를 발견해 가도록 돕는다. 자신의 사고와 더 잠정적인 관계를 맺게 되면, 사고의 유용성과 정확성에 대해 비판적으로 살펴볼 수 있고, 주어진 상황에서 가장 도움이 되는 해석을 선택할 수 있는 기회를 갖게 된다. 따라서 마음챙김 정보에 기반을 둔 치료들에서는 장기목표를 인간 마음과 인간 경험에 대한 내담자의 통찰을 증진시키는 것으로 설정한다.

보다 전통적인 의미에서 지혜를 추구하는 것과 더불어, 많은 불교 학파는 도움이 되지 않는 집착을 놓아 버리기 위해 예기치 못한, 혁신적인 접근방법을 사용하여 '미친 지혜(crazy wisdom)'를 실천하라고 한다(Trungpa, 1991). 미친 지혜는 우리를 우리의 집착과 세계관 속에 가두는 가정을 끊어 버리는 논리와 대립하며 논다. 헤일리(Haley, 1987), 케니(Keeney, 1983, 1996) 그리고 바츨라비크(Watzlawick, 1984)와 같은 체계적 가족치료자는 부부에게 거실 공간을 다음 논쟁을 위한 법정으로 만들어 보도록 제안하는 것과 같은 방식으로, 회기 내에서 역설, **낮은 자세 취하기(one-down position)**와 유머 등을 사용하여 체계를 '혼란스럽게 만들어' 변화를 촉진시키는 것으로 잘 알려져 있다.

마음챙김 정보에 기반을 둔 치료에서 '미친지혜'는 치료자들과 내담자들이 마음챙김, 수용과 다른 불교 원리를 너무 진지하게 받아들여서 그것이 고통을 증가시키는 또 다른 집착을 낳지 않도록 해 준다. 미친 지혜를 실천한다는 것은 불교의 원리가 주의를 기울여야 하는 진리라기보다는 훈련을 위한 매개체일 뿐이라는 점에서 그것들을 '공(空)'으로 인식하면서도 마음챙김 가르침을 진지하게 받아들이는 것이다. 따라서 그것들이 치료 순간마다 매번 드러나지 않는다고 할지라도(어떤 순간에는 부적절할지라도), 마음챙김 정보에 기반을 둔 치료는 그 핵심에 재미(playfulness)와 편한 마음(lightheartedness)이 있어야 한다. 그럼에도 인생의 굴곡(life's twists and turns)에서 웃음을 배운다는 것이 영혼에게는 매우 치유적일 수 있고 내담자들에게는 있는 그대로 편안하게 받아들여 인생의 가벼운 측면과 연결하는 데 도움이 될 수 있다.

무심(無心)히 이루어지는 상호작용 패턴에 대해 마음챙김하기

사람들이 그들의 상호관계 패턴을 더 잘 알아차림 하도록 도와주는 것이 모든 부부 혹은 가족 접근방법의 중요 요소이다. 마음챙김 정보에 기반을 둔 접근방법을 사용하게 되면, 부부와 가족이 그들의 **무심(無心)히 이루어지는**(mindless) 전형적인 상호작용 패턴을 더 잘 알아차림하도록 도와줄 수 있다. '무심(無心)히 이루어진다'는 용어는 만약 어떤 사람이 마음챙김을 할 수 있으면, 즉 자기와 타인에 대해 자비심을 가지고, 판단하지 않고 있는 그대로 받아들인다면, 그들이 갈등이나 불편한 관계를 만들어 내지 않을 수 있다는 것을 강조한다. 물론 당신이 말다툼에서 배우자보다 더 침착한 상태를 유지하고 있는 경우에, 무의식적으로 더 마음챙김을 잘하고 있고, 도덕적으로도 더 우위에 있다고 생각하고 싶은 유혹이 일어날 수 있지만, 그렇다고 해서 그것이 관계에 대해 마음챙김하고 있다는 것을 의미하지는 않는다. 대신에 마음챙김이 이루어지고 있다는 증거(telltale sign)는 자신뿐만 아니라 타인의 입장에 대해서도 자비심을 가지고 이해하고, 파괴적인 결과보다는 긍정적인 결과를 이끌어 내는 방식으로 나아가는 것이다.

치료자는 내담자가 그들의 패턴을 알아차리도록 도와주고, 그 마음챙김 기술을 새로운 대인관계 영역으로 가져가도록 격려해야 한다. 많은 이에게 있어서 마음챙김 관계하기는 내담자가 성공적으로 마음챙김을 적용할 삶의 마지막 영역이다. 가족이 학교 시간에 늦지 않게 집을 나서기 위해 재빨리 아침 일과를 준비하는 것과 같이 무심히 이루어지는 상호작용 패턴은 그렇게 해롭지 않을 수 있지만, '사소한 것'에 대한 논쟁이나 고통스러운 주제에 **대해 논의를 하는 것을**

회피하는 것 등은 상당히 파괴적인 결과를 초래할 수 있다. 내적 과정에 초점을 맞추는 전통적인 마음챙김 실제를 평범한 상호작용과 힘든 상호작용에서 관계하고, 상호작용하는 방식에 초점을 맞추는 것으로 치료 과정을 확장할 수 있다. 모든 마음챙김 훈련과 마찬가지로 문제는 판단하거나 비난하지 않고 자신의 알아차림을 증진시키는 것이다.

지금 이 순간을 스승으로 받아들이기

특히 부부 및 가족을 대상으로 하는 치료 작업과 관련된 마음챙김 가르침은 지금 이 순간이 완벽한 스승이라는 것이다(Chödrön, 1997).

> 절망, 당혹스러움, 안절부절못함, 분개, 분노, 질투 그리고 두려움과 같은 감정들은 나쁜 뉴스가 아니라 우리가 감수해야 하는 지점이 어디인지를 가르쳐 주는 기회들이다. 우리가 주저앉고 싶다거나 뒷걸음치고 있다고 느껴질 때 그것은 우리에게 기운을 되찾고, 희망을 가져야 한다고 알려 준다. 그런 감정들은 우리가 꼼짝할 수 없는 그 시점을 무서울 정도로 명확하게 알려 주는 메신저와도 같다(p. 12).

친구 및 가족 관계는 아마도 우리가 꼼짝할 수 없는 지점이나 성장이 필요한 시점에서 가장 효과적이고 가혹한 교사들이다. 배우자, 부모, 자녀들과의 관계는 좋든 나쁘든 우리의 한계를 드러내는 벌집이 산재해 있다. 치료자가 내담자들이 친한 사람들과의 긴장과 갈등을 성장과 배움의 기회로 바라볼 수 있도록 도와주면, 이것이 내담자들로 하여금 이런 문제들에 대해 보다 전향적이고 효과적인 접근방법을 취하도록 도와준다.

치료자들이 직면하는 가장 커다란 도전들 중 하나는 부부 및 가족들이 그들의 상황에 도움이 되는 태도를 가지고 접근하도록 도와주는 것이다. 대개 관계적 도움을 얻고자 할 때까지 그들은 자신들을 절망하게 만드는 격렬하고, 해묵은 갈등으로 깊은 혼란을 경험한다. 치료자들은 내담자들에게 왜 그들이 배우자나 가족원들과 그런 독특한 다툼에 반응하고 있는지에 대해 호기심을 가져 보도록 함으로써 그들의 입장을 누그러뜨릴 수 있다. 이 긴장이 그들의 민감성 혹은 잠재적인 성장 영역에 대해 드러내고 있는 것은 무엇인가? 지금 이 순간이 가르쳐 주는 것에 대해 관대한 호기심을 가져 보게 함으로써 내담자들이 그들의 관계 문제에 보다 효과적으로 접근하도록 도울 수 있다.

자기와 타인에 대해 깊이 경청하기

마음챙김 훈련은 사람들이 자신과 조심스럽고 신중하게 조율하는 방법을 배울 수 있게 도와준다. 같은 기술을 관계에 적용하여, 배우자, 친구 그리고 가족들에게 더 깊이 귀를 기울이게 할 수도 있다. 다른 사람에게 깊은 주의를 기울인다는 것은 자기에게 귀를 기울이는 데 사용되는 많은 기술과도 관련된다. 즉, 잡념을 가라앉히고, 판단을 유보하며 일어나는 것들에 대해 자비심을 갖는 것이다(Hahn, 1997). 많은 경우에 깊이 경청하는 법을 배우는 것이 치료 과정에서 가장 중요한 부분이다.

치료자는 먼저 회기 내에서 내담자들의 말을 주의 깊게 귀를 기울임으로써 그들에게 주의 깊게 들어주는 방법을 가르쳐 준다. 종종 나는 배우자와 부모가 회기 전에는 자녀나 배우자가 하는 말을 한 번도 그렇게 들어준 적이 없었다는 말을 듣곤 한다. 집에서 하였던 말을 하면 상대가 주의를 귀 기울여 듣지 않는 경우가 있다. 또 안전하다고 느껴지지 않아서 그런 생각과 느낌을 이야기하지 않는 경우도 있다. 어느 경우든, 부부 및 가족이 서로에게 말하고 경청할 수 있을 만큼 충분히 속도를 늦추고 안전감을 느낄 수 있도록 도와주기만 해도 많은 치유가 일어난다. 많은 상황에서 결심(resolution)은 보다 깊은 이해와 거의 맞닿아 있다.

비공격적인 말, 행동에 대해 서약(誓約)하기

불자들이 고통을 줄이기 위해 추구하는 팔정도의 일부분인 '비공격적인 말과 행동을 하지 않겠다'는 '**서약**(誓約, commitment)'은 마음챙김 훈련과 밀접하게 연관되어 있다(Hahn, 1997). 공격성을 사용하지 않겠다는 불자의 서약을 갈등 없는 관계를 맺으려는 완벽주의자들의 욕망과 혼동해서는 안 된다. 불교의 견해는 갈등이나 자기주장을 두려워하는 것이 아니고, 오히려 모든 것을 존중하는 방식으로 진실을 말하겠다는 서약에 토대를 두고 있다. 고트먼(Gottman, 1999)의 연구는 비록 주로 배우자의 무례한 말에 대해 잘 참아 내지 못하는, 그리고 말하기 힘든 문제들을 쉽게 꺼내지 못하는 여성들에게 초점을 맞추고 있지만, 의사소통의 질이라는 견지에서 높은 기준을 가지려고 애쓰는 것이 중요하다는 점을 시사한다. 마음챙김 훈련을 통해 자기조절 능력을 증진시킬 수 있다는 원리에 토대를 두고, 비폭력적 언어와 행동을 하겠다는 서약을 하는 마음챙김에 기반을 둔 접근방법은 마음챙김 훈련자들이 스스로에게 부여하는 개인적 행동규준이 된다.

마음챙김 접근방법을 사용하는 부부 및 가족치료자는 내담자가 덜 공격적인 언어와 행동을 사용하는 방향으로 움직이게 유도하는 명확하게 정의된 행동규준을 언어화하고 그 규준에 관여하도록 도와줄 수 있다. 여러 가지 이유로 많은 부부가 관계에서 낮은 공격성 표현에 비교적 낮은 기준을 가지고 있다. 상대방에 대한 질 낮은 대우를 표준화하기 위해 '모든 부부가 싸운다.' '그/그녀는 지쳐 있었다. 술을 마셨다 등등.' '적어도 그는 나를 때리지는 않는다.' 혹은 '적어도 우리는 X와 같이 나쁘지 않다.'와 같은 미디어의 예들을 사용한다. 많은 부부 및 가족이 이에 대해 적대적이지 않는 방식으로 혹은 무례하지 않는 방식으로 이의를 제기해 본 경험이 없다.

수십 년 동안, 치료자들은 부부 및 가족들이 좀 더 존중해 주는 방식으로 의사소통하도록 도와주고는 있지만 주로 교육적 견지에서 그렇게 해 왔을 뿐이다. 치료전문가들은 내담자에게 좀 더 존중해 주는 의사소통 방법을 가르쳐 줄 수 있을 것이다. 내담자들에게 공격성이 모든 부분—방의 내부와 외부에 있는 것들—에 해를 끼치고 있음을 알려 주면서 마음챙김 접근방법들은 서로 다른 접근방법들을 알려 준다. 원칙에서 벗어난 관계 속에서 그들 자신이 공격성을 피하겠다는 진지한 약속을 하도록 한다. 이러한 비폭력 서약을 하게 만드는 강력한 힘은 상호 존재성, 즉 우리 모두가 어떻게 연결되어 있는지, 그리고 어떻게 우리의 행동들이 이 순간에 방에 있는 다른 사람들보다 더 영향을 주는지에 대한 이해를 발달시키는 것이다. 따라서 그런 내담자들은 본질적으로 비공격적인 관계를 형성하기 위해 할 수 있는 것은 무엇이든 하려고 동기화된다. 치료자는 내담자와 함께 비공격적인 행동에 대한 서약을 개발하고, 내담자가 자기와 타인을 존중하면서 효과적으로 진실을 말하고, 어려운 문제에 직면하는 방법들을 찾을 수 있도록 도와줄 수 있다.

▌관계 속에서 평정심 갖기

맥컬럼과 나(Gehart & McCollum, 2007)는 마음챙김 정보에 기반을 둔 관계치료를 더 큰 평정심을 만들어 내는 치료라고 하였다. **평정심**(equanimity)은 관계의 흐름에 맞춰서 우아하게 움직이는 능력이다. 마음챙김 훈련에서 강조되는 것처럼 삶을 '있는 그대로' 받아들이는 것이다. 이를 관계에 적용하였을 때, 평정심은 자신 및 타인이 지속적으로 성장하고 변화하는 과정에서 일어나는 관계의 흐름을 기꺼이 받아들이게 한다. 관계를 고정된 실체라고 보는 것이 보편적이고 부분적으로 맞는 말이기는 하지만, 그것을 끊임없이 진화하는 것으로 보는 것이 아마도 더 정확하고 도움이 될 것이다.

전문가는 사람들이 변화하도록 도와줄 책임이 있기 때문에 치료자는 내담자의 변화 동기를 존중하는 것과 내담자가 있는 그대로를 받아들이도록 도와주는 것 사이에서 조심스럽게 절충해야 한다. 불교의 견해에서 보면, 모든 변화는 있는 그대로를 받아들이게 되면서부터 시작된다. 어떤 경우에는 있는 그대로를 받아들이는 것이 자연스럽게 변화로 이어진다. 예를 들어, 부모가 그들의 자녀가 믿는 만큼/원하는 만큼 머리가 좋지 않다는 것을 혹은 탄탄하게 숙달되어 있지 않다는 것을 받아들이기 시작하면 부모-자녀 관계에서 유의미한 변화가 일어날 수 있다. 역설적으로 자녀들이 부모로부터 수용되고 지지받고 있다는 경험을 하면서 자녀의 수행이 증진되는 경우도 있다. 또 다른 경우에는 부모가 자폐증과 같은 자녀의 문제를 수용하는 것이 상황을 변화시키지는 않지만, 부모-자녀 관계를 역동적으로 변화시킬 수 있다. 두 경우에, 마음챙김 정보에 기반을 둔 접근방법으로 작업을 했을 때 의미 있는 변화가 일어나느냐 그렇지 않느냐는 이차적인 문제가 된다. 일차적인 목표는 내담자들이 더 큰 평정심과 지혜를 가지고 삶의 난관에 직면하도록 돕는 것이다.

전문가의 견해에서 보면, 이것이 마음챙김 견해와 나의 작업을 통합하면서 나타난 가장 유의미한 변화들 중 하나였다. 이전의 전통적인 방식에서는 무엇이 달라지기를 바라는지, 즉 목표를 설정하고 원하는 결과를 얻도록 도와주었다. 사실, 나는 이런 전통적인 과정에 꽤 정통해 있었다. 여전히 그런 목표를 추구하기는 하지만 나는 내담자들이 치료 이후의 투쟁을 더 성공적으로 다룰 만큼 좀 더 높은 수준의 평정심(장기목표)을 갖게 될 때까지는 치료 작업을 수행하였다고 보지 않는다. 부부들을 대상으로 한 고트먼(Gottman, 1999)의 연구 역시 그런 장기적 목표를 지지해 주고 있다. 부부가 논쟁하는 문제의 69%가 비교적 변화될 수 없는 성격 차이에 기인하는 '**영속적인 문제**(perpetual problem)'이다. 성공하는 부부들은 이런 문제들을 평온하게 다루는 방법을 배운 부부들이다.

관계 문제를 가지고 있는 내담자들을 도울 때, 평정심을 개발하는 것이 특히 도전이 될 수 있다. 우리 대부분은 배우자, 자녀, 부모 그리고 법적 관계로 맺어진 이들에서의 변하기 쉬움(vicissitude)과 변화보다도 우리 자신의 변하기 쉬움과 변화를 더 쉽게 받아들인다. 우리가 변화할 때, 성장은 '자연스럽게' 일어난다. 다른 사람이 변화할 때(혹은 우리가 원하는 방식으로 변화가 이루어지지 않을 때) 그것은 상실 혹은 부담이고, 더 나쁜 것은 배신이다. 좋든 나쁘든 그들의 복잡성 때문에 관계는 우리 대부분이 개별적으로 경험하는 것보다 더 많은 변화의 기복을 경험한다. 이런 이유로 내담자들이 평정심을 가지고 관계의 변화에 선택적으로 반응하는 능력과 경향성을 발달시키도록 도와주면 내담자들은 그들 삶의 모든 영역에서 잘 살아갈 것이다.

이런 점에서 치료자들은 미국과 같은 곳에서 문화적으로 지지를 받고 있는 신화, 즉 고통 없고, 문제 없는 생활이 가능하고 유지될 수 있다는 신화를 없애고, 이런 신화를 선과 악, 삶과 죽음, 기쁨과 슬픔이 담겨져 있는 전체적이고 복잡한 삶의 춤을 담아내는 보다 겸손하고 자유로운 통찰로 대체할 수 있도록 도와준다. 궁극적인 목표는 삶과 우리의 관계를 투쟁의 관계에서 기꺼이 함께 어울려서 가는 관계로 변화시키는 것이다.

철학에서 훈련으로

불교심리학은 부부 및 가족치료자들에게 그들의 작업을 내담자의 삶에서 겪는 고통으로부터 도피하거나 그 고통에 매여 있기보다 더 효과적으로 참여할 수 있도록 도와주는 접근방법으로 새롭게 계획해 보도록 한다. 치료 과정은 삶에서 겪는 피할 수 없는 고통을 더 능숙하게 포용하고 자연스럽게 일어나는 많은 형태의 고통을 완화시키는 법을 배우는 과정이다. 목표는 더 이상 문제가 없는 삶을 추구하는 것이 아니라 삶의 흐름에 맞춰 우아하게 움직이면서 외적으로 기쁨과 행복을 추구하기보다는 내적으로 기쁨과 행복을 얻는 법을 배우는 것이다. 마지막으로, 부부 및 가족치료자들에게 가장 중요한 것은, 불교 접근방법이 고통의 속성을 이해하는 데에서 나오는 자기와 타인에 대한 자비심에 새롭게 접근하는 방법, 즉 새롭고 예기치 못한 방식으로 내담자의 사랑의 깊이를 더해 주는 데 유용한 견지를 제공한다는 것이다.

· 03 ·

마음챙김 연구 토대

마음챙김에 대해 가지는 흥미로운 기대는 임상적 효과성뿐만 아니라 마음챙김의 신경학적인 영향을 포함하여 빠르게 확장되는 연구 토대들과 관련이 있다. **교차학문적**(cross-discipline)이고 다면적 증거 기반들이 마음챙김 훈련을 빠른 속도로 주류화시켜 놓았고, 십 년 사이에 명상을 2차적인 정신건강 활동에서 매우 존중받는 치료 대안으로 바꿔 놓았다. 부부 및 가족을 대상으로 한 특별하고, 매뉴얼화된 마음챙김에 기반을 둔 치료 연구로 한정되기는 하지만, 마음챙김과 그 효과에 관한 연구들이 출현하고 있는 **증거 기반 실제**(evidence-based practice)로 마음챙김 정보에 기반을 둔 치료를 고려해 보게 하는 충분한 지지 증거를 제공하고 있다(Patterson, Miller, Carnes, & wilson, 2004).

마음챙김에 관한 효과성 연구들은 다음에 관한 것들이다.

- 신체건강
- 성인 정신건강
- 이혼 위기에 처해 있는 부부와 문제 없는 부부
- 아동, 청소년 그리고 가족들
- 대뇌

마음챙김과 신체건강

▌마음챙김과 의학적 장애

존 카밧진(Jon Kabat-Zinn)은 내과 의사들로부터 스트레스로 인해 심각한 만성 질환을 가지고 있다고 의뢰된 환자들을 대상으로 일하면서 **마음챙김에 기반을 둔 스트레스 완화**(MBSR)를 연구하기 시작하였다. 지난 30년 동안 마음챙김은 다음과 같은 다양한 범위의 신체 조건에서 치료 성과를 보인 것으로 밝혀져 왔다(Baer, 2003; Shapiro & Carlson, 2009).

- 만성통증
- 암: 심리적, 생물학적 그리고 수면 결과
- 심혈관장애
- 간질
- HIV/AIDS
- 건선(psoriasis)
- 류머티스 관절염
- 섬유조직염(fibromyalgia)
- 장기이식(organ transplant)
- 2형 당뇨병
- 다발성 경화증
- 수면장애
- 복합적 의료진단

앞의 신체 조건들 중에서 가장 광범위한 연구는 MBSR의 원래 목표 집단인 만성통증과 암을 대상으로 수행되었다(Shapiro & Carlson, 2009). 신체건강 영역의 연구 대다수는 질병과 관련된 스트레스 수준, 불안 및 우울과 같이 정신건강 연구와 유사한 결과에 초점을 맞추었다. 이런 연구들 중 소수 연구에서는 질병의 경과나 병리에 직접적인 영향을 주는 마음챙김을 사용하였다. 이런 예외들에는 만성통증, 건선, 간질, 암 등이 포함되었다. 신체장애를 대상으로 한 마음챙김 연구에 대한 메타분석에서 마음챙김이 비교적 일관되게 큰 효과를 보였는데, 이는 마음챙김이 장애와 심각한 질병으로 인한 스트레스 대처에 도움이 됨을 시사한다(Grossman, Niemann, Schmidt, & Walach, 2004).

▌만성질병에 대한 부부 및 가족 적응

만성적 혹은 심각한 의학적 소견을 가지고 있는 사람들의 배우자와 부양자를 대상으로 마음챙김의 효과를 다룬 연구들은 적다. 버니, 갈랜드, 칼슨(Birnie, Garland, & Carlson, 2010a)은 암환자와 그 배우자가 함께 프로그램에 참여한 이후에 기분, 마음챙김 그리고 스트레스에서 호전되었음을 발견하였다. 마찬가지로 마이너, 칼슨, 매켄지, 제르니케 그리고 존스(Minor, Carlson, Mackenzie, Zernicke, & Jones, 2006)는 MBSR이 만성적 건강문제를 가지고 있는 자녀를 돌보는 부모의 스트레스와 기분 증후들을 감소시켰음을 밝혀냈다. 이 결과는 장기적으로 돌봄을 제공하고 만성적 질병에 대처하면서 스트레스를 지속적으로 관리해야 하는 부부 및 가족에게 매우 고무적이다.

▌건강한 성인을 대상으로 한 신체건강 효과

건강한 성인을 대상으로 마음챙김의 생리적 효과를 고찰한 연구들도 몇 개 있다(Shapiro & Carlson, 2009). 요약해 보면, 이 연구들에서 밝혀진 결과는 다음과 같다.

- **멜라토닌의 증가:** 수면주기 통제와 관련된다. 암과 같은 질병과도 관련된다.

- **부교감신경계 심혈관계 활동의 증가**: 이완반응과 관련된다.
- **심박변이도(heart rate variability) 증가**: 이완반응과 관련된다.
- **폐에서 가스 교환 증가**: 산소의 효율적인 흡입과 유독가스 배출과 관련된다.
- **면역기능 증진**: 병원균에 저항하는 능력과 관련된다.
- **혈압 감소**: 수축기 혈압을 낮춘다(Chiesa & Serretti, 2010).

마음챙김과 성인 정신건강

정신건강 문제를 다루는 마음챙김에 기반을 둔 치료와 마음챙김 정보에 기반을 둔 치료는 빠르게 표준화되면서 인정받고 있으며, 경도에서 중도에 이르는 정신장애 치료법으로 사용되고 있다. 마음챙김은 다음과 같은 다양한 정신건강 문제를 가지고 있는 성인을 치료하는 데 활용되고 있다.

- **우울증과 우울증 재발**: 마음챙김에 기반을 둔 인지치료(MBCT; Ma & Teasdale, 2004; Segal, Williams, & Teasdale, 2002)는 초기엔 우울증 치료 및 재발 방지를 위해 고안되었고, 그 효과성을 입증해 주는 증거 기반들이 증가하고 있다.
- **양극성 장애**: MBCT와 DBT(변증법적 행동치료)는 양극성 장애에 맞게 수정된 것이다(Weber et al., 2010).
- **불안과 공황**: ACT(수용전념치료), MBCT, MBSR뿐만 아니라 일반적인 마음챙김 기법 모두 불안과 공황에 성공적으로 사용되어 왔다(Greenson & Brantley, 2009).
- **물질남용과 중독**: MBCT를 본떠서 만든 마음챙김에 기반을 둔 재발 예방은 중독과 관련된 갈등을 다루는 법을 배우는 적절한 치료법으로 성장하고 있다(Witkiewitz, Marlatt, & Walker, 2005).
- **섭식장애**: MBSR 교육과정이 폭식증, 비만, 신경성 식욕부진증 그리고 신경성 폭식증과 관련된 자기조절을 위해 수정되기도 했다(Kristeller, Baer, &

Quillian-Wolever, 2006; Kristeller & Wolever, 2011; Wolever & Best, 2009).

- **경계선 성격장애**: DBT는 정서에 대한 마음챙김 알아차림을 접목시켜서 경계선 성격장애를 치료하는 접근방법이다.
- **주의력결핍장애**: 마음챙김이 ADHD로 진단받은 성인들의 자기조절 및 자기주도성 향상을 위해서도 사용되고 있다(Philipsen et al., 2007; Smalley et al., 2009; Zylowska, Smalley, & Schwartz, 2009).
- **외상과 PTSD**: 마음챙김이 외상의 특성인 경험회피 및 다른 증후들을 포함하여 외상에 대한 치료로 고찰된다(Follette & Vijay, 2009).
- **성 학대**: 최근 MBSR이 아동기에 학대를 경험한 성인들을 위한 작업으로 수정되어 고무적인 성과를 내고 있다(Kimbrough, Magyari, Langenberg, Chesney, & Berman, 2010).
- **정신병**: 마음챙김이 정신병 증상의 비반응적 수용과 반응을 증가시키고, 신체적으로 파편화되는 듯한 감각을 감소시키는 데도 사용되고 있다(Pinto, 2009).

적용 범위는 증가하는 연구만큼이나 인상적인데, 이는 마음챙김이 다양한 정신건강 문제에 유망한 개입법임을 시사한다. 예를 들어, 마음챙김에 기반을 둔 개입에 관한 메타분석연구에서 연구자들은 우울증 혹은 불안을 보이는 환자들에게서 높고 강력한 효과 크기(0.97과 0.95)를 발견하였다(Hofmann, Sawyer, Witt, & oh, 2010). 또한 MBSR에 관한 카모디와 베어(Carmody & Baer, 2008)의 연구에서 마음챙김을 훈련하는 데 보낸 시간이 임상적 호전과 정적 상관이 있었는데, 이런 결과는 마음챙김 훈련이 더 많은 마음챙김을 이끌어 내고, 이것이 또 증상 감소와 증진된 안녕감을 가져옴을 암시한다. 또한 MBSR에 관한 최근 연구에서 집단역동이 결과 변량의 7% 정도를 설명해 주는 것으로 나타났는데, 이는 이런 접근들에서 긍정적인 집단역동을 조성하는 것이 중요함을 보여 준다(Imel, Baldwin, Bonus, & MacCoon, 2008).

다양한 집단을 대상으로 한 마음챙김

마음챙김에 관한 연구 대부분은 다양성 변수에 제한적 초점을 맞추어, 의학적이든 심리학적이든 특정 장애로 진단받은 모집단을 대상으로 행해졌다. 이와 관련하여 주목할 만한 예외는 연령이다. 여러 연구에서 아동, 십대 그리고 나이든 성인들에게 적용하여 고찰하였다(Semple, Lee, & Miller, 2006). 마음챙김 연구에 참여한 참가자 대부분은 교육을 받은 중상위 계층에 속하는 코카서스인들이었다. 그러나 MBSR은 교과과정을 번역해 주어야 하는 스페인어 사용 집단을 포함하여 대도시 중심부, 소수집단 젊은이 및 성인들을 대상으로 한 연구들에서 사용되었다(Liehr & Diaz, 2010; Roth & Calle-Mesa, 2006). 이런 연구에 포함된 집단에 적용할 때는 외상 이력 때문에 신체에 초점을 맞추는 명상을 덜 강조하였고, 교육 수준 때문에 더 적은 인쇄물과 기록 과제 할당을 사용해야 했으며, **병참학적 문제**(logistical difficulty) 때문에 하루 종일 하는 침묵수행은 포함시키지 않았다. 또한 6회기에서는 대인관계 의사소통에서 분노조절로 초점을 바꿨고, 7회기는 자애명상에 초점을 맞추었다. 종결하면서 수료증을 배부하였는데, 이것이 많은 참가자에게 커다란 의미를 갖게 해 주었다. 동성애자 및 국제결혼을 한 부부를 대상으로 한 사례 연구에서는 마음챙김이 의사소통과 공감을 촉진시킬 목적으로 사용되었다(Greenan, 2010; Ting-Toomey, 2009). 다양한 집단에 맞는 최선의 마음챙김 훈련법을 찾아내기 위해서는 더 많은 연구가 이루어져야 한다.

변화 기제

마음챙김 개입에 반응을 보이는 다양한 장애를 살펴보면서, 연구자들은 변화 기제, 즉 마음챙김이 그런 다양한 신체적 · 정서적 문제에서 어떻게 변화를 촉진시키는가를 밝혀내려고 노력하기 시작하였다(Baer, 2003). 마음챙김에 기반을 둔 치료와 마음챙김 정보에 기반을 둔 치료에서 밝혀진 변화 과정의 중요 요인에는 다음과 같은 것들이 있다.

- **특질 마음챙김**: 규칙적으로 마음챙김을 훈련하는 사람이 더 많은 특질 마음챙김을 보고하고 있다(Baer, 2006).
- **정서조절**: 마음챙김은 사람들로 하여금 부정적 정서를 마음챙김 경험하면서 적응적인 반응행동을 선택할 수 있도록 해 줌으로써 정서조절을 증진시킨다(Gratz & Tull, 2010).
- **자기 연민(self-compassion)**: 마음챙김 훈련은 자기 연민을 증진시키는데, 이는 전반적인 안녕감 및 심리적 건강과도 상관이 있다(Baer, 2010).
- **사고와의 관계에서 탈중심화(decentering)하기**: 마음챙김 훈련은 내담자들의 사고와의 관계에서 탈중심화하도록 도와주는데, 즉 그들의 사고가 자신이나 어떤 것에 대한 본래적인 진실을 반영하고 있다기보다는 일시적인 현상으로 보게 한다는 의미다(Sauer & Baer, 2010).
- **심리적 유연성**: ACT 맥락에서 이루어진 연구에서 마음챙김 기법을 훈련한 사람들의 심리적 유연성이 증가하였는데, 여기에는 사고, 정서 혹은 신체감각과 같은 불쾌하거나 원치 않는 내적 자극을 기꺼이 경험하려고 하는 것까지 포함한다(Ciarrochi, Bilich, & Godsell, 2010).
- **가치**: 많은 마음챙김 정보에 기반을 둔 접근방법이 개인의 가치를 확인하고 자신의 선택이 자신의 가치를 얼마나 드러내는지 그렇지 않는지에 대해 더 잘 마음챙김하게 한다(Wilson, Sandoz, Flynn, Slater, & DuFrene, 2010).
- **영성**: 사람들의 영적 근원과 의도적으로 구분한다고 하더라도, 마음챙김에 기반을 둔 훈련들은 그럼에도 불구하고 사람들을 영성의 감각과 연결시킬 수 있도록 도와주며, 이는 증진된 심리적 기능과 상관이 있다(Kristeller, 2010).
- **작업기억**: 마음챙김 훈련이 작업기억 용량을 증가시키고, 기억 용량의 증가는 결국 부정적인 감정을 조절한다(Jha, Stanley, & Baime, 2010).
- **신경학적인 변화**: 신경학적 연구들에서 마음챙김이 대뇌와 그 구조에 매우 중요한 영향을 미치는 것으로 밝혀졌다(Treadway & Lazar, 2010; "마음챙김과 대뇌" 부분을 보라.).

부부를 위한 마음챙김

수많은 부부 치료자가 이혼 위기에 처한 부부와 문제가 없는 부부를 돕고자 마음챙김과 관련된 불교 원리들의 잠재 가능성을 탐구하기 시작했다(Carson, Carson, Gil, & Baucom, 2004; Christensen, Sevier, Simpson, & Gattis, 2004; Gale, 2009; Gehart, 2004, Gehart & Coffey, 2004; Gehart & McCollum, 2007; Gehart & Pare, 2009; McCollum & Gehart, 2010; Peterson, Eifert, Feingold, & Davidson, 2009; Ting-Toomy, 2009). 성인 정신건강 문제를 다루는 다른 치료와 비교하여 이런 마음챙김에 기반을 둔 접근방법이 가지고 있는 가장 주목할 만한 점은 자애와 자비에 기초한 훈련의 사용과 수용에 대한 강조다. 또한 연구자들은 성인 애착양식과 마음챙김 간의 관계에 대한 임상적 함의들에 대해 고찰하기 시작했다(Shaver, Lavy, Saron, & Mikulincer, 2007; Walsh, Balint, Smolira, Fredricksen, & Madsen, 2009).

❚ 자애명상

자애명상(Loving-Kindness Meditation)은 후기 대승불교와 바즈라야나 불교(Vajrayana Buddhism: 밀교) 전통에서 나온 것으로, 보살의 이상(Bodhisattva ideal)을 강조한다. 즉, 타인을 위한 자비심에서 자신의 깨달음을 늦추는 것이다(Dalai Lama, 1996). 보살은 모든 존재가 깨달음에 도달하는 것을 도와주려는 자비심에서 환생(rebirth)을 받아들이는데, 이는 그리스도교 전통 안의 그리스도와 몇 가지 점에서 유사하다. 자애명상은 훈련자들로 하여금 모든 존재, 즉 다른 사람, 생명을 지닌 창조물, 영적 존재 그리고 대부분의 어려운 자기 자신에 대해서 보살과 같은 자비심을 발달시키도록 도와준다.

자애명상은 전형적으로 많은 사람이 잘 되기를 빌어 주는 것이다("모든 존재가 고통에서 벗어나기를, 안전하기를, 행복해지기를, 그리고 잘 되기를…… 빕니다."; Hahn, 1997). 그 대신에 훈련자(보살의 안내에 따라)는 부정적인 에너지를 긍정적인 에너지로 바꾼다는 생각으로 숨을 들이쉬면서 타인의 고통을 받아들이고 숨을 내쉬면서 타인에게 치유와 축복을 보낸다. 이는 명상가들이 숨을 내쉬면서 부정적인 에너지를 내뱉고 숨을 들이마시면서 긍정적인 것을 받아들이는 행동적 스트레스 완화 훈련과는 매우 다른 훈련 방식이다. 시간이 흐르면서 자애명상 연구들에서 훈련자들이 긍정적인 정서뿐만 아니라 마음챙김, 삶의 목적, 사회적 지지 및 전반적인 신체적 건강에서의 증가를 경험하는 것으로 나타났다(Fredrickson, Cohn, Coffey, Pek, & Finkel, 2008). 자애명상은 이혼 위기에 처한 부부든 문제가 없는 부부든 간에, 모든 부부가 서로를 향해 큰 자비와 선의를 발달시키는 데 도움이 되었다.

부부를 대상으로 하는 많은 마음챙김에 기반을 둔 접근방법에서 고무적인 사실(Carson et al., 2004; Gale, 2009; Gehart & McCollum, 2007)은 자애명상이 **마음챙김에 기반을 둔 관계 증진(MBRE)**의 중심 특성 중 하나라는 것이다. 무선할당 시행으로 연구되었던 유일한 마음챙김에 기반을 둔 접근방법(Carson et al., 2004; Carson, Carson, Gil, & Baucom, 2006, 2007)인 MBRE는 MBSR의 집단 형태를 직접 본떠서 만든 것으로, 8주간에 걸쳐서 매주 2.5시간의 모임과 여섯 번째 주 주말에 이루어지는 하루짜리(7시간) 침묵수행으로 구성되어 있다. 결혼 전 관계 증진 프로그램(Premarital Relationship Enhancement Program)이나 미네소타 부부 의사소통 프로그램(Minnesota Couples Communication Program)과 같은 다른 부부 관계 강화 프로그램들과 마찬가지로 MBRE도 이미 발생한 결혼문제를 치료하는 것보다 교육을 통해 결혼문제를 예방하는 것이 더 쉽다는 가정하에 위기에 처해 있는 부부를 치료하려는 목적보다는 상대적으로 행복하고 만족스러운 관계를 강화시키기 위한 목적으로 고안되었다(Halford, Markman, Kline, & Stanley, 2002). MBRE는 의사소통과 친밀감 그리고 스트레스 대처 기술을 강조한다는 점에서 기존의 부부관계 증진 프로그램과는 구별된다.

MBRE에는 MBSR과 구별되는, 다음과 같은 부부 친밀감 증진 요소가 포함되어 있다.

- 자애와 자비 명상에 대한 강조
- 마음챙김 의사소통 기술들
- 파트너 요가 훈련 버전
- 마음챙김 촉감(등 마사지 훈련)
- 시선 응시 훈련
- 함께했던 유쾌한 활동과 불쾌한 활동에 대해 마음챙겨 주의 기울이기

카슨 등(Carson et al., 2006)은 마음챙김이 다음 네 가지 방식으로 부부들에게 도움이 될 수 있다고 말한다.

- 자신의 경험을 판단하지 않고 알아차림하게 되면 통찰이 일어나고, 이것을 대인관계에 적용할 수 있다.
- 마음챙김 훈련은 자신을 있는 그대로 수용하는 것이고, 이것이 타인에 대한 수용을 촉진한다.
- 비록 일차적인 목표는 아니지만, 마음챙김은 이완을 유도하고 스트레스 상태를 감소시키는데, 이것이 관계 문제에 대해 조용하게 접근하게 만들 수 있다.
- 많은 마음챙김 훈련가가 자기에 대한 확장이 보고되고, 더 높은 신뢰감, 타인에 대한 사랑 그리고 더 큰 완전체와 연결되어 있음으로 변화되어 간다.

2007년 칼슨 등이 연구자료(2004년)를 바탕으로 분석한 결과에 따르면, 자기-확장 활동에 함께 참여하는 것이 MBRE의 긍정적 결과의 중요한 변수 반응이었고, 수용과 이완보다 더 많은 변화 설명량을 가지고 있는 것으로 나타났다. 비록 이런 결과들이 예비적이기는 하지만 그 연구에서 치료자들은 마음챙김에 기반을 둔 요가와 명상처럼 부부가 함께하는 신선하고 자극적인 활동을 강조하고 싶어 하는 것으로 나타났는데, 이런 활동들이 긍정적인 부부만족도와 상관관계를 가지고 있다(Aron & Aron, 1997).

수용에 기반을 둔 부부 접근방법

두 가지 행동적 접근방법, 즉 통합적·행동적 부부치료(Christensen & Jacobson, 2000; Christensen et al., 2004)와 부부를 위한 수용전념치료((Harris, 2009; Peterson et al., 2009)는 위기에 처해 있는 부부를 대상으로 작업할 때 수용 촉진을 강조한다. 두 접근방법은 수용과 부부를 위한 행동치료를 접목시키고, 마음챙김에 기반을 둔 원리를 담고 있는 ACT와 통합시켰다. 앤드류 크리스텐슨(Andrew Christensen)은 접근방법의 장기적 효과를 높이기 위해 그와 야콥슨(Jacobson)의 행동적 부부치료에 배우자 행동의 수용을 강조하는 접근을 추가시켰는데, 이것이 가장 잘 연구된 부부 접근방법 중 하나인 통합적·행동적 부부치료가 되었다. 최근 연구들(South, Doss, & Christensen, 2010)에서 수용은 관계 만족도와 완전히 다른 것이고, 한 배우자의 행동과 관계 만족도 및 자신의 행동 간 관계를 매개해주는 것으로 밝혀졌다. 문제가 없는 부부를 대상으로 한 MBRE 연구들에서 수용이 확인된 것은 아니기 때문에 수용은 위기에 처해 있는 부부들에게 더 중요한 문제일 것이다.

최근에 ACT 훈련가들은 ACT에 근거를 두고(Hayes, Strosahl, & Wilson, 1999), 이 접근방법을 부부들에게 맞게 수정하기 시작하였다(Harris, 2009; Peterson et al., 2009). 특히 ACT 개입은 내담자들의 불편한 사고와 정서 회피를 감소시키는데, 그들이 사고에 덜 집착하고, 덜 동일시하게 만드는 데(사고융합), 그리고 가치 있는 삶을 지향하는 전념행동을 증가시키는 데 도움이 된다. 이 모든 것이 배우자들이 종종 불편한 문제를 회피하거나 그들의 배우자에 대한 부정적인 고정관념을 확신해 버리는 위기에 처한 부부관계를 개선하는 데 유용하다. 두 부부를 대상으로 한 예비 사례 연구(Peterson et al., 2009)에서 ACT가 부부들의 결혼 만족도 및 적응을 증가시키는 데 유용한 접근방법일 뿐만 아니라 대인관계 및 심리적 불편감을 감소시키는 데도 유용한 것으로 나타났다.

ACT에서 수용의 사용은 IBCT와는 다르다(Peterson et al., 2009). IBCT에서는 부부에게 배우자에 대한 수용을 증가시키고 배우자를 변화시키려는 욕망은 감소시키라고 한다. 따라서 수용은 자신의 배우자에게 집중하는 것이다. 다른 한편으로 ACT는 자신의 개인적 반응을 목표로 한다. ACT는 부부에게 그들의 부정적인 내적 평가가 정확하지 않으므로 거기에 따라 행동할 필요가 없음을 인식하고, 배우자에 대한 내적 반응을 마음챙김으로 수용하도록 도와준다. ACT는 또한 이런 사고들에 융합되지 않고 자신의 내적 반응을 수용하도록 도와 내담자의 반응 유연성을 증가시킨다.

▌성인애착과 마음챙김

수용과 부부치료에 대한 연구 이외에도, 성인애착 패턴과 마음챙김 사이의 관계를 고찰하는 연구도 행해졌다. 70명의 참가자를 대상으로 3개월 간 이루어진 마음챙김 침묵수행 연구에서, 셰이버(Shaver)와 그의 동료들은 마음챙김이 불안 및 회피 애착양식과 부적 상관이 있음을 밝혀냈다. 보다 자세히 살펴보면, 마음챙김의 비판단적인 측면에서 어려움을 겪는 불안애착양식을 가지고 있는 이들과 회피애착양식을 가지고 있는 이들은 안정애착양식을 가지고 있는 참가자와 비교해서 지금 이 순간에 존재하기에서 어려움을 보였다(Shaver et al., 2007).

특질 마음챙김에 대한 연구에서는 월시 등(Walsh et al., 2009)은 불안애착과 회피애착이 특질 마음챙김과 부적 상관이 있음을 밝혀냈다. 이 연구자들은 마음챙김이 보다 안정적인 관계를 만드는 데 유용하다고 제안하였다. 마찬가지로 사베드라, 채프먼 그리고 로게(Saavedra, Chapman, & Rogge, 2010)는 높은 수준의 특질 마음챙김이 높은 수준의 애착불안의 영향을 완충시켜 준다는 사실을 밝혀냈다. 애착과 마음챙김 관련 연구들은 **정서중심치료(EFT**; Johnson, 2004), 애착, 체계 그리고 경험적 이론을 통합한 증거 기반 부부모델을 사용하는 치료자에게 특히 적합할 것이다. 마음챙김은 부부들이 보다 안정적인 애착양식과 관계 증진을 발달시키도록 돕는 EFT 치료자들에게는 가외자원이 될 것이다(Gambrel & Keeling, 2010).

아동, 청소년 그리고 부모 대상 마음챙김

존 카밧진과 그의 아내 미라(Kabat Zinn & Myla, 1997)가 처음으로 MBSR의 일시적 사용자들(tenants of MBSR)이 어떻게 양육 및 가족생활을 바꿀 수 있는지에 대해 기술하였다. 마음챙김에 대한 관심이 증가하면서 수많은 훈련가가 7세, 10대 아동들과 그들 부모를 대상으로 하는 작업에서 마음챙김을 채택하려는 노력들이 있어 왔다(Thompson & Gauntlett-Gilbert, 2008). 아동과 청소년을 대상으로 한 마음챙김에 기반을 둔 개입 연구가 초기 단계이기는 하지만, 이들 집단을 대상으로 한 접근방법의 실행 가능성 및 수용 가능성을 지지해 주는 증거를 제공한다(Burke, 2010). 또한 젊은이를 대상으로 한 16개 좌선명상 연구에 관한 최근 분석에서 성인과 비교하였을 때, 행동적 · 심리적 결과에서는 0.27~0.70 정도로, 생리학적 결과에서는 0.16~0.29 정도로 효과의 크기가 약간 작게 나타났다(Black, Milam, & Sussman, 2009).

아동 및 그 가족을 대상으로 한 작업에서는 다음과 같은 문제와 집단에 초점을 맞추었다.

- 아동 및 청소년 대상 마음챙김
- 부모 대상 마음챙김
- ADHD 아동 대상 마음챙김
- 행동 및 물질남용 문제 청소년 대상 마음챙김

아동 대상 마음챙김

마음챙김 분야의 가장 최근 발달들 중 하나는 어린 아동과 청소년을 대상으로 하는 마음챙김 훈련이 약물치료를 하지 않으면서 주의와 행동 문제에 도움을 줄 수 있다는 가능성 때문에 급속히 증가하여 관심 영역이 되고 있다는 점이다.

이 영역의 선구자들인 굿먼과 그린란드(Goodman & Greenland, 2009; Goodman, 2005; Greenland, 2010)는 정서 명명하기, 은유, 시각화 그리고 마음챙김에 기반을 둔 게임과 즐거운 활동을 강조하는 어린 아동을 위한 창의적인 마음챙김 훈련을 개발하였다. 또한 영향력 있는 4가지 마음챙김에 기반을 둔 접근방법인 MBSR, MBCT, DBT 그리고 ACT가 아동과 청소년을 대상으로 사용되고 있다(Greco & Hayes, 2008; Semple et al., 2006). 다른 맥락에서, 학교에 기반을 둔 마음챙김 프로그램 역시 다인종 아동을 대상으로 한 시범 운영에서 적합성, 실행 가능성 및 수용 가능성 측면에서 성공적이었다(Liehr & Diaz, 2010; Mendelson et al., 2010).

아동 대상 마음챙김 프로그램들은 아동만을 대상으로 가르치기도 하고, 부모-자녀를 대상으로 가르치기도 한다. 모든 경우에 마음챙김 식사, 걷기, 말하기, 듣기, 보디스캔 그리고 안내된 호흡과 같은 마음챙김 훈련을 아동 친화적인 방식으로 가르친다. 집단회기는 일반적으로 성인들보다 훨씬 더 짧은 45~60분 정도이고, 과제 역시 매우 짧고, CD 녹음테이프와 작업지는 고정되어 있다.

이런 접근방법에 대한 연구는 유아기 단계에 있지만, 전도유망하다. 예를 들어, 아동 대상 MBCT의 무선임상 시행에서(MBCT-C; Semple et al., 2006; Semple, Lee, Rosa, & Miller, 2010) 모든 프로그램을 마친 아동은 주의에서 유의한 증가를 보였고, 초기에 불안이 높았던 아이는 불안 및 행동 증상에서 감소를 보였다.

어린 아동을 대상으로 마음챙김을 사용할 때 지켜야 할 몇 가지 지침이 있다(Goodman, 2005; Goodman & Greenland, 2009; Semple et al., 2006; Thompson & Gauntlett-Gilbert, 2008).

- **재미있어야 한다:** 어린 아동을 참여시키기 위해서는 활동이 재미있어야 하고 풍선 불기, 새소리 듣기 혹은 사과 먹기와 같이 아동에게 친숙한 게임과 활동이 포함되어야 한다.
- **역할 모델로서 역할을 해야 한다:** 아동에게 훨씬 더 중요한 것은 성인이 '그들이 말한 대로 처신해야 한다.'는 것이다. 이런 것이 마음챙김을 하는 방법과 그렇게 하는 것이 좋겠다는 영감을 주는 역할 모델이 된다.

- **현실 세계의 훈련을 포함시킨다**: 아동과 청소년에게 맞게 전통적인 마음챙김 훈련을 더 활동적으로 만든다(예, 아동에게는 종소리가 들릴 때마다 종이에 표시를 하도록 하고, 청소년에게는 마음챙겨서 휴대전화로 문자를 보내게 한다든지).
- **감정에 이름 붙여 보도록 한다**: 마음챙김 활동은 아동이 감정을 배우고, 알아차리고, 감정에 이름 붙여 보도록 도와준다. 또한 그것을 그들의 정체성 일부로 보기보다는 '방문객'으로 볼 수 있게 된다.
- **은유를 사용한다**: 강아지를 훈련시킬 때 판단하지 않고 훈련시키는 것처럼 아동에게 개념을 가르칠 때는 아동에게 친숙한 은유를 사용하는 것이 도움이 된다.
- **반복을 통한 학습을 강화한다**: 아동은 성인을 대상으로 할 때보다 훨씬 더 반복적으로, 즉 회기 내에서는 방식을 달리해 가면서 반복해서 가르치고, 또 매 회기를 시작할 때마다 이전 회기를 재검토하는 방식으로 해 주어야 한다.
- **호흡 알아차림을 포함시킨다**: 성인과 마찬가지로 호흡 알아차림은 일상생활에서도 쉽게 사용될 수 있으므로 아동 작업에서도 포함시켜야 한다.
- **친절 명상을 장려한다**: 자애명상은 아동들에게 매우 적절한 실제적인 활동이다. 아동에게는 호흡명상보다 시각화 요소가 더 쉬울 수 있다.
- **더 많이 설명해 준다**: 마음챙김 훈련에 대해 더 많이, 더 간단하고, 재미있는 설명을 해 주면 아동과 청소년은 참여하여 배우려는 동기를 갖는다(예, 마음챙김 식사의 습관).
- **다양해야 한다**: 아동 프로그램은 아동의 주의를 유지시키면서 기술을 습득할 수 있도록 충분히 반복되어야 하기 때문에 다양해야 한다.
- **부모를 참여시킨다**: 특히 어린 아동을 대상으로 할 경우에는 가능한 한 부모를 교육에 참여시켜야만 한다.
- **교실에 맞게 바꾸어야 한다**: 비임상적 교실 장면에서 회기를 진행할 경우는 깊은 상태의 명상이나 성찰을 유도하는 훈련은 피해야 한다.
- **훈련과 활동의 길이**: 훈련은 25분을 넘지 않아야 하고, 아동 프로그램은 일반적으로 3~5분 정도 소요되는 과제를 할당한다. 마찬가지로 회기 내 활동은

아동이 주의를 유지할 수 있을 정도로 짧아야 한다.

- **집단 크기는 작아야 한다:** MBCT-C에서는 6~8명의 아동과 2명의 촉진자로 구성된다.

마음챙김 양육

마음챙김은 부모의 양육을 도와주는 데 집단과 가족 단위로 사용되어 왔다. 기존의 잘 만들어진 행동 양육 프로그램과 마음챙김을 접목시켜 세 가지 다른 구조화된 집단 프로그램이 만들어졌다—마음챙김 양육, 마음챙김에 기반을 둔 양육 훈련 그리고 마음챙김에 기반을 둔 출산과 부모 교육이 그것이다. 또한 마음챙김 개입을 받은 부모를 대상으로 개인적으로 행한 사례 연구에서, 발달 및 외재화된 행동 문제를 보이는 아동에게 도움이 되려면 가족이 함께 참여하는 것이 유용하였다.

마음챙김 양육 행동강화 가족 프로그램에 기초한 마음챙김 양육 프로그램에서 던컨, 코츠워스 그리고 그린버그(Duncan, Coatsworth, & Greenberg, 2009a, 2009b)는 부모가 자녀와의 상호작용에서 의도적으로 순간순간 알아차림하는 능력을 증진시킬 수 있도록 마음챙김을 접목시켰다. 프로그램은 부모의 정서적 알아차림과 정서조절 능력을 증진시키고, 더 나아가 양육관계에 대해 더 많이 수용하고 자비심을 가질 수 있도록 설계되었다. 최근 무선 예비 시범 연구에서, 코츠워스, 던컨, 그린버그 그리고 닉스(Coatsworth, Duncan, Greenberg, & Nix, 2010)는 이 프로그램에 참여한 부모와 아동에게서 아동관리 훈련에 비길 만한 효과가 있었고, 부모-자녀 관계에서도 강력한 효과가 있었는데, 이런 결과가 부모의 증가된 마음챙김의 매개효과에 의한 것이었음을 발견하였다. 이런 결과는 **부모-자녀 관계 증진**에서 부모의 **정서적 자기조절**과 **알아차림**의 중요성을 부각시키고 있다.

마음챙김에 기반을 둔 양육 뒤마스(Dumas, 2005)는 전형적으로 문제시되는 부모-자녀 관계의 특성인 자동적이고 엄격한 행동패턴을 감소시키기 위해 마음챙김과 전통적인 **행동 양육 훈련 프로그램(Behavioral Parenting Training Program: BPTP)**을 접목시켜 마음챙김에 기반을 둔 부모 훈련 프로그램을 개발하였다. 조작적 조건형성에 근거를 둔 전통적인 행동 양육 프로그램들과 달리, 뒤마스의 모델은 문제 상호작용이 습관화된 반복적이고, 무심(無心)히 이루어지는 상호작용에서 나온다고 가정하고 있다. 이 프로그램에서 부모는 이것들에 대해 마음챙김하고, 그 알아차림으로 그들의 문제 상호작용을 중단하고, 자녀들과의 관계에 좀 더 효과적인 책략을 선택하는 법을 배우게 된다.

마음챙김에 기반을 둔 출산과 양육 MBSR 형태에 기초한 마음챙김에 기반을 둔 출산 및 양육은 임신 후반기 3개월 임산부의 임신, 출산 및 양육으로 넘어가는 이행기를 돕기 위해 고안되었다(Duncan & Bardacke, 2010). 7주간의 침묵수행 프로그램(아이들과 함께하는)과 재회 모임에서는 첫 공식적인 명상훈련으로 마음챙김 알아차림 보디스캔(참가자들이 자신의 몸을 이완하기 위해서 하는 점진적 이완과 혼동해서는 안 된다)을 소개하는데, 이는 참가자가 출산 과정에 도움이 되는 기술을 발달시키면서 동시에 임신 후반기 3개월의 신체적 불편감을 슬기롭게 받아들이도록 도와주기 위한 것이다. 이 과정에서는 출산 과정에서 마음-몸의 연결성과 심리적 스트레스가 출산에 미치는 부정적인 영향을 강조한다. 프로그램에는 마음챙김 요가와 통증명상이 포함되어 있는데, 참가자는 출산의 고통을 슬기롭게 받아들이는 방법을 배우기 위해 얼음을 들고 있는 동안 느끼는 신체적 통증 감각에 대해 명상한다. 이 프로그램에 대한 초기 예비 시범 연구에서 마음챙김과 긍정적 감정은 증가하고, 어머니의 불안, 우울 및 부정적인 영향은 감소하였으며 그 **효과 크기**도 매우 컸다(>0.70).

부모를 대상으로 한 마음챙김 사례 연구 임상문제를 가지고 있는 부모를 대상으로 한 연구에서, 싱 등(Singh et al., 2007a, 2007b, 2010)은 발달장애와 ADHD

로 진단받았던 아동의 어머니를 대상으로 연구를 시행하였다. 두 연구에서 공격행동, 사회기술 및 순응과 같은 아동의 증상이 어머니의 마음챙김 양육 훈련의 결과로 호전되었다. ADHD를 대상으로 한 연구의 후반부에서 아동에게 마음챙김을 가르쳤는데, 이것이 더 많은 호전을 가져왔다. 마찬가지로 MBSR이 만성 질환 아동 어머니의 스트레스 증상을 유의하게 감소시키는 것으로 드러났다(Minor et al., 2006). 지겔(Siegel)의 대인관계적 신경생물학과 마음챙김 작업을 함께 고려해 보면(아래를 보라), 이 연구 결과에서 아동기 주의 및 외재화된 증상에 대해 작업할 때는 지금 이 순간을 마음챙김하고 자기-조절하는 부모의 능력이 중요한 요인으로 시사되고 있다.

ADHD 아동과 청소년

마음챙김이 주의 지속과 자기조절을 증진시키는 훈련이기 때문에 임상가들은 논리적으로 이런 능력의 부족이라고 특성지어지는 ADHD 치료에의 적용 가능성에 대해 고찰하기 시작하였다(Zylowska et al., 2008, 2009). 더욱이 ADHD가 주의, 작업기억 및 억제와 같이 전전두엽피질 기능의 과소 기능화와 관련이 있기 때문에 그 기능을 강화시키는 마음챙김이 새로운 희망을 가져다 주는 치료법이 될 수 있다. 사실 연구자들은 ADHD 증상에 대한 치료 가능성뿐만 아니라 재활과 교정 가능성도 고찰하고 있다(Zylowska et al., 2009). 지속적으로 마음챙김 훈련을 하게 되면 자동적으로 지금 이 순간을 알아차림하게 되고, 그러면 ADHD와 관련된 공상에 빠지거나 멍해지는 행동이 줄어들 수도 있다. 게다가 새로운 연구에서 감정조절이 ADHD의 중요한 문제로 밝혀졌는데, 이는 이런 장애로 진단받은 사람에게 마음챙김을 사용할 수 있을지를 고찰해 봐야 하는 또 다른 이유를 제공한다.

몇몇 연구에서 10대 이전 아동(Singh et al., 2010)과 10대(Zylowska et al., 2008)를 대상으로 MBSR에 근거를 두고 마음챙김에 기반을 둔 훈련 프로그램의 사용 가능성을 고찰하였다. 10~12세를 대상으로 한 싱 등(Singh et al., 2010)의 소규모 연구에서는 먼저 어머니에게 마음챙김을 가르쳤는데, 아동에 대한 직접적인 개입 없이 이것만으로도 부모의 요구에 대한 아동 순응도를 높일 수 있었다. 두 번째 연구 단계에서 아동에게 마음챙김을 가르쳤는데, 이것이 부모와 그 자녀에게 사전지지 형태로 제공되면서 아동의 순응도를 높여 주었고 지로우스카 등(Zylowska et al., 2008)은 자기 보고식 ADHD 증상에서뿐만 아니라 주의, 인지적 억제, 우울 및 불안 측정 검사에서도 호전되었음을 발견하였다.

행동 문제를 가지고 있는 아동과 청소년

마음챙김이 행동 문제를 가지고 있는 아동과 청소년을 대상으로 사용된 이유는, 알아차림을 사용하여 이들의 정서와 행동 조절 능력을 증진시킬 수 있도록 도와주기 위한 것이었다. 예를 들어, 제적 위험에 처해 있는 3명의 청소년을 대상으로 한 사례 연구에서 싱 등(Singh et al., 2007a, 2007b)은 3명 모두에게 마음챙김을 사용하여 공격성을 성공적으로, 사회적 수용이 가능한 수준까지 유의미하게 감소시켜서 졸업시킬 수 있었다. 마찬가지로 ACT는 특별히 외재화 장애를 가지고 있는 젊은이들에게 사용되었는데, 그들에게 자신들의 정서를 수용하고, 그 정서와 탈융합하여(인지적으로 거리를 두고), 개인 가치에 토대를 두고 행동을 선택할 수 있도록 가르쳤다(Twohig, Hayes, & Berlin, 2008). 또한 MBCT-C도 아동의 **외재화 장애**와 **내재화 장애**(예, 우울, 불안 등)에 사용되었는데, 실현 가능성과 수용 가능성 시행에서 성공적이었다(Lee, Semple, Rosa, & Miller, 2008).

네덜란드에서, 뵈겔스, 호그스타드, 반 던, 드 셔터 그리고 리스티포(Bögels, Hoogstad, van Dun, de Schutter, & Restifo, 2008)는 외재화 장애(예, 행동 및 품행 문제)로 진단받은 아동과 청소년을 위한 8주간의 마음챙김 프로그램을 개발하여 사용하였다. 동시에 그들 부모에게는 마음챙김 양육 훈련에 참여하게 하였다. 치료 후 아동은 지속된 주의과제에서 대기자 통제집단보다 더 나은 수행을 보였고, 외재화 및 내재화 증상도 유의하게 감소하였으며 더 높은 수준의 행복감을 보고하였다. 그들 부모의 보고에서도 유사한 변화가 시사되었다. 이런 예비 연구에서 심각한 행동 문제를 가지고 있는 젊은이가 자신의 정서를 알아차림하고, 자기조절 능력을 증진시키고, 공격행동을 유의하게 감소시키는 방법을 학습하는 데 있어서 마음챙김이 매우 유용함을 시사해 주고 있다.

마음챙김과 대뇌

▎마음챙김과 명상의 신경학적 효과에 관한 연구

최근 신경과학의 발달로 연구자들은 마음챙김 훈련이 대뇌 구조와 과정에 미치는 효과에 대해 연구할 수 있게 되었다. 첫 연구에서 데이비드슨 등(Davidson et al., 2003)은 8주간의 MBSR 프로그램에 참가한 비임상적 참가자들에게서 **좌측 전측(left-sided anterior) 영역**, 즉 긍정적인 성향의 감정(행복한 기질과 스트레스 상황에서의 회복력)과 연관된 영역이 활성화되었을 뿐만 아니라 면역기능에서도 유의미하게 향상되었음을 밝혀냈다.

이와 마찬가지로 대뇌 구조에 대한 연구에서 회젤 등(Hözel et al., 2010)은 8주간의 MBSR 프로그램 비임상적 참가자들이 주관적인 스트레스를 덜 경험하였다고 보고했을 뿐만 아니라 스트레스 반응과 연관된 대뇌 영역인 우측 가측부 편도체(right basolateral amygdala) 회백질 밀도도 감소되었음을 밝혀냈다. 마찬가지로 회젤 등(Hözel et al., 2011)은 MBSR 참가자들이 학습 및 기억과정, 정서조절, 자기참조적 과정 및 관점 바꾸기와 관련된 영역인, 좌측 해마 내의 회백질 밀도(concentration)가 증가되었음을 밝혀냈다. 이런 연구들 모두 마음챙김 훈련이 안녕감 수준을 향상시키는 대뇌과정과 구조를 증진시킬 수 있을 것이라는 예비 증거를 제공한다.

경험 많은 명상가들과 더 높은 수준의 특질 마음챙김을 가지고 있는 사람들을 대상으로 행한 몇몇 연구에서도 대뇌기능을 살펴보았다. 베스터가드-포젠 등(Vestergaard-Poulsen et al., 2009)은 경험 많은 명상가가 심폐제어(cardiorespiratory control)와 연관된 영역인 하부뇌간에서 더 높은 회백질 밀도를 가지고 있었음을 발견하였는데, 이것이 인지 및 정서 효과뿐만 아니라 명상의 부교감신경계(이완) 효과를 설명해 준다. 마찬가지로 반 덴 허크, 기오미, 길렌, 스펙컨스 그리고 바렌드렉트(van den Hurk, Giommi, Gielen, Speckens, & Barendregt, 2010)는 경험 많은 명상가가 통제집단 피험자보다 반응은 더 빠르면서도 오류는 더 적은, 더 효과적인 주의과정을 가지고 있음을 밝혀냈다. 특질 마음챙김과 대뇌 활동 간 상관을 살펴본 모디노스, 오르멜 그리고 앨먼(Modinos, Ormel, & Aleman, 2010)의 연구를 통해 특질 마음챙김에서 더 높은 점수를 얻은 사람이 **배내측 전전두엽 피질(dorsomedial prefrontal cortex)** 활성화에서는 증가를, 부정적 시나리오에 대한 편도체 반응에서는 감소를 보인 것으로 나타났다. 이런 결과는 기질적 마음챙김이 부정 정서에 대한 인지적 통제력을 더 발휘하도록 도와줄 수 있음을 시사한다. 중국 연구자들이 행한 일련의 연구에서는 명상이 자기조절 제어와 관련된 영역인 **전대상피질(anterior cingulate cortex)**의 활성화를 증가시켜 주는 것을 밝혀냈다(Fan, Tang, Ma, & Posner, 2010; Tang et al., 2007, 2010, 2009).

요약하면, 이런 신경학적 연구에서 마음챙김과 명상이 대뇌에 영향을 미치고, 그 결과로 다음과 같은 효과가 나타나는 것으로 밝혀졌다.

- 스트레스 반응과 정서를 조절하는 생리적 능력의 향상
- 행복 성향과 연관된 대뇌 패턴의 증가
- 기억과 주의력 증진
- 대안적인 견지를 고려하는 능력의 향상

신경통합에 대한 Siegel 이론과 마음챙김

발생학적 대인관계 신경생물학 이론가이면서 마음챙김 연구자인 지겔(Siegel, 1999, 2010b)의 신경학적 모델은 마음챙김, 관계 및 대뇌의 상호 연결성에 관한 새롭고 흥미로운 통찰을 제공한다. 지겔(2009)은 마음챙김이 내측 전전두엽 피

질에서 **신경통합**(neural integration)을 증가시켜 대뇌에서 긍정적인 변화를 촉진시킨다고 제안한다. 신경통합은 안녕감과 연관된 대뇌 패턴이다. 통합된 상태는 역동적이고, 복잡한 체계 내에서 가장 유연하고 적응적이며, 안정적인 상태를 만든다(Siegel, 2007, p. 198). 그는 신경통합이 웰니스(wellness)를 특징짓고, 사실은 통합의 결여(엄격성, 혼동 혹은 이 둘 모두)가 정신장애와 동의어라고 주장한다(Siegel, 2009). 요약하면, 통합된 대뇌 상태는 유연하고(Flexible), 적응적이고(Adaptive), 긴밀히 연결되어 있고(Coherent), 활동적이며(Energized), 안정적(Stable)인 상태라 기술된다(**FACES**). 또한 안전한 부모-자녀 및 친밀한 관계는 신경통합으로 특징지어지며, 지겔은 이후 연구에서 "안정 성인애착과 마음챙김 특성은 함께 간다(p.144)"는 것이 밝혀질 것이라고 제안한다. 이후 정말로 이 제안을 지지해 주는 연구가 나왔다(성인애착과 마음챙김 부분을 보라).

그의 연구에 근거하여 지겔(Siegel, 2009)은 안정애착과 마음챙김 훈련 간 상호관련성을 입증해 주는 신경통합의 9가지 특성을 확인하였다.

- **신체조절**: 스트레스와 이완반응을 조절하는 교감신경계와 부교감신경계의 조절
- **조율된 의사소통**: 안정애착의 특성인, 공명하는 전체가 되는 두 사람 간 의사소통
- **정서적 균형**: 정서적 균형과 조절감각을 키워 주는 최적의 각성 흐름 유지
- **두려움 조절**: 어떤 경험으로 반응이 촉발되자마자 두려움을 조절하여 불안을 탈학습하고 더 적절한 반응을 선택하는 능력
- **반응 유연성**: 상황에 대해 무심히 습관대로 반응하기보다는 잠시 멈춰서 반응을 선택하는 능력
- **통찰**: 과거, 현재, 미래와 관련하여 자기에 대한 알아차림과 이해 증가
- **공감**: 다른 사람의 관점, 정서 그리고 내적 현실을 정확하게 상상하는 능력. 통찰과 공감 과정을 합하여, 지겔(Siegel, 2010a)은 자신의 정신세계와 타인의 정신세계를 지도로 그려내는 능력을 **마음읽기**(mindsight)라고 기술

- **도덕성**: 더 큰 관계적 및 사회적 선익을 확인하고, 선익에 도움이 되는 행동을 선택하는 능력
- **직관**: 알아차림 할 수 있게 되는 경험에 대한 비언어적 처리

자신과 타인에 대한 안정애착: 대인관계 및 개인 내적 관계의 조율

안정애착은 통합적인 신경 패턴을 특징으로 한다. 지겔(Siegel, 1999)은 생의 첫 3년간 부모-유아 애착이 대뇌 발달에 유의하게 영향을 미치는 방식에 대해 기술하고 있다. 유아는 자신의 대뇌를 최적으로 발달시키기 위해서 부모와의 안정된 애착관계를 필요로 한다. '애착관계가 형성되지 않을 경우' 유아들이 더 혼란스러운 신경 패턴을 갖게 되고, 주의력결핍장애, 학습장애 그리고 기분장애와 같은 정서적 및 행동장애를 일으킬 것이다. 다행히 이런 유아기 애착 패턴은 평생 지속되는 것이 아니다. 안정된 관계에 있으면, 즉 전형적으로 성인과 친밀한 관계에 있으면, 사람은 더 많이 안정 애착 패턴을 발달시킬 수 있다.

대인관계 조율 안정애착과 관련해서 지겔(Siegel, 2009)은 어떻게 대뇌들이 서로서로 조율될 수 있는지, 또 이것이 두 영역의 생리학적 · 감정적 그리고 의도적 상태를 변화시키는지에 대해 기술하고 있다. 그 영역 기능이 매우 전문화되면서, 거울뉴런은 다른 사람의 내적 상태를 그려내는 공감에 대한 생물학적 기초를 제공한다. 거울뉴런은 적을 확인하여 생존 가능성을 높이기 위한 기능으로 발달된 것이었다고는 하지만 인간으로 하여금 친밀한 관계를 만들어 내고 유지할 수 있게도 해 준다.

게다가 **거울뉴런**들은 개인으로 하여금 '이전에는 참을 수 없었던 감정적 및 신체 활성화 상태'를 경험할 수 있도록 한다(Siegel, 2006, p. 255). 따라서 치료에서 치료자와 내담자가 관계적 조율 상태에 있으면, 내담자들이 어려운 정서를 참고 '극복할 수 있게' 되지만, 그렇지 못했을 때는 정서조절에서 어려움을 겪게 된다.

개인 내적 조율 지겔(Siegel, 2007)은 한 개인에게 자신의 정신과정을 판단

하지 않고 자비로운 마음으로 관찰하도록 격려해 주는 마음챙김 훈련을 통해 개인이 대인관계 조율과 연관된 기제와 유사한 기제를 사용하여 **개인 내적 조율**(intrapersonal attunement), 즉 자기와의 조율을 발달시킬 수 있다고 제안한다. 이런 자기 조율은 자기와 안정애착을 갖는 것을 특징으로 할 수도 있다. 따라서 마음챙김은 자기 자비와 수용을 증진시키는 몇 가지 구체적이고 특별한 수단들 중 하나로 이해될 수 있다.

무명(無明, not knowing)과 비판단: 상향식 처리(아래에서 위로 처리)

가족치료에서 특히 관심을 끄는 부분으로, 지겔(Siegel, 2007, 2009)은 마음챙김의 관계적 · 심리적 이득의 많은 부분이 상향식 처리의 증가, 즉 가족치료 문헌에서 자주 인용되는 알지 못함의 자세와 관련 있는 대뇌처리에 기인한다고 주장한다(Anderson, 1997). **상향식 처리**는 하부 세 피질층을 사용하는 것으로, 일어나고 있는 일에 대한 새로운 이해, 범주 그리고 이야기를 만들어 내는 자신의 즉각적인 살아 있는 경험의 사용과 관련된다. 마음챙김과 마찬가지로 상향식 처리는 호기심과 편안함(ease)으로 불확실성을 껴안는다. 반면에, **하향식 처리**는 상위 세 피질층이 정신과정을 지배하고 기존에 존재하는 이름을 사용하여 습관적인 방식으로 경험을 해석한다. 하향식 처리는 수많은 일상생활의 일과들을 통합하는 데 필수적이기는 하지만, 반응 유연성과 적응 가능성을 감소시키며, 따라서 경직성을 낳고 결국에는 관계 및 정신건강 문제를 야기할 수 있다. 상향식 처리 과정은 개방성, 성장, 유연성을 촉진하는데, 이들은 새로운 도전과 맥락에 성공적으로 적응하는 데 필요한 것들이다. 게다가 상향식 처리 때문에 사람들은 더 이상 그 역할을 수행하지 못하는, 혹은 더 이상 들어맞지 않는 정체감 이야기에 예속되지 않고, 개인적 정체감을 새로운 경험으로 새롭게 규정하고 형상화시킬 수 있다. 마음챙김은 본질적으로 강력한 상향식 처리 훈련이며, 훈련가들은 신선하고 새로운 경험이 가능하도록 최소한의 하향식 이름을 붙이면서 지금 이 순간 경험하는 것에 직접 초점을 맞추도록 마음을 훈련시킨다.

외상과 통합

치료자들 대부분이 잘 알고 있는 것처럼 외상은 광범위한 생리적 · 심리적 및 관계 문제들을 초래하는데, 지겔은 "해결되지 못한 외상은 마음을 응집력 없는 상태로 흩뜨려 놓는다(2010b, p. 190)"라는 말로 외상을 손상된 신경통합에 기인한 것이라고 이론화하고 있다. 그의 모델에서 외상후 스트레스 장애와 유사한 외상 반응들은 압도적인 사건에 대처하기 위해 내현기억(implicit memory)과 외현기억(explicit memory)을 분리시켜 놓은 대뇌 때문이다. 한 사람이 극도의 외상을 경험할 때, 스트레스 반응이 촉발되면서 외현기억을 발달시키는 해마의 능력이 손상된다. 외현기억은 부호화 과정에서 의식적인 주의를 필요로 하는데 그래야만 외상 경험을 응집력 있는 과거 기억으로 끌어올릴 수 있다. 스트레스 반응 역시 편도체를 활성화시키는데, 이것이 외상사건을 내현기억으로 새겨지게 한다. 따라서 외상사건들은 주로 내현기억으로 저장되는데, 이것이 과거에 있었던 일이라는 감각을 갖지 못하게 하고 마치 그것들이 지금 이 순간에 일어나는 것처럼 느끼게 만든다. 그것은 자동적이어서 과거의 외상 사건을 지금 여기에서 일어나고 있는 주관적인 경험으로 만든다. 이런 내현기억들이 혼돈스럽고 경직된 패턴을 만들어서 사람의 대뇌가 웰니스(wellness)와 관련된 통합된 신경상태로 들어가지 못하도록 만들어 버린다. 외상 해결은 해마의 초점적 주의가 외상과 관련된 내현기억의 여러 퍼즐 조각들을 한데 모아 응집력 있는 이야기로 만들어 내는 것이다. 기억, 주의 및 정서적 조절에 대한 마음챙김의 긍정적 효과는 이런 외상 극복 과정을 촉진시킬 수 있는 잠재력이 있다는 점이다.

연구에 대해 숙고해 보기

여전히 비교적 새롭기는 하지만 신체적 · 신경학적 · 정신적 및 관계 건강에 미치는 마음챙김의 효과에 대한 증거 기반들이 매우 인상적이면서도 급격히 증가하고 있다. 정신건강 분야에서 보편적으로 사용되는 개입들이 그런 정도로 명확한 신경학적 설명과 증거를 가지고 있지만, 그 실례는 극히 드물다. 마음챙김과 수용을 더 잘 이해하기 위해서 해야 할 일들이 많이 있지만, 보다 효율적이고 직접적인 변화기제로서의 가능성이 호기심을 자극한다. 마음챙김과 수용은 개인, 부부 및 가족이 서로에 대해 자비와 안정애착을 발달시키고 덜 반응적이 되게 만드는, 그리고 더 높은 수준의 친밀성을 받아들여 그들의 관계를 증진시킬 수 있도록 도와주는 매우 가르치기 쉽고, 실용적인 접근방법으로서 잠재력을 가지고 있다.

제
2
부

마음챙김 지향 부부 및 가족치료의 실제

현존하는 가족치료와 마음챙김 관련 치료에 대한 증거 기반은 사랑과 안녕감에 대한 포괄적인 이론의 토대가 된다. 치료자가 관계 문제를 보이는 개인뿐만 아니라 부부 및 가족을 대상으로 작업할 때 이 이론을 사용할 수 있다. 이 모델은 만족스러운 관계와 전반적인 안녕감이 마음챙김 및 수용 훈련을 통해 개발될 수 있는 세 가지 핵심 관계와 관련되어 있다는 가정에서 시작한다.

- **자기**: 힘든 정서와 사고를 조절하는 능력을 포함하여 자신과의 수용적인 관계
- **타인**: 파트너, 부모, 자녀 그리고 삶에서 의미 있는 사람들과 정서적으로 만족스럽고 친밀한 관계를 개발하고 유지하는 능력
- **생활**: 안전감, 응집력, 선의(benevolence, 혹은 적어도 악의적이지는 않음)를 특징으로 하는 생명(예, 신, 우주)과의 연결감

마음챙김과 수용 훈련은 생물학적 수준에서 영적 수준에 이르는 각 수준에서의 선택적 기능을 증진시켜 내담자들이 안정되고 안전한 관계와 전반적 안녕감을 발달시킬 수 있도록 돕는 데 사용될 수 있다. 이런 수준은 협력적으로 작동한다. 한 수준에서 기능을 잘하면 잘할수록 그 사람은 다른 수준에서도 더

잘 기능할 수 있다.

다음 장들에서는 치료자들에게 마음챙김, 관계 및 대뇌 발달에 대한 새로운 연구뿐만 아니라 치료 작업에 근거하여 내담자들이 자신 및 타인과의 관계를 증진시킬 수 있는 유연한 접근방법을 제시한다. 제시한 접근방법들은 다음과 같다.

- 마음챙김에 근거한 치료 관계(4장)
- 마음챙김, 수용, 불교심리학과 가족치료 원리를 통합한 사례개념화 접근방법(5장)
- 연구 결과와 불교심리학 원리에 근거한 목표설정과 치료 계획하기(5장)
- 일상적인 치료장면에서 개인, 부부 및 가족에게 마음챙김을 가르치는 개입(6장)
- 마음챙김 및 수용-정보에 근거한 개입 실제와 원칙(7장)
- 부부 및 가족의 특정 문제에 대한 특정한 개입(8장)

· 04 ·

치료적 현존과 마음챙김

방 안이 너무 고요했다. 그 시간은 단지 1, 2분 정도였을 뿐인데 영원히 끝나지 않을 것처럼 아주 길게 느껴졌다. 말쑥하게 차려입고 몸을 똑바로 세우고 앉아 있는 어머니와 제인(Jane)은 조용히 굵은 눈물을 흘리고 있었다. 그녀의 아버지, 마크(Mark)는 앉아서 보이지 않는 먼 곳을 응시하였다. 침묵은 익숙하지 않았지만, 그 고통이 너무 극심하여 어떤 말도 할 수가 없었다. 왜 젊고 아름다운 소녀가 열여섯 살 생일에 자살을 선택했을까? 어째서 병원에서는 그녀를 입원시켜서 약물 투약과 치료로 도움을 주지 못했을까? 부모는 자식이 죽으려고 한 것을 어떻게 알게 되었을까?

잘 훈련받은 치료자에게도 그런 순간은 쉽지 않다. 자살에 관한 전문적인 설명이 관습적인 몇몇 질문에 답이 되기도 하지만, 그런 말로 상실이 남긴 틈을 메울 수는 없다. 그렇지만 말로 안심을 시키는 것보다 더 도움이 되는 것이 있다. 그것은 깊고 끔찍한 슬픔을 나누려는 열린 마음을 가지고 그곳에 있어 주는 것이다. 홀로 그것을 견디어 내지 않도록 극심한 비극에 기꺼이 가슴을 열고 함께해 주는 것으로 치료자가 도움을 줄 수 있다.

마음챙김과 수용은 치료자로 하여금 명확하게 표현하거나 측정하기는 어렵지만, 방 안에 있는 이들에게는 부정할 수 없는 방식으로 완전하게 '그곳'에 현존할 수 있도록 함으로써 회기 내에서 치료자의 현존의 질을 완전히 변화시킬 수 있다. 십여 년간의 연구로 치료 관계가 치료자의 특정 모델보다 더 좋은 치료 성과의 예측요인이라는 데에는 전문가들 간의 합의가 이루어졌다(Lambert & Simon,

2008; Miller, Duncan, & Hubble, 1997). 따라서 로저스(Rogers, 1961)가 처음 확인한 특성인 정확한 공감, 치료자 진솔성 그리고 긍정적 존중이 현대 치료 실제에서도 성공적인 치료 관계의 주요 요소로 밝혀졌다.

공감과 치료 관계의 질이 치료자가 직접적으로 영향을 주는 가장 중요한 변인이라는 데 폭넓은 동의를 얻기는 하지만, 전문가들에게 공감을 가르치거나 관계의 질을 증진시킬 수 있는 구체적이고 수량화할 수 있는 '기법'이나 실제로 입증된 방법은 거의 없다(Shapiro & Izett, 2008). 이 간극을 메꾸기 위해 많은 치료자들은 어떻게 마음챙김이 내담자들과 관계를 맺으면서 함께 있어 주는 치료자의 능력을 발달시키는 효율적이고 효과적인 방법을 제공하는지 고찰해 왔다(Hick & Bien, 2008; Shapiro & Izett, 2008).

치료적 현존

에릭 맥컬럼(Eric McCollum)과 나는 치료적 현존이 치료 관계에서 가장 본질적인 요소라고 제안하였다(Gehart & McCollum, 2008; McCollum & Gehart, 2010). 뭔가를 행하는(doing) 상태라기보다는 함께 있어 주는 **현존(being)**의 **질(quality)**로서, 치료적 현존은 치료자들이 공감, 자비, 카리스마, 영성, 초개인적인 의사소통, 환자 반응성, 낙관주의 그리고 기대 요소를 포함하는 치료적 만남을 위한 마음을 갖는 것으로 기술하였다(McDonough-Means, Kreitzer, & Bell, 2004). 분명히 치료적 현존을 질(quality)로 조작적 정의하는 것이 어렵기 때문에 많은 이가 공감적 상태, 요약하기, 초점을 맞춘 경청하기, 느낌 반영하기 그리고 충고하지 않기와 같이 치료 관계에서 보다 쉽게 관찰할 수 있는 측면에 초점을 맞추려고 한다(예, Young, 2005). 치료 관계가 매우 중요하기는 하지만 이런 기술들로는 관계를 '치료적'으로 만들어 주는—함께 있어 주는—현존의 미세한 질을 온전하게 파악할 수 없다. 마음챙김은 초보 치료자들과 능숙한 임상가 모두에게 치료적 현존을 개발하는 구체적인 수단이 된다. 치료 관계를 발달시키는 기본 기술들과는 달리, 치료적 현존을 발달시키는 일은 능숙한 치료자들조차도 그들의 경력과 함께 계속되어야 하는 끝이 없는 여정이다.

치료적 현존을 발달시키는 데 있어서 마음챙김과 수용의 잠재 가능성을 탐색해 보고자 이 장에서는 다음과 같은 내용들을 다룰 것이다.

- 부부 및 가족치료에서 치료적 현존을 개념화하고 실현하기 위해서 마음챙김, 자비, **상호 존재성**(interbeing)과 관련된 실제들을 활용하는 모델을 제시한다.
- 마음챙김 현존이 외상을 해결하고, 어려운 대인관계 문제를 극복하는 데 도움이 된다는 사실에 대한 내담자들의 이해를 돕기 위해 신경학적 모델의 요점들을 다룬다.
- 마음챙김 현존이 여러 임상상황에서 어떻게 사용될 수 있는지에 대해 기술한다.

마음챙김과 치료적 현존

최근 수많은 치료자가 신체의학에서뿐만 아니라 정신역동, 인본주의, 인지-행동적, 가족체계를 포함한 다양한 심리치료 모델에서 치료 관계를 발달시키기 위해 마음챙김을 사용하고 있다(Gehart & McCollum, 2008; Shapiro & Izett, 2008). 치료자들은 힘든 내담자와 이야기를 나눌 때 지금 이 순간에 고요히 머무르면서 공감해 주기 위해 규칙적으로 마음챙김을 사용한다. 불교심리학 개념들은 부부 및 가족치료 실제에서 치료 관계에 대한 전통적 이해를 증진시킬 수 있는 세 가지 유용한 개념을 제공한다.

- 자비(compassion)
- 인간애(humanity): 겸손과 유머

- 상호 존재성(interbeing)

자비와 치료적 현존

치료자들이 치료적 만남에서 공감을 사용하는 것은 오랜 역사를 가지고 있다(Rogers, 1961). 마음챙김과 불교심리학은 내담자의 고통에 정서적으로 관여한다는 점에서 연관성은 있지만 자비(compassion)와 같은 매우 다른 방법들을 제시한다. 공감이 다른 사람의 내적 정서 상태를 정확하게 지각하여 정서 이면을 반영해 주는 것이라면, 자비는 보다 영적이고 보편적인 경험으로, 한 개인의 고통에 참여하여 그 고통을 정서적인 현재로 인식하면서 동시에 이런 고통을 인간 조건이라는 큰 차원에서 바라보는 것이다(Hahn. 1997). 치료자는 그 고통이 멈추기를 바라면서도 그 고통 때문에 불안해하지 않으면서 오히려 가장 어두운 형태의 고통조차도 받아들이는, 고요히 깊이 참여하는, 따뜻한 현존을 유지한다(Gehart & McCollum, 2007).

항상 즉각적으로 명확하게 드러나는 것은 아니지만, 자비는 마음챙김 훈련의 핵심이다(Kabat-Zinn, 1990). 훈련자들이 마음챙김에서 많은 이득을 얻으려면 마음의 초점을 호흡(혹은 다른 초점)에 다시 맞추는 것에 대해 자비롭고, 비판단적이어야만 한다. 시간이 지나면서 이런 과정을 통해 가슴과 마음이 어떻게 작용하고 있는지를 인식하고 받아들이게 되고 인간 조건에 대한 자비로운 마음도 커지게 된다. 특히 치료자들은 이를 통해서 정서, 인지, 행동과 이 모든 것이 어떻게 작용하는지에 대한 심오한 이해를 얻게 된다. 개인적으로 나는 치료자가 되고 싶은 사람이라면 누구든 불자들이 수세기 동안 해 왔던 방식으로 '마음공부, 즉 자비롭게 마음을 지켜보는 것'에 전심전력을 다해야 한다고 믿고 있다. 서구 과학자들에 의해 만들어진 차갑고, 분리된, 제3의 이론 및 연구모델들에 비해 그런 '생체 내(in vivo)' 연구들은 실제로 마음이 움직이는 방식에 대해 훨씬 더 심오하고 자비로운 이해를 가져다준다. 뭔가를 하고 있는 당신 자신의 마음을 지켜보는 것보다 더 겸손함이나 자비심을 일깨워 주는 것은 없다.

마음의 본성에 대해 자비심을 키우는 것이 대승불교의 특성인 더 영적인 자비의 형태를 발달시키는 토대를 제공한다. 대승불교에서 인간이 열망할 수 있는 '최고의 선'은 **보살**(Bodhisattva)이 되는 것인데, 스스로 깨달음에 도달할 수 있는(그래서 개인적인 고통을 끝낼 수 있는) 존재이지만, 고통을 겪고 있는 중생들을 구제하기 위해 깨달음을 연기하기로 선택하는 것을 말한다(Hahn, 1998). 보살은 다른 사람을 고통에서 구제하기 위해 고통을 견디기로 선택한 그리스도교의 예수의 역할과 많은 점에서 유사하다.

따라서 마음챙김이 알려 주는 자비는 인간 조건의 일부분인 고통을 바라보고 받아들이는 자비라는 측면에서 비록 종교적이지는 않더라도 더 영적인 형태를 띤다. 이런 자비는 삶의 달콤쌉싸름한 속성을 받아들이는 것이다. 상실, 죽음, 질병과 같은 고통을 겪을 수밖에 없고, 또 그것이 삶의 소중함을 느끼게 해 주기 때문이다. 고통이라는 맥락에서 경험했을 때 기쁨과 행복의 경험은 의미를 갖게 되고, 가장 손쉽게 접근할 수 있는 것 같다. 전 역사를 통해 수많은 책, 신화 및 연극들이 보여 주었던 것처럼, 그리고 많은 현대 연구들에서 입증된 것처럼 아무도 죽지 않고, 기후도 완벽하고, 일도 하지 않고, 노력하지 않아도 모든 것을 얻을 수 있는 유토피아에서 사는 것은 곧 악몽 속에서 사는 것일 것이다. 행복은 우리가 가치를 두는 의미 있는 활동과 관계에 공을 들이는 데에서 얻을 수 있기 때문에 꿈의 실현이 지속적인 행복을 가져다주지 않는다고 긍정심리학 연구자들은 설명한다(Seligman, 2002).

때로 **격렬한 자비**라고 일컬어지는 이런 형태의 자비가 가지고 있는 독특한 속성은 고통에 직면하면서도 두려워하지 않고 고요히 머물러 있는 것이다(2장을 보라; Trungpa, 1991). 보웬(Bowen, 1985)의 세대 간 가족 치료자들은 어떻게 그들이 내담자들과의 치료 관계에서 '불안하지 않은 상태로' 현존하는지에 대해 기술한다. 이에 덧붙여서 불자들은 자비롭고, 참여적으로, 호기심을 가지고 불안하지 않은 현존을 해 주는 것이다. 치료자가 두려움, 분노나 혐오감을 가지지 않은 채 어려움과 고통에 자비로운 마음으로 관여하면서 열린 호기심을 가지고 그들과 관계할 때(Anderson, 1997), 내담자들이 그들의 분투(奮鬪)/투쟁을 더 온전하게 경험하고, 견디고, 변형시켜 갈 수 있도록 도와줄 수 있다. 종종, 아주 큰 고통을 만들어 내는 상황들을 두려워하거나 부정하기도 한다. 예를 들어, 많은 부모가 자녀들의 행동방식에 대해 혼란스러워하고, 그에 대해 겉으로 불안을 드러내거나 무시한다. 그러나 치료자들이 부모가 자녀의 행동을 자비로이 바라보고, 호기심을 갖도록 하고, 받아들이도록 도와줄 수 있을 때 그것들에 대해 평온해진다. 역설적으로 그들의 수용에서 오는 고요함이 종종 자녀의 행동을 약간 혹은 극적으로 개선시켜 준다. 그리고 모든 경우에 부모는 불안이나 부정의 상태보다는 이런 고요한 상태에서 더 효과적으로 자녀에게 반응할 수 있게 된다.

인간애(人間愛, humanity): 겸손과 유머

치료자들이 그들의 치료 관계에 대해 알려 주는 마음챙김, 수용 및 자비를 사용할 때 변화되는 또 다른 특성은 그들의 인간애가 전면으로 부각된다는 것이다. 이것은 겸손, 유머, **진정성**(sincerity)으로 해석된다.

내가 새로운 치료자들에게 마음챙김 훈련을 가르칠 때, 빠르게 발달하는 두 가지 특질이 있는데, 그것은 겸손과 자비다. 자비의 원천은 분명하다. 마음이 왔다 갔다할 때 마음챙김을 하거나 자애명상을 하는 것이다. 겸손은 보다 미묘하며 자비의 부산물로 발달한다. 마음이 이리저리 옮겨다니는 것을 지켜보는 동안, 그것이 어떻게 움직이는지 명확하게 이해하게 되면 겸손해진다. 그 결과로 얻게 되는 것은 수치심에 의한 겸손이 아니라, 온전히 인간적이라는 의미가 어떤 것인지를 받아들이는 연민 어린 겸손이다.

또한 이런 겸손은 유머와 즐거움뿐만 아니라 존재의 편안함을 허용해 주는 **비집착**(nonattachment)을 가져다준다. 마음챙김 정보에 기반을 둔 치료자들은 웃으면서 고통과 통증뿐만 아니라 치료에서 공유되는 즐거움을 허용한다. 분명히 웃음과 즐거움은 적절한 때에 내담자와 나눌 필요가 있기는 하지만, 내담자들이 온전한 인간애를 가지고 살아가도록 회기 내에서 '허용해 주고' 적극적으로 격려해 주어야만 한다. 내담자에게 농담을 건넬 때, 가급적이면 나는 단점보다는 그들의 발전된 모습과 강점을 강조하는 농담으로 '약을 올린다'. "이제 당신 둘은 함께 일하게 생겼군요. 당신 자녀는 규칙을 따르게 될 것이고, 더 안 좋은 것은 사실 집안일을 하게 된다는 것이지요." 그리고/혹은 "당신은 자녀에 의해 원격 조정될 수 없는 따분한 부모가 되어 가고 있군요."와 같은 식으로. 마음챙김 유머는 회기에 참여한 모든 이가 인간이 되어 가는 과정에서 드러나는 두려움, 교훈, 실패 및 혼란들에 대해 즐겁게 웃어넘기는 것이다.

대부분의 경우에 마음챙김을 통해 겸손함을 발달시킨 치료자들은 내담자들을 '실제적이고' '현실적이고' '진솔하고' 그리고 '다가가기 쉬운' 존재로 느끼는 경향이 있다. 너무 종종, 치료자들은 (자신도 모르게) '모든 답을 갖고 있다'는 자신만만한 우월감을 드러내 보이고, 개인적 정보를 나누지 않으면서 질문마다 대답하는 습관이 있다. 마음챙김 훈련을 할 때조차도 치료자들은 마음챙김 그리고/혹은 불교 개념에 '집착'하여, 그런 식으로 만나려고 하고 간접적으로는 자신들이 '규정한' 명상수행을 하지 않는 내담자들에게는 죄책감을 느끼도록 만들 수도 있다. 그러나 이상적으로는 의도적 훈련을 하게 되면, 우리를 완벽하게 인간적으로 만들어 주는 복잡성과 모순성을 더 편안하게 받아들이면서 마음챙김이 이런 보편적인 치료자 페르소나를 벗어던질 수 있도록 해 주어야만 한다.

상호 존재성과 치료 관계

가족 치료자들은 치료자와 내담자 현실의 상호 연결성을 인정하는 오랜 전통을 가지고 있다. **2차 수준의 인공두뇌론적 체계**(second-order cybernetic system) 이론은 어떻게 치료자들이 그들이 관찰한 현실을 적극적으로 창조해 내는지에 대해 기술하고 있다(Keeney, 1983). 마찬가지로 이야기 치료자들과 같은 포스트모던 치료자들은 그들 자신을 내담자와 함께 새로운 이해와 현실을 건설해 가는 사람들이라고 보고 있다(Anderson, 1997; White & Epston, 1990). 비슷한 가정을 사용하는 마음챙김 정보에 기반을 둔 치료자들은 **상호 의존적 공동 발생 현상**(interdependent co-arising of phenomena)이라는 보다 전통적인 개념의 현대 용어인 상호 존재성에 대해 알아차림한다(Hahn, 1997). 우리는 내담자들과 같은 인생이라는 그물망의 일부이고, 우리의 행동과 언어들은 내담자들 자신에 대한 경험에 직접적으로 영향을 미치고, 반대로 내담자의 행동과 언어들이 우리 자신에 대한 경험에도 직접적으로 영향을 미친다.

치료자들은 내담자를 '바라볼' 때 내담자보다 치료자에 대해 알려는 것에 더 주목하고 초점을 맞추어 마음챙김해야만 한다. 치료자들의 관찰을 통해 그 어떤 것보다 그들의 가치와 편기들이 드러난다. 이상적으로는 이런 가치와 편기들이 내담자의 근심을 해소시키는 데 유용해야 하지만, 그럼에도 불구하고 이런 것들이 치료자 편기라는 것을 인식하는 것이 중요하다. 성, 연령, 인종, 성적 지향, 사회계층, 능력, 영성 등과 같은 차원에서 치료자와 다른 내담자들을 대상으로 작업할 때 특히 중요하다. 그렇지만 자신과 유사한 내담자들과 작업할 때도 더 자유롭게 가정하고 엄격한 기대를 갖고 싶은 유혹을 느끼는 상황들로 인해 똑같은 문제가 일어날 수 있다(Gehart, 2010).

내담자들이 치료자 자신과 현저하게 다르든 유사하든 간에, 내담자와 작업할 때, 상호 존재성의 개념은 치료자로 하여금 서로 연결되어 있으면서 동시에 분리되어 있다는 사실을 일깨워 준다. 상호 연결성에 대한 인식은 우리로 하여금 다른 사람에게 해를 끼치지 않고 그들의 복지 증진을 위해 최선을 다해야 한다는 사실을 일깨워 준다. 또한 우리가 서로 다른 독특한 여정을 가고 있음을 일깨워 준다. 치료자인 나를 위해서 작업했던 것들이 내담자에게 도움이 되기도 하고 그렇지 않기도 할 것이다. 종종 개인적으로 마음챙김 훈련으로 이득을 봤던 치료자는 내담자에게도 똑같이 하라고 한다. 때로는 그렇게 하라고 강요하기도 한다. 내 경험에 비추어 보면, 내담자들이 관심을 보일 때조차도, 현대 생활의 스트레스가 대부분의 내담자에게 마음챙김 훈련을 위해 규칙적으로 시간을 내기 어렵게 만드는 것 같다. 그것도 좋다. 내가 내담자들로부터 배운 놀라운 지혜는 내담자들 스스로 좋은 아이디어라고 생각할 때조차도 치료에서 제안된 과제, 조언 및 아이디어를 따르지 않는다는 것이다(Gehart & Lyle, 1999). 그들이 완고하거나 게을러서 그러는 것이 아니라, 그 제안을 통해서 얻은 통찰로도 충분한 변화가 일어나서 치료에서 논의되었던 것들을 더 이상 실행할 필요가 없어졌기 때문이다. 예를 들어, 마음챙김 훈련을 소개받으면서 내담자들은 다시 교회로 돌아가거나 정말로 다른 방식들로 스트레스를 감소시킬 수 있게 되면서 회기에서 논의되었던 것과 같은 방식의 훈련을 더 이상 하고 싶지 않다고 느끼게 된다.

치료적 현존, 신경통합과 관계적 공명

대인관계 신경생물학 및 애착이론에 대한 지겔(Siegel, 2010b) 이론은 마음챙김에 기반을 둔 치료적 현존이 내담자에게 도움이 되는 이유에 대한 새로운 이해 방식을 제공한다. 지겔은 치료적 현존을 신경통합, 마음챙김 훈련을 통해 개발되고 증진될 수 있는 최적의 신경학적 기능 상태로 규정할 수 있다고 가정한다. 이런 통합 상태가 치료자로 하여금 내담자들과 조율하도록 만들어 주어서 다른 이의 주관적인 현실을 깊이 지각하도록 해 준다. 내담자들이 치료자들의 조율을 감지할 때, 그들은 치료자들에 의해 '느꼈던 것을 느끼게 된다(feel felt)'. 여러 면에서 대뇌는 '**예견하는 기계**(anticipation machine)'이기 때문에 조율은 처음 생각했던 것보다 더 도전적이다. 그것의 주요 기능 중 하나는 패턴을 찾고 그것들을 예견하는 것이다. 반대로 조율은 이론, 논리 그리고 과거 경험을 사용하여 예견해 보려는 경향을 유보하고, 그 대신에 지금 이 순간 내담자의 실제 경험에 주파수를 맞추는 능력을 요구한다. 이는 범주들과 기존 지식을 사용하는 하향식 처리에서 들어오는 새로운 자료를 수용하는 상향식 처리로의 이동이다. 치료세계에서는 포스트모던 치료자들이 조율을 하려는 상향식 처리의 예시가 되는 **'알지 못함**(not knowing)**'의 자세**(Anderson, 1997)로 내담자와 관계를 맺는 1차적 지지자들이었다.

온전히 존재해 주면서 조율하는 치료자의 능력이 치료자와 내담자로 하여금 **공명**(**共鳴, resonance**) **상태**, 즉 상호 간에 영향을 주는 상태로 들어가게 만든다(Siegel, 2010b). 유아가 신경학적으로 그리고 정서적으로 최적 발달을 하기 위해서는 공명될 필요가 있으며, 이 공명은 성인 관계로까지 이어져서 안전하고 연결되어 있다는 느낌을 갖게 해 준다. 치료에서는 치료자의 조율이 내담자를 공명 상태로 초대한다. 이런 공명 상태가 내담자를 변화시키고, 그다음에는 내담자의 반응이 치료자에게 영향을 주는데, 이것이 치료자를 내담자만큼 변화하도록 개방시키는 과정이다. 이것이 둘이 하나이면서, 둘 모두 명확한 방식으로 상호 존재를 직접 경험하는 친밀한 의사소통이다. 예를 들어, 성 학대 피해자가 처음으로 자신의 이야기를 할 때, 치료자가 공명 상태로 들어가 그녀의 경험을 조율해 주게 되면 내담자는 자신의 이야기를 들어주고, 이해받고 있다는 느낌을 갖게 된다. 그리고 가장 중요한 것은 그녀가 기억하는 경험 속에서 더 이상 혼자가 아니라는 느낌을 가질 수 있게 된다. 치료자는 이 과정을 통제해서도 안 되고 통제할 수도 없다. 오히려 내담자와 함께 공동여행(mutual journey)을 하면서 그들이 함께 발전해 간다. 지겔의 이론은 협력적 치료자들이 **상호 탐색**(mutual inquiry)과 **상호 진화 대화**(coevolutionary dialogue)라고 기술하는 것들에 대한 신경학적인 기술을 제공한다(Anderson, 1997).

지겔(Siegel, 2010b)은 치료자들이 내담자들과 함께 공명 상태로 들어가 줌으로써, 즉 내담자들이 과거에는 너무 압도적이었던 느낌과 기억들을 안전하게 경험함으로써 외상 동안에 분리된 외현기억과 암묵기억을 통합할 수 있게 되고, 내담자가 정서적으로 부담이 되는 문제와 외상을 해소하도록 도와준다고 제안한다. 이런 **상호 연결된 신경공명**(interconnected neural resonance) 상태에서는 내담자들이 외상기억과 감각을 응집력 있는 이야기로 통합하기 위해 치료자의 안정성을 빌려 올 수 있다. 일단 외상기억들을 외현기억들로 통합하게 되면, 내담자들은 치료자 없이도 통합된 신경상태로 더 빨리 들어갈 수 있고, 유지할 수 있게 될 것이다. 회기에서 이런 외상들이 치유가 되면 내담자들은 더 평온감, 명쾌한 감각과 통찰력을 갖고 외상에 대해 이야기할 수 있게 된다.

논리적으로는 내담자와 치료자가 상호 간에 영향을 주는 상태에 놓여 있다고, 즉 치료자가 내담자에 의해 부정적인 영향을 받는다고(**2차 외상**이라고 일컬어지는) 가정해 볼 수 있지만, 내 경험에서 보면 이런 일은 없었다. 통합된 마음챙김 상태에 있을 때, 내담자에 대한 치료자의 공명이 내담자와 정서적으로 연결되어 있다는 느낌과 전인적 인간애를 만들어 낸다. 통합된 상태가 2차 외상의 잠재 가능성을 감소시킨다. 왜냐하면 치료자들이 보다 큰 관점에서 외상을 이해할 수 있도록 내담자의 외상경험에 대해 공명해 주기 때문이다. 따라서 치료자에게 있어서 이런 공명의 순간은 내담자와 더 넓게는 온 생명체와 상호 연결되어 있다는 깊은 느낌을 느끼게 해 주어서, 결과적으로는 인간 존재의 '**불행(full catastrophe)**'을 경험하게 한다(Kabat-Zinn, 1990).

부부 및 가족과의 치료 관계

부부 및 가족과 치료 관계를 발달시키는 데는 특정한 기술이 필요하다. 왜냐하면 어떤 주어진 순간에 여러 관계가 유지될 필요가 있기 때문이다. 예를 들어, 부부를 대상으로 작업할 때, 치료자들은 배우자 A와의 관계, 배우자 B와의 관계, 그리고 한 단위로서 부부와의 관계에 대해 마음챙김을 해야 한다. 일반적으로 치료자가 편들지 않고, 방에 있는 각 사람에 대해서 똑같이 '편애' 혹은 이해를 보여 주어야 한다는 의미로 '**중립성(neutrality)**' 혹은 '**다편파성(multi-partiality)**'이(Cecchin, 1987) 권고되어 왔다. 이론상으로 쉬운 일이다. 실제 개별 회기들에서는 적절하고 가장 기본적인 공감적 반영조차도 방에 있는 다른 사람과 동맹관계를 깨뜨릴 수 있기 때문에 훨씬 더 문제를 일으킬 수 있다. 마찬가지로 A를 이해한다고 말해 주는 것이 B에게는 쉽게 '동의'로 해석될 수 있다. 그런 순간에서는 치료자가 한쪽 편을 들고 있는 것으로 비치고, 이것이 다른 편(배우자)을 방어적으로 만들어 버리는 결과를 초래한다. 따라서 치료자로부터 오는 모든 의사소통은 A, B(가족에서는 C, D 등등)의 현실을 고려해야만 한다. 가족 치료자들은 이를 행하는 두 가지 주요 방식을 개발해 왔다.

- **체계 재명명하기**: A의 현실이 B의 현실과 교차하는 방식을 기술한다(Gehart,

2010; Watzlawick, weakland, & Fisch, 1974).

- **1차 관계정서 확인하기**: 기저에 있는 관계 및 애착 욕구, 특히 더 취약한 정서를 기술한다(Johnson, 2004).

체계 재명명하기

체계 재명명하기를 사용할 때, 치료자는 각 사람의 현실과 행동이 어떻게 상호 연관되어 있는지를 기술한다. 예를 들어, 부부들은 **추격자-거리두기 순환(pursuer distance cycle)**이라고 알려진 경험을 하는데, 보통 한 사람은 연결을 원하고 다른 한 사람은 거리를 두고 싶어 한다. 이 경우에 한 배우자가 자신의 경험에 대해 이야기할 때, 치료자는 화자와 청자 모두 그들의 경험을 알고 있다는 느낌을 갖게끔 반응하지 않아야 한다. 예를 들어, 그녀가 기술한 문제를 요약하면서, 치료자는 "당신은 계속해서 배우자와 가까워지려고 애쓰고, 그러면서 실망감을 느끼게 되니까 좌절감을 경험하는군요." 한편, (다른 배우자에게) 당신은 "그녀의 관심(reaching out)에 숨이 막히고, 그래서 압도당한 느낌을 갖기 시작했군요."라고 말할 것이다. 이런 말은 두 배우자들로 하여금 치료자가 그들의 관점을 이해하고 있다는 느낌을 갖게 하여 내담자들이 자신들의 상호작용 패턴에 대해 마음챙김할 수 있는 토대를 제공할 수 있다. 이는 마음챙김 정보에 기반을 둔 치료에서 중요한 개입이다(7장).

관계정서 확인하기

정서중심 부부치료에서 수 존슨(Sue Johnson)은 치료자가 내담자에게 표면적으로 쉽게 확인할 수 있는 정서인 2차 정서보다 애착과 관련된 정서인 그들의 1차 정서(primary emotions)를 성찰해 볼 수 있어야 한다고 강조한다. 1차 정서는 안전한 관계 속에 있으면 사랑으로 연결되어 있는 느낌을 받고, 불편한 관계 속에 있으면 나약하고, 외롭고, 상처받고, 버림받았다는 느낌을 받는 것과 관련된다. 이런 느낌들은 다른 사람을 공격하고, 비난하거나 비평하는 정서라기보다 다른 사람과 연결되고 싶은 열망에서 나오는 취약한 정서들이다. 배우자의 1차 정서를 들어 보는 것이 사랑하는 사람에게 훨씬 더 긍정적으로 관여하게 된다. 따라서 부부 및 가족을 대상으로 작업할 때, 치료자들은 더 분명하게 드러나는 2차 정서에 연료가 되는 더 취약한 1차 정서를 확인하도록 도와준다. "당신은 브레드(Brad)가 기념일을 잊어버려서 얼마나 화가 났는지 말하고 있습니다. 그 저변에는 당신과의 관계가 그에게 중요하지 않을 수 있다는 두려움이 숨어 있는 것 같습니다." 7장에서 좀 더 자세하게 논의한 것처럼 마음챙김은 내담자들이 이런 1차 정서를 더 쉽게 확인할 수 있도록 도와주는 훌륭한 도구다.

회기 내에서 지금 이 순간에 존재하기

대부분의 치료자가 치료에 마음챙김을 적용한다고 하면, 그들은 내담자들에게 명상 훈련법을 가르칠 것이라고 생각한다. 그러나 나는 치료 관계에 적용하는 것이 가장 좋다고 제안하고 싶다. 방에서 치료자 현존의 미묘하지만 중요한 요소들을 변화시키고 여전히 정서적으로 관여하되 불안하게 반응하지 않으면서 머물러 주는 것으로 치료자들은 정서적 · 심리적 · 관계적 변화를 증진시키는 강력한 맥락을 만들어 낸다.

지금 이 순간에 존재하기의 실제 훈련은 생각보다 더 도전적일 수 있다. 어려운 내담자 및 어려운 문제들과 함께할 때 많은 문제가 발생할 수 있기 때문이다.

- 별스럽지 않으면서 지금 이 순간에 존재하기
- 힘든 감정과 갈등상태로 지금 이 순간에 존재하기
- 외상과 함께 지금 이 순간에 존재하기
- 치료명령을 받은, '아무런 열성도 없는' 내담자와 함께 지금 이 순간에 존재하기

• 아이들과 함께 지금 이 순간에 존재하기
• 청소년들과 함께 지금 이 순간에 존재하기

별스럽지 않으면서 지금 이 순간에 존재하기

아마도 마음챙김 치료 입장을 채택하는 데 있어서 가장 커다란 도전은 별스럽다는 인상을 줄 만큼 '지나치게 애쓰지 않으면서' 내담자들과 함께 존재하는 방법을 배우는 것이다. 우리 모두 '조화를 이루려고(in tune)' 혹은 영적으로 보이려고 애쓰는 사람들과 대화를 나눠 본 경험이 있을 것이다. 그런데 그런 모습이 오히려 괴롭고 혹은 더 기분 나쁜 그런 경험 말이다. 많은 치료자가 인간의 고통을 초월하여 완벽한 모습으로 살아가야 한다는 가상의 압박감을 느끼면서 살아가고 있다. 그래서 마음챙김을 배우는 것이 그런 당연한 요구에 부담을 준다. 만약에 명상하는 사람은 결코 부정적이거나 강한 감정을 가져서는 안 되고 거의 해탈의 경지에 이르게 된 사람이라는 잘못된 신념을 가지고 있다면, 지속된 수행 결과에 크게 실망하게 될 것이다. 진심으로 그리고 규칙적으로 수행하였을 때, 마음챙김은 당신의 마음을 겸손하게 만들어 줄 것이다. 일을 하면서 당신의 마음, 정서 그리고 몸을 바라보는 것은 정신이 번쩍 들게 만드는 경험이다. 왜냐하면 명상이 모든 고통을 완화시켜 주는 것이 아니라 오히려 명상을 통해 당신의 위선, 가장 어두운 비밀, 어린 시절의 두려움, 고통스러운 현실에 직면하지 않으면 안 되기 때문이다. 그렇지만 이런 것들을 자비로운 마음(compassion)으로 대하면, 마음챙김을 통해 당신은 자신에게 친절할 수 있게 되고, 인간이 되어 간다는 것이 어떤 의미인지, 생생하게 살아간다는 것이 어떤 의미인지를 더 잘 알게 될 것이다. 이를 통해 치료자들은 매우 다른 관점에서 '진짜 치료자'가 된다. 이것은 '완벽해지려고' 혹은 실패하지 않으려고 애쓰는 것과는 다른 것이다. 깨달음을 얻은 듯한 태도를 취하려고 애쓰는 치료자들은 내담자와 관계를 맺기 위해 애쓴다.

역설적이게도 마음챙김하려고 노력하는 치료자들일수록 별스럽다는 인상을 준다. 그들의 지나친 열정으로 인해, 그들의 자아와 정체감은 '마음챙김'하거나 '세속을 초월하고자' 하는 데 과잉 투자를 하게 될 것이고, 회기 내에서 이런 방식으로 인상을 주어야 한다는 압박감을 느끼게 될 것이다. 불행히도 그런 치료자의 모습은 이상하게 비칠 것이고, 내담자들은 그런 치료자들과 혹은 마음챙김 훈련과 관계를 맺는 데 어려움을 느끼게 될 것이다. 언젠가 동료 한 명이 나에게 불교와 마음챙김에 빠져 있는 사람들처럼 '보이고 싶지' 않다고 말한 적이 있었다. 나는 그것을 고무적인 것으로 받아들였다. 따라서 당신은 친구와 가장 가까운 동료들에게 마음챙김 수행으로 다른 사람들이 당신에게 접근하기 쉬워졌는지 물어보고 싶을 수도 있고, 마음챙김에 대한 당신의 열정이 창문보다는 벽을 만들지는 않았는지 확인하기 위해 내담자의 반응을 면밀하게 검토하고 싶어질 것이다.

▌힘든 감정과 갈등상태로 지금 이 순간에 존재하기

부부 및 가족치료와 개인치료의 중요한 차이점 중 하나는 고통스러운 감정이 정제되지 않고, 거칠게 표현되는 경우가 훨씬 더 빈번하다는 것인데, 그것은 대인관계 갈등이 '**자연스러운 상태**(in vivo)'에서 그리고 회기 내에서 일어나기 때문이다. 부부 및 가족을 대상으로 작업할 때, 치료자의 측면에서 보면 마음챙김 훈련은 치료자들로 하여금 방 안에 있는 한 사람 혹은 그 이상의 사람이 공격적이 되거나 철수하는 방식으로 '방에서 뛰쳐나가고' 싶은 그 순간에, 매우 '생생한' 힘든 감정과 갈등 속에 정서적으로 머물러 있도록 만들어 준다. 치료자들이 이런 힘든 순간 속에 완전히 머물러 있을수록 부부나 가족들도 더 의미 있고 치유적인 방식으로 관여하게 된다. 예를 들어, 부부를 대상으로 작업할 때, 고통스럽고 어려운 문제들이 표면 바로 아래에 숨어 있는 경우들이 있다. 치료자들이 이런 문제들에 자비로운 마음으로 관여하면, 부부는 치료자가 없는 상황에서 경험하는 전형적인 갈등을 겪지 않으면서 혹은 철수하지 않고 그 문제에 더 관여하게 된다. 힘든 정서를 온전히 드러내 보여 주는 이런 능력이 정서중심 치료 기법들의 핵심인 것 같다.

반대로, 만약 치료자들이 부부 및 가족 작업의 특성인 높은 강도의 정서에 머무르는 능력을 갖지 못하면, 힘든 정서를 회피하거나 그것들에 대해 공격하도록 놓아 두는 방식으로 문제가 되는 상호작용 패턴을 반복하게 만든다. 부부 혹은 가족 간에 오래되고 고통스러운 상호작용에 대해 마음챙김을 하게 되면, 치료자들이 상호작용의 과정을 부드럽고 의미 있게 변화시킬 수 있다. 두려워하지도 않고 화내지도 않으면서 있는 그대로 온전히 관여하면서, 치료자들은 갈등관계에 있는 사람들이 전형적인 '**기폭장치**(trigger)'를 새로운 방식으로 경험할 수 있도록 도울 수 있다. 예를 들어, 한쪽 배우자가 상대 배우자를 호되게 꾸짖기 시작하면, 치료자가 이 순환과정에 끼어들어서 한쪽에게 혹은 양쪽 모두에게 그/그녀의 지금 이 순간의 경험을 비난하지 않고 존중해 주면서 지금 이 순간에 경험하는 것들에 대해 반영해 줄 수 있다. 가장 격한 감정 속에 온전히 존재해 보면 부부들과 가족들에게는 상대에 대한 새로운 반응방식과 상대와 상호작용하는 새로운 방식을 배울 수 있는 풍부한 기회를 얻는다.

외상과 함께 지금 이 순간에 존재하기

마음챙김은 외상 생존자들과 함께 있어 주는 구체적이고 상세한 방법들을 제공하는데, 그것은 표준화된 공감에 기반하여 내담자-치료자 관계를 맺는 접근방법과는 질적으로 다르다. 마음챙김 정보에 기반을 둔 치료는 정서에 대해 공감적으로 반영해 주기보다 치료자의 현존하는 질과 치료자가 정서적으로 기꺼이 내담자와 함께하려는 마음에 초점을 맞춘다. 외상을 다룰 때는 이것이 특히 도전적인 과제가 된다. 온전히 정서적으로 존재해 주기 위해서는 치료자가 우리 사회에서 흔치 않은 방식으로 정서적으로 존재해 주는 능력을 개발해야 한다. 외상은 너무 압도적이어서 마음은 살아남기 위해 자동적으로 여러 가지 대처 기제들을 작동시키는 상황과 관련이 있다. 지속적이고 규칙적인 마음챙김 수행과 외상으로 유발된 정서에 관여하려는 개인의 전념을 통해 치료자들은 외상에 대해 논의하는 과정에서 내담자들과 함께 정서적으로 머무르는 능력을 발달시킬 수 있다. 3장에서 기술한 것처럼 정서적으로 현재에 머물러 있는 능력이 치료자들로 하여금 외상 내담자들과 조율하고 그것들에 공명할 수 있도록 해 주며, 이런 치료자의 능력이 내담자들에게는 치료자들의 '통합된' 신경상태를 빌려서 응집성 있는 기억들을 만들어 그들의 외상을 해결할 수 있도록 해 준다. 치료자가 힘든 정서와 경험을 마음챙김할수록 내담자들은 외상에 대해 논의하는 그 순간에 머무르는 능력이 커지고, 그런 능력이 이런 내담자들로 하여금 외상을 통합하고 치유하도록 도와준다.

▌치료명령을 받은, '아무런 열성도 없는' 내담자와 함께 지금 이 순간에 존재하기

종종 초보 치료자들이 나에게 법원, 아동서비스국, 녹초가 된 부모들이나 환멸을 느낀 배우자에 의해 의뢰되어 '치료명령을 받은' 내담자들을 어떻게 다루는지에 대해 물어보곤 한다. 나는 먼저 그들에게 내담자들의 현실을 존중하면서, 다른 한편으로는 그들의 사회세계 내의 타인들에게도 관심을 갖게 만드는 해결중심, 이야기 및 협력 치료자들의 작업에 대해 말해 준다(Anderson & Gehart, 2007). 마음챙김은 이런 협력적인 접근에 더해 주는 것 혹은 적어도 보장해 주는 것은 온전히 지금 이 순간에 존재한다는 느낌이다. 그것을 믿든 그렇지 않든 간에, 폭력이나 학대로 법정에서 위임된 내담자들조차도 법원의 반대편에 서서 그들 편을 들어줄 것이라고 기대하지 않는다. 그들이 기대하고 실제로 더 고맙게 여기는 것은 치료자들이 균형감을 가지고 공평하게 대해 준 것이다(Gehart & Lyle, 1999). 예를 들어, 자녀 방임이나 신체 학대 문제로 치료명령을 받은 가족을 대상으로 일할 때 나는 꽤 직설적으로 "제 일은 당신이 당신 자녀들을 되찾을 수 있도록 도와주는 것입니다. 저는 그런 일이 이루어지도록 제가 할 수 있는 모든 일을 해 볼 것입니다. 그렇지만 거짓말을 한다거나 당신 자녀의 복지를 위태롭게 하는 방식으로는 일하지 않을 것입니다."라고 말한다. 마음챙김으로 그런 대화를 지금 이 순간으로 가져오게 되면 신뢰할 수 있고 정직한 대화가 이루어진다. 마음챙김으로 좋고, 나쁨을 인식할 수 있다. 그것은 '좋지 않은' 것은 당장 바꿔야 한다는 압박감을 느끼지 않으면서 '**있는 그대로**' 인식하는 것이다. 이것이 그 사람에게 수치심을 안겨 주지 않으면서도 그렇다고 그들의 책임을 묵살하지 않으며 그 사람의 어두운 측면과 더 취약한 순간에 온전하게 함께해 주면서 변화 가능성을 만들어 내는 능력이다.

아이들과 함께 지금 이 순간에 존재하기

아이들이 자신의 문제를 해결하도록 도와주는 데 있어서 가장 중요한 것은 아마도 아이들과 함께해 주는 것이다. 오늘날 우리 사회 자체가 빠른 속도로 살아가고 있어서 정기적이고 정서적으로 현존해 줄 수 있는 부모가 거의 없다. 일하는 부모뿐만 아니라 자녀를 학교에 데려다주고, 훈련시키고, 공부시키고, 플레이데이트(play date)로 긴 하루 일정을 보내는 전업부모도 자녀들과 함께 있어 줄 기회는 거의 없다. 자녀들과 '귀중한 시간'을 가지려고 노력하는 부모들조차도 현대 생활의 일상적인 요구들이 그것을 도전으로 만들어 버린다는 것을 발견하곤 한다. 나는 많은 아이가 그들 자신의 삶에 온전히 존재할 수조차 없다는 말도 덧붙이고 싶다. 아주 어릴 때부터 아이들은 텔레비전, 컴퓨터 그리고 게임 세계 속으로 빠져들어 그들 자신의 삶에 몰입하지 못한다. 따라서 치료시간이 치료자가 아이들과 그들 부모를 초대하여 서로 함께 존재하게 만드는 기회가 될 수 있다. 아이들에게는 특히 이 시간이 중요한데, 왜냐하면 그들이 어렵고 도전적인 정서와 사고를 온전히 경험할 정서적 · 인지적 능력을 가지고 있지 못하기 때문이다. 그들은 삶의 요구, 한계, 불공평하다는 느낌을 경험하고 그들과 함께 존재해 주는 성인을 필요로 한다. 그들 상황에 대해 자비롭고, 분별력 있게 존재해 주는 것만으로도 많은 문제들의 강도가 크게 줄어들고 어떤 문제들은 빨리 해결되기도 한다. 물론 존재해 주는 것이 모든 아이의 문제를 해결해 주지는 않는다. 그러나 나는 아이들이 그들과 함께해 주기를 갈망하고, 자주 그들의 삶 속에서 함께 존재해 주는 성인을 갖는 것만으로도 그들의 현실을 빨리 변화시키고, 더 나은 선택을 하고, 문제들을 해결해 나가는 것을 보아 왔다.

▌청소년들과 함께 지금 이 순간에 존재하기

말을 못하는 유아들말고는 아마도 청소년들이 지구상에서 가장 정직한 사람들일 것이다. 그들은 어린이의 천진함에서 성인기의 노련함(saaviness)으로 넘어가는 이행기에 놓여 있으며, 종종 그들의 솔직한 생각과 느낌을 겉으로 잘 표현하지 않거나 경험하지 못하는 사회화된 성인들보다 더 신실할 수 있다. 따라서 청소년들과 일해 본 사람이라면 대개 치료자가 어른인 체하거나 지구상의 대부분의 어른과 같은 모습을 보이면, 청소년은 치료자를 믿지도 않고, 가까이 다가오지도 않는다는 것을 안다. 치료자가 청소년이 하는 이야기를 진심으로 기꺼이 듣고 싶어하고, 그들의 관점과 관심에 대해 생각해 보고 전형적인 성인의 말투로 떠들어 대지 않으며 행동방식이나 하는 일에 대해 깊은 관심을 갖고—때때로 비언어적으로—대화를 하면 상황은 급속하게 변화된다. 청소년들은 금세 호기심을 갖고, 몰입하여 두 세계에 발을 딛고 서 있는 것 같은 사람과 여행을 함께하려고 한다.

현재에서 시작하기

내담자에게 마음챙김 훈련법을 가르치는 것이 그들의 삶을 깊이 변화시킬 수 있다고 할지라도, 기꺼이 그렇게 하는 사람도 거의 없고, 훈련을 지속하는 사람도 거의 없다. 오히려 내 경우에는 마음챙김으로 회기 내에서 나의 존재 방식과 존재를 변형시킨 것이 작업의 변형을 가장 많이 가져왔다. 이 책 나머지 부분에서는 가족에게 마음챙김 가르치기, 수용을 활용한 사례개념화 그리고 마음챙김과 개입 접목시키기와 같은 재미있는 주제들에 대해 상세하게 다룰 것이다. 무엇보다도 나는 치료자 훈련(10장에서 상세하게 기술된다)과 그 훈련으로 치료적 현존을 증진시키는 것이 치료에 대한 마음챙김의 가장 중요하고 커다란 기여라고 굳게 믿고 있다.

· 05 ·

마음챙김 정보에 기반을 둔 사례개념화와 치료 계획하기

사례개념화

우리 전문가들 대부분이 말하고 싶어 하지 않는 것은 부부 및 가족치료를 잘 하기보다는 잘못하기가 훨씬 더 쉽다는 것이다. 이는 우리가 회기 내에서 '격하게' 말다툼을 하고 있는 부부 혹은 가족을 보게 되면 이런 사실이 명확하게 드러난다. 실제 내담자들을 만났을 때, 아마도 제이 헤일리(Jay Haley)나 살바도르 미누친(Salvador Minuchin)의 비디오에서 보았던 "언제 당신은 남편과 이혼하고 아들과 결혼하셨습니까?"와 같은 매우 터무니없는 말이 생각나면서 대개는 "나는 지금 어떻게 해야 하지?"라는 의문들만 스쳐 지나간다. 그렇지만 이런 대가들의 기술은 그들이 어떤 말을 하는지 혹은 어떤 행동을 하는지가 아니라 그들이 가족을 어떻게 바라보는지, 즉 그들이 문제 상황을 어떻게 바라보고 개념화하는지에 있다.

부부 및 가족 치료자들은 증상 및 문제들과 관련된 관계 패턴을 확인하고, 이런 상호작용에서 발생하는 행동과 정서에 대해 알려 주는 구성 개념, **인식론적 가정**, **세대 간 전수 과정(intergenerational legacy)**, 개인 현실(individual realities)을 확인하여 부부 및 가족 문제를 개념화한다(Gehart, 2010). 마음챙김과 접목시킬 때, 치료자들은 관계에서의 마음챙김과 수용에 대한 그들의 능력과 고통에 대한 구성 개념에 초점을 맞추어, 이런 전통적인 사정 및 사례개념화의 방법에 따른다. 특히 마음챙김 정보에 기반을 두는 치료자들은 세 가지 관계 세트를 살펴보면서 내담자의 문제들을 개념화하는데, 이들 각각은 개념화 작업의 독특한 영역들에 대한 정보를 제공한다.

사례개념화에서 마음챙김으로 정보를 얻는 영역

1. 자기: 힘든 정서 및 사고 조절 능력을 포함하여 자신과 수용적인 관계를 맺고 있는 것

내담자에 의해 개념화되는

- 사고와 정서를 마음챙김하면서 경험하는 능력
- 있는 그대로 받아들이고 그에 대해 자비심을 갖는 능력
- 자기다움이라는 구성 개념에 대한 집착과 투입

2. 관계: 파트너, 부모, 자녀들 그리고 삶에서 의미있는 사람들과 정서적으로 안전하고 만족스러운 친밀한 관계를 발달시키고 유지하는 능력

내담자에 의해 개념화되는

- 무심(無心)히 이루어지는 관계 패턴에 대한 알아차림
- 마음챙김하면서 타인과 함께하는 능력
- 타인을 수용하고 타인에게 자비심을 갖는 능력

3. 삶: 안전감, 응집력, 선의(혹은 적어도 악의적이지는 않음)를 특징으로 하는 생명(예, 신, 우주)과의 연결감

내담자에 의해 개념화되는

- 그들 고통과의 관계에 대한 개념
- 생활철학과 가치

자기와의 관계

마음챙김을 활용하여 내담자의 상황을 개념화할 때, 치료자는 다음 세 가지 영역에 초점을 맞추어, 내담자가 자신과 맺고 있는 관계에 대해 고려한다.

- 정서와 사고에 대한 마음챙김 경험
- 자기에 대한 수용과 자비심
- 자기 개념에 대한 집착

▌정서와 사고에 대한 마음챙김 경험

마음챙김 정보에 기반을 둔 치료자들은 내담자들이 어떻게 지금 이 순간에 그들의 사고와 정서를 경험하는지에 대해 궁금해한다. 인본주의 치료 실제(Rogers, 1961)와 유사하기는 하지만, 내적 경험에 대한 마음챙김 경험은 매우 다르다. 왜냐하면 인본주의자들과 마음챙김 정보에 기반을 둔 치료자들은 지금 이 순간의 경험을 고려할 때 다른 의도를 가지고 있기 때문이다. 인본주의자는 지금 이 순간의 경험을 자기실현이라는 보다 큰 목표지향적인 과정의 일부로 보고 정서가 발생할 때 그 정서를 표현하는 것을 중요하게 여긴다. 그와 반대로, 정서에 대한 마음챙김 경험은 정서의 표현에 대해서는 덜 강조하거나 아예 언급하지 않기도 한다. 대신에 내적 정서뿐만 아니라 사고와 다른 내적 경험 **바라보기**(witnessing)에 초점을 맞춘다. 마음챙김 정보에 기반을 둔 치료에서는 이 순간에 그런 내적 경험에 따른 행동이나 표현을 하지 않으면서 내적 경험, 즉 사고와 정서를 관찰하는(observe) 능력의 증진을 중요시한다. 이런 과정이 반사적으로 반응(react)하는 능력보다는 응답(respond)하는 능력을 길러 준다. 또한 변화를 요구하거나 어떤 것을 표현하도록 요구하지 않으면서도 자신의 내적 생활에 대해 호기심을 갖는 것이다. 단순히 자기 마음속에서 일어나는 것을 있는 그대로 인정해 주는 것이다.

마음챙김 정보에 기반을 둔 치료자들은 내담자들과 작업을 할 때, 차단시키기(shutting down), 소리 지르기, 비난하기 등과 같은 조건화된 방식으로 즉각 반응하지 않고 그들의 내적 경험을 마음챙김하여 관찰하는 내담자들의 능력에 관심을 둔다. 예를 들어, 부부회기 동안 아내가 상처받을 수 있는 어떤 말을 들었을 때, 똑같은 수준으로 상처 주는 말로 쏘아붙이기보다 중립적이고 비공격적으로 "당신이 방금 한 말로 인해 마음이 상했습니다."라고 말한 다음에 그 문제에 대해 정중히 대화해 볼 것을 요청한다. 훨씬 더 복잡한 문제들에 대해서도 명상을 수행하거나 혹은 자기 혼자서 내적 생활에 대해 마음챙김 경험을 해 보는 것이 대체로 더 쉽다. 그러나 배우자나 가족원들과 대화할 때, 수년간 수행을 한 사람들조차도 성찰적인(reflective) 마음챙김 상태에 머물러 있기보다는 정서적 반응 상태로 빠져 버릴 수 있다.

지금 이 순간의 기능을 경험하는 내담자의 능력을 고려할 때, 치료자는 지금 이 회기 내 상호작용 그 이상을 고려해야만 한다. 대부분의 경우에 내담자들은 부부 및 가족치료에서 최소한으로 성찰적일 수 있다. 치료자는 내담자들이 전반적으로 그들의 사고와 감정을 인식하고 있는지, 만약 그들이 분노, 슬픔과 같은 힘든 정서를 인식하는 지점에서 그런 경험을 했는지, (즉각적으로 생각 없이 반응하지 않고, 그것에 주목하고) 성찰할 수 있는지 아니면 (마음챙김 훈련을 받았다면) 그 정서를 마음챙김으로 경험하고 있는지에 대해 물어보아야만 한다. 어떤 내담자는 정서를 확인하도록 도와주는 기본적인 수준의 코칭과 격려를 필요로 할 것이고, 어떤 내담자는 자기 스스로 이런 기술들을 말다툼이나 실망과 같은 어려운 관계적 순간에 적용하여 정서와 사고를 관찰할 수도 있을 것이다.

내적 경험하기를 탐색하는 질문들

- 어느 정도로 각 개인이 정서와 사고, 특히 힘든 정서와 사고 같은 내적 경험을 전반적으로 확인할 수 있는가?

- 어느 정도로 각 개인이 생각 없이 즉각적으로 반응하지 않고 혹은 오래된 문제 패턴으로 빠지지 않고 힘든 정서와 사고를 성찰하면서 마음챙김으로 경험할 수 있는가?
- 어느 정도로 각 개인이 의미있는 사람들과 관계를 맺으면서 그들의 내적 경험을 확인할 수 있는가?
- 어느 정도로 각 개인이 다른 사람들과 힘든 상호작용을 할 때 생각 없이 반응하지 않고 내적 경험을 성찰하면서 혹은 마음챙김으로 경험할 수 있는가?

내담자가 전혀 내적 경험을 하지 못하거나 내적 경험을 확인하고 바라보는 데 어려움이 있을 때, 치료자는 일반적으로 거칠게 반응하지 않으면서 관계적 불편과 연관된 강렬한 정서를 경험하는 능력을 발달시킬 목적으로 치료 초기에 이런 능력의 발달에 초점을 맞추고 싶어질 것이다. 내담자들이 기꺼이 해 보려는 마음만 있다면, 자신의 내적 경험을 성찰하고 관찰하는 능력은 마음챙김을 통해 직접적으로(6장) 혹은 회기 내 다른 개입을 통해서(7장) 배양될 수 있다.

있는 그대로의 수용과 자비심

있는 그대로의 수용

많은 인본주의, 실존주의 및 인지행동 치료자들과 마찬가지로 ACT 치료자들은 실제로 모든 정신병리는 어떤 형태로든 현실의 회피에서 발생한다고 가정하고 있다(Hayes, Strosahl, & Wilson, 1999). 예를 들어, 우울증은 종종 자신의 현재 상황을 수용하기를 거부하는 데 그 근원이 있으며, 불안은 원하지 않는 상황을 회피하려는 적극적인 시도일 수 있다. 물질남용과 중독은 아마도 일상적인 현실을 회피하게 만드는 가장 나쁜 회피 기법일 수 있다. 아마도 이런 점 때문에 마음챙김이 다른 정신건강 문제들에도 도움이 될 것이다. 당신이 회피하였던 것을

'있는 그대로' 받아들일 때, 당신은 그만큼 이런 대처기법(예, 증상)들이 필요하지 않을 것이다. 수용으로 외적 상황이 즉각적으로 변화되는 것은 아니지만, 적절하고 능숙하게 반응하는 그 사람의 자원과 능력이 극적으로 증가되어 여러 가지 방식으로 문제를 해결하거나 문제를 받아들이고 견딜 수 있게 된다.

수용이 힘든 상황이나 다른 상황에 대해서도 필요하겠지만, 마음챙김 정보에 기반을 둔 치료자들은 먼저 내담자들이(전형적으로 외적 상황에 반응하는) 그들 자신의 사고, 느낌 그리고 다른 내적 경험을 받아들이도록 돕는 데 초점을 맞춘다. 종종 수용이 체념 및 무기력과 밀접하게 관련되어 있기 때문에, ACT 치료자들은 내담자들에게 마음을 열고 그들의 내적 세계를 온전히 경험하도록 격려하기 위해 **기꺼이 하려는 마음**(willingness)이라는 용어를 사용한다(Hayes et al., 1999). 기꺼이 슬픔, 실망, 실패, 상처, 화, 의심과 같은 고통스러운 내적 현실을 받아들이고 경험함으로써 현실과 씨름하고, 싸우고, 도망가려고 애쓰지 않게 된다. 이것이 용기를 갖게 해 주는데, 왜냐하면 우리 대부분에게는 방향을 바꿔 도망가고픈 본능이 있기 때문이다. 있는 그대로 수용하는 것은 해일이 해안가로 접근해 올 때까지 가만히 서 있는 것과 같다. 왜냐하면 그것이 그렇게 느껴지기 때문이다. 역설적이게도 감정의 파도는 그것을 참고 맞아들일 수 있으면 처음 나타났을 때보다 훨씬 더 작아진다. 그러나 도망가려고 애를 쓰면 쓸수록 그것은 점점 더 커진다.

있는 그대로의 자비심

마음챙김 정보에 기반을 두는 치료자들은 내담자들이 자신의 내적 경험에 대해 인지적 이해가 아닌, 정서적 개방성을 가지고 있는 그대로 받아들이고, 내적 경험에 대해 자비심을 가지는 내담자의 능력을 평가한다. 이것은 있는 그대로 수용하는 것과 밀접하게 관련되어 있다. 자신의 내적 세계에 대한 자비심은 많은 비논리적인 혹은 비합리적인 생각, 희망 혹은 감정을 온화하게 받아들이고 이해하는 형태를 띠는데, 이것이 명상 훈련이나 심리치료로 더 분명하게 된다. 예를 들어, 명상으로 자신의 배우자에 대해 더 많이 깨닫게 되고 혹은 전형적으로 주목하지 못했던 짜증을 덜 내게 된다. 이런 사고나 느낌들이 현실적이거나 공정하지 않다는 것도 종종 알아차리게 된다. 그럼에도 모든 사람이 그런 사고나 느낌을 갖는다. 그래서 이것들을 기꺼이 받아들이고 경험하는 것과 더불어 자신에게 실망하거나 문제를 조급하게 처리하려고 과잉반응하지 않는 것 또한 중요하다. 대신에 자기 자신과 자신의 온전한 인간성에 대해 가지는 자비심은 경험을 변형시키는 치유적인 수용이라는 결과를 가져온다. 또한 행복 및 안녕감과도 높은 상관이 있다.

수용과 자비심에 대한 개념화

치료자는 있는 그대로 수용하고 자비심을 보이는 개인의 수준을 어떻게 평가하는가? 대부분의 경우에 내담자가 있는 그대로 수용하지 못하는 그들의 능력을 외적으로 표현하지 못하기 때문에 평가하기가 쉽지 않다. 전형적으로 어떤 사람들은 자신이 많은 통제력을 가지고 있지 않다는 것, 일이 계획대로 잘 진행되지 않다는 것 혹은 인생의 꿈이 미약하다는 것을 스스로 수용하지 못하고 있음을 의식적으로 알아차리지 못한채, 오히려 화를 내고, 좌절하고, 상처입고, 무력감을 느낀다. 따라서 치료자는 회피하고 있는 현실에 대해 주의 깊게 경청할 필요가 있다. 이후에는 이것이 변화의 목표가 될 것이다.

수용과 자비심을 평가하는 실제 비결

의아하게 생각되겠지만, 불교적인 의미로 있는 그대로 수용하는 개인의 능력을 측정하는 지필검사는 없다. 사실 대부분의 내담자가 어떤 것을 회피하려고 애쓰고 있다는 것을 알아차리지도 못하기 때문에 그런 질문에 대한 유용한 대답을 이끌어 낼 수 있는 신뢰할 만한 질문도 거의 없다. 회피에 대한 의식적인 알아차림만으로도 절반은 해결된다. 그러나 옴짝달싹 못하겠다는 느낌 때문에 도움을 청하는 바로 그 행위는 불교의 관점에서 보면 그 사람이 현실의 어떤 측면들을 받아들이는 데 어려움을 갖고 있다는 의미가 담겨 있다. 질문은 간단하다. 당신은 자신이 견디기 어려운 어떤 현실을 경험한다는 것이 두려운가?

있는 그대로의 수용과 자비심 개념화하기

있는 그대로 받아들이고 자비심을 가질 수 있는 내담자의 능력을 평가할 때 살펴보아야 할 몇 가지 신호들은 다음과 같다.

- 분투 대 수용: 내담자가 어떤 생각, 사람 혹은 상황과 맞서서 고군분투하는 것처럼 느껴지는지, 아니면 어떤 생각, 사람 혹은 상황과 함께 침울한 분투를 하는 것 같은 느낌이 드는지?
- 분석 대 자비: 내담자가 상황에 대해 지적으로 분석하는지, 아니면 자비로운 마음으로 받아들이는지?
- 지금 이 순간 대 과거 경험: 내담자가 회기 내에서 지금 이 순간에 경험되고 있는 것들을 기술할 수 있는지, 아니면 대부분의 느낌을 일반적으로 혹은 과거 시제로 기술하고 있는지?
- 연속적인 대 유연한 기술: 사고와 느낌을 '연속적인' 것으로 기술하고 있는지(예, 나는 우울합니다 혹은 나는 강박적입니다.), 아니면 사고와 느낌을 흐름으로 명확하게 인지하고 있는지?

자기 개념에 대한 집착

내담자와 작업할 때, 마음챙김 정보에 기반을 둔 치료자들은 자기의 개념과 정의에 대한 집착의 속성을 고려한다. 역사적으로 가족치료자들은 가족체계의 상호작용이 각 가족원의 정체성과 자기감을 만들어 준다고 보았다. 맥락이 변화되면 정체성도 변화될 수 있다(Watzlawick, Weakland, & Fisch, 1974). 포스트모던 가족치료자들은 자기 이야기 속의 사회적 영향력을 강조하고 있고, 이런 정체성은 언어를 통해 전체적으로 창조되고, 유지되고, 재협상되고, 관계 속에서 의미를 공유하게 된다는 보다 급진적인 제안을 하고 있다(Anderson, 1997; White & Epston, 1990). 사실, 어떤 사회구성주의자들은 인본주의 치료에서 제안하고 있는 것처럼 본래 혹은 진짜 자기는 없다는 주장을 하기도 한다. 자기에 대한 우리 경험은 전적으로 **관계적 공동개념**(co-construction)에 의존한다고(Gergen, 1991) 주장한다. 그러나 무아에 대한 불교의 가르침은 심리치료자들에 의해 제안되었던 그 어떤 것보다 더 급진적이다. 불교에서는 자아에 대한 모든 개념이 자기의 '비어 있고', 열려 있는 속성을 모호하게 만드는 개념화된 실체라고 주장한다(Percy, 2008). 이런 견해에서 보면 개념화된 정체성에 집착하거나 지나치게 에너지를 투자하게 될 때 문제가 발생하는데, 왜냐하면 본래 존재하지 않는 것을 우리가 일관성 있고, 응집력 있고 질서정연한 것으로 만들려고 노력하고 있기 때문이다.

내담자와 작업할 때, 마음챙김 정보에 기반을 둔 치료자들은 특히 수용전념치료(Hayes et al., 1999)에서는 다음과 같은 것들을 고려한다.

- 개념화된 정체성: 내담자들이 개념화된 정체성과 융합되어 있는 정도(예, 그들이 누구라고 생각하는가에 대한 그들의 생각)
- 자기 인식: 내담자의 언어적 자기 인식 능력
- 관찰하는 자기: 내담자들이 관찰하는 혹은 바라보는 자기를 경험할 수 있는 정도(예, 개념화된 자기와 마음의 작용을 판단하지 않고 자비로운 마음으로 관찰할 수 있는 자기의 부분)

개념화된 정체성

치료를 하러 오는 대부분의 사람은 문제와 관련된 제한된 자기 감각에 매달리게 된다. 자신이 누구라고 생각하는지에 대한 그들의 집착이 경직되어 있으면 있을수록 내담자에게 도움을 주는 일이 더 어려워진다. 게다가 어떤 사람이 엄격한 정체성을 가지고 있으면, 그들의 배우자와 가족원도 똑같이 바꿀 수 없는 정체성을 가지고 있는 것으로 보는 경향이 있고 그래서 문제와 혼입되기도 한다. 예를 들어, 합리적이라고 확인된 사람일수록 감정을 많이 표현하는 사람을 엄격하게 보려고 하거나 정서에 기반을 둔 논리를 비합리적으로 본다. 전통적인 치료 실제와 비교해서, 불교 정보에 기반을 둔 치료자들은 정체성의 내용(내담자들이 그들은 이런 사람이다, 이런 사람이 아니다라고 생각하는)에는 관심을 덜 가지고 있으며, 자기에 대한 그들 경험의 유연성과 다변화성(plurality)을 증진시키는 데 더 관심을 갖는다. 내담자들이 보다 유연한 자기감을 발달시킬 때 그들의 정체성의 내용 또한 변화되는데, 왜냐하면 그것이 단일차원이라기보다는 다차원적이기 때문이다.

자기 인식

자신의 경험과 내적 생활에 대한 인식을 언어로 표현하는 능력은 그들의 사회적 관계의 질뿐만 아니라 한 개인의 정신건강에도 중요하다. 어떤 내담자는 자신의 내적 생활을 구성하는 많은 사고와 느낌에 대해서 인식조차 못한 채로 치료에 들어온다. 인식은 하지만 그것을 표현하는 데 어려움이 있는 경우도 있다. 친밀하고 만족스러운 관계를 발달시키기 위해서는 내담자가 예민한 자기 인식 능력과 그들이 관계를 맺은 사람들과 이런 인식을 개념적으로 나눌 수 있는 능력을 가지고 있어야만 한다. 따라서 부부와 가족을 도울 때, 마음챙김 정보에 기반을 둔 치료자들은 각 내담자의 자기 인식 수준과 그들의 내적 생활에 대해 효과적으로 의사소통할 수 있는 능력을 평가한다.

관찰하는 자기

마지막으로 마음챙김 정보에 기반을 둔 접근방법의 독특한 측면으로, 치료자들은 그들의 **바라보는 자기**(witnessing self), 즉 개념화된 자기와 계속되는 사고와 느낌을 판단하지 않고 자비롭게 바라보는 자기의 일부를 경험하는 내담자의 능력들을 고려한다. 개념화된 정체성의 형태나 심지어 자기 인식과는 달리, 관찰하는 자기는 죽어 있는 어떤 것(thing)이 아닌 살아 있는 경험 그 이상이다. 따라서 불교에서는 무아(nonself)라고 일컫는다. 짧은 순간 동안이라도 내적 생활에 대한 일상적인 드라마에서 거리를 두고 생각하고 관찰할 수 있는 사람은 치료, 특히 둘 이상의 대상에게 실체를 존중해 주어야 하는 부부와 가족치료의 문제를 해결할 준비가 잘 되어 있다. 관찰하는 자기는 마음챙김 명상을 통해 가장 직접적으로 개발되지만 치료 도중 언어적 해체를 통해서 만나게 될 수도 있다 (Gehart & McCollum, 2007).

자기 개념에 대한 집착 개념화하기

- 문제와 관련된 정체성: 각 개인이 그 문제와 관련하여 자신의 정체성을 어떻게 규정하고 있는가? 각 개인이 문제와 관련하여 다른 사람을 어떻게 규정하고 있는가?
- **자기의 유연성과 융통성**: 정체성이 경직되고 고정되어 있는가 아니면 유연하고 융통적인가?
- **자기 인식**: 각 개인이 자신의 내적 경험을 명확하게 확인하고 자신의 내적 세계에 대해 다른 사람과 건설적으로 의사소통할 수 있는가?
- **관찰하는 자기**: 내담자들이 짧은 순간일지라도, 관찰하는 자기를 경험할 수 있는가? 정서적으로 관여된 바라보는 자 혹은 관찰자의 관점으로 내적 생활을 토론할 수 있는 능력이 있음을 보여 주고 있는가?

사랑하는 사람들과의 관계

개인, 부부 혹은 가족과 작업할 때, 마음챙김 정보에 기반을 둔 사례개념화에서는 내담자들이 다른 사람들과 관계를 맺는 방식에 대해 고려해야 하는데, 왜냐하면 그것들이 그들 자신과 관계를 맺는 방식과도 관계가 있기 때문이다. 사람은 자기 판단을 덜하게 되고 더 자기 연민적이 되면서 다른 사람에 대한 판단을 멈추고 그것들을 수용하는 것이 더 쉬워진다. 그 반대로도 이루어진다. 어떤 내담자들은 이것을 다른 사람들과의 관계를 통해서 더 쉽게 배우고, 어떤 사람들은 이것을 자기와의 관계를 통해서 더 쉽게 배운다. 마음챙김 정보에 기반을 둔 치료에서는 어떻게 내담자들이 친밀한 타인들과 관계하는지에 대해 생각할 때 다음 세 가지 영역을 고려한다.

- **무심(無心)히 이루어지는 상호작용 패턴**: 부부 및 가족 관계에서 관련 당사자들을 불편하게 만드는, 종종 '곤경에 빠뜨리는' 패턴
- **사랑하는 사람과의 현존**: 중요한 타인들과 관계하면서 마음챙김하여 지금 이 순간의 사고와 느낌을 알아차림하고, 지금 이 순간에 존재하는 능력
- **사랑하는 사람에 대한 수용과 자비심**: 중요한 타인들에 대한 수용과 자비심을 발달시키고 관계적 긴장이 일어나는 순간에도 이를 유지하는 능력

무심(無心)히 이루어지는 상호작용 패턴

부부 및 가족을 대상으로 하는 마음챙김 정보에 기반을 둔 치료는 반드시 그들을 치료에 오게 만든 반복적이고, 곤경에 빠뜨리는 상호작용 패턴에 대해 마음챙김 알아차림을 해야 한다. 상호작용 패턴을 평가하는 것은 체계치료의 특징이며, 마음챙김 정보에 기반을 둔 치료 개념화의 중요한 요소다(Gehart, 2010). 이런 과정은 문제와 연관된 행동 및 정서 패턴을 확인하는 것과 관련된다. 본질적으로 과업은 어떤 상태가 '평상시 상태/괜찮은 상태'인가에 대한 행동적 기술 정보를 수집하는 것이다. 그다음에는 문제를 만드는 행동들, 즉 일이 잘못되고 있다는 초기 경고와 증상 혹은 문제가 최고로 심각할 때 어떤 일이 일어나는지 등을 추적한다. 그리고 모든 것을 다시 평상시 상태 혹은 항상성으로 되돌아가게 만드는, 즉 치유 시도를 전혀 하지 않는 사례에서는 누가 사과를 하는지 혹은 각 당사자가 어떻게 다시 평소대로 행동할 시기인지를 알아채는지를 확인하는 것이다. 패턴은 [그림 5-1]에서 제시된 것과 같다.

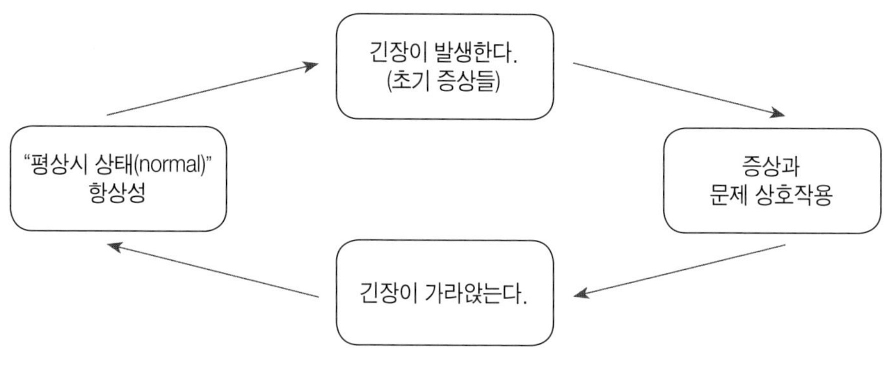

[그림 5-1] 상호작용 패턴 추적하기

상호작용 패턴 추적하기

치료자들은 이 과정의 각 단계에서 자기, 타인 그리고 상호작용에 대한 내담자의 인식을 고찰하고 증진시키기 위해 마음챙김을 이용할 수 있다. 내담자의 인식은 특히 긴장이 고조되는 단계에서 문제가 되는 상호작용 패턴을 중단시키는 데 사용될 수 있다.

만약 내담자가 문제가 되는 상호작용 패턴에 대해 불만을 표현하면, 이런 패턴을 추적하여 순환고리를 끊을 수 있는 가능한 방법들, 즉 7장과 8장에서 논의하고 있는 수많은 책략을 밝혀내는 것이 매우 중요하다.

문제 상호작용을 확인하고 인식을 증가시킬 수 있는 질문

- 평상시 상태: 어떤 일이 '정상적으로' 돌아갈 때 당신들 사이에서는 어떤 일들이 일어나는가? 누가 무엇을 하고, 당신은 어떤 말을 하는지 일상적인 상호 교류에 대해 기술해 주세요.
  - 이런 기간 동안에 당신은 자신과 다른 사람들 안에서 일어나는 어떤 생각, 느낌

그리고 상호작용에 대해 알아차리는가?

- 긴장이 발생한다: 긴장이 발생하기 시작하면서 나타나는(혹은 증상/문제가 곧 나타날 것이라는) 첫 번째 신호는 무엇인가?
  - 당신은 전반적으로 이 시점에서 무엇인가 일이 잘못되고 있다는 것을 잘 알아차리는가? 매우 짧은 것이라도, 첫 번째 신호는 어떤 것인가?
  - 이런 기간 동안에 당신은 자신과 다른 사람들 안에서 일어나는 어떤 생각, 느낌 그리고 상호작용에 대해 알아차리는가?
- 문제 상호작용: 문제는 어떻게 시작되는가? 당신이 비디오카메라를 보고 있는 것처럼 누가 무엇을 하고, 누가 누구에게 어떤 말을 했는지를 포착해서 나에게 말해 준다. 그 장소, 시간, 방에 있는 사람들, 다른 상황 요인도 중요하다.

  주목해야 할 점: 내담자들이 "그녀는 잔소리를 시작했다." 혹은 "그가 무시를 했다."와 같이 해석적인 언어를 사용하면, 내담자에게 다시 돌아가서 그 증거를 들게 하거나 예를 들게 한다. 중립적인 행동용어로 문제를 기술하게 함으로써 새로운 이해, 명칭, 해석을 할 수 있도록 한다.
  - 이런 기간 동안에 당신은 자신에게서 일어나는 어떤 생각, 느낌 그리고 상호작용에 대해 알아차리는가?
  - 이런 기간 동안에 당신은 다른 관계자들 안에서 일어나는 어떤 생각, 느낌 그리고 상호작용에 대해 알아차리는가?
  - 당신이 생각하기에 중립적인 사람이라면 어떤 것에 주목할 것 같은가? 혹은 관찰할 것 같은가? 어떤 말을 할 것 같은가?
  - 이런 요소 중 어떤 것에 대해 가장 커다란 자비심을 갖게 되고, 수용하게 되는가?
  - 이런 요소 중 어느 것이 관계를 불안전하게 느끼도록 만드는가?
- 긴장이 가라앉는다: 어떤 시점에서 긴장이 가라앉기 시작하는가? 보통 어떤 한 사람이 그렇게 만드는가? 다른 사람은 어떻게 반응하는가? 각자가 긴장을 가라앉히기 위해 어떤 말을 하거나 행동을 하는가?

- 이런 기간 동안에 당신은 자신과 다른 사람들 안에서 일어나는 어떤 생각, 느낌 그리고 상호작용에 대해 알아차리는가?
- 당신은 어느 정도로 다시 안전하다는 느낌을 받는가?

• 평상시 상태로 돌아가기: 마지막으로 일들이 어떻게 되면서 '평상시 상태'로 되돌아가고 모든 사람이 관계에서 안전감을 느끼게 되는가?
- 이런 기간 동안에 당신은 자신과 다른 사람들 안에서 일어나는 어떤 생각, 느낌 그리고 상호작용에 대해 알아차리는가?

사랑하는 사람과의 현존

내가 치료적 현존을 가르치면서 사용하는 경험적 연습(experiential exercise)들 중 하나는 유대인 철학자 부버(Buber, 1958)의 고전 『**나와 너**(I and Thou)』에 근거하고 있는데, 이는 인본주의 치료 발달에 커다란 영향을 미쳤다. 부버는 나-그것, 나-너의 관계를 구별하였다. 대개 일상적인 상호작용에서 당사자들은 각각의 역할에 기초하여 상호작용을 하는 나-그것의 상호작용을 한다. 이런 관계에서도 공감과 돌봄을 수반할 수 있지만, 나-너 관계의 친밀함이 결여되어 있다. 훨씬 더 드물지만 소중한, 나-너의 관계는 지금 이 순간에 온전히 함께 존재하면서 전인적인 존재로서 다른 사람과 교섭을 한다. 최대한으로 표현하자면, 서로간에 거룩한 만남을 갖는다. 나-너의 만남에는 두 명의 친구, 연인 혹은 낯선 이들이 깊은 연대감과 나약함을 나누는 순간들이 있고, 온전히 존재해 주고 서로가 받아들이고 있다고 느끼는 순간들이 있다. 몇 년이 지나도 그들의 기억 속에 잘 들어주고, 돌봄받고, 존중받은 순간들로 남아 있게 되는 그런 순간들이 있다.

나는 학생들에게 한 주에 걸쳐서 낯선 사람, 지인 그리고 중요한 사람과 만나서 적어도 한 번의 나-그것의 만남과 한 번의 나-너의 만남을 가져 보도록 하는 과제를 내 준다. 언제나 학생들은 낯선 사람이나 지인과는 나-너의 만남을 갖기가 훨씬 더 쉬웠다고 보고한다. 왜 그럴까? 생각해 보면, 학생들이 낯선 사람과 관계에서 짧은 순간에 느끼는 깊은 연결감에 대해서는 위험을 보고하는 경우가 드물다. 만약 낯선 사람이 초대에 응하지 않는 경우에는 그 상처가 깊지 않다. 그러나 중요한 사람에게서 그런 거절을 당하면 훨씬 더 문제가 된다. 그런 초대를 받아들인다는 것은 똑같이 위험하다. 이런 부드러움(싹싹함)을 느끼는 순간이 불만, 성, 요구의 실마리가 될 수 있고, 그렇지 않으면 취약성을 드러내 보이게 될 수 있다. 정의하자면, 나-너의 만남은 강점, 약점 그리고 취약성의 온전한 노출을 요구한다. 종종 부부 및 가족 관계는 그런 안전감을 잃어버린다. 이런 안전감을 재구축하는 것이 많은 관계치료와 대부분의 정서중심 부부치료의 초점이다(Johnson, 2004).

부부 및 가족과 작업할 때, 마음챙김 정보에 기반을 둔 사례개념화에서 가장 단순하지만 난해한 영역 중 하나는 내담자들이 그들의 삶에서 중요한 타인과 정서적으로 함께 있을 수 있는지를 알아내는 것이다. 이것을 수량화하는 것이 어려운 일이기는 하지만, 아이러니컬하게도 그것이 가장 쉽게 확인할 수 있는 방법 중 하나다. 어떤 사람들이 있을 때와 그들이 없을 때 우리 대부분은 '느낄 수 있다'. 지겔(Siegel, 2007)은 이것을 '느낌 느끼기(feeling felt)', 즉 신경학적으로 개인 상호 간에 조율이 이루어진 상태라고 기술하였다. 내담자들이 서로에게 존재해 줄 때, 그들은 잘 듣고 있음을 드러내는 눈맞춤, 미묘한 비언어적인 의사소통과 동의하지는 않지만 그들이 잘 경청했다는 것을 분명하게 보여 주는 반응들로 관계를 한다. 또한 한 번 함께해 주는 것도 큰 자비다.

개인, 부부, 가족을 대상으로 치료할 때, 마음챙김 지향 치료자는 다른 사람과 함께하는 순간에 그 사람과 함께해 주는 각 개인의 능력에 주의 깊게 주목한다. 만약 함께해 주지 않으면, 불가피하게 대화는 따분해지고 친밀감도 줄어들 것이다. 현존을 평가하는 데에는 전반적으로는 많은 질문보다는, 오히려 외현적인 갈등 수준에 따라 주의 깊은 혹은 그렇게 주의 깊은 것은 아니라도 관찰이 필요하다. 물론, 문화, 성, 사회적 계층 및 다른 다양한 요인이 다른 사람과 정서적으로 함께해 주는 다양한 방식에 대해 정보를 제공한다.

현존 능력

현존 능력의 지표들

- 눈맞춤(성과 문화적으로 적절한)
- 개방된 신체 자세(성과 문화적으로 적절한)
- 다른 사람이 말할 때 초점적 주의를 기울임
- 기꺼이 다른 관점 요소들을 알려고 하는 마음
- 동의하지 않더라도, 공감과 자비심을 표현하는 것
- 다른 사람이 말하는 동안에 주의를 기울이고 있음을 보여 주는 반응들
- 말하는 동안에 심사숙고해서 단어 선택하기
- 자신의 현실을 나누면서 다른 사람의 현실도 인식하는 것

사랑하는 사람에 대한 수용과 자비심

수용은 **행동적 부부치료**의 중요한 요소로 밝혀졌다. 크리스텐슨과 야곱슨(Christensen & Jacobson, 2000)은 행동적 부부치료의 장기성과에 대한 주의 깊은 연구를 하고 나서, 그들 접근방법에 수용을 결합시키기로 결정했다. 배우자에 대한 수용을 중요하게 다루는 새로운 모델인 통합적 · 행동적 부부치료는 시간이 흐르면서 유의미한 성과를 보였고, 정서중심 치료와 함께 경험적으로 지지받는 부부치료 중 하나가 되었다(Johnson, 2002). **통합적 · 행동적 부부치료**에서 치료자들은 배우자들이 상대 배우자의 느낌을 이해할 수 있고, 각자의 현실을 타당한 것으로, 그리고 서로의 관심사를 눈여겨볼 만한 것으로 받아들이는 능력을 높일 수 있도록 돕는다(Christensen, Sevier, Simpson, & Gattis, 2004).

마음챙김과 불교 문헌에서도 수용은 있는 그대로 받아들이는 것을 말하는데, 그것은 관계 수준에서 '있는 그대로'를 개념화할 때 특별한 의미를 갖는다.

부부 상호작용에 관한 광범위한 연구에서, 고트먼(Gottman, 1999)은 그가 짐작하기에 다툼이 계속되는 영역들, 문제를 둘러싸고 되풀이되는 부부갈등의 69%가 의미 있는 변화가 쉽지 않은 성격 차이 때문이라고 추정하였다. 그는 당신이 삶의 동반자를 선택할 때, 모든 부부에게 불가피하게 존재하는 성격 차이로 인해 되풀이될 수 있는 문제 세트를 선택하는 것이라고 경고하고 있다. 그의 연구에 따르면, 이런 것들이 관계 갈등의 근원이 된다. 그는 '결혼의 대가(masters of marriage)'들은, 즉 오랫동안 행복하게 지내는 부부들은 풀기 어려운 교착상태에 빠져서 이런 차이에 대해 해결하고 수용하기를 거부하기보다 되풀이되는 문제들에 대해 대화를 나누는 방법들을 찾았음을 발견하였다. 지속되는 차이를 받아들이는 데 있어서 가장 큰 두려움은 소중하게 간직해 온 꿈을 잃어버리게 되지는 않을까 혹은 사라져 버리는 것은 아닐까 하는 것이다. 따라서 고트먼은 부부들에게 갈등 속에 들어 있는 (기저에 깔려 있는) 꿈을 확인하고, 두 사람 모두의 욕구를 담은 꿈들을 실현할 수 있는 방법을 찾으라고 권고한다. 예를 들어, 부부가 돈 지출 문제로 다툴 때, 치료자는 부부들을 초대하여 차(car) 대 저축 대 자녀 교육에 돈을 지출하는 것 이면에 있는 꿈, 희망, 가치에 대해 말해 보게 한다. 대화의 초점을 특정 항목에 돈을 써야 한다고 주장하는 것에서 각 배우자가 가용할 만한 자원을 활용하여 가능하면 그들의 꿈을 실현하는 방법을 찾는 쪽으로 바꾼다.

수용과 밀접하게 관련되어 있는 것이 자비다. 일반적으로 치료 초기에 타인에 대한 자비가 더 쉽게 이루어질수록 예후가 좋은데, 그것은 타인에 대해서 더 큰 신뢰를 가지고 있음을 보여 주기 때문이다. 부부 및 가족치료에서 이루어지는 많은 작업은 사람들이 다른 사람의 고통과 이런 고통들이 관계적 역동에서 어떤 역할을 하는지를 이해하도록 돕는다. 많은 경우에 내담자들은 다른 사람들이 어떻게 애쓰고 있는지에 대해 막연한 느낌만 가질 뿐이고, 사실 어떤 경우에는 아무런 느낌도 가지고 있지 못한 경우들도 있다. 치료자들은 잘 진척되고 있는지를 평가하기 위해 얼마나 많은 자비심이 존재하는지를 알아보는 시간을 가져야만 한다.

현존을 평가하는 것과 마찬가지로 기본적인 수준의 수용과 자비는 쉽게 관찰된다. 흑백언어를 사용하여 거칠게 공격하는 경우는 낮은 수준의 수용과 자비를 드러낸다. 게다가 차이를 인식하는 것은 그것이 작다고 할지라도 어느 정도 수준의 수용과 높은 자비의 잠재성을 보여 준다. 또한 치료자들에게 더 큰 수용과 자비를 기를 수 있는 잠재 가능성에 대해 잘 평가해 보도록 요청할 수도 있다.

수용과 자비 탐색 질문

- 당신과 당신의 배우자(자녀, 부모 등) 간의 이런 차이 중 몇 가지에 대해 이야기할 때, 어떤 것이 다른 것보다 더 잘 수용할 수 있었는가? 어떻게 해서 이렇게 할 수 있었는가?
- 당신이 그 상황에 대한 **당신의 배우자의(자녀의, 부모의)** 경험에 대해 들었을 때, 비록 작은 것일지라도, 공감할 수 있었거나 연민을 느꼈던 요소들이 있었는가?
- **당신은 배우자(자녀, 부모)**와 함께 그들을 괴롭히는 특성/행동 이면의 이야기들을 나눌 수 있는가? 그리고 당신의 정체성/꿈에 담겨 있는 의미들에 대해서 나눌 수 있는가? (그 후에는 다른 사람에게) 이런 이야기들을 듣고 난 다음에, 당신에게 더 잘 이해가 되는 다른 사람의 상황에 대해 이야기해 줄 수 있는가?

삶과의 관계

사례개념화의 마지막 영역인, 내담자의 삶과의 관계를 평가하는 부분은 전통 심리치료에서는 가장 미미하고 가장 적은 부분이다. 이 영역에서는 영성과 생활철학을 치료 공간으로 가져와서 이것들이 어떻게 삶의 질과 전반적인 웰니스(wellness)를 만들어 내는가에 관해 사려 깊이 숙고한다. 마음챙김에 근거를 두고 있으며, 핵심 영역은 다음과 같다.

- 고통과의 관계
- 생활철학과 가치

이런 것들은 확인하기가 더 어렵기 때문에 개념화 과정은 매번 새로운 대화로 계속되고 발달된다. 종종 내담자들은 개념화 과정 속에서 이것을 인식하게 되고, 치료자는 질문을 하면서 내담자의 이런 삶의 영역들을 기술하도록 도와주는 언어를 찾으려고 노력한다.

고통과의 관계

마음챙김 지향 치료 개념화의 독특한 특성은 치료자들이 내담자의 삶의 고통과 관계를 어떻게 하느냐에 세심한 주의를 기울인다는 점이다. 전통 불교심리학과 많은 현대 연구에서 한 사람의 고통경험이 '객관적인' 사실보다는 그 상황에 대한 그들의 지각과 더 관련되어 있음을 입증해 주고 있다. 예를 들어, 상실을 다룰 때, 자신이 다른 사람에 의해 배신당했다고 보는 사람은 여전히 좋았던 것들에 대해 감사하고, 삶의 모든 것이 일시적이라는 사실을 알고 있는 사람보다 훨씬 더 고통스러워 할 것이다. 따라서 치료자로서, 내담자와 첫 만남을 가질 때, 내담자가 자신의 고통에 대해 말하는 이야기를 이해하는 것이 도움이 된다. 이런 접근방법의 변형이 체계적 가족치료(가족의 인식론을 이해하는; Cecchin, 1987)의 부분과 이야기 치료(문제들이 스며들어 있는 이야기; White, 2007)다. 마음챙김에 기반을 둔 부부 및 가족치료는 삶의 고통 대부분이 선택적이라는 불교 통찰과 함께 이런 전통들을 이어 가고 있다.

2장에서 다루었던 것처럼 첫 번째 사성제는 삶은 고통이라는 것이다. 부처는 삶은 본래 질병, 죽음, 상실, 변화와 같은 고통을 포함하고 있다고 신랄하게 지적하였다. 우리가 경험하는 대다수의 고통은 우리의 '집착'과 삶이 어떻게 흘러가야만 한다고 생각하는 우리의 신념에서 자연스럽게 발생한다. 불교심리학에서 **집착(attachment)**은 1차양육자에 대한 애착(attachment)이라고 보는 전통 심리학의 의미와는 매우 다른 의미로 사용되는데, 우리가 삶에서 얻고 싶어 하는 것들에 대한 무익하고 경직된 생각을 말한다. 꽃을 사다 주는 남편, 성공적으로 학교생활을 하는 자녀 혹은 함께 즐거워하는 가족 등등. 이런 집착에 경직되어 매달릴수록 그것들과 관련해서 우리는 더 많은 고통을 겪게 된다. 예를 들어, 만약 당신이 진정한 사랑은 화려한 몸짓으로만 증명할 수 있다고 고집한다면, 당신은 배우자가 그렇게 해 주지 않을 때 고통스러워할 것이다. 현실적으로 우리 모두 선호성을 가지고 있고, 그 선호성에서 벗어나기 어려울 수 있지만, 이런 선호성에 대해 깊이 생각해 보고, 본질적인 것과 그렇지 않는 것을 구분해 내어 선호성을 충족시키는 데 유연해지는 능력이 있다면 모든 삶의 측면에 잘 대처할 수 있다.

집착을 줄이는 것이 매우 힘든 일은 아닌 것처럼, 좀 더 큰 관계 문제는 선호성에 집착하지 않으면서 건강한 경계를 유지하려는 욕구다. 예를 들어, 한 배우자가 언어적으로 혹은 신체적으로 학대하는 경우에 집착하지 않는다는(non-attatchment) 것은 가해 배우자가 의무적으로 그런 치료를 받아들여야 한다는 것을 의미하는 것은 아니다. 반대로, 고통을 다루는 마음챙김 접근방법은 불의한 일이 일어났었음을 인식하고, 그 상처와 상황의 심각성에 대해 인지하고, 학대를 학대로 앙갚음하지 않겠다고 결심하면서 자비를 베푸는 것이다. 그런 경우에 수용은 부정과 순진한 자기기만을 막는 열쇠이자 관계를 끝내는 것이다.

실제적인 측면에서 보면, 고통에 대한 내담자의 개념 평가는 다음 두 가지 방식으로 이루어진다. 즉, 간접적으로는 내담자가 이야기할 때 이런 고통에 대해 경청하면서 가능하다면 구체적으로 이야기해 달라고 요청하거나, 직접적으로는 내담자에게 물어보는 것이다.

고통에 대한 개념: 간접적인 평가

내담자의 고통의 개념에 대한 간접적인 평가는 대부분의 내담자에게서 어느 정도는 자연스럽게 이루어진다. 내담자들은 다음과 같이 말할 것이다.

- "내가/우리가 이것을 해결해야 한다는 것은 불공평한 것 같다."
- "난 너무 힘들게 일했다. 지금 내 노력이 아무것도 아닌 것처럼 느껴진다."
- "만약 X …… 라면, 그러면 삶이 좋아질 것이다."
- "나/우리/그녀/그는 이런 식으로 대접받을 만한 가치가 없다."
- "만약 나/그/그녀/우리가 …… 하지 않았다면 이런 일이 일어나지 않았을 것이다."
- "나/우리는 모든 일을 올바르게 해야 한다. 일이 이런 식으로 되는 것은 불공평하다."
- "나는 벌어졌던 상황이 이해가 안 된다."

이와 같은 말들에서 내담자의 고통경험을 줄여 주기보다는 내담자의 고통경험을 더해 주는 문제의 개념들이 드러난다. 내담자의 개념 논리는 어떻게 그들이 자신들의 상황을 지각하고 있는지를 알려 주는, 그들의 개인 논리를 고찰할 수 있는 방향을 확인해 내는 데 도움이 된다. 예를 들어, 만약 어떤 내담자가 힘들게 일하며 그 결과가 좋아야 한다는 신념을 표현한다면, 치료자는 이후 치료 단계에서 내담자에게 이런 가정에 대해 숙고해 보도록 하여 성실하게 통합으로 나아가는 과정 자체를 가치 있게 여기고 그리고/혹은 결과를 받아들이는 보다 현실적인 접근방법을 생각해 보도록 격려해 주고 싶을 것이다.

고통의 개념에 대한 직접적인 평가

어떤 경우엔 내담자들에게 그들의 상황에서 일어나는 고통에 대해 어떻게 이해하고 있는지 직접 물어보는 것이 도움이 된다. 나는 고통의 원인이 죽음, 이혼 혹은 종결과 같이 어떤 상실과 관련되어 있을 때, 이런 방법이 특히 도움이 된다고 생각하는데, 왜냐하면 많은 사람이 "어머니가 방금 돌아가셨어요."처럼 어떤 비극적인 일을 말하는 그 자체만으로도 그들의 고통을 충분히 설명해 준다고 가정하기 때문이다. 실제로 그런 상실에 직면하여 고통을 느끼는 방식은 매우 다양하다. 마찬가지로 내담자들이 더 큰 문화에서 일반적으로 '나쁘다.'고 생각되는 문제를 내놓을 때, 그들의 고통을 설명하기 위해 '난 우울해요.' 혹은 '나는 학대를 받았어요.'라고 말하는 것과 같다. 그렇지만 협력적인 치료자들이 내담자에게 고통의 독특하고 상세한 개념, 즉 어떤 점에서 당신 어머니의 상실이 상처가 되는지 혹은 우울을 어떻게 경험하고 있는지를 말해 보도록 하면 문제와 관련하여 새로운 의미를 해석할 수 있는 수많은 대안을 얻을 수 있다. 이 과정을 '**대화 속에서 이해하기**(understanding from within the dialogue)'라고 일컫는다(Anderson, 1997). 그들의 독특한 상실, 이혼, 우울, 불안 혹은 다른 고통경험에 대해 구체적으로 물어보는 과정에서, 내담자들은 이전에는 말로 표현할 수 없었던 일들을 머릿속으로 혹은 소리 내어 말로 표현하기 시작한다.

고통의 개념을 평가하는 직접적인 질문과 힌트

- 당신이 화가 났다는 것(우울하다는 것, 싸운다는 것 등등)은 어떤 것인지 좀 더 말해 줄 수 있나요?
- 이런 상황에서는 당혹스럽게(화나게, 속상하게 등등) 하는 일들이 많습니다. 당신에게는 특히 어떤 것이 그런가요?
- 이런 상황에서 당신을 가장 고통스럽게 하는 것은 무엇인가요? 이런 상황에서는 어떤 것이 이 상황에 있는 다른 사람에게 가장 큰 고통을 줄까요?

【예시】

치료자: 당신이 20년 동안 우울증을 앓아 왔다고 말씀하셨습니다. 당신에게 우울하다는 것은 어떤 것인지 그리고 어떻게 그렇게 오랫동안 우울하셨는지에 대해 좀 더 말씀해 주실 수 있나요? [치료자는 내담자의 개념을 잘 이해하기 위해 독특한 고통의 경험에 대해 궁금해한다.]

내담자: 글쎄요, 우울했어요. 좀 더 이야기를 해 달라고요? 냄새나요!

치료자: 우울하다는 것, "냄새가 난다는 것"도 여러 가지예요. 어떤 사람에게는 늘 울고 있다는 것이고, 어떤 사람에게는 생활에서 그 색깔을 잃어버린 것 같은 느낌이기도 하고요. 또 어떤 사람은 나쁜 영화 속에 갇힌 것처럼 느껴진다고 말합니다. 당신에게는 어떤 것이었는지 궁금합니다. [치료자는 보다 상세하게 설명해 주는 방식으로 내담자가 성찰적인 관점을 가질 수 있도록 질문을 재진술 하고 있다.]

내담자: 이전에는 그것이 어떤 것인지 생각해 본 적이 없어요. 제 생각엔……. [침묵]……. 제 생각엔 그것은 내적으로는 죽어 있는 것과 같습니다. 울지 않았어요, 화내지도 않았고요. 수년 동안 무거운 슬픔이라는 이불 속에 숨어 있었어요. 너무 슬퍼서 슬퍼할 수도 없었어요. 음, 그거예요. 너무 슬퍼서 슬픔조차도 느낄 수 없었어요.

치료자: 너무 슬퍼서 슬픔조차도 느낄 수 없다. 너무 슬퍼서 슬픔조차도 느낄 수 없다는 것이 어떤 것인지 좀 더 말씀해 주실 수 있나요? [치료자는 내담자의 고통에 대한 기술에 마음챙김 주의를 기울이고, 내담자의 단어들을 강조하고, 그러고 난 다음에 더 상세하게 말해 달라고 요청하고 있다.]

내담자: 아무것도 없었어요. 삶도 없었고, 고요하기는 하지만 평화도 없지요.

치료자: 이 시점에서 당신이 무기력한 것처럼 들리네요. [치료자는 우울증으로 인한 고통과 내담자의 관계에 대한 내담자의 개념을 설명하기 시작한다.]

내담자: 예. 내가 할 수 있는 것이 있다고 생각되지 않아요. 너무 크고, 너무 방대해서, 어디에서나.

치료자: 슬픔이 어디에서 왔는지 이해가 되나요? 그리고 너무 슬퍼서 슬픔을 느낄 수도 없다고 한 그때 어떻게 하셨어요? [치료자는 계속해서 내담자에게 고통을 어떻게 해석하고 있는지 설명해 달라고 한다.]

내담자: 대학교 4학년 때 시작되었던 것 같아요. 고등학교 때부터 사귀던 애인과 헤어졌어요. 결혼까지 생각했던 사람이었는데, 그 일이 있고 난 후에 내가 원하는 것이 무엇인지를 잘 모르겠더라고요. 그래서 대학원 원서도 내지 못했어요. 곧바로 좋은 직장에 취직이 되었어요…….

이 과정은 내담자와 치료자가 고통을 더 잘 이해하도록 도와줄 것이고, 어떻게 내담자가 고통을 이해하고, 그 고통과 관계하는지에 대해 잘 이해하도록 도와줄 것이다. 이런 **탐색적인 '평가' 대화**는 내담자의 이해를 다시 의미 있게 만들어 줄 것이고, 내담자가 그녀의 삶에서 좀 더 전향적인 관점을 발달시키도록 도와줄 것이다.

관계적 맥락에서 고통 해석하기

부부 및 가족을 대상으로 치료할 때, 어떤 상대의 행동이나 말이 다른 사람을 어떻게 고통스럽게 하는지 상세하게 확인하는 것이 특히 효과적일 수 있는데, 왜냐하면 그것이 종종 더 큰 이해와 공감을 이끌어 내기 때문이다. "그/그녀가 X라고 말할 때 특히 무엇이 상처가 됩니까?" 치료자는 부부 및 가족이 이런 보다 취약한 대화를 할 만큼 안전감을 느낄 때 조심스럽게 이런 해석들에 대해 살펴보고, 이런 고통에 대한 해석들이 어떻게 상호 연관되어 있는지에 대해 숙고해 보도록 도와주어야 할 뿐만 아니라 각자가 그들의 고통에 담겨 있는 의미를 분명하게 말해 보도록 도와주어야만 한다. 종종 각 당사자들은 정반대의 입장을 취하고 있더라도 매우 유사한 거절감, 외로움, 무시당한 느낌 그리고 소외감을 경험하고 있다.

부부 및 가족이 고통의 개념을 이해하도록 돕는 질문

- 당신의 배우자(부모, 자녀)가 X 라고 말하거나 X 행동을 할 때, 그것이 당신을 몹시 당혹스럽게 한다고 말씀하셨습니다. 특별히 어떤 것이 고통스러운지 말씀해 줄 수 있나요?
- 그/그녀가 당신이 누군지 혹은 그렇게 뒤죽박죽되고 있는 당신의 관계가 어떠하다고 말하는 것이 당신은 어떻게 들리나요?
- 여러분 각자가 이런 상호작용에서 얼마나 고통스러운지에 대해 듣고 난 후에, 더 명확하게 드러난 어떤 패턴 혹은 주제는 무엇인가요?

생활철학과 가치

내담자들이 고통과 그들의 관계를 탐색하기 시작하면서, 대화는 자연스럽게 그들의 생활철학과 가치를 명료화하는 것으로 바뀐다. 어떤 사람이 고통과 관계하는 방식을 더 인식하게 되면 이런 문제들이 빠르게 수면 위로 떠오르게 된다. 삶의 경험들과 어떻게 관계를 맺을 것인지, 그것을 어떻게 바라보고, 개념 정의할 것인지는 선택하는 것이고, 이런 선택들이 우리가 고통을 받는 정도와 직접적인 상관이 있다. 헤이스 등(Hayes et al., 1999)은 가치, 즉 우리가 우리 삶이 무엇을 향해 나아가기를 원하는지에 대해 의식하고 선택하는 것을 수용전념치료의 중심에 배치시켰다. 가치는 우리가 선택할 행동을 결정하고, 목표와는 달리 온전히 충족되거나 도달할 수 없지만 우리가 어떤 선택을 할 것인지에 대한 정보를 제공한다. 일례로 정서적 친밀감에 가치를 두고 결혼을 선택하면 최종 상태 혹은 최종 목적지라기보다는 이런 선택이 불편할 수 있고 도전이 될 수 있을 때조차도 친밀감을 키우고 그 깊이를 심화시키는 방향으로 계속 선택할 것이다. 헤이스 등은 실제로 우리가 하는 모든 선택은 우리의 가치에 대해 알려 주고, 그 선택 과정에 대해 더 의식하게 되면 내담자들이 자신들의 가치에 따라 행동선택을 할 수 있도록 도와줄 수 있다고 강조한다. 이런 가치에 전념하고 있다는 느낌을 발달시키는 것이 수용전념치료의 핵심과정이다.

고트먼(Gottman, 1999)은 그의 40년간의 연구를 통해 성공적인 결혼의 기본 요소는 두 사람이 그들의 희망과 꿈을 추구할 수 있는 둘만의 소문화를 만들어 내는 것이라고 결론 내렸다. 그는 그들이 공유된 의미를 만들어 냄으로써 이렇게 할 수 있다고 설명하면서, 이런 점에서 '모든 사람이 실존주의 철학자'라고 강조하였다(p. 109, 원문에서 강조). 인간은 자신들의 생활사건과 이런 사건에 대한 반응 선택들을 해석하는 방식에 대한 정보를 제공해 주는 생활철학을 가지고 있다. 따라서 부부 및 가족은 이런 가치, 희망, 꿈 그리고 철학에 대해 드러내 놓고 대화를 하면서 그들의 관계 '문화'를 만들어 가고, 종종 끊임없이 그들이 누구인지를 규정하는 다툼과 결속의 한 부분이 되기도 한다.

이런 문제들이 궁극적으로는 영성의 문제로 이어지는데, 나는 영성을 내담자들이 삶, 신, 우주, 신성한 것 혹은 자기보다 더 큰 어떤 것과 자신의 관계를 어떻게 개념화하고 있는지로 폭넓게 정의한다(Gehart, 2010). 영성은 종교와 다른데, 종교는 보다 공식화된 신념과 관례다. 어떤 사람에게 그 혹은 그녀의 영성, 즉 자신과 삶의 관계에 대해 말해 보라고 요청하면, 내담자들은 금세 자신들의 개인적인 실존철학을 드러낸다. 그 사람의 개인적인 삶에서 좀 더 큰 맥락이 있는가? 삶의 의미가 무엇인가? 비록 이런 질문들이 현대 미디어 매체들에서 조롱거리가 되기도 하지만, 이런 질문들에 대한 각 개인의 대답은 삶에 대한 그들의 정서반응, 그들이 한 선택 그리고 그들이 다른 사람과 관계를 맺는 방식에서 명확하게 드러난다. 일반적으로 치료의제에서 중요하지는 않다고 하더라도, 치료 과정의 어떤 시점에서 내담자의, 부부의 혹은 가족의 말로 표현되지 않는 삶의 철학을 확인하고 성찰해 보게 하면 근본적인 수준에서 변화의 문이 열린다.

전반적인 삶의 철학을 확인하게 되면 내담자 가치를 명료화할 수 있고, 그렇게 되면 내담자의 행동에 대해서도 알게 된다. 수용전념 치료자들(Hayes et al., 1999)은 내담자들이 9개 삶의 영역에서 자신의 가치들을 확인하도록 도와주며, 내담자들에게 이런 가치들을 확인하고, 조작적으로 정의해 보고, 우선순위를 매겨 보도록 한다. 그들의 접근방법의 핵심은 내담자들이 자신들의 가치에 따른 선택을 가로막는 장애물들을 극복할 수 있도록 도와주는 것이다.

생활철학을 숙고하게 만드는 질문

전통적인 치료자든 비전통적인 치료자든 간에, 치료자들은 내담자의 삶의 철학, 영성을 평가하기 위해 다음 중 몇 가지 질문을 사용할 수 있다.

- 신 혹은 우주를 조직화시켜 주는 어떤 형태의 지성적 존재가 있다고 믿는가? 있다고 믿는다면, 그 존재/힘이 통제할 수 있는 것들에는 어떤 것들이 있는가?
- 만약 신이 없다면, 우주는 어떤 규칙에 의해 움직이겠는가?
- 인간 존재의 목적 그리고/혹은 의미는 무엇인가? 이런 목적/의미들은 한 사람이 삶에 대해서 어떻게 접근해야 한다고 알려 주는가?
- 다른 사람들에게 친절하게 대해야 하는 어떤 이유들이 있는가? 나 자신에게는?
- 삶에 접근하는 '이상적' 대 '현실적' 방법은 무엇인가?
- 왜 '나쁜' 일들이 '좋은' 사람들에게 일어나는가?
- 어떤 일들이 어떤 한 가지 이유 때문에 일어난다고 믿고 있는가? 그렇다면 어떤 이유 때문인가?
- 그 사람은 어떤 점에서 영적 지지, 영감 그리고/혹은 지침을 제공해 주는 영적 교우관계나 종교 공동체에 속해 있는가? (Gehart, 2010, p. 24)

일단 내담자들이 그들의 삶의 철학과 관련된 가치들을 확인하고 난 다음에는,

변화 대상으로 1~2개의 우선 영역들을 확인한다. 최종적으로 특정 상태에 도달하는데 초점을 맞추는 것이 아니라 오히려 이런 선택에 방해가 되는 장애물을 능숙하게 처리하는 방법을 배워, 이런 가치들에 따라 일관성 있는 선택을 해 나가는 데 초점을 맞춘다.

가치 확인하기

1. 결혼/부부/친밀한 관계들: 당신과 친밀한 관계를 맺고 있는 사람들에게 어떤 사람이 되고 싶은지 말씀해 주세요.
2. 가족 관계: 당신이 형제, 자녀 그리고/혹은 부모로서 어떤 품성을 갖고 싶은지 말씀해 주세요.
3. 우정/친구관계: 좋은 친구란 어떤 것인지 말씀해 주세요.
4. 경력/고용: 당신이 생각하는 이상적인 일과 왜 그런 일이 이상적인지에 대해 말씀해 주세요. 당신이 선택한 일이 당신의 가치를 어떻게 표현해 주고 있는가? 어떤 유형의 전문가, 근로자, 동료 그리고/혹은 상사가 되기를 원하는가?
5. 교육과 개인적 성장 및 발달: 당신은 어떤 유형의 교육 그리고/혹은 전문 훈련을 받고 싶은지, 이것이 당신에게 어떤 의미인지에 대해 말씀해 주세요.
6. 레크리에이션/여가: 당신이 좋아하는 여가생활은 어떤 것이고, 왜 이런 활동들이 당신에게 특별한 의미를 지니는지 말씀해 주세요.
7. 영성: 공적인 종교이든 개인적인 신념이든 간에, 당신보다 더 큰 존재와 어떤 관계를 맺고 싶은지 말씀해 주세요. 이 영역에서 당신에게 가장 중요한 가치들은 어떤 것이 있는지요?
8. 시민의식: 얼마나 적은지와 관계없이 당신은 공동체에 어떻게 참여하고 싶은지, 그리고 어떤 공헌을 하고 싶은지 말씀해 주세요.
9. 건강과 안녕: 수면, 식사, 운동, 물질사용, 명상 등등을 포함하여 당신의 건강 및 안녕 유지와 관련된 당신의 가치는 무엇인지 말씀해 주세요.

목표설정과 치료 계획

정신건강 재정의하기

치료에서 마음챙김과 수용을 접목시킬 때 가장 중요한 변화들 중 하나는 치료 과정의 전체적인 목표가 증상감소에서 건강관리(wellness)를 지원해 주는 생활철학과 일치하는 행동 개발로 바뀌게 된다. 동시에 마음챙김 정보에 기반을 둔 접근방법은 정신건강을 다음과 같은 것을 가진 상태로 정의한다.

- 마음챙김으로 지금 이 순간에 평정심을 유지하는 것: 마음챙김으로 '있는 그대로' 기꺼이 받아들이고 삶의 흐름에 맞추어 부드럽게 움직이는 능력
- 자비: 삶의 필연적인 고통에 마음을 열어 놓는 능력(Gehart & McCollum, 2007)

처음엔 이것이 매우 급진적인 아이디어처럼 들리지 않겠지만, 실제로 들어가면 이런 것들이 무엇보다 중요한 치료 목표와 분위기를 유의미하게 바꿀 수 있다. 정신건강을 더 높은 수준의 평정심과 자비를 갖는 것으로 정의하면, 더 이상 치료 과정에서 문제를 해결해서 없애 버려야 할 것이나 그렇지 않으면 내담자의 삶에서 가능하면 빨리 없애 버려야 할 것으로 바라보지 않아도 된다. 이를 위해, 마음챙김 정보에 기반을 둔 치료자들은 충분히 치료를 받고, 뷰티치료(beauty treatment)를 받으며, 멋진 일을 하며, 완벽에 가까운 상태에 도달할 수 있고, 그 행복이 지속될 것이라는 기대가 잘못된 것임을 폭로한다. 여러 면에서, 치료 전문가들이 고통을 '해결하고(fix)' '치유해야(cure)' 한다는 암묵적인 전제하에 이런 신화들을 영속화하는 데 공모해 왔다. 우리가 정서 및 관계 문제를 '치료(treat)'한다고 주장한다면, 논리적으로 내담자들이 '성공적으로' 한 번 치료를 끝내고 난 다음에는 그런 고통을 다시는 경험하지 않게 될 것이라고 기대할 수 있을 것이

다(Gehart & McCollum, 2007).

아이러니하게도 오늘날의 많은 고통은 널리 퍼져 있는 환상들에 의해 만들어지는데, 그런 환상들은 다른 사람들, 예를 들어 부모, 많은 돈, 멋진 직업, 성공한 자녀, 아름다운 몸, 큰 집 혹은 우리가 갖지 못하는 것들을 갖고 살아가는 이들은 고통을 덜 혹은 전혀 겪지 않을 것이라는 것이다. 어떻게 삶이 순탄해야 하는가에 대한 많은 경직된 생각은 삶에 대한 잘못된 이해에서 비롯된다. 불행히도 많은 이가 삶에서 동화에서나 나올 법한 할리우드식 해피엔딩을 기대한다. 대개 그들은 단호하게 자신들이 완벽주의를 추구해 왔다는 것을 부정하겠지만, 당신이 좀 더 면밀히 지켜보면 그들이 수년 동안 불가능하다고 알고 있는 것들에 도달하기 위해 애쓰면서 스스로를 고문해 왔음을 알게 될 것이다. 일례로, 나는 젊어서 마음의 상처를 입고 다시는 믿을 만한 사람을 만날 것이라는 엄두조차 내지 못한 채 그리고 그런 마음의 상처로 인해 무너질 것이라는 두려움 속에서 살아가고 있는 수많은 사람을 대상으로 일하고 있다. 마찬가지로 많은 성인이 지금도 어릴 때 다른 형제를 편애했던 혹은 한두 가지 이유로 필요할 때 함께 있어 주지 않았던 부모에 대한 원망을 마음속에 품고 살아가고 있다. 그런 경우엔 누군가 다른 것을 '해 주기만 해도' 고통을 피할 수 있다. 평정심은 그것이 완벽하지 않고, 이상적이지는 않더라도, 있는 그대로 부드럽게 받아들이는 능력이다. 자비는 마음을 열고 우리 안의 인간성과 불완전함을 기꺼이 받아들이는 능력이다.

평정심

평정심은 삶의 흐름에 맞추어서 부드럽게 움직이는 능력을 말한다. 치료적 목표로 바꾸면, 이것은 내담자들이 특정 문제를 성공적으로 제기하고, 다루고, 그리고/혹은 어느 정도 해결하자마자, 작업을 끝내는 것이 아님을 의미한다. 오히려 목표는 정서적으로 함께 머물러 있어 주고 관여하면서 내담자가 삶의 다음 문제에 부드럽게 반응하는 더 큰 능력을 발달시키도록 돕는 것이다. 궁극적으로 평정심 개발은 문제가 없는 삶을 만들어 내려고 노력하는 것이라기보다는 자신의 태도와 지각에 따라 오르락내리락 끊임없이 변화하는 과정이라는 가정하에서 생활철학을 개발하는 것과 관련이 있다. 돈으로 행복을 살 수 있을 것이라는 소비자 주도 사회의 기초신화에 덜 열광하게 되고, 그런 생활은 관계에서부터 직업선택, 여가활동에 이르기까지 개인의 모든 삶의 영역에서 부산물을 남기며, 궁극적으로는 산업사회를 살아가고 있는 소수에 의해 추구되는 생활양식들을 제공한다.

자비

불교심리학자들은 자비가 정신건강의 핵심이라고 말하곤 한다. 그들의 주장은 성인의 개인적 및 관계적 안녕감에서 안정애착의 중요성에 관한 연구들이 증가되면서 지지를 얻고 있다(Johnson, 2008; Siegel, 2010b). 자비는 마음을 열고 삶 그리고 타인들과 연결하는 것이다. 자비가 없으면 삶은 빠르게 공허해지게 된다. 따라서 어려운 일이 닥쳤을 때 다른 사람과 삶에 정서적으로 깊이 머물러 주는 능력은 그 과정의 장기목표가 되는 평정심의 확장이다.

치료 계획

치료는 삶의 대부분의 일들처럼 계획대로 되는 경우들이 있기는 하지만 그런 경우는 극히 드물다. 그럼에도 불구하고, 치료 계획이 치료에서 유용할 수 있는데, 때로는 일이 계획에 따라 다소 순조롭게 이루어지기도 하기 때문이다. 더 중요한 것은 치료 계획이 임상가들로 하여금 내담자의 상황에 대해 충분히 생각해 보고 내담자를 가장 효과적으로 도울 수 있는 논리적인 제안서를 개발하도록 도와준다는 것이다. 치료가 계획에 따라 이루어지든 그렇지 않든 간에, 계획 개발 사고 과정은 항상 예측할 수 없는 것들과의 협상에 도움이 된다.

다음에서는 부부, 가족 및 개인을 대상으로 한 마음챙김 정보에 기반을 둔 접근방법의 치료 계획 틀을 제시할 것이다. 이 치료 계획 틀은 개별 내담자 목표에 따라 필요한 만큼 수정될 수 있도록 고안되었다. 만약 당신이 사례개념화와 치료 계획을 통합하는 데 익숙하지 않다면, 자세한 내용은 나의 저서를 참고하라

(Gehart, 2010, 2012).

부부 대상 치료 계획 틀

대다수의 부부는 대개 언쟁 혹은 '의사소통의 부재'라는 형태를 띤 만족스럽지 않은 부부 상호작용 때문에 치료를 시작한다. 다음 치료 계획은 일상 안에서 그들 상호간 관계 방식을 개선하고자 하는 부부를 대상으로 사용할 수 있다.

초기 단계

초기 단계 치료 과제들

1. 부부 각자와 강한 치료 관계를 발달시킨다.

   개입들

   (a) 마음챙김 치료적 현존을 사용하여 안전감과 판단받지 않는다는 느낌을 만들어 낸다.

   (b) 두 배우자의 견해와 경험에 대해 자비심을 드러내 보인다.

   (c) 성, 성적 지향성, 종교, 문화적 역동성과 차이와 관련하여 각 배우자의 가치들에 대해 탐색하고 존중한다.

2. 치료를 안내해 줄 사례개념화를 개발한다.

   개입들

   (a) 각 배우자의 자기 자신과 관계 및 마음챙김 경험하기 능력을 확인한다.

   (b) 드러난 문제와 관련하여 부부간에 무심(無心)히 이루어지는 상호작용 패턴을 확인한다.

   (c) 생활철학 및 고통과 관련된 습관화된 패턴을 확인한다.

초기 단계 내담자 목표들

1. 관계와 삶에서 마음챙김 경험 능력과 '있는 그대로'의 수용과 자비심을 증가

시킨다.

(a) 부부에게 회기 내에서 그리고 가정에서 하는 자애명상 수행을 소개한다.

(b) 회기 내에서 문제가 되는 상호작용에 대해 논의할 때 **촉진된 마음챙김 알아차림**(facilitated mindful awareness)을 할 수 있도록 도와준다.

2. 배우자와 함께 무심(無心)히 이루어지는 상호작용 패턴에 대한 알아차림과 각 배우자가 이런 패턴을 어떻게 경험하고 있는가에 대한 자비심을 높인다.

개입들

(a) 마음챙김 관찰과 **촉진된 마음챙김 대화** 그리고 전체적인 순환과정을 통해 체계적 상호작용을 추적한다.

(b) 부부가 교착상태에 빠져 있는 문제들을 극복하도록 도와주기 위해 주의 깊게 경청한다.

(c) 회기 간 순환과정과 그 순환과정에 대한 경험을 추적해 보라는 과제를 내 준다.

작업 단계

작업 단계 치료 과제들

1. 각 배우자와의 치료적 동맹을 점검하여 균형 잡힌 동맹관계를 맺고 있는지를 확인한다.

(a) 회기 내에서 각 배우자에게 안전감을 느끼고 있는지 그리고 똑같이 치료자와 연결되어 있다고 느끼는지를 직접 물어보고, 그 신호들을 관찰한다.

작업 단계 내담자 목표들

1. 의식적으로 보다 효과적인 반응들을 선택하도록 마음챙김을 활용하여 무심(無心)히 이루어지는 상호작용 패턴에 끼어들어 재구조화시킨다.

개입들

(a) 문제가 되는 상호작용에 대한 마음챙김 '동작표정연습(walk through)' 실연을 통해 일반적으로 이야기되지 않지만 순환과정을 부추기는 정서, 기대와 상호작용을 확인한다.

(b) 고통스러운 대화 도중에 마음챙김 중단(mindful pauses)을 도입한다.

(c) 부부들과 협력적으로 작업하여 문제 패턴을 바꿔 현실적으로 그들에게 '적합한' 마음챙김 대화책략을 선택하고 접목시킨다.

2. 배우자와 정서적으로 존재해 주는 능력과 자비심을 증진시킨다.

개입들

(a) 부부가 가정에서 규칙적인 자애-친절명상 수행을 하도록 돕는다(시작은 매주 5일간 5분으로).

(b) 회기 내에서 자비로운 생활 점검 안내된 명상을 한다.

(c) **주의 깊은 경청**으로 배우자들이 서로를 이해하고 지지하도록 돕는다.

(d) **마음챙김 성과 친밀감**으로 신체적 및 정서적 친근감을 높인다.

3. 개인 정체감과 관계 개념에 대한 경직된 집착을 줄이고 역할 유연성과 유연하고, 발전적인 자기감을 높인다.

개입들

(a) 한 배우자의 관계 상호작용에 대한 생생한 경험을 배우면서 자기 자신의 사고와 느낌에 대해 마음챙김 관찰한다.

(b) 자기와 배우자를 '주체'로 그리고 자기와 배우자를 '있는 그대로' 기꺼이 받아들인다.

(c) '알지 못함의 전문성(not knowing expertise)'을 발달시키고, 애매함을 견디는 능력을 증진시킨다.

(d) 비폭력적인 말을 사용하겠다는 서약을 한다.

종결 단계

종결 단계 치료 과제들

1. 사후 돌봄과 유지 계획을 개발한다.
   (a) 두 배우자가 계속해서 관계 속에서 우러나오는 자비심을 유지하면서 잠재적 문제들을 찾아내려는 동기를 가지고 사용할 수 있는 실제적인 마음챙김과 수용기법에 대해 논의한다.

종결 단계 내담자 목표들

1. 성과에 대한 집착을 줄이고 평정심을 갖고 있는 그대로 받아들이는 개방성을 증진시키는 방법을 습득하여 '불필요한 고통'을 줄인다.

   개입들

   (a) 각 배우자에 대한 사랑의 깊이를 더하고 그들 삶에서 어떤 주어진 순간에 일어나는 일들을 기꺼이 받아들이는 방법으로서 관계 문제를 '우호적으로 받아들이는' 능력을 높인다.
   (b) 부부들이 치료에 와서 해결하고자 한 어려움들에 기초하여 지혜와 자비를 발달시키도록 돕는다.

2. 관계 토대를 마련하기 위해 공유할 생활철학과 가치를 개발하여 관계 응집력을 높인다.

   개입들

   (a) 부부들이 사랑 대화를 나누도록 촉진하여 사랑, 사랑의 목적 및 어떻게 사랑을 보여 줄 것인지에 대한 그들의 개념을 고찰하고 재정의하도록 도와준다.
   (b) 서로에 대해 지속적으로 연민과 정서적 현존을 경험하게 해 줄 유지 절차와 수행세트를 개발한다.

▌가족 대상 치료 계획 틀

치료를 받으러 오는 대다수의 가족은 부모와 자녀들 간 말다툼이나 아이들이 '단지 말을 듣지 않는다.'는 불만 등으로 문제가 되는 상호작용 패턴에 대해 도움 받고자 한다. 마음챙김과 수용 실제들은 큰 화합을 만들어 내는 데 유용하며, 친절함과 연민을 증진시킬 수 있는 마음챙김은 ADHD나 다른 품행문제로 진단받은 자녀를 둔 가족에게 특히 유용하다(Zylowska, Smalley, & Schwartz, 2009). 다음 치료 계획은 가정 내 상호작용 패턴을 개선하고자 하는 가족을 위해 고안된 것이다.

초기 단계

초기 단계 치료 과제들

1. 모든 가족원과 치료 관계를 발달시킨다.

   개입들

   (a) 마음챙김 치료적 현존(mindful therapeutic presence)을 사용하여 안전감과 판단받지 않는다는 느낌을 만들어 낸다. 아동과 관계를 맺기 위해서는 놀이를 사용한다.

   (b) 어린 자녀에게 갖고 있는 비논리적인 개념을 포함하여 모든 가족원의 관점과 경험에 대해 자비심을 드러내 보인다.

   (c) 특히 문화, 성, 역할, 종교적 신념 그리고 가족 역동의 핵심인 서로 다른 다양성 역동에 근거하여 가치들에 대해 탐색하고 이를 존중한다.

   (d) 가족 안에 존재하는 연령 및 문화에 근거한 세대 간 경계를 존중한다.

2. 치료를 안내해 줄 사례개념화를 개발한다.

   개입들

   (a) 각 가족원이 자신과 맺고 있는 관계 및 사고와 정서에 대한 마음챙김 경

험 능력(mindful experience)을 확인한다.

(b) 특히 부모와 각 자녀들 간 정서적 조율뿐만 아니라 연령에 적합한 부모-자녀 위계에 주의를 기울이면서 드러난 관심사와 관련하여 가족 내에서 발생하고 있는 무심(無心)히 이루어지는 상호작용패턴(mindless interraction pattern)들을 확인한다.

(c) 생활철학 및 고통과 관련된 습관화된 패턴을 확인한다.

초기 단계 내담자 목표

1. 각 가족원의 마음챙김 경험하기 능력과 '있는 그대로'에 대한 수용과 자비심을 증진시킨다.

(a) 전체 가족원에게 회기 내와 가정에서 할 수 있는 **외출하면서 마음챙김**(out-the-door mindfulness)하기와 **자애명상 수행**을 소개한다.

(b) 회기 내에서 부모와 자녀의 정서적 조율을 촉진한다.

(c) 회기 내에서 그들의 경험을 논의할 때, 가족원들이 마음챙김 알아차림을 사용하여 그들의 경험을 기술해 보도록 한다.

2. 각 가족원이 가족원 간에 발생하는 무심(無心)히 이루어지는 상호작용 패턴에 대해 알아차림하고, 각 가족원이 이런 패턴에 어떻게 경험하고 있는가에 대해서도 자비심을 갖도록 한다.

개입들

(a) 촉진된 마음챙김 대화로 전체적인 순환과정 속에서 무심(無心)히 이루어지는 상호작용 패턴을 추적한다.

(b) 회기 간 순환과정과 순환과정에 대한 그들의 경험을 추적해 보는 과제를 내 준다.

(c) 어린 자녀를 대상으로, 다른 가족원과 역할을 바꿔 가면서 손가락 인형놀이 공연을 해 본다.

작업 단계

작업 단계 치료 과제들

1. 각 가족원과의 치료적 동맹을 점검하여 균형 잡힌 동맹관계를 이루고 있는지를 확인한다.
   (a) 회기 내에서 각 가족원에게 안전감을 느끼고 있는지, 치료자와 똑같이 연결되어 있다고 느끼는지를 직접 물어보고 그 신호들을 관찰한다.

작업 단계 내담자 목표들

1. 마음챙김을 활용하여 무심(無心)히 이루어지는 상호작용 패턴을 중단하고 재구조화하여 의식적으로 보다 효과적인 반응들을 선택하도록 한다.

   개입들

   (a) 문제가 되는 상호작용에 대한 **마음챙김 '동작표정 연습**(walk through)' 실연으로 일반적으로 묵인되고는 있지만 순환과정을 부추기는 정서, 기대와 상호작용을 확인한다. 어린 자녀들에게는 손가락 인형을 사용하거나 다른 재미있는 것을 사용한다.
   (b) 고통스러운 대화 도중에 **마음챙김 중단**(mindful pauses)을 도입한다. 더 어린 자녀들에게는 부모들이 가르쳐 줄 필요가 있을 것이다.
   (c) 가족들과 협력적으로 작업하여 문제 패턴을 바꿔 현실적으로 그들에게 '적합한' 마음챙김 의사소통 책략을 선택하도록 도와준다.

2. 가족들이 정서적으로 함께 있어 주면서 서로에 대해 자비심을 가질 수 있도록 도와준다.

   개입들

   (a) 가족이 가정에서 규칙적인 자애명상과 **진동명상**(rocking mindfulness) **수행**을 하도록 돕는다(시작은 매주 5일간 5분).
   (b) 외부 방해를 받지 않는 가족시간을 늘리기 위해 속도를 줄여 지금 이 순간에 머무르는 수행을 도입하여 부모와 자녀가 서로에 대해 더 온전히

함께할 수 있도록 한다.

(c) 주의 깊은 경청으로 가족원들이 서로의 욕구를 이해하고 지지하도록 돕는다.

(d) **짧은 마음챙김 수행**으로 조율과 연결의 시간을 규칙적으로 갖도록 한다.

3. 개인 정체감, 고정관념, 관계 개념에 대한 경직된 집착을 줄이고, 역할 유연성은 높이며, 유연하고 발전적인 자기감을 높인다.

개입들

(a) '있는 그대로' 이야기하도록 하여 자녀들의 정서적 알아차림과 부모와의 의사소통을 발전시키도록 돕는다.

(b) 각 가족원 간 관계 상호작용의 생생한 경험에 대해 배우고 자기 자신의 사고와 느낌에 대해 마음챙김 관찰을 하도록 한다. 자녀들에게는 그림으로 표현하게 할 수 있다.

(c) 각 사람을 '주체'로, '있는 그대로' 그리고 가족 내 역할을 기꺼이 받아들인다. 어린 자녀들에게는 그림으로 서로 다른 '정체성'을 표현해 보게 한다.

(d) '알지 못함의 전문성'을 발달시키고, 애매함을 견뎌 내는 능력을 높인다. 어린 자녀들에게는 그림으로 표현하게 한다.

종결 단계

종결 단계 치료 과제들

1. 사후 돌봄과 유지 계획을 개발한다.

   (a) 가족이 가족에게 자비심을 갖고 잠재적 문제들을 밝혀낼 수 있는 실제적인 마음챙김과 수용 기법들을 계속해서 사용할 수 있는 방법에 대해 논의한다.

종결 단계 내담자 목표들

1. 성과에 대한 집착과 '불필요한 고통'을 줄이고 평정심과 있는 그대로에 대한

개방성을 높이는 방법을 습득한다.

개입들

(a) 각 가족원을 더 사랑하고 그들 삶에서 어떤 주어진 순간에 일어나는 일들을 기꺼이 받아들이는 방법으로 관계 문제를 '우호적으로 받아들일 수 있는' 능력을 증진시킨다.

(b) 가족들을 치료에 오게 만든 어려움에 기초하여 지혜와 자비를 발달시키도록 돕는다.

2. 공유하는 생활철학과 가치를 개발함으로써 가족 응집성을 높인다.

개입들

(a) 가족이 사랑, 사랑의 목적 및 사랑하는 방법에 대한 그들의 개념을 살펴보고 재정의하도록 도와준다.

(b) 서로에 대해 지속적으로 연민과 정서적 현존을 하도록 격려해 줄 절차, 짧은 마음챙김 수행과 의식을 개발한다.

개인 대상 치료 계획 틀

미국 물질남용 및 정신건강서비스국(SAMHSA)에서 실시한 2008 약물 사용과 건강에 관한 전국설문조사에 따르면, 여성의 74%, 남성의 65%, 정신건강치료를 찾는 50세 이상에 해당하는 사람의 86%가 우울증으로 진단받았고, 일반적으로 미국에서 정신건강 문제로 치료를 받았던 이들보다 훨씬 더 많았다. 우울증을 경험하는 사람들 대다수가 우울증의 촉발요인으로 그리고 우울증의 결과요인으로 관계 문제를 들고 있다. 관계에 영향 주지 않는 우울증을 경험하기란 어렵다. 다음 치료 계획은 마음챙김 및 수용 정보에 근거한 접근방법을 사용한 것으로서 우울, 불안 및 관련 증상들을 보이고 있는 내담자들에게 적합한 치료 계획 수립에 도움을 주고자 고안된 것이다.

초기 단계

초기 단계 치료 과제들

1. 온화하고, 작업에 도움이 되는 치료 관계를 발달시킨다.

   개입들

   (a) 마음챙김 치료적 현존을 사용하여 안전감과 판단받지 않는다는 느낌을 갖도록 한다.

   (b) 내담자의 경험에 대해 자비심을 드러내 보인다.

   (c) 문화, 성, 성적 지향성, 종교, 사회경제적 지위, 그리고 다른 다양한 측면들과 관련하여 내담자의 가치에 대해 탐색하고 존중한다.

2. 치료를 안내해 줄 사례개념화를 개발한다.

   개입들

   (a) 내담자가 자신과 맺고 있는 관계의 질과 마음챙김 경험 능력을 확인한다.

   (b) 내담자와 그/그녀의 삶에서 중요한 타인들과 관계에서 무심(無心)히 이루어지는 상호작용 패턴을 확인한다.

   (c) 생활철학 및 고통과 관련된 습관화된 패턴을 확인한다.

초기 단계 내담자 목표들

1. 그들이 (증상)을 통해 (특정 경험, 사고들 혹은 정서)를 회피하는 방식에 대해 알아차림하도록 한다.

   개입들

   (a) 회기 내에서 내담자들이 증상을 통해 회피해 왔던 사고와 정서를 마음챙김 경험을 해 본다.

   (b) 증상 기복 추적 과제를 할당하여 증상들이 불편한 경험을 회피하게 만드는 방식에 대한 이해를 높인다.

2. 마음챙김 경험하기 기본능력과 '있는 그대로'의 수용/자비심을 증진시킨다.

개입들

(a) 내담자에게 회기 내에서, 그리고 집에서 할 수 있는 호흡명상을 소개한다.

(b) 일상생활 문제를 논의할 때, 내담자에게 마음챙김 알아차림을 사용하여 경험을 기술해 보도록 한다.

작업 단계

작업 단계 치료 과제들

1. 치료적 동맹관계가 지속되고 있는지 확인 점검한다.

(a) 회기 내에서 내담자에게 안전감을 느끼고 있다는 신호들에 대해 직접 물어보고 관찰한다.

작업 단계 내담자 목표들

1. (증상들)과 관련하여 이전에 회피하였던 (사고, 정서, 느낌, 상호작용 등에 대한) 마음챙김 경험하기를 증진시킨다.

개입들

(a) 회기 내에서 증상과 관련하여 회피하였던 사고, 정서와 경험들에 대해 마음챙김 경험을 하도록 안내한다.

(b) 문제 대화를 우호적으로 만들어 불편한 사고 및 느낌들과 호기심 어린 관계를 맺도록 한다.

(c) 집에서도 규칙적으로 마음챙김 훈련을 하도록 한다.

(d) 마음챙김 훈련 일지를 작성해 보도록 한다.

2. 내담자의 삶에서 타인에 대한 수용과 자비심을 높인다.

개입들

(a) 가정에서 자애명상과 마음챙김 명상을 교대로 번갈아가면서 해 보도록 한다.

(b) 회기 내에서 보다 큰 자비와 수용이 필요한 영역을 확인하기 위해 다른

사람들과의 상호작용 패턴을 관찰한다.

3. 개인 정체감에 대한 경직된 집착을 줄이고, 유연하고, 발전적인 자기감을 높인다.

   개입들

   (a) 자기 자신의 사고와 느낌에 대해 마음챙김 관찰을 하도록 한다.
   (b) 자기와 삶의 '주체'임을 그리고 자기와 삶을 '있는 그대로' 기꺼이 받아들인다.
   (c) '알지 못함의 전문성'을 발달시키고, 애매함을 견디는 능력을 증진시킨다.

종결 단계

종결 단계 치료 과제들

1. 사후 돌봄과 유지 계획을 개발한다.
   (a) 초기 단계와 마찬가지로 잠재적 문제를 밝혀내기 위해서 내담자가 실제적인 마음챙김 및 수용기법을 지속적으로 사용하고 있는지에 대해 논의한다.

종결 단계 내담자 목표들

1. 성과에 대한 집착과 '불필요한 고통'을 줄이고 평정심과 있는 그대로 받아들이는 개방성을 높이는 방법을 습득한다.

   개입들

   (a) 도전거리를 '우호적으로 받아들이는' 능력과 주어진 순간을 있는 그대로 기꺼이 받아들이는 능력을 증진시킨다.
   (b) 내담자가 치료를 오게 만든 어려움들에 기초하여 지혜와 자비심을 발달시키도록 돕는다.

2. 생활철학과 가치의 명료화 및 전념을 높인다.

개입들

(a) 내담자가 문화적으로, 개인적으로 적절한 생활철학과 가치를 명확히 하고, 이에 전념하도록 돕는다.

(b) 일상생활 속에서 마음챙김과 수용을 지속하게끔 도와줄 절차와 수행도구를 개발한다.

요약하기

마음챙김 정보 기반 치료자들은 각 개인의 삶을 독특하게 규정지어 주는 세 가지 핵심 관계, 즉 자기와의 관계, 중요한 타인과의 관계 그리고 삶과의 관계에 초점을 맞추는 관계치료자들이다. 세 가지 모든 관계에 주의를 기울이면서, 치료자들은 복합적인 수준에서 내담자들의 상황을 개념화하고 그들에게 도움이 되는 최선의 방법들을 찾아낼 수 있다. 보통 각 수준에서 동일한 패턴들과 주제들을 발견할 수 있다. 예를 들어, 완벽주의의 추구는 타인과의 관계에서뿐만 아니라 자기와의 관계에서도 그리고 삶에서 뭔가를 얻는 데서도 발견된다. 이런 사례개념화 과정을 통해 자연스럽게 한 사람의 삶의 개인적 · 관계적 · 영적/철학적 측면들에 주의를 기울이게 만드는 통합적이고 일관성 있는 치료 계획을 개발할 수 있게 된다. 치료의 직접적인 이정표가 되지는 않더라도, 이런 계획들은 치료자들이 마음속에 큰 그림을 가지고 목표에 도달할 수 있도록 도와주며, 치료 과정이 힘을 갖고 바로 그 방향으로 나아가도록 이끌어 준다.

· 06 ·

치료에서 마음챙김 훈련 가르치기

핵심 부분

대부분의 사람이 마음챙김 정보에 기반을 둔 치료에서는 명상을 많이 하게 될 것이라고 생각한다. 사례에 따라 그럴 수도 있고 아닐 수도 있다. 마음챙김을 규칙적으로 행하는 나의 보통 내담자(혹은 학생)의 경우 어느 정도 시간 동안은 힘들어하였다. 사실 나는 마음챙김을 스트레스를 지나치게 많이 받지 않으면서 규칙적으로 훈련할 수 있을 것 같은 내담자들에게, 훈련을 해 보고자 하는 동기를 갖고 있는 내담자들에게 소개를 한다. 대부분의 경우 마음챙김의 최대의 도전은 — 특히 전문적인 정신건강 서비스를 받고자 하는 사람들 중 많은 사람이 극복하기 어려운 장애물인— 지속적으로 훈련할 시간을 확보하는 것이다. 감사하게도 내담자들이 규칙적인 훈련 이외에도 마음챙김으로부터 도움받을 수 있는 많은 또 다른 방식들이 있다. 하지만 이 장은 마음챙김을 할 준비가 거의 되어 있고 대체로 기꺼이 시도해 보고자 하는 내담자들을 위한 것이다.

부부 및 가족 대상 마음챙김 훈련

개인 내담자 작업과 비교해서 부부 및 가족을 대상으로 규칙적으로 마음챙김 훈련을 시작하는 것이 훨씬 더 쉽다(아마도 부부 및 가족 안에서의 작업이 좀 더 쉽다는 점에서 일 것이다). 왜 그럴까? 쉽게 말하면 함께하는 사람들의 압력 때문이다. MBSR 및 MBCT와 같이 마음챙김을 지도하는 가장 성공적인 프로그램들은 집단치료적 접근방법을 취하고 있다.

나는 개인 내담자들에게 마음챙김 지도를 시작하면서, 곧바로 그러한 성공적인 프로그램들이 집단 모델을 사용하는 이유를 알게 되었다. 집단 모델은 비용 측면에서 효율성이 높을 뿐만 아니라 내담자에게 강한 훈련 동기와 연대감을 불러일으킨다. 대부분 마음챙김 명상은 특히 처음 시작할 때는 눈에 띄는 혹은 즉각적인 이득이 거의 없는, 혼자서 하는 작업이다. 혼자서 하는 작업은 존중받지 못하고 있으며, 어떤 경우에는 (끊임없이 움직이고 신속하게 연결되는) 현대 문화권에서는 심지어 조롱거리가 되기도 한다. 즉각적이고 꽤 명확한 이득을 지니고 있음에도 불구하고, 내가 치료 과정에서 만났던 많은 학생과 내담자는 자신들의 일상적인 틀 안에서 우선적으로 해야 할 일들이 너무 많기 때문에 마음챙김 명상 시간 및 동기를 만들어 내기 위해 애를 써야 한다고 했다. 하지만 당신이 마음챙김 훈련을 하는 집단에서 매주 진행 사항에 대해 보고해야 하고, 그 주에 이들과 함께하는 수업이 있음을 알게 되면 훨씬 더 쉽게 훈련에 우선순위를 둘 수 있다.

실제로 배우자 혹은 가족 구성원이 함께 마음챙김 훈련을 하면 집단과 유사하면서도 뭔가 상이한 역동으로 훈련 동기와 책무성이 생긴다. 따라서 많은 가족 및 부부가 혼자서 개인적으로 훈련할 때보다 더 성공적으로 규칙적인 훈련 일정을 만들어 낸다. 가정훈련 집단이 있으면 대부분의 사람들이 규칙적으로 훈련을 하게 된다.

사랑하는 사람들과 함께 훈련할 때 나타나는 독특한 문제는 관계에 대한 역동이 드러난다는 점이다. 예를 들어, 한 배우자가 상대 배우자보다 훈련에 좀 더 시간을 쏟는다면, 상대 배우자는 '압박감'을 느낄 수 있다. 마찬가지로 재미를 불러일으켜서 동기를 유발시키기보다는 혐오감을 불러일으켜 동기를 유발시키는 전략을 사용하는 부모는 자녀들의 마음챙김 훈련에 대한 재미를 떨어뜨릴 수 있다. 하지만 내 경험에 의하면, 만약 치료자가 훈련에 대해 잘 합의하고, 부부 및 가족 구성원 전체가 할 수 있다는 믿음을 가질 정도로 현실성 있는 계획을 세우면, 그 훈련은 대체로 잘 이루어진다.

내담자에게 마음챙김을 소개하기

내담자가 실제로 마음챙김 훈련을 할 것인지 그렇지 않을 것인지 여부와 관련하여 의미 있는 차이를 이끌어 내기 원한다면, 치료자가 내담자에게 마음챙김을 어떻게 소개하는 것이 좋을까? 집단 맥락 밖에 있는 내담자(예, 개인, 부부 내지 가족치료)들을 대상으로 할 때, 마음챙김 훈련에 대해 기술적 소개를 하면서 거쳐야 할 몇 가지 단계가 있다.

다음의 개요는 부부 및 가족 대상 작업에 초점을 맞추되, 개인 내담자에게도 쉽게 적용할 수 있다. 내담자를 훈련에 초대하는 단계는 다음과 같다.

1. 욕구와 관심사 확인하기
2. 동기 강화하기
3. 훈련 소개하기
4. 훈련 계획 수립하기
5. 훈련의 방해요인 예상하기
6. 미세 조율과 추수 단계

준비성 및 관심사 확인하기

준비성 확인하기

'오직 바보들만 서둘러 달려든다.'라는 표현은 마음챙김뿐만 아니라 사랑을 할 때에도 해당된다. 누군가가 마음챙김을 얼마나 오래 훈련해 왔는지를 알아보는 표식들 중 하나는 다른 사람들이 그것을 즐기면서 열심히 할 것이라고 생각하는 정도다. 나의 경우 학생들에게는 서두르지 말라는 주의를 주고, 마음챙김의 많은 성과 중 이점 하나를 경험한 내담자들에게는 너무 애쓰지 말라는 주의를 준다. 좋든 싫든, 훈련이 계속되면 대체로 열정은 사그라진다. 손쉬운 훈련이 아니어서 TV, 아이스크림, 와인 한 잔, 알약 한 알과 같은 많은 현대생활의 활동들보다는 만족도가 떨어지는 훈련이다. 따라서 치료자는 마음챙김 훈련을 소개할 때 상당한 겸손함과 낮은 기대감을 가지고 접근할 필요가 있다.

우선, 마음챙김 훈련이 모든 이에게 혹은 모든 문제에 적합한 것은 아니다. 따라서 치료자들은 치료실에 들어오는 모든 이에게 마음챙김을 추천해서는 안 된다. 대신에 특정한 내담자, 부부 혹은 가족에게는 마음챙김에 대한 잠정적이고 특별한 욕구를 가질 수 있도록 만들거나 이득에 대해 인식시키는 것이 중요하다. 예를 들어, 위기 상황에서 마음챙김 훈련을 시작한다는 것은 도움이 되지 않는다. 위기는 대개 좌절감을 불러일으키고 무기력감을 가중시킨다. 만약 부부나 가족이 극심한 갈등상황에 놓여 있어서 다른 사람이 하는 말이나 행동을 공격적으로 받아들이는 심각한 패턴을 가지고 있다면, 그들은 아마도 마음챙김에 대해서 그렇게 받아들일 것이다. 마음챙김 훈련 준비가 되어 있음을 보여 주는 징후 내지 반대징후들이 있는데, 이러한 것들은 절대적인 것은 아니고, 내담자에 따라서 매우 다양하게 나타날 수 있다. 그러나 여러분이 시작하려고 할 때는 이런 것을 알아챌 수 있어야만 한다.

마음챙김 훈련 준비가 되어 있다는 공통 지표

- 짜증스럽거나 좌절을 느낄 정도로 어떤 문제에 대해 지나치게 길게 이야기하고 있거나 혹은 그 문제에 대해 이야기하고 싶은 마음이 강한 경우
- 치료에서 “내가 뭘 해야만 할까요?”라고 요청하는 경우
- 정신병 약물치료를 받지 않으려는 소망이 강한 경우
- 자신들의 관계를 개선시키려는 공통의 목표에 동의할 만한 부부 및 가족
- 회기에서 서로에 대해 전반적으로 긍정적인 느낌을 갖고 있는 부부 및 가족

- 한 사람이라도 현재 영적인 수행을 하고 있거나 긍정적 이력을 가지고 있는 경우

마음챙김 훈련 준비가 되어 있지 않다는 공통 지표

- 현재 위기를 겪고 있거나 및 혼란 상태에 빠져 있는 경우
- 문제 소유 및 해결에 대한 인식이 부족한 경우
- 부부 및 가족 관계에서 갈등이 고조된 경우
- 매우 소진되어 있거나 대항할 수 없다는 느낌을 갖고 있는 경우
- 양성 정신병, 조증 및 외상 증상(비록 그러한 증상을 지닌 내담자들이 마음챙김으로부터 이득을 얻을 수 있을지라도, 치료자들은 이러한 집단을 대상으로 마음챙김을 하려면 잘 훈련되어 있어야만 하고 조심스럽게 진행해야 한다.)

관심사와 의향 알아보기

일단 치료자가 마음챙김에 대한 잠재적인 준비성을 확인하고 난 다음에, 내담자들을 초대하여 마음챙김 훈련을 해 볼 의향이 있는지 물어보는 협력적인 접근 방법을 권하고 싶다(Anderson & Gehart, 2007). 마음챙김 훈련을 학습하거나 다시 마음챙김 훈련을 하도록 초대할 때는 내담자들이 거절할 수도 있다는 느낌을 가질 수 있는 그런 진솔한 초대여야 한다. 부담을 갖게 되면 어떤 누구라도 의미 있는 훈련을 시작하기가 어려울 것이다. 나는 항상 내담자들이 배우고 싶다고 말할 때, 뒤로 미룰 수 있는, 아니면 그 말을 철회할 수 있는 기회를 다시 한번 주기 위해 그들에게 질문하는데, "와우, 좋습니다. 당신이 관심을 가지신다면, 명상하는 방법을 배울 수 있도록 도와줄 수 있습니다. 지금도 괜찮으신가요?"와 같이, 약간 놀랍다는 말로 반응해 준다.

내담자가 그런 관심과 의향을 가지고 있는지 평가하는 것이 치료자에게는 도전이 되는 부분 중 하나이다. 왜냐하면 일반적으로 내담자들에게 마음챙김을 가

르쳐 주고 싶어 하는 치료자는 열심히 가르쳐 주려고 애쓸 것이고, 그러다 보면 의도치 않게 너무 강하게 밀어붙일 수도 있기 때문이다. 따라서 나는 치료자들이 내담자들에게 마음챙김에 대한 그들의 열정을 덜 투사하려면, 적어도 내적으로는 다소 회의적이거나 비관적인 입장을 취해야 한다고 생각한다. 또한 치료자들은 관심이란 것이 있다가도 없어지기도 하고, 시간이 가면서 내담자들의 마음이 달라질 수 있음을 인식할 필요가 있다.

동기 강화하기

마음챙김에 기반을 둔 집단에서 마음챙김을 배우는 것과 일대일 회기를 통해 마음챙김을 배우는 것의 주된 차이는 동기와 지지다. 마음챙김에 기반을 둔 집단에 참가하는 내담자들은 마음챙김이라는 것에 대해 이미 알고 신청한 사람들이다. 첫날부터 명상을 할 것이라는 분명한 기대를 갖고 있고, 이를 지지해 주는 공동체도 갖고 있다. 하지만 개인이든, 부부든, 가족이든 간에 외래 치료를 통해 마음챙김을 배울 때에는 지지해 줄 수 있는 사람이 치료자밖에 없는데, 특히 개인들은 더 그러하다. 집단 장면보다 더 적은 지지를 받을 수 있는 부부나 가족에게도 치료자들이 이들의 훈련 동기를 강화시켜 주어야만 한다.

내담자가 자신의 현재 고민을 해결하는 방법으로 마음챙김을 배우고 싶어 하면, 치료자는 조급하게 마음챙김 훈련 기술을 가르쳐 주기 전에 먼저 동기를 강화시키는 시간을 가졌으면 한다. 보편적으로 마음챙김을 통해서 도움을 받지 못하는 주된 이유는 부적절한 기술보다는 불규칙적인 훈련 때문이다. 따라서 나는 동기를 강화하고 난 후 시작하는 것이 가장 좋다고 생각한다. 마음챙김 훈련이 대부분의 서구 문화에서 소중히 여기고 신봉하는 것들과는 반대되는 것이기 때문에 마음챙김의 훈련으로 도움을 받고 싶다면 단순한 호기심을 넘어서 특별한 동기가 필요하다. 본질적으로 어느 특정한 기간 동안 규칙적으로 마음챙김 훈련을 한다는 것은 내담자에게 생활방식에서의 중요한 변화, 즉 현대 생활의 사회적 풍속과는 잘 맞지 않는 생활방식을 요구하는 것이다. 따라서 치료자가 내담자와 이 훈련에 대해 나누는 대화 속에서 이러한 측면들을 충분히 알고 나눌 수 있어야만 한다.

실제로 나는 내담자에게 마음챙김 훈련에 대해 이야기할 때 훈련 자체가 어려운 것은 아니지만 매일 권장되는 20분 이상은 고사하고 꾸준히 5~10분을 할애하여 훈련하는 것이 어렵다는 점을 이야기한다. 시간을 할애하여 훈련하는 것이 어렵다는 점을 강조함으로써 치료자는 내담자의 불안을 스스로가 훈련을 '잘 하고' 있는지에 대한 불안에서 조금이라도 하고 있는지에 대한 것으로 전환시킬 수 있다. 나는 이런 불안을 학습 초기에 갖게 되는 보다 생산적인 불안감이라고 생각한다(나는 현실주의자여서 어떤 경우든 어느 정도의 불안은 존재한다고 믿는다.). 따라서 내가 만들어 내고자 하는 동기는 훈련을 할지 말지에 대한 것이 아니라, 본질적으로 내담자 쪽에서 일정 시간 동안 상당히 규칙적으로 훈련을 하겠다고 하는 관여 정도를 발전시켜 나가게 만드는 보다 큰 동기다. 사람들마다 다르겠지만 나는 보편적으로 과학과 은유 중 하나 혹은 둘 다를 사용하여 동기를 유발하는 편이다.

사람을 움직이는 과학

나는 항상 공포심에 기초를 둔 전략보다는 가치 추구 전략으로 긍정적인 동기를 유발시키는 편이다. 긴 안목으로 보면 그런 목표가 최선의 목표였다는 사실들이 연구들을 통해서 밝혀지고 있다. 감사하게도 마음챙김 연구들에서 다양한 긍정적인 이점들이 밝혀졌기 때문에 마음챙김을 해야 하는 충분히 긍정적 동기를 찾는 일은 쉽다. 그것이 작용하는 방식에 대한 생물학 모델들과 함께 여러 문제에서 밝혀진 고무적인 연구 결과를 살펴보는 것으로도 많은 내담자가 훈련을 해 보고 싶다는 동기를 가질 수 있다. 다음은 내담자들의 마음챙김 훈련 동기를 증진시키기 위해 회기 중에 구두로 혹은 유인물로 나눌 수 있는 내용이다. 이는 다양한 연구 문헌을 검토하고 정리한 목록들이다. 또한 제1~3장 및 당신이 좋아하는 문헌들을 토대로 스스로 자신만의 목록을 만들어 볼 수도 있다.

귀찮아도 명상을 해야 하는 이유

이들 중 하나 이상을 이야기해 주는 것이 관심 있는 내담자들의 훈련 동기를 강화시키는 데 도움이 될 것이다.

- 일반적인 스트레스 감소: 최근 진행된 신경학적 연구 결과에서 마음챙김이 스트레스를 의식적으로 관리하고 스트레스 반응을 중단시킬 수 있는 개인의 신체적 능력을 향상시켜서 우울증, 불안 및 기타 스트레스 관련 증상들을 감소시키는 것으로 밝혀졌다.
- 특정 건강 및 정신건강 장애: 연구 결과에 의해 마음챙김이 다양한 신체 및 정신건강 문제를 가지고 있는 내담자들을 돕는 데 효과적일 수 있음이 밝혀지고 있다. 그런 문제들은 다음과 같다.
  - 기분 장애: 우울증, 양극성, 우울증의 재발
  - 불안 장애: 일반화된 불안, 외상, 공황 그리고 외상후 스트레스 장애
  - 소아, 10대 및 성인 ADHD
  - 약물 남용의 재발
  - 섭식 장애
  - 인격 장애
  - 부부 및 관계 기능
  - 만성 스트레스
  - 만성 통증
  - 면역 기능
  - 수면 장애
  - 암 치료의 부작용
  - 섬유 근육통
  - II 유형 당뇨병

- 일반적인 건강: 면역 기능 및 심혈관 건강 향상, 혈압 저하

- 약물 사용의 필요를 줄일 수도 있는, 행복한 기질을 위한 뇌의 '회로 재구성'하기: 신경학적인 연구 결과에 의하면 마음챙김 훈련이 실제로 뇌의 '회로 재구성'을 돕고 지속적으로 긍정적이고 행복한 기질을 만들어 낸다.
  - 마음챙김 훈련이 스트레스 관리 능력을 향상시키는데, 이는 훈련 도중 흩어진 주의를 다시 집중시킬 때(예, 생각, 소음 혹은 감각 등으로 집중이 흐트러졌을 때), 전전두엽 피질(prefrontal cortex)이 변연계(limbic system)에 신호를 보내기 때문이다. 이 같은 과정이 반복되면 이렇게 생각의 방향을 전환시키는 능력이 전전두엽의 관제탑과 변연계 사이에 신경 연결을 증가시켜서, 스트레스 반응을 중단시키는 능력이 향상된다.
  - 이런 이완반응을 불러일으키는 능력은 배우자 및 아이들과 '견고한' 정서적 결속감을 발달시키는 보다 큰 능력과 관련이 있다.
  - 이 능력이 우울증, 불안 그리고 ADHD에 대한 약물치료의 필요성을 줄일 수도 있다.

- 재발 방지를 위해 마음 살펴보기: 마음챙김 훈련은 스스로의 심리작용을 살펴보고 바라보는 능력을 향상시킨다. 이런 능력이 사고를 중단할 수 있는 능력의 증가와 함께 증가되면 개인들은 자신의 우울한, 불안한, 중독적 혹은 다른 문제적 사고들을 더 빨리 알아차리고 중단시킬 수 있게 되고, 그러면서 더욱더 현실적인 대안들을 선택할 수 있게 된다.

- 수행을 통한 통계치: 2008년에 진행된 나의 미 출판 연구에 함께(참여)했던 약 100명의 대상자 중 나의 내담자와 학생들 대부분은 일주일에 약 5일간 5분 정도 마음챙김 훈련을 한 98%가 첫 2주 동안 조금이라도 효과를 봤다고 보고하였고, 스트레스 관리 분야에서 한 달 후 90%의 사람들이 눈에 띌 만한 개선을 보였다고 보고하였으며, 70%는 첫 2주 동안 참여자들이 자발적으로 유의미하게 수면이 개선되었다는 이야기를 듣고 강한 수행동기를 갖게 되었다고 보고하였다. 나는 각 치료자들이 비슷한 연구를 통해 자신의 내담자들이 어떠한 혜택과 어려움을 경험하는지에 대해

알아볼 것을 적극 권고한다.

틀을 재구성하고 동기화하는 은유

증거 기반을 사용하여 동기를 강화시키는 방법과 더불어 치료자들은 여러 가지 은유를 사용하여 내담자들로 하여금 그들의 생각 속에서 마음챙김을 재구성케 하여 보다 더 규칙적으로 훈련할 수 있도록 도울 수 있다. 치료자들은 내담자의 개인적인 가치, 세계관, 가치 그리고 유머 감각에 맞는 적절한 은유를 일반적인 치료 과정 속에서 한 번 이상 제공해야만 한다.

동기를 부여하는 은유와 이미지

치실을 사용한 이 닦기(Flossing)

- **은유**: 나는 마음챙김을 주로 치실 사용이나 이 닦는 것에 비유하곤 하는데 이는 우리의 건강에는 매우 중요하고 그렇게 많은 시간이 필요한 것은 아니지만, 그것을 할 시간을 내지 않기 위한 변명거리를 찾는 것이 쉽다는 것이다.
- 이 은유는 이미 어느 정도 건강을 위한 기본적인 습관이 잡혀 있는 실천적인 사람들에게 좋다. 나는 그들에게 마음챙김 수행을 그런 습관들 중 하나와 연결하라고 권장한다.

'진짜인' 가짜 약(Snake Oil– 허풍이 섞인 '만병통치약', 있어 보이지만 가짜인 약)

- 도움이 되는 증상 목록를 살펴본 뒤 나는 내담자에게 장난스럽게 처음엔 마치 21세기의 뱀 기름(가짜 만병통치약)처럼 들리지 않느냐고 말한다. 그리고 만약 이런 주장을 지지할 만한 연구가 없었다면 아마 맞을 거라고 말이다.
- 나는 이 은유를 설명하면서 마음챙김이 스트레스 감소에 매우 효과적이기 때문에

스트레스가 원인이거나 스트레스로 인해 악화되는 21세기 대부분의 고통—즉, 몸이 비상시 이외에는 자주 경험하지 않아야 할 신체적 상태—에 실제로 도움이 된다고 이야기한다.

- 이 은유는 다양한 문제를 가지고 있거나 '스트레스'를 자기 문제의 주요 원인으로 설명하는 내담자들에게 도움이 된다.

뇌를 재부팅하기

- 마음챙김 훈련은 컴퓨터가 말썽을 피울 때 재부팅을 하면 모든 것이 잘 작동되는 것처럼 뇌를 '리부팅하는' 것이다.
- 이 은유는 과학 기술 지향적인 마음을 가지고 있거나 압도당한 듯한 느낌 때문에 고통을 받고 있는 내담자들에게 유용하다.

뇌 회로 재구성하기

- 최신 신경학적 연구와 이론들에 의하면, 규칙적이고 지속적인 마음챙김은 물리적으로 대뇌 회로를 최적으로 기능할 수 있도록 재구성하고 재구조화시켜 우리의 행복을 증가시켜 준다.
- 이 이미지는 ADHD, 우울, 양극성, 물질남용 그리고 주로 만성적인 다른 장애를 가진 내담자들에게 매우 강한 동기를 부여할 수 있다.

핵심적인 건강 요법

- 마음챙김에 대한 연구는 매우 일관되어 있기 때문에 많은 전문가가 유기농법으로 재배된 무첨가 식품으로 만들어진 식단을 먹거나 주기적인 운동을 하는 것과 동일하게 핵심적인 건강 요법으로 분류하고 있다.
- 이미 운동도 하고 있고 좋은 식단을 유지하고 있는 내담자들에게는 이 분류에 마음챙김을 포함시키도록 하는 것이 도움이 될 수 있다.

전형적인 영적 수행

- 마음챙김 호흡명상은 기독교, 유대교, 이슬람교, 불교 등 사실상 모든 종교에서 아주 보편적인 영적 수행 중 하나이다.
- 이러한 생각 틀은 기존에 마음챙김이나 반추 혹은 명상 습관과 관련이 있는 종교나 영적인 믿음을 가지고 있는 사람들에게 동기를 부여할 수 있다.

마음챙김 호흡명상 소개하기

회기에서 **마음챙김 호흡명상**의 실제 훈련법을 소개하는 것은 비교적 간단하다. 훈련을 설명해 주고, 흔히 집중을 방해하는 것들을 어떻게 해결하는지 설명하고, 설명하면서 연습시간을 가진 다음 질문에 답하면 된다. 마음챙김 집단에서는 **먹기명상**(eating meditation)을 먼저 가르칠 수 있지만, 내 경우에 일대일 회기에서는 보통 호흡명상으로 시작하곤 한다. 보통 부부나 가족에게는 **자애명상**(loving-kindness meditation)이 가장 적절하지만, 특히 ADHD로 진단받은 아이가 있는 가족에게는 마음챙김 호흡명상이나 **걷기명상**이 적절할 수도 있다. 결국 내담자를 어떤 형태의 마음챙김이나 명상법으로 훈련시킬 것인가는 내담자가 가장 관심을 갖고 훈련하고 싶어 하는 방법으로 시작하는 것이 좋다고 믿고 있다.

회기에서 호흡 집중을 통한 마음챙김 가르치기

마음챙김은 개인이나 부부, 가족을 대상으로 일대일 회기에서 가르칠 수 있다. 나는 내담자의 동기를 불러일으키기 위해 (내담자와 동기 수준에 따라) 몇 분에서 회기 전체를 사용하고 난 뒤 적어도 20분 정도 마음챙김 호흡명상 기법을 가르친다. 거의 대부분의 내담자에게 다음과 같이 간단하게 호흡명상을 가르친다.

마음챙김 호흡명상 요약

- 당신의 마음을 고요하게 하면서 호흡에 집중하세요.
  혹은 더 간단히 말하면……. 내려놓으세요.
- 호흡에 집중하세요 — 호흡을 놓치면 — 다시 호흡에 집중하면 됩니다.

이렇게 간단하게 요약한 다음에 각 부분들에 대해 좀 더 자세히 설명한다.

- **호흡에 집중하라:** 마음챙김 실제에서 집중하는 부분, 마음을 고요히 하면서 호흡에 집중하라.
  - 나는 내담자들에게 자신의 호흡 중 배가 오르락내리락 하는 것이나 시원한 혹은 따뜻한 공기가 코를 통해 들어오고 나가는 감각 등 가장 두드러지는 경험에 집중하라고 한다.

- **집중이 흐트러지면 다시 집중하라:** 마음챙김에서 다시 집중하는 부분, 마음이 흩어져 다른 곳을 헤매면 (1분 동안에도 몇 번씩 그럴 것이다) 부드럽고 자애롭게 다시 집중한다.
  - 집중을 흐트리는 것들: 생각, 느낌, 신체적 감각, 외부의 소음, 온도 혹은 바람-생각을 불러일으키는 모든 내부나 외부 자극들
  - 강조할 부분: 정신건강에 도움이 되려면 자신을 질책하기보다는 인내심을 가지고, 이해와 자비로운 마음으로 다시 정신을 집중시키는 것이다.
  - 자비로운 마음으로 다시 정신을 집중시킬 수 있는 대안들을 제공하라. 생각에 꼬리표를 붙여라(예, 걱정, 계획 등). 그리고 돌아와서 명상에 집중하라. 생각들을 구름이나 비눗방울처럼 흘러가는 것으로 시각화하라. 그리고 돌아와서 명상에 집중하라. "아, 그래, 그것도 있네."("오늘 네가 나타난

게 놀랍지 않네.") 하고 생각하고 다시 돌아와서 집중하라.

- 집중 도우미
  - 많은 사람이 초반에는 호흡에 집중하는 것을 힘들어하기 때문에 나는 그들에게 다른 대안들에 대해서도 알려 준다.

    숫자세기: 호흡마다 숫자를 순서대로 1부터 10까지 세고, 또다시 1부터 세어 나간다.

    만트라: 반복되는 구절이나 단어를 사용한다. 예를 들어, 평화가 들어오고/평화를 내보냅니다(peace in/peace out). 혹은 숨을 들이쉬고/숨을 내쉽니다(breath in/breath out)라고 말해 준다.

    시각화: 초, 꽃.

    청각화: 주기적으로 울리는 종소리로 다시 집중하도록 하거나 '옴(om)'이나 '아멘(amen)' 등의 만트라를 외우면서 다시 집중하도록 한다.

- **집중이 흐트러지는 것을 수용하라**: 집중이 흐트러지는 것이 심리적 이점을 위해 중요하다는 것을 자각하도록 강조하여야 한다.
  - 세례를 받고 수도승이나 수녀로 종일 명상을 하며 시간을 보내는 사람이 아니라면 마음챙김 훈련은 집중과 집중이 흐트러지는 반복되는 과정임을 강조하는 수용 지향적 마음챙김 훈련의 틀을 제공한다.
  - 나는 자주 내 손을 앞뒤로 여러 번 움직이면서 '정신집중하고—정신집중이 흐트러지고—다시 정신집중하고—정신집중이 흐트러지고—다시 정신집중하고' 하는 반복 과정을 보여 주어서 내담자로 하여금 어떤 식으로 진행이 되는지 그 리듬감과 느낌을 익히게 한다. 만약 내담자가 완벽주의 성향을 가지고 있어서 명상을 '제대로' 하고 싶어한다고 판단되면, 나는 일직선으로 진행되는 것은 아니라고 말해 준다(그리고 다시 손동작을 보여 준다). 많은 사람이 이런 차이를 강조하고 그들에게 완벽하지 않아도 된다고 말해 주었던 부분이 가장 도움이 됐던 부분들 중 하나라고 보고했다.

- 심리적/관계적 대 영적 목표에 따라 틀 짜기: 앞뒤로 왔다갔다하면서 다시 정신을 집중하는 것이 뇌의 회로를 '재구성'시켜서 스트레스, 우울감 및 불안감을 줄이고, 마음챙김과 관련된 다른 심리적인 혹은 관계적인 측면에서 이득을 얻을 수 있게 만드는 중요 열쇠다. 반면에, 영적 성장을 위해 명상을 하는 사람은 (그리스도 신자, 유대인 등의 경우) 신과 합일되는 느낌을 얻기 위해 혹은 다른 영적인 목표를 위해 더 오랫동안 집중 상태를 유지하기를 바랄 것이다.

- 실질적인 부분 다루기
  - 눈: 나는 내담자들에게 눈을 감거나 아니면 눈을 살짝 뜨고 몇 미터 앞의 한 지점을 부드럽게 응시할 수 있다고 알려 준다. 만약 내담자가 미해결된 트라우마를 가지고 있거나 정신병 이력을 가지고 있다면 눈을 살짝 뜨고 부드럽게 응시하도록 한다.
  - 자세: 가장 좋은 것은 편안하되 등을 똑바로 세운 자세로 앉는 것이다. 이상적으로는 의자의 등받이에 기대지 않은 상태다. 집에서는 의자에 기대 앉거나 소파에 눕는 등 자신에게 가장 잘 맞는 자세로 할 수도 있다고 알려 준다.
  - 손: 자신의 무릎이나 허벅지 위에 편안하게 얹어 놓는다.

- 회기에서 수행하기
  - 회기에서 나는 내담자의 선호에 따라 보통 내담자와 함께 마음챙김 안내명상을 하기도 하고 때로는 안내가 없는 명상을 시도해 보기도 한다. 안내가 없는 명상을 할 때는 타이머를 사용하여 1~5분 정도 진행하며, 내담자에게 치료자도 눈을 감고 명상을 할 것이라고 말해 준다.
  - 그 후에 내담자들이 혹시 훈련에 대해 궁금해하는 점이 있으면, 그에 대해 대답해 주고, 질문이 없을 경우에는 내담자들에게 어떻게 다시 정신집중을 하였는지, 무엇이 그렇게 할 수 있게 해 주었는지에 대해 판단하지 않

고 물어본다.

회기에서 자애명상 가르치기

자애명상을 가르치는 것도(제8장에 더욱 자세히 나와 있지만) 비슷한 절차를 따르지만, 대신에 자애 문구들을 사용한다. 보통 훈련회기에서는 치료자들이 명상을 안내한다. 협력적인 접근방식(Anderson & Gehart, 2007)을 사용하여 내담자 각자에게 개인적으로 의미가 있고 가장 잘 맞는 4~5개 문구들을 찾아낸다. 시작하면서 대표적인 문구 몇 개를 제공하기도 한다.

자애명상의 구성 요소

자애명상에는 좋은 의도를 보내기로 선택한 대상과 자애명상을 구성하는 문구(phrases)가 담겨져 있다. 치료자와 내담자가 함께 자애 대상을 정할 수도 있고, 아니면 치료자가 제안하는 방법도 있는데, 자애 대상을 정한 다음에 훈련자(practitioner)에게 가장 의미 있는 문구와 용어를 정한다. 보편적으로 훈련은 한 대상으로 시작해서 자애 문구 목록을 따라가면서 계속 자애명상을 한다. 그런 다음에 다음 자애 대상을 선택하여 또 그렇게 한다.

자애 대상들

- 중립적인 타인(예, 지인, 직장 동료)
- 의미있는 타인(예, 반려자, 가족)
- 까다로운 타인(예, 갈등관계에 있는 사람)
- 자신
- 모든 존재(예, 모든 사람)

자애명상에서 사용할 수 있는 문구들

- X가 행복하기를……(즐겁기를, 정신적으로 행복하시길, 사랑이 넘치시길 등)
- X가 괴로움에서 자유롭기를……(고통에서, 위험에서, 병에서 등)
- X가 몸 건강하시길……(건강하시길, 건강미가 넘치시길, 완쾌하시길 등)
- X가 평안하게 잘 지내시길……(삶의 만족을 얻으시길, 순탄하게 사시길 등)
- X가 평화로우시길……(평화 속에 사시길, 평화로운 인생을 사시길 등)
- X가 그의 삶에서 만나는 사람들과 평화롭기를……

내가 부부와 가족에게 추천하는 최소한의 목록은 중요한 타인과 자신이다. 회기에서 나는 일반적으로 5가지 가능한 대상과 문구로 안내하여, 그들의 경험들을 비교해 보면서 훈련에 대해 확실하게 이해하도록 하는 편이다. 그들에게 집에서 자애명상을 침묵을 유지하고 할 것인지, 녹음 파일로 할 것인지, 순서를 정해 한 명씩 소리를 내면서 할 것인지 선택하도록 한다.

회기에서 추수 단계

이 명상이 다양한 감정을 불러일으킬 수 있기 때문에 나는 그들의 경험을 함께 나누면서 느꼈던 죄책감, 혼란 혹은 놀람이라는 잠재적인 감정들을 다루는 시간을 갖는다. 이런 사후지도는 특히 부부 중 한 명 혹은 두 명 모두 서로에게 좋은 바람을 보내지 못했던 부부일수록 어려운 토론이 될 수 있다. 이런 경우에 나는 우리의 사랑에 대한 느낌이 어느 수준까지는 자연스럽게 오르락내리락할 수 있다는 깨달음을 얻을 수 있도록 격려해 주면서, 자신과 타인에 대한 수용을 연습할 수 있는 기회로 삼는다. 보통 자애명상 훈련을 통해 그들은 긍정적인 감정을 더 잘 경험하게 된다. 이것은 그들이 애초에 명상 훈련을 하는 이유이기도 하다.

훈련 계획 수립하기

짧은 훈련 회기를 마친 다음 나는 많은 시간을 들여 다음과 같은 순서로 내담자들이 현실적이고 실천 가능한 훈련 계획을 수립할 수 있도록 도와준다.

1. 기존의 일상적이고 반복적인 활동들을 확인한다.
   (a) 내담자들에게 그들의 훈련 일정을 '결합'시킬 수 있는 매일매일 이루어지는 일상 활동들을 찾아보라고 한다. 이 닦기, 샤워하기, 신문 읽기, 기도, 출근, 점심식사, 퇴근 혹은 잠자리에 들기와 같은 모든 활동이 이런 목적으로 활용될 수 있다.

2. 마음챙김 훈련과 선택된 활동을 결합한다.
   (a) 가능한 대안 활동들을 몇 가지 정해 놓은 뒤, 훈련할 수 있는 가장 현실적인 대안을 선택하도록 돕는다. 고려해야 할 요인은 다음과 같다.
      i. 내담자의 각성수준(예, 만약 내담자가 잠자리에 들 때쯤에 완전히 소진되는 상태에 이르는 경우라면 낮 시간에 훈련하는 편이 더 적절할 수 있다.)
      ii. 방해요인(예, 만약 내담자가 선택한 시간이 가족 구성원에 의해 혹은 회사 업무로 방해받을 수 있는 시간이라면 좀 더 나은 시간을 정하라.)
      iii. 이 시간에 대한 통제 가능 수준(예, 만약 내담자가 일이나 가족 혹은 다른 더 중요한 일로 해당 시간을 항상 완벽하게 통제할 수 없다면, 다른 대안을 고려하라.)
      iv. 시간과 장소의 적절성(예, 만약 내담자가 개별 공간을 갖고 있지 않거나 밖으로 나가야 한다면 이는 이상적인 상황이 아니다.)

3. 현실적인 훈련 시간을 정한다.
   (a) 나는 내담자들에게 제한시간을 2분부터 시작하라고 하고, 2분이 너무 짧다고 느껴질 때만 5분으로 늘리라고 한다. 비슷한 방식으로 7분에서

10분 그리고 최종적으로 20분으로 늘려 가도록 하는데, 그 시간이 너무 짧아 더 하고 싶다고 느껴지면 그때 점차적으로 늘려 가라고 한다.

4. 시간을 잴 수 있는 장치를 확인한다.
   (a) 나는 항상 (소리가 나지 않는) 타이머를 추천하는데 이는 시간이 얼마나 지났는지에 정신을 쏟지 않고 더 효과적으로 연습에 집중할 수 있으며, 시계를 보고 싶은 유혹을 줄일 수 있기 때문이다. 타이머로 사용할 수 있는 것들에는 다음과 같은 것들이 있다.
      i. iPhone, iPad나 다른 스마트폰/기계들의 명상 어플리케이션
      ii. 휴대전화의 알람장치
      iii. 초침소리가 나지 않는 디지털 에그 타이머
      iv. 컴퓨터 명상 타이머(Apple의 위젯이나 PC의 어플리케이션)
      v. 공식적인 명상 타이머

5. 연습장이나 일기를 사용한다.
   (a) 나는 모든 내담자에게 훈련을 시작한 처음 몇 달 동안은 연습장을 사용하도록 한다. 마음챙김 훈련은 다이어트나 운동처럼 가시적인 효과가 나타나지 않기 때문에 동기를 유지하는 것이 어려울 수 있다. 연습장에 훈련 여부를 기록하거나 일기를 쓰는 것이 많은 사람에게 도움이 되는 방법인데, 왜냐하면 자신의 훈련 과정과 효과를 더 명확하게 점검할 수 있기 때문이다. 나는 내담자들에게 어떤 것이 도움이 되고 어떤 것이 도움이 되지 않는지를 확인할 수 있고, 다음 주 훈련을 위해 작지만 실현 가능한 목표를 세울 수 있도록 도와주는 해결지향적 연습장을 사용하도록 한다(이 장의 끝부분에 예시되어 있고, www.dianegehart.com에서도 무료로 내려받을 수 있다.).

훈련의 방해요인 대비하기

마지막으로, 내담자들과 함께 잠재적인 방해요인을 확인한다—우리가 만든 계획을 수행하는 데 있어서 어떤 방해물들이 있는가? 나는 내담자들에게 훈련을 하지 않게 될 가장 그럴 듯한 시나리오를 찾아보라고 한다.

- 하루 훈련을 하지 않게 만들 수 있는 어떤 일이 '갑자기 생기게' 될 것 같은가?
- 어떤 특정 인물, 소리, 소음, 전화 등이 훈련회기를 중단시킬 수 있을 것 같은가?
- 어떤 내면의 생각이나 감정이 일어나면 연습을 하지 않게 될 것 같은가?
- 부부나 가족의 경우, 매일 달라지는 동기 수준과 우선권을 어떤 식으로 다루어 나갈 것인가?

만약 한 명은 하고 싶은데 다른 한 명이 하고 싶어 하지 않는다거나, 훈련을 하고 싶은 시간이 서로 맞지 않을 때 어떤 식으로 그 문제를 해결해 갈 것인가? 만약 한 명이 다른 사람보다 더 강한 훈련 동기를 가지고 있을 경우 어떻게 그런 부분을 다루어 나갈 것인가?

이런 질문들은 훈련문제의 핵심과 맞닿아 있고 많은 경우 훈련 계획을 대대적으로 검토하게끔 만들기도 한다. 내담자 중 기존에 비교적 구조화되어 있고 목표 지향적인 삶을 살았던 이들이 그렇지 않은 이들보다 잠재적인 문제들을 더 잘 예측한다. 어쨌든 대부분 몇 주에 걸쳐서 훈련 시간과 일정 등의 미세한 부분들을 조율한다.

미세 조율과 추수 단계

내담자들이 훈련을 시작하고 1~2주가 지나서 치료실에 오게 되면 치료자는 시간을 내어 어떤 부분이 잘 되었고 어떤 부분이 그렇지 않았는지 알아보아야 한다. 살펴보아야 할 영역들은 다음과 같다.

- 훈련, 정신집중, 다시 정신을 집중하는 방법에 대해 보다 명확하게 설명하기
- 훈련의 장애물과 저항 탐색하기
- 현실적인 훈련 일정 조율하기
- 부부나 가족 구성원 간 훈련 동기 차이에 대해 논의하기
- 훈련을 하는 도중에 일어난 통찰이나 생각, 감정 등을 탐색하기
- 내담자가 훈련을 통해 얻은 결과라고 보는 긍정적이거나 부정적인 변화 확인하기
- 계속 진행할지 여부 결정하기

마음챙김을 소개하고 난 이후 몇 주 동안 나타난 이런 보편적인 문제들에 대해 솔직하게 대화를 나누는 것이 내담자의 바쁜 일상에 적합한 유용하고 현실적인 훈련을 개발하는 데 도움이 된다.

두 명(혹은 그 이상)을 대상으로 하는 마음챙김

함께 시작하기

부부나 가족에게 마음챙김을 지도할 때, 나는 일반적으로 2~3주는 규칙적으로 모든 구성원이 함께 명상하거나 적어도 같은 시간에 명상하는 '**동시통합적**(synchronized)' 실천 약속을 하도록 한다. 앞에서 권고한대로, 더 길게 하고 싶다는 '욕구를 느끼기 전'인 처음 며칠 간은 2~3분 정도의 자애명상으로 훈련한다. 내 경험에서 보면, 수행 가능한 목표를 설정하고, '더 하고 싶다는 욕구를 느낄 때까지는 시간을 늘리지 말라.'는 제한을 받아들인 대부분의 내담자들은 실제로

앉아서 훈련을 하고, 그들의 일상과 마음챙김을 성공적으로 접목시켜 나가는 방법들을 배워 나간다.

부부나 가족들은 다음과 같은 스케줄로 훈련을 해 나간다.

- **1주차**: 주 5회, 2~5분(타이머와 함께), 부부가 함께 회기 중에 동의한 (그리고 치료자가 느끼기에 현실적이고 실행 가능하다고 느끼는) 시간에 진행한다. 처음 하루 이틀은 2분간 진행하도록 하고 둘 다 동의하면 5분까지 늘려 가도록 한다.
- **2주차**: 주 5~7회, 5분간, 상호 동의한 시간에 진행한다. 만약 한 명 이상이 보편적으로 주 5일 근무하는 직장에 다니고 있다면 '토요일과 일요일에 하자'라고 정하고 싶은 욕구를 자제하라고 추천한다. 그런 날에는 소소한 일상들이 방해할 가능성이 높기 때문이다. 대부분의 사람이 자신의 주중 시간에 대한 통제권을 더 많이 가지고 있다. 그렇게 하면 주말에 원하면 더 오랜 시간 동안 훈련을 할 수도 있고 혹은 쉴 수도 있다.
- **3주차**: 주 5~7회, 5~10분간 진행한다. 훈련을 좋아하는 부부는 편할 경우 10분으로 시간을 늘려 보도록 격려한다. 훈련 '시간을 내는' 것이 어렵거나 훈련을 좋아하지 않는 부부에게는 5분을 유지해 보라고 격려한다. 만약 내담자들이 마음챙김 호흡명상을 추가하고 싶다면 이 시기에 하는 것이 좋다.
- **4주차와 그 이후**: 이 시점에서 나는 부부와 가족에게 서로 상의해서 단기 치료 목표와 치료가 끝난 이후를 포함하여 장기적으로 어떻게 하는 것이 가장 효과적인가에 대해 결정하도록 한다. 또한 다른 잠재적 연습들, 예를 들어 **마음챙김 접촉**(mindful touch)(제8장), **보디스캔**(장의 마지막 부분) 혹은 일상 경험(장의 마지막 부분) 등에 대해서도 논의한다.

함께 그리고 떨어져서 유지하기: 이차적 수용(Maintenance Together and Apart: Second-Order Acceptance)

부부나 가족이 훈련을 편안한 기본 일과로 삼게 되면, 그다음 문제는 유지하기인데, 부부와 가족이 여러 단계의 복잡성을 갖고 있기 때문이다. 모든 사례에서 적어도 일정한 날에 한 명이 다른 한 명보다 더 높은 동기를 갖는 경우들이 있다. 대부분의 사례에서 부부나 가족이 치료를 받고 있는 이유는 누군가 한 명 이상이 다른 이들보다 더 잘 훈련되어 있었거나 더 체계적이고, 다른 상대는 '그다지' 훈련이 잘되어 있지 않거나 체계적이지 못하다고 보기 때문이다. 특히 이런 가족이나 부부에게 마음챙김 훈련이 금방 갈등거리가 되고 귀찮은 '가시' 같은 존재가 될 수 있다. 따라서 부부나 가족이 함께 훈련할 때는 더욱 상대방의 마음챙김 훈련이 잘되고 잘되지 않는 시기의 흐름에 대한 **이차적 수용 훈련**(a second-order practice of acceptance)을 개발할 필요가 있다.

수용이 한 배우자와 가족 구성원에게 마음챙김 훈련 수행 여부와 관련이 있을 경우에 **이차적 수용**(second-order acceptance)을 촉진하기 위해서 나는 마음챙김 정보에 기반을 둔 수용 원칙에 대해 논의한다. 나는 내담자들에게 훈련 동기의 변화, 훈련 기간, 훈련 시기 그리고 훈련 방식에 대해 어떻게 다루면 좋을지에 대해 개방적으로 논의하라고 권장한다. 관계 문제를 가지고 있는 부부나 가족을 대상으로 하는 경우에 치료자는 조심스럽게 회기 중에 훈련습관의 차이에 대한 이차적 수용 능력을 계발시키기 위한 작업들을 할 필요가 있다. 만약 이 작업이 성공적으로 이루어지면 상대방과의 '차이'를 수용하는 법에 대한 학습 효과가 다른 영역의 심리적 고통으로도 전이될 수 있다.

훈련하지 않음에 대한 훈련

나는 1, 2, 3주, 몇 달 혹은 몇 년 이후에 더 이상 훈련하지 않기로 선택하는 내담자들과 많이 작업해 보았다. 어떤 경우에는 증상이 완화되었고 어떤 경우에는 마음챙김이 어떠한 이유에서든 문제와의 관련성이 떨어졌다. 나는 훈련에 전념하는 것이 잘되기도 하고 잘되지 않기도 하는 것이 마음챙김 훈련의 과정이라는 믿음에서 그들의 훈련에 대한 권리를 적극적으로 존중한다. 실제로 내가 아는, 절대로 훈련을 빼먹지 않는 이들은 종종 자신의 훈련과 필요 이상으로 동일시되어 있거나 불안할 정도로 집착하고 있으며, 그렇지 않으면 얻을 수 있는 이득을 얻지 못하는 경우도 있다.

이전에 말한 바 있듯이 (하지만 너무도 반직관적이기 때문에 다시 말하겠다) 내가 진행한 한 연구에서 놀랍게도 내담자들은 치료자들이 제안한 것을 따르지 않았음에도 치료자가 제안한 마음챙김 훈련에 대한 아이디어들이 도움이 되었다고 보고하였다(Gehart & Lyle, 1999). 이 연구에서 한 내담자는 비록 자신이 치료자가 제안했던, 스트레스를 받을 때는 천천히 깊은 심호흡을 하라는 내용을 따라하지 않았음에도 스트레스를 받는 상황에서 흥분만 하는 것이 아니라 무엇이라도 할 수 있다는 것을 아는 것만으로도 극적인 행동 변화를 경험했고, 이 변화가 너무 커서 굳이 실제로 제안받은 이완 훈련을 할 필요를 느끼지 못했다고 보고했다. 마찬가지로 마음챙김을 소개받는 많은 내담자가 훈련을 거의 하지 않거나 전혀 하지 않을 것이다. 그래도 괜찮다. 그들은 스트레스를 느낄 때 속수무책이라거나 무력하다고 느끼지 않는 것만으로도 크게 도움을 받을 수 있을 것이다.

'짧은 명상(Mini-Meds)'과 뜻밖의 이점

많은 명상 강사와는 달리 나는 5분 이하로 진행하는 **'짧은 명상**(mini-meditations; mini-meds)'을 좋아한다. 처음에는 왠지 짧은 명상이 뭔가 '부족'하다고 생각했으나 시간이 지나면서 강력한 개입 방식이라는 사실을 알게 되었다. 치료자로서 특별히 짧은 명상을 좋아하는 이유는 대부분의 내담자가 이것을 자신의 일정에 넣는 것에 선뜻 동의하기 때문이고, 다른 치료적 개입에 맞먹는 뜻밖의 이점을 많이 얻을 수 있기 때문이다. 많은 마음챙김 문헌들에는 명상을 길게 하는 것이 더 좋은 것으로 되어 있는데, 특정 문제들에서는 이 말이 맞다. 하지만 보편적으로 치료에 가져오는 많은 문제의 경우 회기를 더 짧게, 더 자주 갖는 것이 더 잘되고 더 효과적이라고 말하고 싶다.

짧은 명상의 두드러진 이점

짧은 명상을 실천하는 것은 짧은 명상 회기로서 작용하여 즉각적으로 편안한 느낌과 집중되는 마음을 가져오는 명백한 효과를 보인다. 이런 경우에는 아마도 심오한 내적 고요 상태에 도달하지 못하더라도 긴 시간 명상하는 것과 비슷하다고 느낄 수 있다. 처음에는 이것이 짧은 명상의 주된 이점이라고 생각하였다. 하지만 몇 년이 지나서 다른 이점도 많음을 알게 되었다.

짧은 명상의 드러나지 않는 이점들

체계 교란시키기: 부정적인 순환을 끊어 내기

체계적으로 훈련받은 모든 가족치료자는 사람들 간의 부정적인 상호작용 순환을 줄이는 수단으로 관계체계를 '교란시키는' 전문가들이다. 이는 정신건강 연구소(Mental Research Institute)에서 개발되고, 파울 바츨라비크, 리처드 피쉬, 제이 헤일리 그리고 밀란(Paul Watzlawick, Richard Fisch, Jay Haley, & Milan) 팀의 연구(Cecchin, 1987; Watzlawick, Weakland, & Fisch, 1974)에서 명백하게 입증된 본래의 **체계/가족치료(systemic/family therapy)** 개입 중 하나다. 따라서 가족치료자들은 짧은 명상을 어떻게 개인의 마음과 관계적 체계에서 '체계를 교란시키는' 개입과 같은 방식으로 사용할 수 있는지 쉽게 받아들일 수 있다.

전통적인 체계 치료에서 치료자는 습관적인 상호작용 순서를 바꾸기 위해 새로운 어떤 것을 도입하는 방식으로 체계를 '교란시켜' 놓는다. '교란시킨다는 것'은 습관적인 반응이 더 이상 '적절'하지 않거나 동일한 의미를 가지고 있지 않기 때문에 체계가 다른 무언가를 하도록 만든다는 것이다. 대부분의 경우에서 체계는 더욱 효율적인 방식으로 재구조화된다. 예를 들어, 고전적 가족치료 개입은 부부가 정해진 시간에 다투거나 일반적이지 않은 상황(예, 옷을 다 입은 채로 욕조 안에서)에서 다투도록 하는 것이다. 사건에 대한 체계의 통상적이고 문제시되고 있는 상호작용 순서(예, 즉각적인 반응들)에 개입하여, 부부에게 이러한 새로운 상황에서 그들의 행동을 자유롭게 선택하게 한다(혹은 견해에 따라서 강요받는다는 느낌을 가질 수도 있다). 왜냐하면 더 이상 그들은 자동조정장치처럼 기능할 수 없기 때문이다. 선택 가능한 대안이 주어지는 대부분의 경우에 부부들은 더 바람직하고 선호하는 방식으로 상호작용하기로 선택한다.

짧은 마음챙김 훈련은 개인, 부부나 가족의 차원이든 문제가 되는 패턴을 교란시키는 효과가 있다. 예를 들어, 어떤 자녀가 숙제하기를 거부할 때, 보통 스트레스를 받는 어머니의 경우 그 상호작용 순환고리에서 짧은 명상을 하여 해묵은 문제에 더욱 효과적으로 반응할 수 있는 능력을 크게 키워 나갈 수 있다. 마찬가지로 일반적인 스트레스 상황 전이나 도중에 짧은 명상을 사용하여 그들의 상호작용 순환을 변화시킬 수도 있다. 하지만 고트먼(Gottman, 1999)의 연구 결과에 의하면, 만약 타임아웃의 한 방법으로 명상을 사용할 경우에, 그 타임아웃의 효과가 있으려면 한 명의 심장박동수가 1분에 100보다 높을 때는 20분 정도의 시간이 필요하다는 점을 고려하라고 한다. 많은 부부 중에 특히 남자들이 더 긴 시간을 필요로 한다.

선호하는 정체성(별칭으로, 보다 나은 자기)과 재연결하기

이야기치료, 해결중심치료, 협동치료 그리고 다른 포스트모던 치료자들은 내담자들에게 자신의 선호하는 정체성, 즉 '**최상의 자기(best selves)**'와 연합되어 있는 동작, 생각이나 행동을 실연(實演)하는 방법들을 찾아보라고 권한다(Anderson, 1997; O'Hanlon & Weiner-Davis, 1989; White & Epston, 1990). 많은 경우 작은 행동이라도 이상적인 혹은 선호하는 정체성과 연합된 행동을 실연하다 보면 문제로 가득 찬 정체성을 버리고 굉장히 빨리 이런 정체성을 되찾을 수 있다.

짧은 명상의 부수적인 효과 중 하나는 더 좋거나 선호하는 자신과 빨리 접촉할 수 있다는 것이다. 예를 들어, 어떤 어머니가 자녀의 말썽을 더 이상 참을 수 없을 때 2분간 짧은 명상을 하면 그녀가 선호하는 어머니의 모습과 다시 접촉할 수 있고 그렇게 되면 더욱 품위를 지키면서 반응할 수 있다. 따라서 포스트모던 접근방식을 사용하는 치료자들은 내담자들에게 짧은 명상을 하도록 격려해 주는 것이 널리 알려져 있는 마음챙김 이득을 얻으면서 그들이 선호하는 모습과 재연결하는 데 매우 도움이 된다는 사실을 발견할 것이다.

문제 재명명하기

짧은 명상의 뜻밖의 성과 중 하나는, 특히 친밀한 관계에서 보편적으로 문제시되는 감정, 생각 혹은 상호작용을 경험할 때 문제로 인식하는 것이 유일한 해석 방식인 것처럼 경험하게 되는데, 이를 개인이 느낄 수 있는 하나의 감정 혹은 가질 수 있는 하나의 생각으로 재명명할 수 있다는 점이다. 주로 짧은 명상을 하는 1~5분 동안 마음을 고요히 하고 생각과 감정을 관찰하는 과정은 현재의 '문제'가 실제로 일어나는 것들을 바라보는 하나의 방식일 뿐이라는 사실을 강조한다. 비록 많은 경우 이것이 마법처럼 모든 것을 나아지게 하지는 않지만 적어도 파괴적인 선택을 최소화하는 정도로 부드럽고, 더 재치있게 반응하도록 만들어 준다. 예를 들어, 만약 부부 사이에 팽팽한 긴장감이 감돌고 있을 때 한 명이 짧은 마음챙김 휴식시간을 가지면서 배우자에 대한 해석이 아닌 다른 시각으로 지금의 상황을 바라볼 수 있다는 사실을 자각하게 된다면, 아마도 이 사람은 차분하게 긴장을 완화시킬 수 있는 행동을 하게 될 것이다. 만약 양쪽 파트너가 이러한 경험을 한다면 상황은 더 좋아질 것이다.

뇌를 '재부팅하기'

학생 중 한 명이 마음챙김을 뇌를 '재부팅하는 것'으로 설명한 적이 있다. 마음챙김이 뇌상태의 통합을 촉진한다는 시켈(Siegel)의 연구(제3장 참고)가 학생의 경험과 다른 많은 사람의 경험을 설명하는 데 도움이 될 수 있다. 짧은 마음챙김 회기만으로도 뇌가 다시 균형을 잡고 감정을 조절하여 스트레스 반응을 개선시킬 수 있다.

내담자를 위한 유인물과 온라인 자료

일반적으로 나는 내담자들이 가정 훈련 시에 사용할 수 있는 여러 가지 자료를 제공한다.

- 마음챙김이나 자애명상법에 관한 간단한 유인물
- 성취감을 높이고 자신의 훈련 여정을 살펴보고 어떤 것이 잘 되고 잘 되지 않는지를 기록할 수 있는 연습장
- 무료로 내려받을 수 있는 명상 안내
  - 그중 몇몇은 처음부터 끝까지 안내해 주는 것이고, 어떤 것들은 실천 시 시간을 잴 수 있도록 종이 울리는 소리만 녹음되어 있다. 최근 이루어진 무작위 통제 연구가 웹기반의 마음챙김 지시문에 대한 1차 지지 증거를 제공해 주었다(Glück & Maercker, 2011).
- 훈련을 뒷받침해 줄 참고문헌 및 온라인 자료
- 지역 마음챙김 집단

마음챙김 훈련 시작하기

마음챙김이란 무엇인가

- 마음챙김은 자신의 즉각적인 경험을 판단하지 않으면서 거기에 정신을 집중하고 유지하는 것이다. 많은 문화권에서는 어떤 형식이든 마음챙김 수행법을 가지고 있고 그중 가장 보편적인 것은 마음챙김 호흡명상이다.
- 마음챙김 호흡명상은 마음이 다른 생각으로 흘러갈 때마다 판단하지 않으면서 다시 정신을 집중하여 자신의 호흡을 관찰하는 것이다. 일반적으로 1분 사이에도 여러

번 당신의 마음은 다른 곳으로 흘러간다.

- 흐트러진 자신의 초점을 다시 호흡으로 되돌릴 때마다 자신의 감정과 스트레스 반응을 통제할 수 있는 능력이 커져 가고 긍정적인 기분을 느끼는 경향성 및 전반적이고 긍정적인 성향도 커진다.

왜 굳이 마음챙김을 수행해야 하는가

- 최근 연구 결과에 따르면 규칙적인 마음챙김 훈련이 만성 통증, 피부질환, 항암치료, 면역력, 우울증, 불안, ADHD, 양극성, 공황, 섭식장애, 물질남용, 기타 스트레스 관련 장애 등 수많은 신체 및 정신적 문제에 도움을 주는 것으로 나타났다.
- 초기 뇌 연구에 따르면 8주가량의 짧은 기간 동안 마음챙김 훈련을 한 후에도 긍정적인 기분과 태도 및 면역체계 기능과 관련 있는 뇌 중심 부위의 활동 증가가 유지된 것으로 밝혀졌다. 따라서 비교적 짧은 훈련 시간을 가진 이후에도, 뇌와 신체기능에서 측정할 만한 변화가 일어난다는 것을 알 수 있다.
- 현재 뇌 연구와 가설에 따르면 규칙적인 마음챙김 훈련은 타인과 자신에 대한 자비를 증가시켜 자아존중감과 관계 기능을 향상시킨다.

마음챙김 수행을 위한 시간 내기

- 마음챙김을 하루 일과 중 하나로 만들어 시작하기에 좋은 방법 중 한 가지는 일주일에 5~7일, 하루에 2~10분 정도 할애하는 것이다. 짧은 회기로 자주하는 것이 긴 회기로 불규칙적으로 하는 것보다 정신건강에 더 많은 이점이 있다. 2분으로 시작하여 10분까지 천천히 늘려 가라.
- 이를 수행하기 위한 가장 좋은 방법은 당신의 가장 규칙적인 습관들(식사시간, 운동, 출퇴근시간, TV프로그램, 취침시간 등)을 찾아보고 그중 한 가지 활동을 선택하여 그 활동 전 · 중간 · 후에 마음챙김을 하는 것이다.

– 예, 조식/중식/석식 전이나 후 5분 정도 마음챙김을 한다.
– 예, 저녁에 TV 보기 전, 5~10분 정도 명상한다.
– 예, 점심시간 시작이나 끝에 5분 동안 명상한다. 혹은 출근하여 일을 시작하기 10분 전부터 명상을 하거나 일을 마치고 퇴근하기 10분 전부터 명상한다.

마음챙김 기술과 전략

• 정신집중하기: 이상적으로는 콧구멍이나 배의 움직임에 집중하여 당신의 호흡을 '살펴본다.' 호흡을 하면서 10까지 센 다음에 다시 1부터 세는 방법을 시도할 수도 있다. 어떤 이들은 만트라나 문구들을 사용하기도 한다. 예를 들어, '평화가 들어온다, 평화가 나간다.' '나는 평화롭다' 혹은 자신이 집중을 할 수 있는 간단한 단어들을 들숨 날숨과 연결하여 사용하는 것이 도움이 된다고 느끼기도 한다.
• 다시 정신집중하기: 1분 사이에도 여러 번 마음이 흐트러진다. 그럴 경우 다시 정신을 집중하기 위해서 사용하는 방법에는 여러 가지가 있다. 가장 중요한 것은 정신이 흐트러질 때 자신에게 인내심을 가지고 비판단적(즉, 자책하거나 스스로를 무시하지 않는 방법)으로 스스로를 바라볼 수 있도록 하는 방법을 정하는 것이다.

다시 정신집중하기 위해 사용할 수 있는 몇 가지 방법
– '그래. 그것도 있지': 아 그래, 그것도 있네. 난 오늘 이 생각이 들 줄 알았지.
– **꼬리표 붙이기**: 마음이 흘러가는 것을 느끼면 각 생각에 이름을 붙일 수 있다. 예를 들어, '걱정' '계획' '분노' '느낌' '생각' 등으로 이름을 붙이고 다시 정신집중을 할 수 있다.
– **구름 이미지화**: 방해요인을 구름이나 비눗방울로 상상하여 흘려보낼 수 있다.

• 자세: 일반적으로 딱딱한 의자나 쿠션의 가장자리에 허리를 펴고 편안한 자세로 앉는 것이 가장 좋다고 여겨진다. 만약 그것이 불편할 경우 눕거나 의자에 기대고 앉

을 수도 있다.

- 시선: 눈은 감거나 살짝 뜨고 몇 미터 앞을 부드럽게 응시할 수 있다.
- 타이머: 훈련 경계를 정하기 위해 타이머를 사용하는 것이 매우 도움도 되고 동기도 잘 유지할 수 있다. 에그 타이머를 사용하거나, 휴대전화의 타이머, 명상용 타이머를 구입하거나(www.zenclocks.com) 컴퓨터에서 내려받아 사용하거나(Mac: 명상용 타이머 위젯; PC: 붓다 종 softpedia.com) 아니면 iPhone/스마트폰/태블릿 PC의 명상 어플을 활용할 수도 있다.
- 환경: 처음에는 조용한 장소에서 명상을 시작하는 것이 가장 쉬울 수 있지만 꼭 그래야만 하는 것은 아니다. 집중력을 높이는 데 방해요인들이 도움이 될 수도 있다.

규칙적인 훈련을 위해 방해요인을 극복하기

- 시간 부족: 동기만 확실하다면 하루 2~5분 정도 훈련 시간은 항상 만들 수 있다. 가장 쉽게 시간을 내는 방법은 다른 일상 혹은 규칙적인 활동과 명상을 '결합'시키는 것이다. 그러면 빠르게 습관화될 것이다.
- 집중이 되질 않는다: 인내심을 가지고 자신에게 친절하게 대하라! 시간이 흐를수록 마음챙김으로 당신의 집중력은 좋아질 것이다. 자신의 집중이 흐트러지고 다시 집중할 때마다 당신은 집중을 유지하고 감정을 조절하는 뇌의 역량을 증가시키고 있다.

수용 능력을 함양하기

- 마음챙김 훈련의 핵심은 자신과 타인 그리고 인생에 대한 수용 능력을 키워 나가는 것이다. 수용 능력은 당신이 다시 정신을 집중시키려는 당신의 태도를 통해 함양된다.
- 당신은 초점을 자주 그리고 흔히 놓친다. 당신이 다시 정신을 집중시키기 위해 무엇

을 할 것인지가 열쇠다. 당신 마음의 주의를 앗아간 생각, 느낌, 방해요인을 인지하고 자비롭게 수용하는 방향으로 작업해 나가면서 자신이 주의를 빼앗겼다는 것에 자책하지 않고 마음이 흘러가는 대로 수용해 나아가야 한다.

• 마음이 잘하고 있는 부분과 마음이 헤매던 사실을 수용하는 방법을 배울수록 자신과 타인에 대한 수용이 커질 것이다.

온라인 지시문

나의 웹사이트인 www.dianegehart.com에서 당신이 시작할 때 도움받을 수 있는 온라인 지시문과 안내문이 포함된 명상을 찾을 수 있다.

추가 자료

www.meditateinthousandoaks.org: Tushita Kadampa Buddhist Center, Local Buddhist mindfulness groups

www.marc.ucla.edu: Mindful Awareness Research Center at UCLA; MBSR classes and Podcasts

www.mbsr.mass.edu: Mindfulness Based Stress Reduction; Research and Info

www.contemplativeprayer.org: Christian Based Contemplative Prayer Information

http://jewish-meditation.co.tv: Jewish meditation traditions and history.

추신: 앞의 유인물이나 비슷한 버전을 당신의 내담자에게 나눠 줘도 괜찮다. 다만, 출처를 밝히고 나의 이름과 웹사이트 주소인 www.dianegehart.com을 포함시키기 바란다. 내 웹사이트의 마음챙김 페이지에서 복사본을 내려받을 수 있다.

▌마음챙김 연습장

마음챙김을 새롭게 접하는 내담자들에게는 연습장 사용을 권장하고 있는데, 이는 연습장이 내담자들에게 훈련 과정을 '한눈에 점검할' 수 있도록 해 줄 뿐 아니라 성취감이나 책임감을 더 느끼도록 도와주기 때문이다. 더 나아가 하단 성찰 부분은 자신의 훈련을 개선하고 자신의 일정에 맞추어서 실현 가능한 훈련 스케줄을 만들 수 있도록 한다. 나는 일간과 주간 점검지를 내담자들에게 제공한다.

주간 마음챙김 연습장

주: ________

목표 일수: ______ 시간: ______

월요일	화요일	수요일	목요일	금요일	토요일	일요일
☐5분	☐5분	☐5분	☐5분	☐5분	☐5분	☐5분
☐10분	☐10분	☐10분	☐10분	☐10분	☐10분	☐10분
☐20분	☐20분	☐20분	☐20분	☐20분	☐20분	☐20분
☐__분	☐__분	☐__분	☐__분	☐__분	☐__분	☐__분
☐하지 않음	☐하지 않음	☐하지 않음	☐하지 않음	☐하지 않음	☐하지 않음	☐하지 않음
기록:	기록:	기록:	기록:	기록:	기록:	기록:

- **하면서**: 어떤 전략(시간대, 장소, 타이머 등)이 이번 주의 훈련을 가장 쉽게 만들었는가?
- **질**: 어떤 전략(정신집중 전략, 다시 정신집중을 하는 전략 등)이 훈련의 질을 향상시키는 데 도움을 주었는가?
- **변화**: 훈련을 통해 나의 일상생활에 어떤 이점(인내심, 평온함 등)이 있다고 느꼈는가?
- **다음 주 계획**: 훈련을 개선하고 이러한 이점들을 극대화하기 위해 다음 주에 내가

할 수 있는 한 가지는 무엇인가?

일간 마음챙김 연습장

날짜: ________ 요일: 월 화 수 목 금 토 일 시간: ________ 실천 시간: ________

일반적인 기록:

- **하면서**: 어떤 전략(시간대, 장소, 타이머 등)이 오늘의 수행을 가장 쉽게 만들었는가?
- **질**: 어떤 전략(정신집중 전략, 다시 정신을 집중하는 전략 등)이 오늘 수행의 질을 향상시키는 데 도움을 주었는가?
- **변화**: 마음챙김과 연관되어 내 최근 생활에 어떤 긍정적인 변화가 있다고 느껴지는가?
- **다음 주 계획**: 훈련을 개선하고 훈련의 이점을 극대화하기 위해 이번 훈련과 다음 훈련 사이에 내가 할 수 있는 한 가지는 무엇인가?

추신: 위의 연습장이나 비슷한 버전을 당신의 내담자에게 나눠 줘도 괜찮다. 다만, 출처를 밝히고 나의 이름과 웹사이트 주소인 www.dianegehart.com을 포함하기를 부탁한다. 내 웹사이트의 마음챙김 페이지에서 복사본을 내려받을 수 있다.

기타 마음챙김 훈련법

마음챙김 호흡명상과 자애명상 이외에도 치료자들은 내담자의 필요와 선호에 따라 다양한 마음챙김의 수행들을 소개할 수 있다. 가장 보편적인 세 가지는 다음과 같은 것들이 있다.

- 마음챙김 보디스캔(mindfulness body scan): 신체적인 호소, 수면의 어려움 혹은 호흡명상에서 집중력 결여로 인해 좌절하는 내담자들에게 특히 유용하다.
- 걷기명상(walking meditation): 진행 중인 외상이나 정신병적 증상을 가지고 있거나 좌선명상을 하는 데 어려움이 있는 내담자들에게 특히 유용하다.
- 일상 활동 마음챙김(mindfulness in daily activities): 보다 틀을 갖춘 기법으로 훈련할 '시간이 부족'하다고 호소하는 내담자들이나 스트레스 수준이 높은 내담자들에게 특히 유용하다.
- 3분 호흡공간(3-minute breathing space): 스트레스 상황이나 바쁜 하루 일정 중에 자신의 중심을 잡기 위한 '응급처치'용 마음챙김이다.

이들은 다음에 설명되어 있다. 추가적으로, 내담자에게 소개할 수 있는 책의 후반부에 제시된 다른 마음챙김 활동과 명상들은 다음과 같다.

- 부부와 가족을 위한 자애명상: 자비와 돌봄의 명상(제8장)
- 자애롭게 인생 돌아보기: 안내가 있는 자애명상(제9장)
- 마음챙김 먹기: 오감을 사용하는 안내된 활동(제9장)
- 마음챙김 걷기: 서거나 걷는 마음챙김(제9장)
- 얼음명상: 통증에 대한 마음챙김 알아차림 활동(제9장)
- 마음챙김 요가: 매우 간단한 스트레칭과 함께하는 마음챙김 알아차림(제9장)
- 마음챙김 듣기: 소리 알아차림 활동(제9장)
- 지관: 열린 집중으로 진행하는 더 고도의 마음챙김 명상(제10장)

명상: 마음챙김 보디스캔

신체적 고통이나 다른 질병을 호소하는 내담자에게 이상적인 마음챙김 보디스캔은 신체의 부분들에 대한 관찰을 강조한다는 점에서 몸 일부분의 '긴장을 푸는' 기존의 전통적인 보디스캔과는 다르다. 많은 내담자가 호흡에 초점을 맞추는 것보다 보디스캔에서 초점을 맞추는 것이 더 쉽다는 사실을 발견하곤 한다. 이는 계속해서 한 신체 부위에서 다른 부위로 초점이 옮겨가기 때문이기도 하고, 사실은 더 흥미롭기 때문이다. 이 명상은 안내에 따라 행할 수도 있고 혼자서 행할 수도 있다. 많은 내담자가 이 명상을 잠들기 전 침대에서, 녹음된 파일을 사용하는 것을 선호한다(무료버전이 www.dianegehart.com에 배포되어 있고, 다른 버전들도 여러 곳에서 구할 수 있다).

마음챙김 보디스캔의 기본 개요는 다음과 같다.

도입

자신이 편한 자세로 앉거나 누우세요. 몇 번 깊은 호흡을 하고 주의를 내면으로 돌려 보세요. 눈을 감을 수도 있고 눈을 반쯤 감고 부드럽게 응시할 수도 있습니다. 우리는 이제부터 마음챙김을 이용해 우리의 몸을 스캔할 것입니다. 당신의 노력이 필요하지는 않습니다. 몸의 어떤 부위를 이완시키려고 애쓸 필요가 없습니다. 그저 감각, 예를 들어 옷감의 감촉이라든가, 따뜻함, 시원함, 통증, 간지러움, 혹은 저림 등이나 무감각을 판단하거나 평가하지 말고 그저 관찰하시기만 하면 됩니다. 그냥 알아차리기만 하십시오, 그리고 마음을 고요하게 하십시오.

명상

- 왼쪽 발가락: 왼쪽 엄지발가락을 알아차림하는 것으로 시작해 보십시오. 발가락에서 느껴지는 감각은 어떤 것이든 알아차려 보십시오. 신발의 느낌, 그 밑의 땅의 느낌, 따뜻함 혹은 시원함 혹은 통증까지. 아무것도 느껴지지 않을 수도 있는데, 그 또한 완전히 괜찮습니다. 다만, 지금 어떤 감각들이 있는지 알아차림하시면 됩니다. 그것이 좋다 나쁘다 판단하지 않고, 그냥 알아차림하기만 하면 됩니다.
- 왼쪽 발: 자 이제 당신의 알아차림을 왼쪽 발 전체로 확장시켜 보십시오. 다시 한번 당신의 왼쪽 발에서 느껴지는 감각은 그 어떤 감각이든 느껴 보십시

오. 만약 아프다면 통증의 특성에 대해 좀 더 느껴 보십시오. 날카로운 통증인가요 아니면 묵직한 통증인가요? 통증이 느껴지는 곳이 지끈거리나요? 움직이나요 아니면 꾸준히 아픈가요? 뜨거운가요, 차가운가요 아니면 둘 다 아닌가요? 통증에 호기심을 가져 보십시오.

- 오른쪽 발: 자 이번엔 당신의 의식을 오른쪽 발로 옮겨 보십시오. 어떤 감각이 있는지 느껴 보십시오. 시원함, 따뜻함, 신발의 감촉, 바닥 혹은 불편한 어떤 느낌. 그냥 있는 그대로를 느껴 보십시오.
- 다리: 당신의 주의를 두 다리의 발목과 정강이로 옮겨 보십시오. 어떤 감각이 있는지 느껴 보십시오. 별로 느껴지지 않거나 아무런 감각이 없을 수도 있습니다. 그것도 괜찮습니다. 혹은 옷의 감각을 느끼거나 방의 공기 혹은 통증을 느낄 수도 있습니다. 판단하지 말고 가만히 알아차려 보세요.

  – 무릎과 허벅지도 반복한다.
- 엉덩이와 골반: 이제 당신의 주의를 엉덩이와 골반 부근으로 가져가 봅니다. 어떤 감각이 있는지 알아차려 보세요. 뜨거움, 저림, 통증 등이 있을 수도 있고 아무것도 없을 수도 있습니다. 좋은지 나쁜지 판단하지 말고 그냥 어떤 감각인지 느껴 보세요. 그냥 알아차림하기만 하면 됩니다.
- 허리와 어깨: 당신의 주의를 허리로 가져가 봅니다. 많은 사람이 고통을 느끼는 부분입니다. 당신은 무엇을 느낄 수도, 그렇지 않을 수도 있습니다. 가만히 알아차려 보세요. 만약 통증이 있다면 호기심을 가져 보세요. 화끈거리는지 차가운지, 날카로운지 둔탁한지, 지끈거리는지, 움직이는지 아니면 비교적 지속적인지……. 호기심을 가지고, 이것이 좋은지 나쁜지 판단하지 말고, 다만 그 감지하기 힘든 모습을 알아차려 보세요.

  – 어깨도 반복한다.
- 복부와 가슴: 이번엔 당신의 주의를 복부로 가져가서 내 몸의 이 부분엔 어떤 일들이 일어나고 있는지 알아차려 봅니다. 압박이나 열려 있음을 느낄 수도 있고, 배부름이나 가벼운 감각, 고통이나 불편감을 느낄 수도 있습니다. 그냥 있는 그대로 알아차려 보세요.

– 가슴도 반복한다.

- 목과 머리: 이번에는 당신의 주의를 목과 뒤통수로 옮겨 봅니다. 이 부분에 어떤 감각이 있는지 알아차려 보십시오. 당김, 시원함, 열, 간지러움 등……. 가만히 알아차려 보십시오.
  - 두피: 두피에 어떤 감각이 있는지 알아차려 보십시오. 당신은 무엇인가를 느끼거나 그렇지 않을 수도 있습니다. 가만히 알아차려 보십시오. 어쩌면 당겨지는 감각이나 시원함을 느낄 수도 있습니다.
  - 이마: 이제 당신의 주의를 당신의 이마로 옮겨 보십시오. 당신 이마의 작은 근육에서 감각이 느껴지는지, 당신의 머리카락이 느껴지는지 혹은 공기가 느껴지는지 보십시오. 가만히 느껴지는 것을 알아차려 보십시오.
  - 눈: 이제 당신의 주의를 당신의 눈과 안구로 가져가 보십시오. 당신의 눈 주변 작은 근육들에서 당겨지는 감각을 느낄 수도 있고, 당신의 눈이 안구 안에 들어 있는 감각을 느낄 수도 있습니다. 혹은 별로 느껴지지 않을 수도 있습니다. 그냥 있는 그대로 알아차려 보세요.
  - 코: 이제 당신의 주의를 당신의 코로 가져가 보십시오. 어떤 감각을 경험할 수 있나요? 당신의 숨이 들어오고 나가는 것을 느낄 수 있습니까? 불편감이나 다른 감각들이 있나요? 가만히 알아차려 보십시오.
  - 입과 턱: 다음으로 당신의 입과 턱에서 어떤 감각이 느껴지는지 알아차려 보십시오. 당김이 있는지, 입 안에서 혀의 감촉, 따뜻함 혹은 시원함 등 어떤 것이든 알아차려 보십시오. 판단하지 말고 그냥 있는 그대로 알아차려 보십시오.
  - 볼: 이제 당신 볼을 알아차리고 어떤 감각이 느껴지는지 알아차려 보십시오. 공기의 감촉, 당김이 있는지 혹은 아무것도 느껴지지 않는지 알아차려 보십시오.

마무리

이제 잠깐 동안 몸 전체를 스캔하면서 어떤 것이 두드러지는지 알아차려 보십시오. 혹시 다른 부위와 다른 느낌이 드는 곳이 있나요? 눈에 띄게 느껴지는 고통이 있나요? 미세한 감각만 있는 부분들이 있나요? 다른 부위보다 따뜻한 부위가 있나요? 가만히 알아차려 봅니다. 시작할 때와 비교하여 지금 몸이 어떤 느낌인지 돌아보는 시간을 가질 수도 있습니다. 준비가 되면 몇 번 깊게 심호흡을 하고 눈을 뜨십시오.

▌명상: 걷기명상

앉아서 하는 명상을 힘들어하는 내담자에게 이상적인 걷기명상은 마음챙김을 일상적인 신체 경험인 서 있기와 걷기에 적용한 마음챙김 활동이다. 걷기명상은 굉장한 도입 안내용 마음챙김 활동이며 정식 훈련으로도 사용할 수 있다. 이 활동은 내담자가 열 발자국 정도 걸을 수 있는 공간을 필요로 하기 때문에 다른 대부분의 마음챙김보다 더 넓은 장소를 필요로 한다. 만약 부부나 가족, 집단과 함께 진행할 경우, 참가자들이 서서 큰 원을 만들 수 있도록 가구가 없는 장소에서 진행하는 것이 이상적이다.

이 실천에는 다양한 변형이 있는데 나와 내 동료인 에릭 맥컬럼(Eric McCollum)은 서 있는 경험부터 시작하여 한쪽 발에서 다른 발로 무게중심을 옮기되 걷지 않는 경험을 거쳐 걷는 활동으로 이동하곤 한다. 이 명상은 마음챙김 활동 중 눈을 크게 뜨고 하는 활동이고, 그 점이 현재 외상을 다루고 있거나 정신병 증상을 보이는 내담자들에게는 중요하다.

- **도입**: 이 활동에서 우리는 매일 하루에도 수백 번씩 자각 없이 하고 있는, 서 있거나 걸을 때의 신체 경험에 집중해 보도록 하겠습니다. 우리는 이런 활동을 할 때 몸에서 어떠한 일들이 일어나는지 잠시 시간을 내어 단지 알아차림해 보도록 하겠습니다.
- **서 있기**: 눈을 감고 싶다면 이 부분에서는 그래도 되고, 살짝 뜨고 싶다면 부드럽게 눈을 뜨고 세 발자국 정도 앞을 응시하십시오. 만약 중심 잡기가 어

렵다면 눈을 뜨는 것이 좋을 수도 있습니다. 몇 번 깊게 심호흡을 해서 마음을 가라앉히고 초점을 내면으로 가져오십시오. 그러고는 당신의 주의를 서 있는 감각으로 돌려 보십시오. 당신의 발로 몸무게를 지탱하고 땅을 딛고 있는 것이 어떤 느낌인지 느껴 보십시오. 땅을 딛고 있는 발의 감각을 느껴 보십시오. 당신을 지지하고 있는 다리의 힘을 알아차려 보십시오. 당신의 등, 머리, 당신의 몸이 서 있을 때 당신을 어떻게 지지하고 있는지를 알아차려 봅니다. 단순하게 꼿꼿이 오래 서 있을 때 어떤 기분인지 알아차려 보십시오. 만약 당신의 마음속에 어떤 생각이나 감정이 떠오르거나 내가 잘하고 있는지 궁금해지면 그런 생각들이 마치 구름이나 비눗방울처럼 그냥 흘러가도록 두십시오. 잠시 동안 침묵 속에서 가만히 당신의 몸이 서 있는 것을 경험해 보십시오.

- **무게중심 옮기기**: 만약 눈을 감고 있다면, 지금은 눈을 뜨십시오. 당신의 앞을 부드럽게 응시하도록 합니다. 잠시 후에 나는 당신에게 당신의 무게중심을 왼쪽 발로 옮기라고 할 것입니다. 하지만 이 이동은 너무 작아서 외부의 다른 사람들은 모를 것이라는 것을 알았으면 합니다. 자, 이제 아주아주 천천히 당신의 몸무게를 왼쪽 발로 옮기기 시작합니다. 한쪽으로 치우치거나 발을 떼지 않고 말입니다. 가만히 선 자세를 유지하고 무게중심만 왼쪽 발로 이동합니다. 한쪽 발로 당신의 몸무게를 대부분 지지하는 것이 어떤 것인지 경험해 보십시오. 가만히 발과 나머지 몸의 감각들을 알아차려 보십시오. 자, 아주 천천히 몸의 대부분의 무게를 오른쪽 발로 이동하되 몸을 한쪽으로 기울이지 않아도 됩니다. 오른쪽 발로 서 있는 감각을 경험해 보십시오. 왼쪽 발로 서 있을 때와 같을 수도, 다를 수도 있습니다. 어느 쪽이든 괜찮습니다. 가만히 알아차려 봅니다. 자, 이제 몇 분간 한쪽 발에서 다른 쪽 발로 몸무게를 옮기며, 내 안에 일어나는 말이나 다른 생각들은 조용히 시키면서, 가만히 발과 몸의 감각을 경험해 보십시오. 눈을 뜨고 있다는 것을 잊지 마십시오.
- **한 걸음**: 자, 이제 우리는 마음챙김의 한 걸음을 내딛을 것입니다. 이 활동을

위해서도 눈을 뜨고 계십시오. 당신의 몸무게를 왼쪽 발로 옮기는 것부터 시작하십시오. 자, 이제 천천히 오른쪽 발을 듭니다. 아주 천천히 한 발을 앞으로 내딛습니다. 당신의 발이 공중으로 움직이고 땅에 닿는 느낌을 알아차림해 보십시오. 그러고는 천천히 마음챙김하면서 왼쪽 발을 오른쪽 발 옆으로 옮겨 주십시오. 그러고는 두 발로 서 있는 경험을 잠시 해 보십시오. 이제 오른쪽 발을 천천히 마음챙김하면서 한 걸음을 내딛고 왼쪽 발을 오른쪽 발 옆으로 옮겨 주십시오. (만약 집단에서 진행한다면 지금이 확장된 걷기명상으로 들어가기 전 질문을 받기 좋은 시기다.)

- **걷기명상**: 자, 이제 걷기명상을 할 수 있도록 열 발자국 정도 자유롭게 움직일 수 있는 공간을 찾으십시오. 열 발자국 정도 걸어가 보십시오. 멈추십시오. 1~2분 정도 서서 마음을 들여다보세요. 그리고 90도로 한 번 꺾습니다. 그리고 90도로 한 번 더 꺾습니다. 그리고 걸어왔던 그 선을 따라 되돌아옵니다. 다음 10분 동안 침묵 속에서 마음챙김하면서 걸어 보십시오.

명상: 일상 활동

유명한 선(Zen)의 가르침에 "깨달음을 얻기 전에는 나무를 베고 물을 길으라. 깨달음을 얻은 후에는 나무를 베고 물을 길으라."라는 말이 있다. 목표 지향적인 내담자에게는 딱히 동기부여가 되지 않는 말이다. 아마도 즉각적으로 명백하게 드러나지 않은 것은 이러한 일상 활동을 하는 마음가짐이 모든 것을 변화시킨다는 점일 것이다. 나무를 베고 물을 긷는 그 순간에 존재하는 것은 마음챙김하지 않고 무심(無心)하게 일하는 것과는 완전히 다르다.

일상 활동에 마음챙김을 적용하려고 하는 실용주의자들을 대상으로 하는 훈련은 물을 따르거나 가스불을 켜는 것과 같이 마음을 기울여서 행하지 않았던 많은 일상적인 경험들 중 어떤 경험에 온전히 존재해 보고 온전히 알아차림하는 것이다. 치료자들은 내담자들이 마음을 고요히 하고 현재 하고 있는 일에 집중하도록 하여 그들이 하는 많은 일상 활동에 마음챙겨 존재하는 법을 습득할 수 있도록 도와줄 수 있다.

일상 활동에는 다음과 같은 것들이 있다.

- 설거지
- 손 씻기
- 샤워나 목욕을 하면서 물의 감각 느끼기
- 전화 벨소리 울릴 때 처음 두 번의 벨소리 듣기
- 아침에 몇 모금의 커피나 차 마시기
- 한 끼 식사에서 첫 세 입 정도 씹어서 먹기
- 신호등에서 알아차리며 앉아 있기
- 차창 밖의 바람 느끼기
- 집 밖의 소리 듣기
- 물 한 모금 마시기
- 꽃향기 맡기
- 옷의 감촉 느껴 보기

하루의 어떤 활동이든 마음챙김하면서 경험할 수 있다. 간단할수록 더 좋다.

명상: 3분 호흡공간(3-minute Breathing Space)

마음챙김에 기반을 둔 인지치료(Mindfulness-Based Cognitive Therapy; Segal, Williams, & Teasdale, 2002)의 토대인 3분 호흡공간은 규칙적인 일정에 따라 사용할 수도 있고 불쾌한 생각, 감정 혹은 감각이 올라올 때마다 언제든 사용할 수도 있다. 나는 이를 하나의 마음챙김 응급치료나 위기반응으로 생각하길 좋아한다. 목표는 우리가 스트레스 상황에서 하기 쉬운 자동적인 반응에 개입하여, 속도를 늦춰서 다른 대안적 반응을 할 수 있도록 하는 것이다. 단, 3분 동안 다음 3가지 부분을 하는 것이다.

- **마음챙김 알아차림과 수용**
  - 꼿꼿하게 바른 자세를 취한다. 눈을 감는 것이 편안하게 느껴지면 눈을 감는다. 1분 동안 다음 질문에 대답한다. "내가 지금 무엇을 경험하고 있지? 내 생각은? 내 감정은? 내 몸은?"
  - 비록 당신의 경험이 원치 않고 달갑지 않더라도, 그 경험을 알아차리고 받아들이면 된다. 지금 이 순간에 일어나는 것들을 수용한다.
- **모으기**(Gathering): **마음챙김 호흡**
  - 그다음에는 1분 동안 마음챙김 호흡을 한다. 들숨과 날숨에 주의를 기울인다. 1분 동안 몇 번이고 필요한 만큼 다시 정신을 집중한다. 지금 이 순간에 온전히 머물러 보는 시간을 갖는다.
- **마음챙김 알아차림 확장하기**
  - 알아차림을 온몸으로, 자세로, 얼굴 표정으로 확장한다. 당신의 몸에서 일어나고 있는 것들을 알아차림하고 그 안에 온전히 머무른다. 지금 이 순간에 일어나고 있는 것에 머무른다.

나는 이를 마음챙김 샌드위치라고 생각하길 좋아한다. **경험—마음챙김 호흡—(재)경험**. 마음챙김 호흡은 경험이라는 빵 사이에 있는 '고기'다. 매번 조금씩 맛은 달라지고, 가장 어려운 부분은 단순히 있는 그대로 하나하나를 경험하는 것이다.

· 07 ·

마음챙김 및 수용 정보에 기반을 둔 기초 개입과 수행

마음챙김 지향 치료자들은 많은 내담자에게 마음챙김이나 명상 등의 단어를 사용하지 않는다. 혹은 집에서 명상을 수행하라거나 다른 치료와 많이 달라 보이는 것을 하라고 권유하지도 않을 것이다. 하지만 무엇인가는 확연히 다를 것이다. 왜냐하면 마음챙김이나 수용 훈련은 하나의 세트로 구성된 명상 기법보다 훨씬 광범위하기 때문이다. 이들은 인생과 인생이 제시하는 여러 도전에 대한 철학이자 태도이며 입장이다. 마음챙김 및 수용의 철학과 태도를 받아들이지 않는다면 훈련은 빈껍데기일 뿐이다. 사실 이 철학은 다른 이론적 배경을 가진 훈련을 교육할 때도 사용할 수 있으며, 치료자들로 하여금 자신의 기존 지식을 발전시키거나 변경할 수 있도록 한다.

이 장에서는 마음챙김과 수용에 기반을 둔 훈련들에 대해 설명하고 있다. 이 훈련들은 우울이나 불안 등의 문제를 가지고 있는 개인, 부부, 가족 등 많은 종류의 내담자를 위해 고안되었다. 나는 개입보다 훈련이라는 용어를 더 선호하는데, 치료자와 내담자의 관계 측면에서 덜 수직적이고, 또 '문제'의 측면에서도 덜 대립적으로 바라보고 있기 때문이다. 제8장에서는 특히 관계 문제를 가지고 있는 부부와 가족을 위한 훈련과 활동에 대해 설명할 것이다.

이 장에서 설명하는 마음챙김과 수용에 기반을 둔 기초 개입과 훈련은 세 가지다.

• **실천철학 훈련:** 마음챙김과 수용 이면의 철학적인 원칙들을 실천하는 방법을

제공하는 기본 훈련들이다.

- **평정심 계발 훈련**: 내담자가 인생의 역경 속에서도 더 침착하게 평정심을 유지하도록 도와주는 평정심 계발 훈련들이다.
- **대화 속의 마음챙김 경험**: 이 훈련들은 마음챙김에 기반을 둔 질문들을 이용하여 내담자들이 자신의 내면적 · 관계적 경험들을 식별하고, 반추하고, 변형시킬 수 있도록 돕는다.

실천철학 훈련

실천철학 훈련들은 치료 과정에 절묘하게 엮여져 있고, 주로 치료자들이 어떻게 고통이나 문제를 논의하고 연관시킬 것인지에 대한 틀을 만들어 주고, 이후에는 내담자들을 초대하여 새로운 관점으로 그들의 상황을 경험해 보게 하는 태도와 가정 세트들이다. 이러한 훈련들은 직접적으로 대안적인 관점을 주장하기보다 대화 속에서 어려움을 새롭게 받아들이는 기회들을 제공한다. 예를 들어, 문제와 친해지기 훈련을 재구성하거나 상황에 대해 더 현실적으로 생각하는 방식이라고 소개할 경우에는 대체로 항상 실패한다. 이것이 의미 있는 훈련이 되려면, 치료자가 견딜 수 없을 것 같은 상황에 직면해서도 주춤거리거나, 계획에 차질이 빚어져 실망감을 느낄 때 허둥거리지 않는 모습을 보여 줌으로써 내담자의 문제에 친근하게 다가가는 꾸준하고 명확한 책임감을 보여 주어야 한다.

문제와 친해지기

문제와 친해지기는 마음을 다해 있는 그대로 수용하는 것이다. 초드론(Chödrön, 1997)은 마음챙김으로 개인의 가장 고통스러운 삶의 도전들과 관계해야 한다고 가르쳐 온 오랜 스승이자 옹호자로서, 그녀는 “이 순간 자체가 완벽한 스승이다."(p. 6)라고 요약했다. 또한 그녀는 공포와 '친숙'해지라고 권유한다. 그것은 현대의 상식과 반대되고 우리의 타고난 본능과 맞지 않아 한 생을 다 바쳐서 노력해도 마스터하기 어렵다. 그리고 삶의 한 영역에서 마스터를 했다고 느끼더라도 삶의 다른 영역에서 다른 문제가 생겼을 때는 다른 맥락에서 다시 배워야 한다.

가장 간략하게 말해서, 문제와 친해진다는 것은 문제에 대한 개인의 관계를 저항에서부터 '있는 그대로를' 받아들이는 방향으로 변화시키는 것이다. 이 자세는 일어나는 모든 것에 대해 지나치게 집착하거나 거부하기보다 판단하지 않으면서 자비롭게 수용하는 마음챙김 훈련에서 자연스럽게 나온다. 일어나는 것에 머무르되 휩쓸리지 않고 평정심을 유지하는 것이 어려움에 현명하게 대처할 수 있도록 만들어 준다.

대부분의 치료자는 '문제와 친해지기'가 개입의 방법으로 사용할 수 있다는 말을 들으면 내담자가 자신의 문제와 친해지는 것이라고 생각한다. 그것도 하나의 방법이지만, 맥컬럼과 나는 문제와 친숙해질 필요가 있는 것은 주로 치료자라고 제시한 바 있다(Gehart & McCollum, 2007). 문제와 '친숙한' 상태가 되지 못한 치료자는 내담자들이 문제와 친숙해지도록 도와주지 못한다. 따라서 이 개입은 치료자부터 시작한다.

치료자들이 문제와 친해지기

대부분의 치료자는 처음 몇 회기 동안은 문제와 친해지는 것을 잘하지만 시간이 지날수록 어려워하는데, 이는 치료자의 역할이란 것이 문제를 '뿌리뽑거나' 해결하거나 아니면 치유해야 하기 때문이다. 이것은 전통적인 치료 방법의 특징일 뿐만 아니라 이야기치료 등 비교적 최근 치료들에서도 내담자들로 하여금 자신의 문제와 '반대되는 입장'에 서도록 권유하는 것, 즉 문제에 대해 적대적인 태도를 취하도록 하는 것과 같다(하지만 이야기치료자들이 전투적인 태도만을 사용하는 것은 아니다; Monk & Gehart, 2003; White, 2007).

치료자들은 문제가 지속되면 변화에 저항하거나 진정되었다가 다시 나타날 때 문제와 씨름하기 시작한다. 이 상황에서 많은 치료자는 어떤 식으로든 문제로 인해 혼란스러워하고, 내담자를 '저항적'이라고 보거나 치료 과정의 기반을 흔든다고 다른 사람들을 탓하게 되고, 자신이 실수한 것이라고 자책하기도 하고, 솔직히 말해서 내담자가 회기에 나타날 것이라고는 기대하지도 않는다. 그에 비해 문제와 친숙해진 치료자는 마음을 누그러뜨리고, 호기심을 가지면서 이러한 차질은 과정일 뿐만 아니라 가장 소중한 학습 기회라는 점을 수용한다. 대부분의 경우 그들은 내담자가 어디에서 어떻게 고착되어 있는지 정확하게 밝혀낸다 (Chödrön, 1997).

문제와 친해진다는 것은 '예방할 수 있고', '저항의 흔적'이 있거나 내담자, 치료자 혹은 다른 사람이 무엇인가를 다르게 할 수 있거나 해야 한다 하더라도 치료 과정의 오르내림을 우아하게 따라가는 것이다. 친숙함이란 치료자에게 계획대로 일이 진행되고 있으니 내가 빨리 해결하기 위해서는 뭔가를 해야 할 것 같아 어찌할 바를 모르고 허둥지둥하기보다 "그래, 이것도 연민으로 다룰 수 있지." 하는 신선한 감각을 전해 준다. 문제와 친숙해지는 것은 한 번에 배울 수 있는 기술이 아니고 계속해서 마스터해야 하는 기술이다. 오히려 마음챙김 훈련처럼 이것은 몇 년을 훈련한 후에도 어느 날 또 새로운 모습으로 나타나기 때문에 계속해서 발전을 거듭해야 하는 가르침이다. 시간이 가면서 치료자는 문제와 친숙해질 필요가 있을 때와 어떻게 신속하게 친숙해질 수 있는지에 더 쉽게 알아차리게 된다.

이 부분을 설명하기 위해 내가 최근 회기 중에 의식적으로 문제와 친숙해지도록 훈련한 일화를 나누고자 한다. 몇 달 전에 나는 15년 동안 심각한 만성, 우울증을 경험하고 있고 향정신병 약물이나 기분 조절제에 반응하지 않았던 알(Al)을 만났다. 그는 또한 다양한 내분비 이상을 가지고 있었는데 이 중에는 갑상선 질환도 포함되어 있다. 그는 자신의 의사가 제대로 치료하지 않았다고 믿고 있었다. 나는 보편적으로 첫 두세 회기에서 우울증에서 많은 진전을 보일 것이라고 기대했지만, 그는 전혀 진전을 보이지 않았다. 3회기에서 그가 이를 보고했을 때 나는 상당히 놀랐다. 나의 일부는 효과가 없는 것에 빨리 의학적 설명을 들먹이며 책임을 전가하고 싶어했다. 나는 나아진 것이 없다는 것에 대한 내 과실을 전혀 인정하고 싶지 않았지만 내 마음이 그쪽으로 흘러가는 데 오래 걸리지 않았다.

아주 짧은 시간(10^{-9}초, nanosecond) 안에 내 머릿속에서는 이 생각 저 생각이 오갔고, 이후 나는 자신을 붙잡을 수 있었고 멈출 수 있었다. 다음 아주 짧은 침묵이 이루어지는 중에 나는 소리 내어 웃을 뻔했다. 적대적인 상태로 흘러가던 나를 중간에 붙잡았던 것이다. 이 순간 나는 내가 할 수 있는 멋진 명언이나 마법처럼 일이 해결될 행동은 없다는 것을 그저 인정해야 했다. 할 수 있는 것이라고는 그에게나 나에게 고통스러운 이 순간에 항복하고 친숙해질 수밖에 없었다. 그러고 난 다음 마음챙김과 평정심을 이용해 내담자의 경험에 호기심을 가지고 더 많은 것을 배울 수 있게 되었고, 또한 내가 어떻게 그에게 더 도움이 될 수 있는지 혹은 다른 사람이 어떻게 그를 도울 수 있는지 열린 마음으로 토론할 수 있게 되었다. 우리는 다음 몇 주 동안 무엇이 더 이로울지 솔직하게 이야기하고, 진전을 보이기 시작했는데, 이는 또한 약물 투여와도 상관이 있었다. 비록 이 진전의 원인을 직접적으로 집어내기는 어렵지만 문제와 친숙해질 수 있는 나의 능력이 알(Al)에게 도움이 되었을 것이다. 현재 알(Al)은 우리가 처음 만났을 때보다 훨씬 잘해 내고 있다.

내담자 문제와의 관계 변화시키기

여러 가지 방면에서 치료자의 주된 역할은 항상 문제와 내담자의 관계를 변화시키는 것이었다. 하지만 마음챙김에 기반을 둔 치료에서는 문제와 예측하지 못한 방식으로 관계를 맺는다. 호기심을 가지고, 열린 마음으로, 기꺼이 관계를 맺으려고 한다. 이렇게 자세가 바뀌면 변화와 대안행동이 나타난다. 그와 반대로, 만약 내담자가 문제와 싸우거나 회피하면서 교착상태에 빠지면 자신이 해 오던 대로 하는 것 외에 다른 대안은 없다. 반대로, 그 문제와의 관계가 변화하면 새로운 방식으로 자연스럽게 문제에 대응할 수 있게 된다. 예를 들어, 가사 업무분장이 공평하지 않다는 느낌 때문에 힘들어하는 부부와 함께 작업할 때는 그들이 어느 누구도 만족할 수 없다는 사실과 이 부분이 그들의 갈등 영역이라는 사실을 '수용'하도록 돕는 것이 두 사람을 부드럽게 누그러뜨릴 수 있다.

굳이 말할 필요도 없지만 어쨌든 말하고 싶은 것은 내담자에게 자신의 문제와 친해지라고 직접적으로 제안하는 것이 효과가 없다는 사실이다. 일반적으로 짜증만 나게 할 뿐이다. 더 나쁘게는 내담자가 무시당했다고 느끼게 하거나 오해받았다고 느끼게 할 수 있다. 따라서 내담자들이 문제와 친숙해지는 법은 치료자의 비언어적 단서들에서 배우는데, 즉 자살이나 다른 어두운 생각에 대해 두려워하지 않고 적극적으로 자세한 설명을 듣고자 하는 태도나 환각에 대한 보고에 대해서도 흔들림 없이 반응을 하는 것 등이다. 치료자가 내담자의 가장 고통스럽고 두려운 부분에 대해 호기심을 가지고 기꺼이 탐색하고 배우려고 할 때, 대부분의 내담자는 덜 두려워하고 덜 고통스러워한다. 적절한 시기에 치료자가 내담자로 하여금 문제와 친숙해지도록 초대하는 몇 가지 방법이 있다.

내담자를 문제와 친해지도록 초대하기

간접적인 초대

문제와 좀 더 친숙한 관계를 맺는 방법들 중 가장 간단하고 간접적인 방법 두 가지는 내담자가 배우고 있는 것과 문제로부터 얻는 이득을 기회가 될 때마다 언급하는 것이다.

- **배우는 것**: 참 짜증나는 (슬픈, 실망스러운 등) 상황이었네요. 그 상황에서 배우고 있는 것은 무엇인가요?
- **이득**: 비록 즐거운 상황은 아니지만 당신 말을 들어 보니 희망적인 (긍정적인) 부분도 있는 것 같아요. (내담자가 이야기한 예외적인 상황이나 기대하지 않았던 이득을 설명한다.)

직접적인 초대

어떤 내담자들은 영성적인 믿음, 탄력성, 낙천성 때문에 문제와 친숙해지는 것을 위한 직접적인 초대에 더 개방적이다. 나는 보통 치료 관계가 매우 잘 형성되고 내담자가 좀 더 성찰할 수 있는 단계에 이르면 이런 방식을 사용한다. 나는 거의 항상 꼭 이렇게 보지 않아도 된다는 멘트로 시작하거나 덧붙인다.

- **가능한 교훈**: 이것은 당신에게 너무 고통스러운 경험이었어요. 여기에서 배울 수 있는 긍정적인 부분이 있는 것 같나요?
- **영성적인 부분**: 당신은 몇 번이나 신을 믿는다고 이야기했어요. 나는 신에 대한 당신의 믿음이 이것과도 관련이 있는지 궁금합니다. 이 상황에서 어떤 방식으로 신의 은총이 드러나게 될지 상상이 되나요?
- **일이 일어나는 데에는 이유가 있다**: 당신은 '일이 일어나는 데에는 이유가 있다'고 말했어요. 당신 인생의 지금 이 시점에서 이 일을 겪고 있는 데에 어떤 이유가 있을지 생각해 본 적이 있나요?
- **따라가기**: 그래요. 당신이 이 상황을 통제할 수 있는 방법이 없다고요. 그럼 혹시 당신이 그냥 "이 상황이 흘러가는 대로 따라간다면" 어떤 일이 생길까요? 만약 이것이 인생이 그냥 돌린 패라면, 당신은 이 패를 어떻게 사용하고 싶나요?
- **유머**: 자, 그럼 세상이 당신의 인생을 이렇게 가장 고상한 방식으로 완전히 해체시켜 버렸으니, 이제는 당신이 조금이나마 인생 수업을 받아야 할 이유가 분명해졌다는 생각이 드네요. 그것이 무엇인지 알아내셨나요?

내담자가 회기 중에 이러한 초대들을 받아들였든 그렇지 않았든, 그냥 물어보는 것만으로도 이 문제와 관련하여 머릿속에 오갔던 반복적인 생각들의 레퍼토리에 다른 대안적인 생각의 고리를 소개해 주는 것과 같은 강력한 영향을 미친다. 따라서 몇 주, 몇 달 혹은 몇 년 후라도 그렇게 생각을 바꾸게 된다. 실제로도 많은 내담자가 이런 질문을 받은 다음 몇 주 동안이나 이런 이상한 질문들 중 한 질문이 계속해서 '꼬리가 잡힐 듯 말 듯' 고민되었다고 보고했다.

앞의 특정 기술들이 사용되든 되지 않았든 내담자들은 자신의 문제와 친해질 수 있다. 다음은 내담자들이 자신의 문제에 친해지고 있음을 보여 주는 보편적인 특징들이다.

문제와 친해지고 있을 때 보이는 특징

- **유머**: 자신의 상황에 '대해' 혹은 상황과 '함께' 웃을 수 있는 것은 문제와 친숙해졌음을 알 수 있는 가장 좋은 지표다.
- **좋은 것들에 감사하기**: 자신의 인생에 아직 남아 있는 좋은 것들에 대해 감사할 수 있는 능력.
- **배운 것에 감사하기**: 이 어려움으로 인해 인생에 대해 배울 수 있었던 가장 좋은 것에 대해 감사하는 마음을 갖게 됨.
- **미스터리**: 비록 자신이 원하는 대로 풀리지는 않지만 인생의 미스터리에 대해 경외심과 존경심을 느끼게 되는 것.
- **영성**: 영성을 통해 대처하고, 희망을 만들어 내고, 힘을 발견하는 것.
- **책임 전가를 하지 않게 됨**: 자신이나 어떤 특정 상황을 포함하여 누구에게 문제를 전가시키지 않게 됨.
- **'만약 이랬다면' 혹은 '이러기만 했다면'이라는 말이 없어짐**: '만약 이랬다면'이나 '이러기만 했다면'이라고 생각하고 싶은 유혹을 피함.

'목적'과 '대상' 포용하기

대부분의 내담자는 변화를 기대하며 치료를 받으러 온다. 정체성을 변화시키고, 자신이 행동하는 방식, 자신이 느끼는 방식을 변화시키고 싶어서 치료를 받으러 온다. 부부나 가족의 경우, 물론 그들도 보편적으로는 변화를 원하지만, 자신의 파트너, 자식, 부모 등 주로 타인을 변화시키고 싶어 한다. 대부분의 치료자는 최대한 빨리 원하는 변화를 얻게 해 주고 싶다는 충동을 느낀다. 실제로 내담자들, 보험회사 혹은 제3의 관련자들은 인지행동, 체계이론, 해결중심 등과 같이 인기를 얻고 있는 치료 접근에서 하는 것과 같은 방식으로 해 주기를 원한다. 마음챙김 기반 치료에서는 변화의 첫걸음이 역설적이게도 있는 그대로 수용하는 것이라고 말하고 있다. 어떤 사람은 수용 과정에 긴 시간을 들이지는 않지만, 어떤 사람은 충분한 시간을 들일 필요가 있는데, 문제에 따라 한 회기에서부터 몇 달이 소요될 수도 있다. 예를 들어, 이성 관계가 잘 맞지 않다는 사실을 수용하는 데는 한 회기로도 충분할 수 있지만 자녀의 상실을 수용하는 데는 전 생애는 아닐지라도 몇 년이 걸릴 수도 있다.

훈련자들이 무엇인가를 받아들인다는 것은 그들 자신의 의식에 떠오르는 것을 의식 밖으로 밀어내려고 하지 않으면서, 또 그것과 너무 동일시하지도 않으면서 그것이 무엇이든 간에 '수용'하는 마음챙김 훈련을 통해 얻어진다. 정서적인 혹은 정신적인 문제를 다룰 때, 있는 그대로 수용한다는 것은 원하지 않는 감정, 생각 혹은 행동을 객관화, 약물(물질) 사용, 주의분산 등을 부인하거나 심리적으로 단절시키기 보다는 그런 원치 않는 감정, 생각 혹은 행동들과 온전히 함께하면서 인정하는 것이다. 이 수용이 주로 일종의 항복으로 느껴질 수 있는데, 이는 결국 현실과 '싸우는' 것을 멈추는 것이기 때문이다. 비록 그 순간은 어렵고, 당혹스럽고, 열등감마저 느껴지기도 하지만(회피하던 것을 결국 경험하게 되기 때문에), 동시에 어느 정도의 위안을 가져다주기도 한다.

관계에서 있는 그대로 받아들인다는 것은 이 특정 상황에서 모든 사람이 그 혹은 그녀 자신이 할 수 있는 만큼 최선을 다하고 있다는 사실을 알고, 지금 이 순간에 그 사람을 있는 그대로 수용하는 것이다. 그 사람의 행동이나 태도가 우리에게 굉장한, 아니 중간 정도의 고통을 주고 있을 때는 있는 그대로 받아들인다는 것이 어렵다. 관계에서 서로를 있는 그대로 수용한다는 것이 특히 어려운데, '있는 그대로의 현실'이 나 자신의 행복, 삶의 선택, 일상적인 편안함, 꿈의 성취 등에 영향을 미치기 때문이다. 나 자신의 머릿속에 있는 생각을 다룰 때보다 관계적인 맥락에 항복하는 것이 더 어렵기 마련인데 이는 관계적인 맥락에서 더 절망적이고 무력하게 느끼기 때문이다. 그럼에도 관계에서 항복이 다른 사람의 나쁜 행동이나 학대를 평생 수용해야 한다는 의미가 아니라는 사실을 기억하는 것이 중요하다. 간단히 말해, 그 상황을 힘이나 회피로 개선하거나 변화시키려고 노력하기보다 자기 자신의 마음을 열고 있는 그대로 충분히 경험하라는 의미이다.

분명한 것은 누군가에게 자신의 문제 상황을 수용하라고 말하는 것은 그것이 도움이 된다고 하더라도 드문 일이다. 가장 취약한 상황에 놓여 있는 내담자들이 도움을 구할 때 자신의 상황을 받아들이라고 강요하는 것은 소용없는 짓이다. 하지만 그들이 자신의 경험에 대해 안전하다고 느끼는 방식으로 부드럽게 초대하는 것은 있는 그대로 받아들이는 개방성으로 이어진다. 놀라울 만큼 많은 사례에서 진지하게 있는 그대로를 수용하는 순간 문제는 관리 가능한 수준으로 줄어들게 되거나 행동의 방향이 분명해진다.

예를 들어, 몇 년간 보지 않았던 내담자 존(John)이 지금 자신의 인생이 무너지고 있다면서 공황상태로 전화를 해 왔다. 그의 부인이 자신을 떠나기로 결정했고, 큰딸은 최근에 대마초를 피우다 붙잡혔고, 또 나이 많은 남자들과 어울려 다녔으며, 막내아들은 자신이 게이라고 밝혔다는 것이다. 다행스럽게도 자신의 일은 잘 되고 있었고, 그것만이 자신의 도피처라고 했다. 치료 회기에서 나는 다음과 같은 질문들로 이러한 상황들을 탐색했다. 결혼생활에 대해 물으며 혹시 이런 일이 놀라운 일인지, 부인이 어째서 그런 선택을 하는지 그 이유를 아느냐고 물었을 때 그는 빠르게 '아니요.'라고 대답하였고, 그 이유로 몇 년 전부터 노력하기를 포기했으며, 다만 아이들이 졸업할 때까지만 버티기로 했었다고 이야기했다. 딸에게 일어나는 일을 탐색할 때 그는 자신과 부인의 가족 모두 물질남용의 문제가 있었고, 그도 어렸을 때 이런 문제로 힘들어했으며 자녀들에 대해서도 항상 걱정을 해 왔다고 털어놓았다. 마지막으로 막내아들에 대해 이야기할 때 그는 아이가 어렸을 때부터 누나의 장난감을 더 좋아하고, 스포츠를 싫어했으며, 다른 남자아이들과 잘 어울리지 못하는 것을 보고 항상 문제가 있는 것은 아닐까 의심했다는 사실을 인정했다.

우리의 토론은 느렸고, 그가 한 말들을 되새겨 볼 수 있도록 자주 말을 멈추곤 했다. 말들은 여운을 남겼고, 나는 호기심과 개방성을 가지고 그 말들을 들었으며, 그 말들이 내 안에서 반향을 불러일으키도록 허용했다. 이렇게 하는 동안 존은 자연스럽게 나처럼 하는 것 같았다. 각 문장의 현실성이 이런 조용한 멈춤들 사이에서 우리를 휩쓸고 지나갔다. 공유되는 각각의 생각은 깊게 반추하고 몰입할 가치가 있는 신성한 것들로 여겨졌다. 50분 회기가 끝나갈 무렵, 존은 공황 상태에서 벗어났지만 오히려 조용하고 침울한 상태였다. 침울하지만 더 큰 평화가 자리잡고 있었다. 가족의 각 구성원들의 현실을 있는 그대로 수용하게 되자 그는 어떤 일들이 일어나야 하는지 더 분명히 알게 되었다. 그의 부인에 대해서는 이혼이 불가피하다고 믿었다. 비록 더 나중에 이혼하기를 바라지만 만약 필요하다면 지금이라도 할 수 있다고 했다. 딸과 관련해서는 혹시 결혼 문제가 그녀로 하여금 물질을 사용하고자 한 것이 아닌가 하는 죄책감을 느끼긴 했지만 그녀가 좋은 길을 갈 수 있도록 그녀의 인생에 그의 개입이 필요하다고 믿었다. 그의 아들에 대해서는 그가 게이임을 밝힌 것에 실망감을 느꼈음을 인정하고, 이것이 상실이기는 하지만 충격은 아니라고 했다. 솔직히 아들에 대한 기대를 털어 버리고, 10대의 게이 남자아이로서 앞으로 인생의 여러 어려움을 겪으면서 도움이 필요할 것이고, 따라서 더 많은 것을 적극적으로 수용할 수 있게 되었으면 하는 바람을 비쳤다. 그로 하여금 있는 그대로를 수용하도록 내가 도운 것이 그의 문제들을 '해결'해 주지는 않았지만, 존에게 문제와 관련해서 더 큰 평화를 얻을 수 있도록 도와주었고, 그의 개인적인 가치와 이상에 맞게 행동 방향을 의식적으로 선택할 수 있도록 도왔다.

수용을 이끌어 내는 대화법

협동치료 접근에서 앤더슨과 굴리시안(Anderson & Goolishian, 1992)은 그들의 **문제 해소(Problem-Dissolving)** 대화법에 대한 접근법을 설명할 때 내담자들로 하여금 '문제'의 다양한 정의에 대해 호기심을 가지도록 초대한다고 했다. 비록 기존에는 '수용'기술이라고 생각되지 않았지만, 자신의 문제에 대해 호기심을 갖게 하는 상호 과정 속에 내담자를 끌어들이는 것이 있는 그대로 받아들이게 만드는 결과를 이끌어 내었다. 이는 무엇인가에 대해 호기심을 가지려면 먼저 그것을 피하거나 부인하기보다 인정해야 하기 때문이다. 고통스러운 문제에 대한 호기심 어린 대화는 현실적인 문제 해결 대화나 '현실을 직시'하라는 대화보다 훨씬 안전하고 관여된 느낌을 가져다준다. 이런 대화가 이루어지기 위해서 치료자는 안정적이고 개방적이며 가끔은 즐거운 상황 맥락을 만들어 주어야 한다.

수용을 이끌어 내는 대화를 위한 무대 만들기

다음의 특징들이 수용을 이끌어 내는 대화 무대를 만든다.

- **느린 속도**: 대화의 속도는 느려야 하고 모든 참가자에게 자신이 말하는 것을 들을 수 있고 그것을 되새길 수 있는 시간이 주어져야 한다.
- **반추를 위한 침묵**: 대화의 중간중간에 잠시 침묵하는 시간을 만들어 회기 내에서 자신이나 치료자 혹은 타인이 한 말을 반추할 수 있는 시간을 준다. 이는 억지로 하기보다는 자연스럽고 호기심 어린 표정, 혹은 '흐음'이라는 말이나 '흥미로운 생각이네요.' 등과 같은 말로 반추해 보도록 할 수 있다. 비록 그 시간이 짧을지라도 이런 침묵은 내담자가 방 안에 있는 그대로 함께하는 능력을 매우 증가시킨다.
- **머무르기**: 내담자가 자신에게 큰 의미를 갖고 있는 것 같은 말을 했을 때 치료자는 이 단어들에 더 머무를 수 있게 하기 위해 중요한 의미를 지닌 '의미심장'한 단어들을 반복해 주고 이 단어들이 참여하고 있는 모든 내담자의 마음속에 메아리가 될 수 있도록 짧은 침묵을 허용해 준다.
- **진솔함과 존재감**: 제4장에서 이미 설명했듯 치료적 현존, 즉 치료자가 또 한 명의 인간으로 존재하고 있다는 깊은 느낌은 현재 있는 그대로 받아들이는 대화의 무대를 만드는 열쇠이다.

대화에 수용 초대하기

수용을 만드는 대화의 핵심은 전통적인 진솔한 호기심인데, 이는 특히 잘 훈련된 전문가일수록 어렵다. 이들은 일어나는 것에 대한 보통 이상의 감각을 가지고 있을 것이라는 기대를 받고 있기 때문이다. 기대하는 것과 반대로 정신건강 전문가들은 진짜로 알지 못함의 자세와 호기심을 가지고 내담자를 대하기 위해 엄청난 훈련을 받는다. 이렇게 그들이 내담자의 관점에서 내담자의 세상을 바라보려면 내담자와의 대화에서 기술적인 지식을 배제하여야 한다(Anderson, 1997).

본질적으로 치료적 호기심에는 내담자의 세상을 '이해할 수 있는 것'으로 만드는 논리를 적극적으로 기꺼이 배우려는 열정이 담겨져 있다. 불교심리학자와 포스트모더니스트들이 기꺼이 포용하는 구성주의적인 관점에서 보았을 때 당연시되는 혹은 내포된 의미란 없다. 이들은 항상 관찰자에 의해 부여되는 것이다(자세한 설명은 제2장을 참조). 따라서 나의 개인적인 논리체계나 치료 이론의 논리를 따라가기보다 구성주의자들은 내담자의 세계에서만 통용되는 하나의 논리체계라는 사실을, 내담자의 것이라는 사실을 인정한다. 치료자의 역할은 왜 그렇게 보이는지, 상황들이 어떤 식으로 연결되는지, 그리고 이 상황들이 가지는 의미가 어떤 것인지 물어보는 공손하고 호기심이 넘치는 방문자가 되는 것이다.

개인들은 자신이 살고 있는 다양한 문화적 세계, 즉 가족, 친구, 민족, 종교적 전통, 미디어, 사회계층, 이웃 등을 통해 논리체계를 만들어 낸다. 따라서 모든 새로운 내담자는 치료자에게 새로운 세상과 논리체계를 소개한다. 물론 많은 사람의 논리 세계에는 아름다움, 부, 여성성 등의 테마들이 포함되어 있지만 사람들은 각자 이러한 큰 사회적 담론을 개성 있는 방식으로 담아내고 있다. 내담자가 가지고 있는 세상의 논리에 대해 진심 어린 호기심을 갖게 되면 내담자는 더 쉽게 있는 그대로를 받아들이게 될 뿐만 아니라, '있는 그대로'의 경험이란 사실 '현실'이 아니라 구성일 뿐이라는 사실을 빨리 알아차린다.

수용을 이끌어 내는 호기심 질문

있는 그대로를 수용하라고 직접적으로 격려하기보다 다음과 같은 호기심 질문들을 사용해서 조용히 수용을 이끌어 낸다. 다음 질문에 답하면서 내담자는 본질적으로 안전하고 참을 수 있는 수준에서 자신의 세계를 '있는 그대로' 만나게 된다.

- 당신은 X(예, 우울)를 느끼고 있다고 했어요. X를 느끼는 것은 여러 가지 방식이 있죠. 특별히 당신에게는 어떤 식으로 느껴지는지 이야기해 줄 수 있나요?
- 흐음……. 흥미롭네요. (그렇게는 딱히 생각해 본 적이 없어요.) 이 모든 것이 당신에게는 어떻게 연결되는지 좀 더 이야기해 줄래요?
- 당신이 방금 설명한 이 상황을 어떤 의미로 받아들였나요? (연결되지 않는 부분이나 모순을 굳이 해소하려 하지 않으며 다른 여러 가능성을 지속적으로 탐색한다.)
- 이 결정/의미에 도달하게 된 논리에 대해 좀 더 이야기해 줄 수 있나요?

수용과 피해

사소한 일도 충분히 수용하기가 어렵다는 점에 비추어 보면 더 큰 권리침해는 윤리적으로도 개인적으로도 더 수용하기가 어렵다. 나에게 해를 가하는 행동을 하거나 나를 배신하고 혹은 의식적으로 해가 되는 행동을 하는 사람을 '있는 그대로 받아들이라고 하는 것'을 어떻게 수용할 수 있을까? 이러한 경우에, 있는 그대로 받아들인다는 의미는 이런 아픈 현실을 회피하기보다 이런 일이 일어났다는 것을 온전히 인정하는 것이다. 실제로 어떤 이들은 이런 폭력의 순환이 지속되는 이유는 학대받는 사람이 그것을 수용하지 못하고 변명하거나 일어나고 있는 일들을 무시하고 회피하기 때문이라고 주장한다. 있는 그대로를 '수용'한다는 것은 학대나 건강하지 못한 관계를 참고 견디라는 의미가 아니다. 그보다는 무엇이 제대로 되고 있지 않고, 신뢰가 깨졌으며, 무엇인가 잘못되었다는 사실을 인정하는 것이다. 배신을 당했을 때 가장 힘든 것은 이 일이 일어났다는 사실을 정서적으로 수용하는 것이다. '있는 그대로 수용하기' 과정은 인지적 · 정서적으로 일어난 일을 인정하고 책임감을 가지고 열정이나 회피가 아닌 충분히 생각하고 난 다음에 대처하는 것이다. 신뢰가 깨졌을 때 '있는 그대로 수용하기'는 자신을 보호하기 위해 적절한 행동을 취하거나 그 상황에서 벗어나는 것도 포함된다. 어떤 상황에서는 화해와 용서를 향해 나아가는 것도 포함될 수도 있다. 마음챙김의 과정은 내담자가 중심을 잃지 않고 성찰적으로 존재하면서 자동적이고 반사적인[1] 행동을 하지 않고 오히려 주도적인 선택을 할 수 있는 상황으로 만들어 준다.

▌지혜와 연민 함양하기

마음챙김을 기반으로 하는 치료의 중요한 특징 중 하나는 문제가 되는 증상이나 갈등을 없애는 것뿐만 아니라 반드시 내담자가 지혜를 계발하도록 도와준다는 것이다. 다시 말해, 내담자들이 기존에 가지고 있던 삶의 철학보다 더 효율적인 철학을 계발할 수 있도록 도와준다. 지혜를 키우는 것은 미래에 다시 나타날 수 있는 문제를 예방하기 위함이고 이는 불교의 가설 중 고통은 병, 유전자, 생각이 없는 배우자, 문제가 있는 아이들 혹은 불안정 애착이 아니라, 무지(Hahn, 1998)가 주된 원인이라는 것에 기반을 두고 있다. 무지는 쉽게 고쳐지는 것이 아니기 때문에 의식적으로 지혜를 추구하는 사람이 되어야 한다. 실제로 사람의 마음이 지각하는 근본 방식이 무지를 낳는 환상을 만들어 내므로(예, 분리를 보고, 안전성을 스캔하고, 의미부여 과정에서 자신의 역할을 보지 않는 등) 이러한 경향성을 극복하고 더 큰 의미의 자유와 평화를 성취하기 위해서는 지속적이고 결연한 노력이 필요하다. 따라서 마음챙김 기반의 치료에는 후반부 목표로 지혜 추구가 포함되어 있다.

---

1) knee-jerk responses: 아무 생각 없이 하는 자동반사적인 행동; 슬개 반사, 무릎 반사라고 함.

결론부터 말하면, 치료자는 지혜의 원천은 아니다. 단지 내담자에게 지혜를 추구하도록 격려하는 사람일 뿐이다. 나는 감히 내가 지혜를 가르칠 만큼 지혜롭다고 생각하지도 않으며, 다만 지혜를 추구하는 것이 한 인간으로서 그리고 고통을 줄이는 데 있어서 중요한 부분임을 아는 것이 겸손한 삶을 살아가는 것이라는 경험들을 했을 뿐이다. 그러므로 이 부분에서 치료자는 산파의 역할을 하는 것이고 삶의 여정의 동반자가 되어 주는 것이다. 지혜를 찾는다는 것은 간단하게 말하면 내담자들과 함께 현재 삶의 고난을 반추하고 그 삶을 '있는 그대로' 알려 주는 것부터 시작된다.

부부와 가족치료에서 자주 얻게 되는 보다 보편적인 삶의 통찰은 다음과 같다.

- 나는 다른 사람을 바꿀 수 없다.
- 파트너나 자식을 탓하는 문제의 큰 역할을 하는 것은 주로 나다.
- 다른 사람에 대해 가장 거슬리는 부분은 내가 나에게서 문제로 보는 부분이다(나도 그걸 하거나 안 하려고 굉장히 심하게 노력하거나).
- 누군가의 정해진 특성이라고 여겨지는 많은 것이 사실 어떤 전후 사정이나 상황, 관계에서만 나타나는 특성일 뿐이다. 만약 그 행동이 적절하지 않다면 전후 사정을 변화시키라.
- 특정 행동에 대한 일관성 없는 강화나 반응은 그 행동을 강화할 가능성이 높다.
- 사랑은 대부분의 것을 치유한다.
- 깨끗한 집을 가지는 것보다 누군가에게 자신이 사랑하고 있다는 것을 보여 주는 것이 더 중요하다.
- 꿈을 살아 내는 순간은 지금뿐이다.
- 삶은 공평하거나 논리적이지 않다. 삶은 그냥 삶이다.

지혜는 회기 내에서 내담자들로 하여금 자신이 겪고 있는 삶의 어려움에서 무엇을 배우고 있는지를 알아차리도록 도와줌으로써 쉽게 키워 갈 수 있다. 내담자의 주의를 이런 주제들로 돌려 내담자들에게 의미 있는 단어로 정의해 보게 함으로써 내담자가 중요한 삶의 가르침을 얻고 그들의 지혜를 높이도록 도와줄 수 있다. 예를 들어, 현대의 바쁜 가족을 대상으로 작업할 때, 비록 한 명의 부모가 집에서 아이들과 함께 있다고 하더라도 그들이 내 사무실을 찾는 이유는 사립학교, 축구리그, 음악수업, 언어학교나 플레이 데이트[2) 등 자녀들을 위해 해 주는 모든 훌륭한 것보다 서로를 위해 충분히 그리고 마음을 다해 함께해 주는 것이 더 중요하다는 것을 배우기 때문이다. 가족들로 하여금 가족의 우선순위를 재정립하고, 이것을 진정 삶이란 무엇인가에 대한 변형된 이해와 연결시켜 주는 것이 내담자가 자신의 삶에서 의미 있는 지혜를 키워 가도록 도와주는 방법이다.

현명한 반추를 위한 질문

다음의 질문들은 진전이 있은 후 치료의 후반부에 내담자의 지혜를 키워 주는 데 도움이 되는 질문들이다.

- X를 더 잘 다뤄 갈 수 있도록 배우면서 어떤 가르침 혹은 통찰을 얻을 수 있었나요?
- 이런 원칙에 따라 행동하고 자신에 대해 어떤 느낌을 받거나 자신을 어떻게 보게 되었나요?
- 당신의 인생이나 다른 사람의 삶의 어떤 부분에서 이 원칙이 실천되는 것을 보았나요?
- 이런 삶에 대한 통찰을 당신의 개인적인 삶의 철학 속에 통합시키고 싶나요? 미래를 위한 선택에 영향을 미쳤나요? 만약 그렇다면 어떻게 통합할 수 있을까요?
- 이런 가치나 신념을 함께 나누고 싶은 사람이 당신의 인생에 있나요? 만약 그렇다면 두 분이 어떻게 서로가 이 관점으로 살아갈 수 있도록 지지할 수 있을까요?
- 만약 당신이 이 원칙을 가지고 살 수 있다면 당신의 삶이나 관계, 자기에 대한 느낌

2) play date: 친한 아이 둘의 부모가 시간을 정해 모여 함께 놀게 하는 것임.

등이 어떻게 변화할까요?

'있는 그대로의 실체'에서 지혜를 얻도록 도와주는 것과 더불어 치료자는 내담자들이 독서, 존경하거나 자신보다 '현명'하다고 여겨지는 사람과 나눈 대화, 자신이나 타인의 종교적인 전통을 살펴보면서도 지혜를 터득하도록 도울 수 있다. 내담자가 어려운 삶의 역경을 겪고 있을 때 나는 자신의 관점을 유지하거나 이 문제에 대한 새로운 관점을 제시해 줄 수 있는 책을 찾아보라고 권한다. 만약 종교적인 전통을 가지고 있거나 종교에 흥미가 있다면 나는 내담자들에게 사람들이나 공동체를 만나 보거나 그들의 이해를 심화시킬 수 있는 독서를 하라고 권한다. 종교나 영성적인 훈련을 바라보는 한 가지 방식은 그것들이 지혜의 근원이고 어려운 삶의 역경을 재명명하는 데 도움이 되는 틀이라는 것이다.

만약 내담자가 이미 마음챙김 훈련을 하고 있다면 그들은 다른 환경에 있는 것보다 지혜와 통찰을 '얻을' 가능성이 더 높다. 자비로운 마음으로 자신의 마음이 작동하는 것을 지켜보고 마음을 고요히 만들어 주는 훈련들이 자신의 타고난 혹은 잠재된 지혜를 드러내 주고 그런 지혜에 더 쉽게 도달할 수 있도록 해 준다. 예를 들어, 나와 함께 작업했던 한 내담자는 심각한 만성 우울증에 시달리는 몇 년 동안 주기적으로 회당에 나갔다. 회기 중에 마음챙김 훈련을 하기 시작하고 얼마 지나서 그녀는 자신이 다니는 회당에도 유대교의 명상 전통에 따른 명상 수업이 있다는 것을 알게 되었다. 그녀는 이 수업에도 나가기 시작했고 틈틈이 랍비가 하는 짧은 훈련 강의도 들었다. 랍비는 그녀가 몇 년 동안이나 알고 지냈던 사람인데, 그가 하는 강의를 수백 번도 더 들었음에도 불구하고 명상 집단에 참가하면서 그의 말들이 훨씬 더 심오하고 영감을 준다는 느낌을 받았다. 비록 이것이 어떤 요인들 때문인지 명확하게 설명할 수는 없지만 주된 차이점은 작은 집단 규모, 그의 강의를 듣기 전에 명상한 것, 그녀의 변화된 생활 상황이었고, 이런 요인들의 조합이 그녀에게 너무나 심오한 (인생은 언제든 끝날 수 있다. 그러니 지금 바로 이 순간을 즐겨야 한다는) 통찰을 가져다주었으며, 근본적으로 2년 동안 유지되었던 그녀의 우울증이 어느 날 오후 끝나고 활기 없는 결혼생활과 빈 둥지에 대한 태도도 변화되었다. 이 사건 이후 우리의 회기는 그녀의 통찰을 실행하는 방법과 지금 이 순간을 더 규칙적이고 지속적으로 살아가는 방법에 초점을 맞출 수 있게 되었다.

평정심 함양 훈련

▌알지 못함의 전문성

불교심리학은 정신건강을 **평정심**(equanimity)이라고 정의하고 있다(Gehart & McCollum, 2007). 삶의 역경에 직면하여 평정심을 유지한다는 것은 쉬운 일이 아니다. 치료자들은 좋을 때나 나쁠 때나 혹은 그 중간 시기의 언제든 기회가 될 때 '**평정심의 씨앗 심기**'를 통해 내담자들을 도울 수 있다. 그렇다. 평정심의 씨앗은 치료 과정 중 어느 때든 심을 수 있는데, 그것은 평정심의 열쇠가 인생의 세 가지 상태, 즉 좋거나, 힘들거나, 그 중간인 상태를 주기적으로, 그렇지만 예측할 수 없는 흐름으로 왔다갔다하기 때문이다. 이 가르침은 어려운 것이기 때문에 세 단계 모두에서 도움을 주어 내담자가 더 잘 숙달할 수 있도록 해야 한다.

▌좋은 시기에 평정심의 씨앗 심기

전략적 가족치료자들은 내담자들이 성과를 보일 때 역설적으로 '천천히 하세요.'라고 주의를 주는 것으로 알려져 있는데, 이는 반항을 불러일으켜 더 빨리 성과를 내게 하거나 정체가 있더라도 완화시키기 위해서다. 어떤 식으로 작용하든 성공을 거둔다(Haley, 1987; Segal, 1991). 마음챙김 기반의 치료자들도 이유는 다르지만 비슷한 것을 한다. 내담자들이 성과를 내고 있거나 냈을 경우, 인생의 오르내림을 큰 관점으로 바라볼 수 있도록 내담자의 주의를 돌리는 것이 더 큰 평정심을 계발하는 데 도움이 된다. 성공에 대한 그들의 흥분을 꺾어 버리기보다 인생의 오르내림을 보여 주는 것은 내담자들이 자신의 좋은 시기를 충분히 즐기고 마음을 다해 경험하도록 도움을 주면서 다른 한편으로는 좋은 시기도 지나갈 것이라는 것을 인식하도록 도와주어야 한다. 예를 들어, 부부나 가족 갈등으로 어려움을 겪었던 가족이 조화로운 시기를 보내게 되면 치료자는 그들의 주의를 여기로 돌려서 평정심의 씨앗을 심을 수 있다. "여러분의 대화 패턴을 살펴보니 서로 간의 차이를 더 잘 해결할 수 있게 된 것 같네요. 다음에 갈등을 경험하게 될 때도 이런 과정을 사용할 수 있으면 좋겠네요. 또 갈등을 겪는 시기가 올 수 있지만, 다음번에는 그런 시기를 더 잘 인식할 수 있고 어떻게 반응하는 것이 더 좋은지 잘 알 수 있을 거예요. 주의를 기울여야 하는 증상은 어떤 것들이 있고, 우리가 함께 배운 것을 토대로 어떻게 반응할 수 있을까요?"

이 주제와 관련해서 마음챙김 기반 치료자들은 긍정심리학자의 가르침을 참고할 수 있다. 긍정심리학자들은 이 불교의 훈련에 부가적으로 내담자들에게 자신의 좋은 시기를 안정적으로 보거나 이야기하고 나쁜 시기를 예외상황으로 보거나 일시적인 것으로 이야기하라고 권장한다(Seligman, 2002). 이 권고사항은 사람들이 평균보다 행복하다는 연구 결과에 토대를 두고 있다. 앞의 예라면 내담자들에게 좋은 시기란 전형적이고 일반적으로 기대하는 상황으로 보고, 정체기나 어려운 시기는 삶의 과정에서 불가피하게 일어날 수 있지만 다뤄 나갈 수 있음을 인식하도록 독려한다.

좋은 시기에 평정심 함양하기

내담자의 목표를 향한 진전이 이루어졌을 때 다음의 질문이나 멘트를 사용하여 평정심을 키우는 데 도움을 줄 수 있다.

- **미래에 적용하기**: 그 문제를 다루는 법을 어떻게 배우게 되었나요? 이런 일이 또 일어날 가능성이 있다는 것을 알고 있는데, 이런 일이 일어났을 때 이런 지식을 어떻게 사용할 생각인가요?
- **퇴보에 대비하기**: 1부터 10까지의 척도에서, 10이 매우 그렇다라면 이 문제가 다시 나타날 가능성은 어느 정도라고 생각되나요? 그때는 어느 정도로 잘 다뤄 갈 수 있을 것이라고 생각되나요?
- **인생의 변동기를 바라보는 관점**: 당신의 인생을 밀물과 썰물처럼 이런 문제들이 생겼다가 사라지는 흐름에 비추어 봤을 때—물론 당신이 여기 처음 왔을 때보다 훨씬 낮은 수준이길 바라지만—당신은 어떤 생각이 드나요?
- **맥락 확장하기**: 당신은 지금 경험하고 있는 좋은 시기를 충분히 즐기면서도 앞으로 어려울 수 있는 시간들을 포함하는 큰 그림을 염두에 둘 수 있나요?
- **인생의 관점**: 이 좋은 시기에도 당신은 한 걸음 물러서서 당신의 인생을 전체적으로 바라볼 수 있나요? 좋은 시기, 힘든 시기 그리고 중간 지점에서 어떤 형식의 모자이크가 보이고 있나요?
- **영성적인 관점**: 당신의 관점에서 봤을 때, 좋은 시기가 한 사람의 인생에 어떤 역할을 하는 것 같나요?

이러한 형식의 질문들은 보통 사람이 가지고 있는 신화와 환상, 즉 충분한 치료를 받으면, 충분히 노력하면 혹은 충분한 돈을 가지고 있으면 문제가 없는 삶을 살 수 있다는 그런 환상을 깨는 데 도움이 된다. 비록 그러한 생각이 사실상 우리 모두에게 매력적으로 들리고, 아이러니하게도 사람이 마음챙김 등의 훈련을 하게 만드는 동기가 되기도 하지만, 이러한 생각은 순진한 생각이고 오해의 소지도 있다. 치료자는 내담자의 '희망의 공기방울'을 거칠게 터트리지 말아야 하지만 좋은 시기와 그의 피할 수 없는 힘든 시기를 부드럽게 연결지어 줄 수 있어야 한다.

▌어려운 시기에 평정심의 씨앗 심기

내담자들이 치료를 받게 만든 어려움을 겪고 있는 시기, 주로 치료 초반이나 중반에 치료자들이 현재 인생에 대한 내담자의 관점을 확장시켜 주는 것으로 평정심을 계발할 수 있도록 도와줄 수 있다. 치료자는 내담자들로 하여금 주로 해결할 수 없어 보이고 그래서 영구적으로 지속될 것이라고 느껴지는 (하지만 대부분 그렇지 않은) 현재의 상황을 삶에서 생기는 일시적인 변동기로 바라보도록 도와줄 수 있다. 상황을 바라보는 내담자의 관점을 확장시키는 데 사용할 수 있는 대안들로는 질문하기, 성찰 이끌어 내기, 가설적인 상황 고려하기 등 다양하다. 이것들은 내담자로 하여금 자신의 상황에 대해 관점을 유지하도록 도와준다.

힘든 시기에 관점 확장하기

치료자는 내담자들이 문제를 보다 큰 맥락에서 기억하도록 돕기 위해 여러 선택을 할 수 있고, 또한 어떤 선택이 가장 적절한 선택인가 하는 문제는 특정 내담자와 문제에 따라 달라진다. 이런 것들은 치료자가 자신의 이야기를 잘 경청하고 수용해 주었다고 느끼고, 좀 더 큰 맥락에서 고려할 수 있는 상태에 도달한 후에 탐색되어야 한다. 몇 가지 대안은 다음과 같다.

- **문제의 실제 경험을 걱정으로부터 분리하기:** 우리 대부분은 문제를 경험할 때 그것에 대해 하루종일 생각하면서 보낼 때는 그 문제가 우리의 깨어 있는 모든 순간을 침식시켜 버릴 것 같지만, 실제로 그 사건이 우리의 일상에 미치는 영향은 꽤 미비합니다(예, 싸움에 대해 호들갑을 떨고 고민하는 것 vs. 싸움에 걸리는 시간). 당신은 하루 중 혹은 일주일 중 몇 분(혹은 몇 퍼센트의 시간)을 실제로 문제를 경험하는 데 쓰고 있는지 추측할 수 있나요? 그 시간은 당신이 그것에 대해 생각하거나 걱정하는 데 쓰고 있는 시간과 얼마만큼의 차이가 있나요?

- **현재의 좋음과 연결하기:** 당신의 인생 중 잘되고 있는 부분이 있나요? 만약 그렇다면 당신 인생의 몇 퍼센트(혹은 하루/한 주)가 문제로 가득 차 있고, 무난하게 잘 보내고 있는 비율은 어느 정도인가요?
- **미래를 회고하기:** 5년, 10년, 20년 후에 이 문제에 대해 어느 정도 걱정할 것이라고 생각하나요?
- **인생의 관점:** 한 걸음 물러나서 이 상황을 직시해 봤을 때, 당신 인생의 몇 퍼센트 정도가 이 문제에 사용되고 있다고 보나요?
- **영성적인 관점:** 당신의 영성적 혹은 종교적인 관점과 이 문제가 어떻게 들어맞나요? 인생의 여정에서 사람들이 문제를 겪는 이유는 무엇이라고 믿나요? 좋은 결과를 가져올 수도 있을까요? 당신이 경험하고 있는 것에서 얻을 수 있는 좋은 점은 무엇인가요?

비관적이거나 무기력한 성향이 있는 내담자들과 작업할 때 치료자는 더 노력하고 행동주의적으로 작업하거나 혹은 더 객관적인 설명을 통해 정확하고 공평한 대답을 받아 내야 한다. 심각한 외상이나 학대의 이력이 있는 상황들에서는 내담자의 주의를 미래로 돌려서 그들의 인생에서 힘든 시기는 (치료를 통해) 끝날 것이고 그들의 인생이 더 나아질 것이라는 점을 강조하는 것을 통해서 평정심이 계발될 수 있다.

▌중간 시기에 평정심의 씨앗 심기

'좋은' 시기와 '힘든' 시기에 더해 인생에는 그 중간 정도에 해당되는 시기들도 있다. 이런 별다른 일 없이 보내는 시기는 인생의 지속적인 변동기의 한 부분이다. 많은 현대 문화에서는 보통 이런 시기가 진짜로 힘든 시간보다 더 무서운데, 이 시기에는 어찌할 바를 모르겠다는 느낌이나 목표가 없다는 느낌, 더 나아가서 지루하다는 느낌까지도 갖게 되기 때문이다. 나는 드라마에 너무 익숙해져 인생이 안정되자마자 불안감을 느끼고 의식적으로 흥분이나 문제를 일으키고 싶다고 보고한 내담자들도 보았다. 치료자들은 이런 내담자들이 별다른 일 없이 보내게 되는 중간 시기에는 그 흐름에 맡기면서 '존재'하는 방법을 배우고, 동시에 좋아질 수도 나빠질 수도 있지만 계속 흘러갈 것이고 계속해서 굴곡을 경험할 것이라는 사실을 배우도록 도울 수 있다.

아이러니하게도 삶의 굴곡이 있다는 사실을 수용하면 할수록 더 적은 굴곡을 만난다고 느낄 것이다. 중간의 시기에서 느끼는 모호함에 편안해지는 것은 특히 유용하다. 이는 평정심을 키워 가면 갈수록 인생은 항상 좋지도 나쁘지도 않고, 다만 존재할 뿐 그리고 그 자체만으로도 아름답기 때문이다.

중간중간에 할 수 있는 질문

내담자가 좋지도 나쁘지도 않다고 보고할 때, 다음과 같은 형식의 질문이 평점심을 키우는 데 도움이 될 것이다.

- **중간중간 마음챙김으로 경험하기:** 그건 흥미롭네요. 당신의 말은 당신의 목표를 이루었다고 느껴지지는 않지만 처음 시작할 때보다 더 나아졌다는 이야기네요. 당신은 지금 중간 정도에 위치해 있네요. 지금 여기에 있는 것이 당신에게 어떤 기분인지 설명해 줄 수 있나요? 여기에 있는 것에 대해 어떤 생각이나 느낌이 드나요?
- **진전을 마음챙김으로 경험하기:** 당신의 목표에 도달했다고 생각하지는 않지만 진전이 있다는 느낌이 든다고 했어요. 최악과 최상의 사이에 있는 것이 어떤지 설명해 줄 수 있나요? 어떤 점이 좋은가요? 어떤 점이 어려운가요?
- **퇴보(setback)를 마음챙김으로 경험하기:** 이번 주는 지난주보다 조금 안 좋군요. 시작할 때보다는 나아졌지만 지난주보다는 나쁜 것이 어떤지 설명해 줄 수 있나요? 어떤 생각과 느낌이 드나요?

- **굴곡기에 대한 마음챙김의 숙고:** 높지도 낮지도 않다고 말했어요. 한 걸음 뒤로 물러나 지금까지 당신 인생의 굴곡기를 살펴보고 미래를 상상해 본다면 당신 인생의 몇 퍼센트를 이런 '일상적인' 시간으로 보낼 수 있을 것이라고 생각하나요? 이런 '별다른 일 없이 보내는' 상태에서 보내는 시간이 많은 것이라는 가정하에 이런 시기를 어떻게 접근하고 싶은가요?
- **영성적인 관점:** 당신의 관점에서 이런 '중간 시기'가 영적인 여정에서 어떤 역할을 할까요?

회기 중 마음챙김 경험

생각과 느낌을 마음챙김으로 경험하기

개인, 부부나 가족 중 누구와 작업하든 내담자들로 하여금 자신의 생각과 느낌을 관찰하게 하는 것은 여러 가지로 도움이 된다. 마음챙김 명상을 훈련하는 내담자들은 일반적으로 마음챙김 관찰로 많은 경험을 하고 이로 인해 최소한의 자극에도 반응한다. 하지만 대부분의 내담자는 잘 개발된 훈련을 하고 있지 않고, 특히 사랑하는 사람과 어려운 대화를 할 때 조금 더 많은 체계와 지지를 필요로 한다.

가족치료 분야에는 지금 이 순간의 경험을 접근하기 위해 만든 모델과 접근 방법을 개발한 치료자들이 많다. 예를 들어, 정서중심치료에서 존슨(Johnson, 2004)은 부부를 도와 자신의 이차적 감정과 욕구 기저의 일차적 애착 감정을 확인하는 것, 예를 들어 결혼기념일을 잊은 남편에게 화가 나 있는 내담자를 멈추고 화를 키우는 더 깊은 두려움과 감정을 탐색하도록 돕기 위해 개입한다. 존슨은 **환기적 반응**(evocative responding)과 **공감적 추론**(empathic conjecture)을 사용하여 내담자가 자신의 내면적 경험에 귀 기울일 수 있도록 돕는다.

비슷하게 앤더슨(2007)은 내담자가 특별한 의미를 두고 있는 듯한 (굳이 숨기지 않는) 단어를 듣거나 비언어적 표현을 보면, 내담자들에게 그 단어나 표현 '안'에 어떤 것이 있는지, 주로 만약 그것이 말로 할 수 있다면 어떤 말을 할지 물어보았다. 예를 들어, "당신의 꽉 쥔 주먹이 지금 말을 한다면 무슨 말을 할까요?" 혹은 "당신이 '혼자'라는 단어의 속을 들여다볼 때 무엇이 보이나요?" 이런 질문들은 내담자들로 하여금 자신의 경험을 더 알아차릴 수 있도록 초대한다. 앤더슨은 자신의 눈과 마음을 활짝 열고 자신이 만드는 의미에 더 귀를 기울이도록 했다.

이것들과 다른 대화적인 접근법에 덧붙여, 치료자는 명상 훈련에 사용되는 기본적인 마음챙김 관찰 원칙들을 사용하여 내담자들에게 자신의 내면세계를 더욱 마음챙김적으로 만나 보도록 권장할 수도 있다. 이러한 접근들은 모두 내담자가 회기 내에서 자신의 지금 이 순간의 생각과 감정을 관찰하도록 도와서 이러한 경험들과 새로운 관계를 맺을 수 있도록 한다. 이 문제가 되는 생각과 감정에 대한 대안적인 관점은 내담자의 기존 삶의 경험을 변화시키고 이 주제들을 더 지략적으로 다룰 수 있도록 한다.

마음챙김 관찰 안내하기

만약 내담자가 동의한다면 마음챙김으로 문제가 되는 생각과 감정을 회기 내에 잠시나마 경험하도록 초대할 수 있다.

"당신은 X를 느꼈다고/생각했다고 했어요. 잠시 시간을 가지고 그 생각/느낌을 지켜보며 알아차려 보세요. 세부적인 부분을 알아차려 보세요."

- 그것은 하나의 생각/느낌인가요, 아니면 여러 가지인가요?
- 당신의 마음을 지배하나요? 아니면 들어왔다 나갔다 하며 날아다니나요?
- 그것은 친숙한가요? 아니면 생소한가요? 그것에 대한 이차적인 생각이나 느낌이 있나요?

- 그것은 강한가요? 아니면 약한가요?
- 당신의 몸 어디에서 경험되나요?
- 그것과 연관된 색이나 이미지가 있나요?
- 그것은 당신을 피곤하게 하거나, 힘이 나게 하거나, 혹은 다른 어떤 식으로 느끼게 하나요?
- 자신에 대한 느낌에 어떤 영향을 미치나요? 오늘의 느낌에는? 인생에 대한 느낌에는? 마음챙김으로 경험하는 시간을 가진 후 치료자와 내담자는 이런 관찰에 대한 의의에 대해 이야기하고 이런 생각과 느낌을 회기 밖에서 어떻게 연관할 수 있는지 나눈다.

문제와 관련된 마음챙김 관찰의 직접적이고 안내적인 접근에 더하여, 치료자들은 내담자들이 자신의 지금 이 순간의 경험과 새로운 방식으로 관계를 맺을 수 있도록 더 정교한 질문을 할 수 있다.

생각과 느낌에 대한 마음챙김 관찰을 위한 대화적 초대

- **상상 속의 방에서 관찰하기:** 이 문제를 일으키는 느낌/생각을 방에 넣을 수 있고, 문을 닫은 후 밖의 안전한 곳으로 가서 창문을 통해 관찰할 수 있다고 상상해 보세요. 방 안에 있는 것을 살펴볼 때 무엇이 보이고 알아차려지는지 설명해 주세요. (내적 가족체계에서 조정됨; Schwartz, 1995).
- **말을 할 수 있다면:** 만약 그(심볼, 단어, 내담자가 사용한 은유, 예를 들어 매듭이나 내면의 작은 소녀)가 말을 할 수 있다면 뭐라고 말할까요?
- **무엇이 일어나고 있는지:** 당신의 내면에 지금 무슨 일이 일어나고 있나요? (부부를 위해서라면) 당신 파트너가 말을 하고 있는 지금 이 순간 당신의 내면에는 어떤 일

이 일어나고 있나요?

- **안을 들여다보기:** 누군가가 지금 당신 안을 들여다볼 수 있다면 그는 무엇을 볼 수 있을까요?

내담자들에게 직접적으로든 간접적으로든 생각과 경험을 회기 중에 마음챙김으로 경험하도록 초대한 이후에는 내담자들로 하여금 알아차린 것에 대해 성찰해 보고, 그들의 상황을 나아지게 하는데 이것들을 어떻게 사용할 것인지 생각하도록 해야 한다.

마음챙김으로 경험한 것을 숙고하기

앞의 활동들 중 하나를 한 이후에 치료자들은 내담자들로 하여금 자신이 배운 것에 대해 숙고하도록 초대할 수 있다.

- "당신의 생각과 느낌을 조금 새로운 관점에서 경험할 수 있었던 것처럼 들리네요. 그것에 대해 더 물어봐도 될까요?"
- 상황에 대한 새로운 생각이나 느낌이 있나요?
- 당신을 놀라게 한 무엇이 있나요? 어떤 점이 놀랍지 않았나요?
- 이 경험을 통해 통찰이나 지혜를 얻은 것이 있나요?
- 자신이나 타인에 대한 연민이 조금이라도 더 생겼나요?
- 당신이 경험한 것들 중 무엇이라도 다가올 한 주 동안 어떻게 상황을 더 잘 다루어 나갈 수 있다는 아이디어를 주는 것이 있었나요?
- 지금 당신이 설명한 것을 기반으로 당신이 이 상황에 대해 스스로에게 하는 이야기 중 어떤 점이 달라졌다고 생각하나요?

관계 패턴에 대한 마음챙김 알아차림

세부적인 사항으로 들어가게 되면 개인치료 대 부부 및 가족치료의 두드러진 특성 중 하나는 **관계적 상호작용 패턴**에 초점을 둔다는 점이다(Sprenkle, Davis, & Lebow, 2009). 자신을 부부와 가족 치료자라고 정의하는 대부분의 전문가는 방에 한 명이 있든 그 이상의 사람이 있든 이 관계적 관점을 유지한다. 사실 나는 개인을 도울 때 오히려 관계적 관점을 유지하면서 타인과 내담자의 상호작용 패턴에 관심을 가지는 것이 더 중요하다고 주장한다. 그렇지 않고 한쪽의 입장만 듣다 보면 내담자의 배우자를 상대로 내담자와 결탁(結託)해 버릴 수 있기 때문이다.

대부분의 경우 사람들은 문제가 되는 상호작용 패턴이 일어났을 땐 그들이 매우 격양된 상태에 놓여 있기 때문에 그런 관계 패턴이 정확히 어떤 식으로 진행되는지 매우 막연하게 인식하고 있다. 이 패턴을 기억해 내는 데 어려움을 겪는 이유는 스트레스 반응이나 외상을 경험하는 상황(또한 많은 사람에게 사랑하는 사람과의 싸움은 과거의 외상 경험을 떠올리게 하거나 새로운 외상으로 경험하게 된다; Seigel, 2010b)에서 손상된 기억기능과 연관되어 있을 것이다. 따라서 이러한 패턴을, 특히 관계에서 자신이 하는 반응 패턴을 분명하게 확인하는 것이 변화를 위한 매우 중요한 첫걸음이다. 문제시되는 상호작용 패턴을 확인했다면, 그다음에 치료자가 내담자들로 하여금 연속되는 사건들의 진행 속도를 줄이고 고통스러운 상호작용을 부추기는 정서, 두려움 그리고 생각들을 마음챙김으로 알아차리도록 한다. 이 과정에 자신과 타인의 정서에 대한 연민을 끌어들임으로써 더 깊이 이해하고 새롭게 행동할 가능성이 생긴다.

관계 패턴을 마음챙김 접근으로 관찰한다는 것은 상호작용 패턴을 관찰하는 평범한 훈련에 호기심 넘치는 마음챙김 접근을 추가하는 것이다. 전통적인 체계 접근의 목표는 문제시되는 상호작용 패턴을 중단하고 체계를 자연스럽게 재구조화하는 것이다(Watzlawick, Weakland, & Fisch, 1974). 반면에, 인지행동치료자들은 내담자들에게 좀 더 효율적인 상호작용 방식에 대해 교육한다(Gottman,

1999). 마음챙김 접근은 상호작용하는 현 순간에 대한 알아차림과 상호작용을 하고 있는 것에 대한 숙고를 통해 내담자들이 스스로 더 좋은 관계를 위한 방법을 알아내도록 한다.

문제 상호작용 패턴을 알아차리게 만드는 질문들

치료자들이 체계 순환적 질문과 행동 및 의식의 이야기 지도 등 다양한 가족치료 기술을 적용하여 내담자들로 하여금 그들의 패턴에 대해 알아차리도록 도와줄 수 있다. **밀란체계치료**(**Milan systemic therapy**; Selvini-Palazzoli, Cecchin, Prata, & Boscolo, 1978)에서 사용되는 순환 질문은 호기심 넘치고 비난적이지 않은 방식으로 상호작용 패턴을 추적한다. 질문은 체계 안의 각각의 사람들이 '평상시에'(긴장이 없을 때) 무엇을 하고 있는지를 묻는 것으로 시작하여 긴장감이 고조될 때, 긴장감이 정점에 이르렀을 때, 그리고 가장 중요하지만 가장 잘 잊는 부분인 그 후 다시 '평상시' 항상성(자세한 내용은 제5장 참고)으로 돌아올 때 어떤 상호작용 패턴을 보이는지를 추적한다. **순환 질문**들은 행동과 의식을 지도화하는 이야기치료 기술을 변형한 기법인데, 이 기술은 행동과 정신과정, 이야기 그리고 이런 행동의 의미를 분리하는 기법이다(Freedman & Combs, 1996).

관계 패턴에 대한 마음챙김 알아차림에는 통상적으로 다음과 같은 것들이 포함된다.

- 문제시되는 상호작용 패턴에 대해 알아차림한다(제5장 참고).
- 상호작용하는 동안의 내적 경험에 대해 알아차림한다.
- 상호작용 패턴을 자비로운 알아차림으로 마음챙김한다.
- 변화하는 상호작용 패턴에 대해 숙고한다.

문제시되는 상호작용 순환고리에 대한 마음챙김 숙고

문제시되는 상호작용에 대한 알아차림

- 잘되고 있거나 적어도 문제가 되지 않을 정도의 상태에서 일이 어떻게 진행되고 있고 여러분 각자가 무엇을 하고 있는지 설명해 줄 수 있나요? A님이 X를 할 때, B(C, D)님은 어떻게 반응하나요? 그것에 대한 반응으로 A님은 뭘 하나요?
- 만약 긴장감이 고조되고 있다는 징후들이 있다면 어떤 것들인가요? 누가 무엇을 하고 각각은 어떻게 반응하나요?
- 긴장감이 최고치에 다다르면 누가 뭘 하나요? 여러분 각자는 타인에게 어떻게 반응 혹은 반응하지 않으려고 하나요?
- 이 가족은 마지막에 어떻게 해결하고 '평상시' 느낌으로 돌아가나요? 한 분이 항상 미안하다고 하거나 화해를 하려고 하나요? 아니면 그때그때마다 그렇게 하는 사람이 달라지나요?
- 다른 사람들은 이 순환고리를 어떻게 경험하나요? 아니면 어떻게 영향을 받고 있나요?

상호작용 도중 내적 경험 알아차림하기

- '평범한', 긴장이 고조되는, 긴장의 정점, 긴장의 해결 그리고 '평상시 상태'로 돌아오는 이 다양한 단계 중에서 여러분 각자의 내면에는 어떤 일이 일어나고 있나요?
- 이런 다양한 단계 중에서 여러분 각자의 안전에 대한 느낌은 어떻게 되나요? 여러분 각자가 화남, 상처받음, 공격당함, 피하고 싶음 등의 안전하지 못하다는 느낌을 어떻게 표현하나요?
- 이 순환고리에 영향을 받은 사람들에게는 어떤 일들이 일어나고 있나요?

상호작용 패턴에 대한 자비로운 알아차림

- 이 순환고리를 알아내고 나니 좀 더 이해하기 쉬워졌다거나 연민을 느끼게 된 요소

들이 있나요?

- 한 걸음 물러나서 자신이나 다른 사람들이 안전하지 않다고 느끼는 경험을 이해하기 시작하니 이 상호작용 순환고리가 다르게 보이나요?
- 여러분 각자가 갑자기 관계가 불안전하고 비지지적이라고 느끼는 경험에 연민을 느끼나요?

많은 내담자에게는 이러한 패턴들을 알아차리는 것만으로도 변화 동기를 강화시키고, 최선의 변화 접근법을 밝혀내는 데 도움이 된다. 치료자는 숙고해 보도록 하여 이 과정을 심화 · 촉진시킬 수 있다.

상호작용 패턴을 변화시킬 수 있는지에 대해 숙고해 보기

- 이제 패턴을 더 분명하게 볼 수 있게 되었는데, 이 패턴을 중지시킬 방법에 대해 생각해 본 적이 있나요? 이 순환고리가 시작되는 초반에 당신이 무엇인가 다르게 할 수 있는 부분, 예를 들어 잠시 쉬었다가 자신을 다른 식으로 표현한다거나 혹은 다른 반응을 할 수 있는 부분이 있나요?
- 순환고리를 중지하기 위해 간단하게 할 수 있는 것이 있나요? 예를 들어, 어떤 특정 상황을 피한다거나 특정 사람들의 조합을 아예 피해 버린다거나?
- 다음번에 또 이런 일이 일어날 때 부정적인 순환고리로 들어가고 있는 것을 당신이나 두 분 모두에게 상기시켜 주는 데 도움이 될 만한 행동이 있을까요?
- 이 패턴이 시작되고 있는 가장 분명한 특징, 화가 난 상황에서조차 알아차릴 수 있을 만큼의 특징은 뭔가요? 알아차려서 지금 순환고리에 들어가고 있다거나 혹은 피하려는 행동을 하지 않으면 문제가 될 수 있음을 알려 줄 만한 특징이요.
- 이러한 상호작용 패턴의 강도를 멈추거나 혹은 줄일 수 있었던 시간에서 배운 것은

무엇인가요? 여기서 어떤 것을 사용할 수 있고, 어떻게 좀 더 광범위하게 적용할 수 있을까요?

문제적 상호작용을 마음챙김으로 실연(實演)하기

개인의 불안감이나 우울증이 개인치료에서는 쉽게 눈에 띄지 않을 수 있지만, 부부나 가족치료에서는 그들의 문제(보편적으로 갈등적인 교류)가 회기 중에 '생생하게' 드러난다. 말다툼이 일어나고 사람들이 소리를 지르거나 울기도 하고, 아니면 죽은 듯이 입을 꾹 다물고 있기도 한다. 살바도르 미누친(Salvador Minuchin)은 이러한 상황을 관리하기 위해 **실연 기술(technique of enactment)**을 사용하였고, 이는 **정서중심치료**(Johnson, 2004), **단기 전략적 치료**(Szapocznik & Williams, 2000), **다체계적 가족치료(Henggeler**, 1998) 등 다양한 증거 기반 접근법의 핵심이 되었다. 당신이 문제의 회기 중 실연(實演)을 선호하지 않는다고 할지라도 어쨌든 이런 일들은 일어나기 마련이다(Gehalt, 2010). 이런 순간에 치료자는 마음챙김을 사용하여 내담자들이 이런 패턴을 알아차림하도록 도와서 차후에는 다른 방식으로 반응해 볼 수 있도록 도와줄 수 있다.

자연스럽게 실연(實演)되든 아니면 정중하게 실연(實演)해 보도록 요청하게 하든 간에, 치료자는 내담자들이 다루기 어려운 대화를 하면서 더 효과적으로 말할 수 있도록 도와 문제적 상호작용 패턴을 변화시키는 법을 배울 수 있는 기회를 만들어 줄 수 있다. 보통 치료자는 내담자들에게 통상적인 말다툼이나 문제적 교류가 어떻게 진행되는지 '보여 달라'고 하는 것으로 실연 과정을 시작한다. 대안적으로 치료자는 보다 협동적인 접근을 취하여 내담자들에게 실연해 달라고 요청하거나 거절할 경우에는 이를 존중한다. 사례개념화에 따라 치료자는 더 좋은 결과를 위해 그들의 상호작용을 변화시키고, 과정 중에 각 구성원들에게 적극적으로 코칭해 주고, 또 경로를 벗어나면 상호작용을 중지시키는 방식으로 부부나 가족을 돕는다. 실연에 대한 마음챙김 접근법은 이 전통을 발판으로 삼아 각각의 구성원들에게 이 상호작용과 자신들의 내적 과정을 실행의 일부로 마음챙김 경험을 해 보도록 초대하는 과정이 추가된다. 상호작용과 대화에 참여하는 사람들의 내적 경험에 대한 내담자의 알아차림이 증가되면서 관계 방식에 대한 새로운 대안들이 확연하게 드러난다.

마음챙김 실연(實演) 안내하기

치료자들은 부부나 가족에게 특정 혹은 일반적인 문제 상호작용을 실연해 보도록 부탁하여 시작하거나 혹은 회기 중에 자연스럽게 일어나는 문제적 상호작용들을 활용할 수 있다. 그 후 긴장감이 고조될수록 치료자는 내담자들에게 다음의 내용들을 해 보도록 한다.

- **내면 과정 되돌아보기:** 반응하기 전에 여러분 각자가 조용히 몇 초 동안 자신을 돌아보길 바랍니다. 그리고 어떤 생각과 감정들이 일어나고 있는지를 알아차려 보세요. (선택사항: 어떤 경험을 하고 있는지 간략하게 나눠 주실 수 있나요?)
- **상호작용 패턴 되돌아보기:** 여기서 잠시 멈추고 한 걸음 뒤로 물러서서 일어나고 있는 상호작용 패턴을 살펴보기를 바랍니다. 각 사람이 자신의 특정 반응을 하면서 어떤 식으로 대화를 이끌어 가고 있나요? 각 반응이 이전 반응 맥락에 따라 어떻게 이해가 됐나요? 이것들이 새로운 방향으로 가게 하기 위해 어떤 일들을 해 볼 생각이 있나요? 한번 해 보죠.
- **벽에 붙은 파리:** 여기에서 잠시 대화를 멈추기 바랍니다. 그리고 여러분 각자가 벽에 붙은 파리이고 지금 일어나고 있는 것들을 볼 수는 있지만 그 표면 아래의 미묘한 역동까지는 이해하지 못하는 척해 보길 바랍니다. 파리가 보고 있는 것을 말해 줄 수 있나요? 이것에 대해 어떤 생각을 가지고 있나요? 그것을 지금 바로 행동으로 해 봅시다.

- **지금 순간에:** 대화를 잠시 멈추고 우리에게 지금 이 순간 당신에게 어떤 일이 일어나고 있는지 그냥 설명해 줄 수 있나요?
- **마음챙김 재진술:** 잠깐 시간을 가지고 당신의 파트너/가족 구성원이 방금 당신이 한 말을 어떻게 들었을지 생각해 보세요. 그/그녀의 현실로 들어가 보세요. 그 후에 다시 당신이 하고 싶었던 말을 하되 그/그녀의 현실을 고려해서 해 보세요.
- **연결 vs. 방어를 위한 시도:** 잠시 멈추고 여러분 각자에게 당신의 마지막 반응을 고려해 보라고 하고 싶습니다. 어떤 측면에서 연결을 향한 시도였나요? 얼마만큼 당신 스스로를 지키기 위한 방어 작전이었나요? 이 반성을 토대로 다시 돌아가서 같은 것에 대해 다시 소통하려고 노력해 보죠.
- **안전감에 대해 돌아보기:** 잠시 멈춰 봅시다. 여러분 모두가 지금 이 관계에서 얼마만큼 안전하다고 느끼는지 살펴보시기 바랍니다. 당신이 안전하다고 인식하는 정도에 따라 당신이 어떤 반응을 보이고 있는지 알아차려 보세요. 지금 당신의 파트너/가족구성원이 당신 주변에서 더 안전하다고 느낄 수 있도록 돕기 위해 어떤 말을 할 수 있을까요?

시작일 뿐……

위 훈련들이 마음챙김에 기반을 둔 훈련의 모든 것은 아니다. 오히려 앞에 제시한 훈련들은 치료 과정에서 대화를 변화시키기 위해 사용할 수 있는 다양한 마음챙김과 수용 방식들의 예시일 뿐이다. 내담자들이 그들의 목표를 이룰 수 있도록 마음챙김과 수용의 사용 방식을 좀 더 확장하여, 독자가 더 많은 새로운 방식을 만들어 내었으면 한다.

· 08 ·

부부와 가족을 위한 마음챙김과 수용 개입

관계 속에서 마음챙김과 수용

가장 치열하고 친밀한 관계인 부부와 가족 관계는 우리가 가장 안전하다고 느끼기도 하지만 가끔은 가장 상처받기 쉬운 관계이기도 하다. 따라서 이러한 관계에서 무엇인가 잘못되어 가고 있다면 우리는 필사적으로 연결감을 회복하려고 노력하거나 혹은 자신을 지키기 위해 철수하는 방식으로 상황을 '개선하려고' 한다. 사실 두 반응 중 어떤 반응도 그 상황에서는 도움이 되지 않고, 오히려 당사자들의 관계를 최악의 상태로 만들어 버릴 뿐이다. 부부나 가족은 이런 악순환이 너무 오래 지속되어 걷잡을 수 없게 되었을 때, 치료자에게 도움을 요청한다. 이 장에서는 부부와 가족이 마음챙김적 관계모델을 사용하여 좀 더 만족스러운 관계를 만들어 가는 데 도움이 될 만한 몇 가지 대안에 대해서 다룰 것이다.

마음챙김 관계모델

제4장에서 소개하였듯이 마음챙김과 수용 훈련은 건강한 관계 기능에 대한 특정 모델에 대해 알려 준다.

마음챙김 관계 과정의 모델

마음챙김의 관점에서 보면, 관계는 각자가 다음과 같은 관계적 · 개인적 과정의 균형을 이룰 때 가장 잘 되고 있다고 본다.

관계 과정

- **정서적 현존**: 상대를 위해 정서적으로 존재해 주고 시간을 내어 주기
- 자비와 수용: 상대방에 대한 자비와 수용을 경험하고 표현하기

개인 과정

- **자기조절**: 자기 자신의 정서 조절하기
- **자기수용**: 자기를 위해 수용과 자비 실행하기

부부 관계에서 부부는 양 당사자 모두 이 두 영역에서 그들의 능력을 키워 간다. 부모-자녀 관계에서는 부모가 성장해 가는 자녀들에게 이런 자질들을 가르치고 발달시킬 책임이 있다.

마음챙김 정보에 기반을 둔 관계 모델은 저명한 두 개의 관계이론, **애착이론**과 **분화**(differentiation)의 요소들을 갖추고 있다. 애착이론은 수십 년 동안 유아-양육자 관계를 이해하는 중요 이론으로 받아들이며, 최근 들어 전 생애에 걸쳐서 탐구되고 있다. 성인애착이론은 성인들도 정서적 · 신체적 안녕감을 경험하기 위해서 친밀한 관계 속에서 안전감과 평온감을 느낄 수 있어야 한다고 제안하는데, 이를 뒷받침해 주는 연구기반이 빠르게 축적되어 가고 있다(Gottman, 2011; Johnson, 2004, 2008; Siegel, 1999, 2010b). 애착이론의 선두적 옹호자인 존슨(Johnson, 2008)은 이 욕구가 유아의 경우만큼이나 성인에게서 중요한 생존 욕구이고, 부부 사이에서 안전감이 위협받을 때 나타나는 '**원초적 두려움**(primal

panic)'뿐만 아니라 애정관계에서 보이는 격렬하고 잔인한 행동까지도 이것으로 설명할 수 있다고 제안한다. 부부치료 접근 중 가장 잘 연구된 것으로 널리 알려진 존슨의 정서중심치료(emotionally focused therapy)는 관계에서 이러한 안전감의 유대를 회복하는 데 초점을 맞추고 있다. 마찬가지로 고트먼(Gottman, 2011)도 최근에 그의 부부치료 이론에 의사소통 및 관계 기술에 덧붙여 신뢰감을 포함시키는 것으로 개정하였다. 비록 마음챙김과 불교 전통이 애착이론에 상응하는 이론을 가지고 있지는 않지만(제2장에서 설명했듯 애착이라는 단어를 전혀 다른 심리학적 과정에 사용한다), 그들은 관계에서 정서적으로 존재해 주기, 연민어린 마음 갖기, 수용하기를 강조하고 있다. 이 세 가지 요소는 애착이론가들이 구상하는 안정애착의 핵심 특성들이다.

마음챙김과 수용 이론들은 정서적 자기조절과 자기 수용을 강조하고, 이는 보웬(Bowen)의 분화와 **자기위로(self-soothing)**의 개념과 관련이 있다(Bowen, 1985; Schnarch, 1991). 분화는 **연대감(togetherness)**이라는 관계의 압박 속에서 자신의 자아 개념을 유지하는 능력과 가깝고 친밀한 관계를 만드는 능력을 모두 포함한다. 이 이론에 따르면, 친밀감을 경험하려면 개인들은 자기위로 능력을 갖추고 관계 내에서 불가피하게 발생하는 상처받기 쉬움과 실망감 등의 강렬한 감정을 관리할 수 있어야 한다(Schnarch, 1991). 자기위로 능력은 개인이 손쉽게 안정적인 관계를 맺도록 해 줄 뿐만 아니라 안전한 관계가 손상되었을 때 더 쉽게 회복하도록 해 준다. 마음챙김 수행은 자기위로 능력을 증진시킬 수 있는 가장 직접적인 방법 가운데 하나다.

따라서 전체적으로 요약해 보면, 관계의 마음챙김 모델은 의미 있는 타인인 배우자, 자녀, 부모, 친한 친구 등과 정서적으로 함께 있어 주면서 연민을 갖고 한 사람의 자기조절 능력을 증진시켜 주는 것이다. 이 장에 소개된 개입 훈련들은 이 두 가지 영역에서 부부와 가족이 그들의 능력을 증대시켜 가는 데 도움을 주고자 고안된 것들이다.

부부에게 마음챙김 적용하기

치료자들은 부부가 갈등을 조절하고 더 안전하고 친밀한 관계를 만들 수 있도록 도와주는 여러 방법을 가지고 있다. 부부의 필요에 따라 다음의 하나 이상을 유용하게 사용할 수 있다.

- 마음챙김 의사소통 촉진하기
- **마음챙김 멈춤**과 숙고하기
- 주의 깊게 경청하기
- 자애명상
- 자애로운 마음으로 인생 돌아보기
- 사랑의 대화
- 비폭력적인 표현
- 함께 수행하기
- 마음챙김 섹스와 애정표현

부부 마음챙김 의사소통 촉진하기

많은 부부가 '우리는 소통이 안 돼요.'라고 호소하며 치료실에 들어온다. 하지만 초기 부부, 가족 치료자들이 명확하게 설명한 것처럼 '개인이 소통이 안 된다.'는 것은 의사소통은 이루어지지만 의사소통 참여자들이 하는 말에서 전달되는 메시지가 싫거나 소통방식이 싫다는 것이다(Watzlawick, Bavelas, & Jackson, 1967). 마음챙김과 수용 훈련은 안전감과 신뢰를 회복하고 부부들이 어려운 대화 가운데에서도 자기를 진정시킬 수 있는 기회를 만들어 줌으로써 보다 만족스러운 의사소통을 회복하기 위한 위협적이지 않으면서, 실행이 용이한 방법을 제공한다.

치료자들은 부부들에게 마음챙김 의사소통기술을 사용하여 부부들이 어떤 말을 어떻게 하고 있는지에 대해 더 잘 알아차림할 수 있도록 도울 수 있다. 마음챙김 의사소통 전략에는 보통 다음과 같은 것이 포함된다.

- **현존하기**: 사랑하는 사람과 대화 속에 정서적으로 존재해 주게 되면 개인은 따뜻함과 진정성을 가지고 대화에 참여할 가능성이 높아지고, 상대방도 안정감과 신뢰를 경험할 수 있다. 잠시 상대방의 눈을 지그시 바라보는 것과 같은 단순한 것들이 부드러운 분위기와 태도를 만들어 내는 데에 필요한 모든 것일 수도 있다.
- **속도 늦추기**: 대화 속도를 늦추면 대체로 부부 각자가 다른 사람이 하는 말과 그 말을 받아들이는 방식들에 대해 마음챙김 경험을 하면서 또 선택적으로 반응할 수 있는 시간을 만들어 줄 수 있다.
- **숙고하기**: 마음챙김 의사소통은 말하기 전에 숙고해 보도록 하는데, 즉 습관적으로 반응하지 않고 내적 대화를 하고 반응 선택을 할 수 있는 멈춤 시간을 갖도록 한다.
- **주의 깊게 단어 선택하기**: 마음챙김 대화는 사랑하는 사람과 대화할 때 고통스러운 감정들이 촉발되지 않도록 배우자들로 하여금 자신의 단어들을 더 신중하게 선택할 수 있도록 해 준다.

회기에서 마음챙김 의사소통 촉진하기

치료자들은 부부들에게 마음챙김 의사소통 습관을 계발하도록 돕는 다음 중 몇 가지 혹은 모든 방법을 사용할 수 있다.

1. 마음챙김: 시작하면서 부부가 고요하고 이완된 상태에 들어가도록 2~5분 정도 마음챙김 호흡을 안내한다.

2. 자애: 그 후 상대방, 중립적인 타인 그리고 자신을 포함시킨 짧은 자애명상을 하도록 안내한다.
3. 배우자 중 한 명을 대화에 초대하기: 한쪽 배우자를 초대하여 대화를 시작하도록 한다. 존슨(Johnson, 2004)은 가장 철회된 부부를 초대하는 것이 부부치료에서 가장 좋은 결과를 가지고 온다는 사실을 밝혀냈다.
4. 의사소통의 마음챙김 숙고 안내: 한쪽 배우자의 말이 끝나면 두 사람 모두에게 자신의 주의를 내면으로 돌리도록 요청한다. 두 눈을 감고 다음 중 하나 혹은 하나 이상을 하도록 한다.

- **지금 이 순간의 감정:** 지금 이 순간 당신이 느끼는 감정이나 생각을 알아차려 보세요. 그 감정에 동화되거나 너무 집착하지 말고 마치 하늘에 있는 구름처럼 당신의 마음속에서 떠다니도록 해 보세요. 우리는 이 과정을 통해 고통스러운 감정은 줄이고 긍정적인 감정은 늘려 갈 것입니다.
- **안전감:** 지금 나는 당신이 잠시 시간을 가지고 더 평온해지기를 바랍니다. 지금 안전하다고 느끼는지 알아차려 보세요. 지금 이 회기 중에 당신의 배우자와 안전하다고 느끼는지, 자기 자신과는 안전하다고 느끼는지요. 그냥 알아차리기만 하고 너무 많이 판단하거나 걱정하지는 말아 주세요. 우리는 안전감을 더 만들어 내기 위해 작업해 갈 것입니다.
- **지금 이 순간의 생각:** 당신 머릿속에 드는 생각들이 어떤 것인지 알아차려 보세요. 당신이 하는 생각을 모두 믿지 않아도 되고, 당신의 생각 하나하나로 당신을 정의하지 않아도 됩니다. 그 생각들에 과도하게 집착하지 말고 그냥 머릿속에 흘러들고 흘러 나갈 수 있도록 허락해 주세요. 그냥 일어나는 것들을 판단하지 말고 알아차려 보세요.
- **신체적 감각:** 지금 당신의 몸에서 일어나는 일들을 알아차려 보세요. 어느 부위가 긴장되어 있나요? 괜찮다고 느끼는 부위들이 있나요? 그냥 어떤 일들이 일어나고 있는지 알아차려 보세요.

- **수용:** 잠시 시간을 가지고 당신의 마음과 신체에서 일어나는 모든 것을 단순히 알아차려 보세요. 이것들이 여기에 잠시 있지만 계속 머무를 필요는 없다는 것을 알고 있으면 됩니다.
- **연민:** 잠시 시간을 가지고 자기 자신과 지금 내면에서 일어나고 있는 모든 것에 대해 연민을 경험해 보세요.
- **배우자의 감정:** 자, 이제 당신의 배우자가 지금 어떻게 느끼고 있을지를 당신이 할 수 있는 최대한 상상해 보길 바랍니다. 당신이 믿기에 그렇게 느껴도 되고 안 되고를 떠나서 말이죠. 다만, 그/그녀가 느끼고 있을 법한 것을 상상해 보세요. 그/그녀가 경험하고 있을 법한 고통스러운 감정에 아주 조금이라도 연민을 느낄 수 있는지 알아차려 보세요. 당신이 의미한 바를 정확히 이해하지 못해서 느끼는 것이라고 믿는다고 하더라도 말입니다.
- **배우자의 안전감:** 당신의 배우자가 지금 어느 정도로 안전하다고 느끼고 있을지 상상해 보세요. 그럴 때는 어떤 느낌일지도 상상해 보세요.
- **배우자의 생각:** 잠시 시간을 가지고 지금 배우자의 머릿속에 떠올랐을 많고도 아마도 모순적인 생각들에 굳이 동의하지 않더라도 어떤 것일까 상상해 보세요. 이것들이 당신 배우자의 지금 이 순간의 현실이고 이 현실이 이러한 과정을 통해 아마도 변화할 것이라는 것을 수용해 보세요.
- **배우자의 신체적 감각:** 잠시 시간을 가지고 지금 당신 배우자의 몸에서 일어나고 있는 것들이 무엇일지 상상해 보세요. 습관적으로 그/그녀가 스트레스를 모아 두는 곳이 있나요? 손, 얼굴, 턱, 목, 허리. 이것을 상상해 보고 만약 당신이 느끼기에 좋다고 생각하면 치유적인 생각을 그쪽에 보내 보세요.
- **감사하기:** 마지막으로, 잠시 시간을 가지고 당신과 배우자가 하고 있는 것에 감사한 마음을 가져 보세요. 어려운 문제들의 근원을 저와 함께 뽑아내며 이 관계를 위해 두 분 다 기꺼이 노력하고 있습니다. 이 과정을 진행할 만큼 두 분 모두 이 관계에 마음을 쓰고 있다는 사실에 감사하세요. 만약 당신의 마음이 내킨다면 당신의 배우자, 당신 자신 그리고 당신의 관계에 좋은 바람과 감사를 보내 주세요.

- **마음챙김적 반응:** 이제 당신이 다음 몇 분 동안 듣기와 말하기 역할을 바꿔서 진행할 때 이 대화가 잘 진행될 수 있도록 자신이 어떤 것을 할 수 있을지 생각해 보기를 바랍니다. 당신이 무엇을 말할지를 상상해도 좋고 어떻게 경청할지를 상상해도 좋습니다.
- 자, 이제 눈을 감고 있었다면 눈을 뜨고 (상대 배우자) 당신부터 대화를 이어 나가도록 하겠습니다. 준비가 되면 시작해 주세요.

부부는 교대로 순서에 따라 말을 하고 치료자는 순서마다 마음챙김적으로 경험하기, 연민, 수용 그리고 부부의 대화 내용과 감정과정에 기반을 두고 여러 차례 반영하기를 권장하는 멈춤으로 안내할 수 있다.

마음챙김적 의사소통 촉진이 처음엔 느리고 어색하지만, 내면과 관계적 과정에 의식적 주의를 기울이면 마음챙김 의사소통의 모든 요소인 정서적으로 함께하기, 타인을 향한 연민, 자기조절 그리고 자기수용이 크게 촉진된다. 이것이 즉각적으로 지금 여기에서의 정서를 활성화시키기 때문에 대부분의 부부는 단 몇 번의 훈련 회기로도 관계에 대한 관점을 유의미하게 변화시키고 미래의 대화에서 이런 설득 없이도 선택적으로 반응하게 된다. 예를 들어, 자신의 가족에게 '커밍아웃'하려는 의지의 차이로 갈등하는 레즈비언 부부가 함께 작업할 때, 이 활동은 각자가 상대방의 걱정과 염려를 더 잘 존중할 수 있도록 하고 결국은 이런 어려운 과정에서도 자신들의 관계를 안전감을 느끼는 안전지대로 만들고, 그들 자신을 있는 그대로 받아들일 수 있었다.

마음챙김 멈춤(Mindful Pause)과 숙고하기

두세 번의 촉진된 마음챙김적 의사소통 훈련 이후, 부부들은 종종 집에서 마음챙김 멈춤을 진행할 준비가 된다. 더 긴 촉진 과정으로부터 나온 자연스러운 그 다음 단계인 마음챙김 멈춤은 일상적인 대화에서 반응하기 전 평소보다 몇 초 더 멈추거나 혹은 조금 긴 멈춤 혹은 쉬는 시간을 요구하는 것을 포함한다. 정확하게 어떤 타이밍이 '최선'인지는 부부에 따라 다르며, 이는 성별이나 문화적 배경 그리고 외상 이력에 의해 영향을 받는다. 대부분의 약하거나 중간 정도의 모욕적이지 않은(non-abusive) 갈등의 경우 이러한 멈춤은 반응의 상처를 유의미하게 줄일 수 있다.

마음챙김 멈춤은 다음과 같은 많은 실질적인 용도가 있다.

- **이완반응:** 내담자들은 마음챙김 훈련을 위해 한 번의 호흡 동안 짧은 마음챙김 멈춤을 사용할 수 있다. 규칙적으로 마음챙김 명상 훈련을 하는 내담자들의 경우에는 심지어 1~10초 정도 호흡에 주의를 집중하는 것만으로도 빠르게 이완반응을 일으킬 수 있고, 이에 따라 뇌의 더 '합리적인' 부분을 이끌어낼 수 있다.
- **내면 과정에 대한 알아차림:** 안내되는 버전과 마찬가지로 멈춤은 그 순간에 경험하는 정서, 안전감, 생각 그리고 신체적 감각을 알아차림하는 데 사용할 수 있다. 관찰자의 관점을 취함으로써 말을 뱉고 난 뒤 발생하고 사라지는 감정들을 침착하게 점검할 수 있다. 이러한 순간의 정서에 대한 마음챙김 관찰은 화나 상처 등의 보편적인 감정을 표면으로 불러일으킬 수 있지만 안전감에 대한 좀 더 미묘하고 취약한 감정들(예, 정서중심치료의 이차적인 혹은 일차적인 정서들; Johnson, 2004) 또한 불러일으킬 수 있다. 따라서 이러한 감정들은 가장 생생한 그 순간에 완전히 잘 경험될 수 있다.
- **배우자의 경험에 조율하고 연민을 느끼기:** 특히 배우자의 말을 경청하고 난 후에 갖는 멈춤 시간은 배우자를 '있는 그대로' 수용하고 동의하든 하지 않든 그 현실에 맞춰 조율하는 데 사용할 수 있다. 훈련을 통해 배우자들은 멈춤을 상대방을 위한 자애와 연민을 갖는 데 사용하고 익힐 수 있다. 비록 유난히 격한 언쟁에서는 어렵지만, 더 느린 마음챙김적인 대화에서 사용되었을

경우 대부분의 사람이 상대방에 대해 조율된다는 느낌과 연민을 가질 수 있게 된다.

- **더 나은 반응:** 멈춤은 대부분의 사람에게 더 나은 반응을 할 수 있는 방식을 의식적으로 선택할 수 있도록 만들어 준다.

멈춤 소개하기

치료자들은 부부가 회기 내에서 몇 번의 촉진된 마음챙김적 의사소통에 대한 좋은 경험을 하게 한 후에 멈춤을 소개할 수 있다. 멈춤은 다음과 같이 약간 변형해서 소개할 수도 있다.

- **도입:** 이제 두 분이 저와 함께 여러 번 마음챙김적 의사소통을 통해 성공적인 경험을 해 보았는데요, 집에서 사용하기 위해 좀 더 자연스러운 버전에 도전해 보는 것은 어떨까요? (만약에 부부가 긍정적인 반응을 보이면 진행한다. 만약에 아니라면 왜 그런지 탐색하되 강요하지는 않는다.)
- **기본 지시문:** 잠재적으로 어렵거나 긴장되는 대화를 하고 있는 자신을 발견하게 되면, 대화 순서의 사이에 우리가 지금 하는 것보다 훨씬 짧은 마음챙김 멈춤을 끼워 넣어 보기 바랍니다. 멈춤은 대화 중에 단지 몇 초 아니면 몇 분, 몇 시간 혹은 며칠 등 좀 더 공식적인 중지일 수도 있습니다. 이 멈춤 동안에 잠시 시간을 가지고 다음과 같은 것들에 집중해 보십시오.
  - 그 순간에 당신의 감정, 안전감, 생각, 신체적 감각.
  - 이런 각 영역에서 당신의 배우자가 어떤 경험을 하고 있을지 상상해 보세요.
  - 그 각각의 순간에 대해 수용과 연민을 가지며 이러한 생각과 감정이 변화할 거라는 것을 알아가 보세요.
  - 대화의 다음 순간에 어떻게 더 나은 반응을 할지에 집중해 보세요.
- **멈춤을 시작하고 끝내기:** 대화 속에서 멈춤이 30초 이하로 이루어지게 되면, 두 분

이 함께 동시에 마음챙김 멈춤을 적극적으로 하려고 할 것입니다. 따라서 여러분은 이러한 멈춤을 친절하게 요청할 수 있는 방법을 생각할 필요가 있습니다. 어떤 부부는 간단하게 "나는 5분간 마음챙김 멈춤을 하고 싶어요."라고 이야기하고, 눈을 감고, 다시 원래대로 돌아갈 시간을 타이머로 맞추기도 합니다. 암호나 다른 사인을 사용할 수도 있습니다. 가끔 각 배우자들마다 자신이 속상할 때 상대방에게서 듣고 싶은 다른 신호를 가지고 있을 수 있습니다. 여러분은 서로를 위해, 한 분이 마음챙김 멈춤을 원할 때 두 분을 위해 어떤 것이 잘 맞을 것이라 생각하나요?

- **동기가 서로 맞지 않는 때 대비하기:** 한 사람은 잠시 쉬고 싶다고 요청하고, 다른 사람은 쉬고 싶지 않다면서 심지어는 이런 멈춤을 권력 이동으로 사용하려고 한다고까지 느끼는 상황이 충분히 일어날 수 있는데, 이런 상황에 대해 잠시 시간을 가지고 논의해 보고자 합니다. 두 사람이 어떻게 그런 상황을 가장 잘 다루어 나갈 수 있을까요?
- **회기 중에 훈련하기:** 이 과제를 집에 가지고 가기 전에 연습해 보기를 바랍니다. 따라서 간략하게 지난주에 여러분이 했던 어려운 대화로 돌아가서 연습하고, 한 분씩 멈춤을 요청하는 연습을 해 봤으면 합니다.
- **연습 허용하기:** 부부에게 말할 순서가 될 때 몇 번 연습해 보도록 합니다.
- **과정에 대해 디브리핑:** 그 후에 부부와 함께 멈춤 시간에 대해 디브리핑합니다. 각자가 멈춤을 건설적으로 사용할 수 있었나요? 그들은 다시 시작하는 법을 알고 있었나요?
- **실수에 대비하기 위한 디브리핑:** 그 후에는 실수를 다루는 최상의 방법과 관련하여 확인된 문제를 논의하고 그러한 상황에 대비할 수 있는 계획을 세웁니다.

갈등이 심한 부부들에게는 마음챙김 멈춤마저도 잽싸게 논쟁에서 이기기 위한 무기로 만들어 버릴 수 있기에 그런 상황에서는 치료자들이 멈춤을 권유할 때 유의해야 한다.

▌주의 깊게 경청하기

한(Hahn, 1997)은 부부들로 하여금 흥분의 순간이 사라지고 부부 모두 다시 평화로운 존재의 상태로 되돌아오기를 기다렸다가 마음이 고요해진 그 순간에 사랑과 연민의 마음으로 주의 깊게 경청하라고 권유한다. 마찬가지로 고트먼(Gottman, 1999)도 부부의 감정이 진정되어 심박수가 100 이하로 낮아졌을 때 상대방의 욕구나 꼼짝할 수 없는 상황 깊숙이 숨겨져 있는 꿈(희망)을 들어 보라고 한다. 그리고 그렇게 하기 위해서 주의 깊은 경청을 하라고 한다. 두 훈련의 초점은 각각의 배우자가 그런 특정 입장을 취하게 된 무언의 동기를 이해하는 데 맞춰져 있다. 이는 회기 내 활동으로 매우 유용할 뿐만 아니라 장기적으로 만족스러운 관계를 만들어 가기를 희망하는 모든 사람에게 매우 중요한 삶의 기술이다.

기본적인 틀은 [그림 8-1]에 제시되어 있다.

불가피하게도 부부는 각자 자신의 선호도, 욕구 그리고 소망을 지닌 서로 분리된 존재이기에 관계를 지속하는 동안에 여러 가지 문제에서 다른 입장을 취할 수밖에 없다. 사실상 모든 부부가 서로 다르므로 교착상태에 빠지기도 하는데, 이는 어느 누구도 포기할 수 없고 기꺼이 포기하려고 하지도 않고 포기하지도 않으며 함께 나아가는 방법을 모르기 때문이다. 이런 교착상태는 의견, 요청과 요구 등의 표면적인 수준에서 이루어지는 대화를 교착상태의 이면에 깔려 있는 열망, 희망, 꿈 등에 대한 대화로 전환시켜서 접근하는 것이 좋다. 이러한 전환은 논의 주제를 바꾼다. 오히려 대화의 초점은 어떻게 부부들이 그들 입장의 이면에 놓여 있는 열망과 희망을 추구하는 방식으로 나아갈 수 있는지가 된다. 의견이 일치하지 않을 때 대화를 열망의 수준으로 바꾸어 가는 법을 배우면 배울수록 부부는 더 빨리 상호 만족스러운 방식으로 문제를 해결할 수 있게 된다.

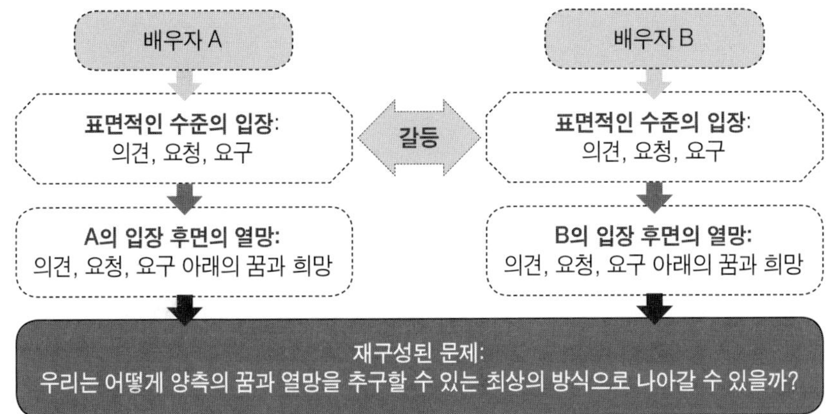

[그림 8-1] 주의 깊게 경청하기

	배우자 A	배우자 B
표면적인 수준의 입장: 명시된 의견, 요청, 요구, 욕구 등	상여금으로 집을 개조하고 싶음	상여금으로 휴가를 보내고 싶음
입장 후면의 열망: 아래에 깔려 있는 동기, 희망, 꿈	친구와 가족이 모일 수 있는 아름다운 집을 짓고 싶음-공동체 의식	업무 압박에서 벗어나 안도감 느끼기-온전히 가족에 집중하기

표면적인 수준에서 논쟁은 부부에게 한 명의 승자와 한 명의 패자, 결국 제로섬 게임으로 끝나거나 협상을 하게 만든다. 이 경우에는 양측 모두에게 뭔가를 잃어 버렸다는 느낌만 남길 뿐이다. 그에 비해, 만약 의견 불일치가 열망의 수준으로 바뀌면, 부부 각자가 배우자 기존 입장의 동기가 된 꿈과 희망을 추구할 수 있도록 하는 방향으로 문제를 구성해 갈 수 있다. 부부는 열망의 수준에서 시작하여 '큰 그림'을 그릴 수 있게 되고, 여러 대안을 고려해 볼 수 있는 유연성을 가질 수 있게 된다. 반면에, 만약 부부가 표면적인 수준에 머물게 되면 그 맥락이 너무 협소해서 선택 가능한 대안들이 매우 적어진다. 앞의 예에서 만약 부부가 표면적인 수준에 머물러 있으면 상여금을 어떻게 사용할지에 대한 자신의 주장을 고집하면서 상대방을 설득시키기 위해 논쟁하게 될 것이다. 그에 반해, 만약 그들이 열망의 수준으로 내려간다면 그들은 그런 상황에서 다음의 한 가지 핵심적인 질문을 가지고 작업하기 때문에 협력적으로 더 많은 대안을 만들 수 있게

된다. 우리는 어떻게 배우자 A가 원하는 가족 간 교류 공간을 만드는 동시에 배우자 B가 원하는 직장 스트레스를 털어 버리고 새로운 활력을 얻을 수 있도록 작업해 나갈 수 있을까? 이런 식으로 문제를 구성하게 되면, 부부가 함께 이 문제를 해결해 나갈 수 있는 방안들을 더 많이 찾을 수 있고 동시에 상대방의 욕구와 소망에 대해서도 존중하고 관심을 가질 수 있다.

주의 깊은 경청 촉진하기

부부가 교착상태에 빠진 대화를 보고할 경우 치료자는 다음과 같이 그들을 도울 수 있다.

- **표면적인 수준의 입장**: 각자 순서대로 자신의 현재 입장에 대해 이야기하고 다른 배우자는 경청한다.
- **이면의 열망 수준**: 그런 다음 각자에게 다음 질문에 대해 대답하게 한다. "당신의 입장에 대한 동기를 부여하는 희망, 꿈 혹은 열망은 무엇인가요?"
- **문제 재정의**: "양측 모두가 각자의 꿈과 열망을 충족시킬 수 있는 최상의 방법은 어떤 것인가요?"
- 나머지 대화는 재정의된 문제에 대한 답을 찾는 것이다.

자애명상

제3장에서 설명한 것처럼 부부와 가족 대상 마음챙김 작업의 독특한 특성은 마음챙김 호흡명상과 더불어 자애 혹은 '**멧따**(metta; 빨리어)' 명상을 강조한다는 점이다(Salzburg, 1995). 자애명상은 (주로 동아시아의) 티베트와 대승불교 전통에서 나왔으며 전통적인 마음챙김 훈련보다 더 많은 심상과 언어를 포함하고 있는

훈련법이다. 자애명상은 사랑하는 사람, 지인들, 낯선 사람, 중립적인 타인, 자기 자신 그리고 껄끄럽거나 어려운 관계에 있는 사람인 '적' 등 여러 사람에게 긍정적이고 사랑이 담긴 에너지와 의도를 보내는 반복적인 문구와 심상을 사용한다.

마음챙김 기반의 관계 증진에서 자애명상은 마음챙김 이전에 교육하는데, 이는 자애명상이 대인관계 개선이라는 부부와 가족의 목표를 더 직접적으로 다루고 있기 때문이다(Carson, Carson, Gil & Baucom, 2004). 자애명상은 그들의 관계 문제에 직접 적용할 수 있고, 그 결과도 더 극적이고 즉각적이기 때문에 내담자들도 보통 마음챙김보다 자애명상 훈련에 더 동기화되는 것으로 보인다.

자애명상에는 여러 가지 변형이 있는데, 나는 내담자들에게 자신에게 의미가 있는 단어들을 개발하라고 권유한다. 만약 그들이 특정 종교나 영성적 전통을 가지고 있다면, 나는 그들에게 그들의 신앙이 반영된 언어를 사용하라고 권할 것이다. 비록 전통적인 순서에 따라 사랑하는 사람, 지인, 자기 자신, 미워하는 대상 순으로 하라고 가르치지만, 내담자들 자신에게 맞는 순서대로 변형시켜 보라고도 할 것이다. 나는 개인이 원하는 대로 훈련을 하면 할수록 더 규칙적으로 훈련을 해 나간다는 것을 발견하곤 한다.

자애명상의 구성

자애명상 문구들

- X가 행복하기를……. (즐겁기를, 정신적으로 행복하길, 사랑이 넘치길 등)
- X가 괴로움에서 자유롭기를……. (고통에서, 위해에서, 질병에서 등)
- X가 몸이 건강하기를……. (건강하길, 건강미가 넘치길, 완쾌하길 등)
- X가 평안하게 잘 지내기를……. (삶의 만족을 얻기를, 순탄하게 살기를 등)
- X가 깊이 평화롭기를……. (평화 속에 살기를, 평화로운 인생을 살기를 등)
- X가 자신의 삶 속에서 만나는 사람들과 평화롭기를…….

X = 자애 대상

- 중립적인 타인(예, 지인, 직장 동료)
- 의미 있는 타인(예, 배우자, 가족)
- 까다로운 타인(예, 갈등이 있는 누군가)
- 자기 자신
- 모든 존재(예, 모든 사람)

통합하기: 첫 번째 사람부터 시작해서 각각의 자애로운 생각을 모두 그 사람에게 보낸다. 그런 다음에 그다음 사람에게 똑같이 계속해서 반복한다.

치료자들은 부부나 가족 혹은 누구든 관계 문제로 고민하고 있는 사람이라면, 치료의 초반 회기 아니면 어떤 경우에는 첫 회기에 자애명상을 소개할 수 있다. 마음챙김과 비교해서 자애명상은 그 목적이 명확하기 때문에 지시 사항도 적고 동기 부여도 덜 필요로 한다. 반면에, 이는 호흡을 지켜보는 것과 우울증을 줄이는 것의 연결은 덜 직관적이다. 치료자는 내담자에게 회기 중에 먼저 명상을 안내하고 훈련에 대해 그리고 집에서 훈련하는 방법들에 대해 충분한 시간을 가지고 논의해야 한다. 내담자들은 보편적으로 가정훈련 지시문이나 음성 안내 명상 녹음파일로부터 도움을 받을 수 있다(www.dianegehart.com에서 구할 수 있다.).

부부와 가족에게 이 명상을 사용할 때, 치료자는 명상을 함께할 것인지 아니면 따로 할 것인지를 논의해야 한다. 만약 부부(혹은 가족)의 동기 수준이 같고 서로가 협심하여 함께할 수 있는 경우라면, 그 문제와 관련하여 새로운 갈등을 발생하지 않게끔 함께 시간과 절차를 분명하게 정한 다음에 훈련하는 편이 가장 좋다. 예를 들어, 한 배우자가 어떤 날 수행하고 싶지 않다고 느낄 수 있고, 다른 배우자는 항상 상대 배우자에게 훈련에 대해 알려 주어야 한다는 부담을 느낄 수도 있고, 훈련일정 변동 등과 같은 여러 가지 문제가 발생할 수 있다. 그래서 나는 항상 시간을 내서 이런 문제를 해결할 수 있도록 도와준다. 흔히 일어날 수 있는 이런 문제들에 대해 논의하는 것만으로도 갈등 예방에 큰 도움이 되고, 그것이 훈련에서 더 많은 이득을 얻을 수 있도록 해 준다.

자애명상 수행 과정에서 흔히 발생할 수 있는 갈등 영역들은 다음과 같다.

- 한쪽 배우자가 기억하고 상대방에게 하자고 '잔소리'하는 경우(가족의 경우 부모가 보통 이끌어 가지만 이를 일상의 일로 만들지 않기 위해 피해야 한다.)
- 한쪽 배우자가 정해진 시간에 훈련할 '기분이 아닌' 경우
- 또 다른 삶의 갈등 영역에서 정해진 훈련 시간과 스케줄이 변경되는 경우
- 한쪽 배우자가 이점을 경험하지 못했다고 이야기하는 경우
- 한쪽 배우자가 자신이 더 훈련을 잘하고 있다고 느끼기 시작하는 경우(예, 내가 당신보다 더 전념하고 있다.)

이상적으로 볼 때, 치료자들은 부부들과 함께 훈련을 시작하기 전이나, 과제를 할당하는 초기 몇 주 동안 이러한 문제를 확인하고 해결해야 한다.

자애로운 마음으로 인생 돌아보기

콘필드(Kornfield, 1993)와 함께 간 피정에서 나는 처음으로 '자애로운 마음으로 인생 돌아보기'라고 부르는 명상을 소개받았다. 나는 새로운 치료자들을 훈련시키는 데 이 명상법을 사용해 왔는데(Gehart & McCollum, 2008), 좀 더 최근에 와서는 부부들이 서로에게 더 많은 자비심을 갖도록 하는 데 사용하기 시작했다. 이는 내가 경험한 마음챙김 훈련 중에서 정서적으로 가장 강렬한 방법이어서 도움이 될 것이라고 생각되는 내담자에게만 조심스럽게 사용하고 있다.

훈련은 상대방의 눈을 응시하면서 상대방 인생의 전반, 즉 배우자의 부모가 아이를 출산하면서 걸었던 기대에서부터 시작해서 아동기, 청소년기, 성인기 그리고 죽음에 이르는 시기까지의 전 생애 과정을 들으면서 그것들을 시각적으로 그

려 보게 하는 것이다. 이러한 훈련 과정 속에서 배우자들에게 각 시기의 가장 두드러진 사건, 즉 기쁨과 슬픔에 반영해 주라고 요청한다. 이 훈련을 받은 대부분의 사람이 눈물과 다양한 정서를 경험하는데, 인생의 마지막을 시각적으로 그려 볼 때는 상실감과 비탄까지도 경험한다. 만약 부부가 개인적으로든 커플로든 어떤 이유에서든 불안정하면 이런 활동을 하는 것을 망설일지도 모른다. 또한 나는 치료 실무자가 이 훈련을 타인에게 사용하기 전에 자기 자신이 (참여자로서) 먼저 경험해 보는 편이 가장 좋다고 생각한다.

자애로운 마음으로 인생 돌아보기

훈련 준비를 위해 부부에게 상대방을 마주보고 앉아서 상대방의 눈을 노려보지 않는 선에서 가능한 오랫동안 응시하라고 말한다. 필요하다면 주기적으로 다른 곳을 바라보아도 되지만 가능하면 다시 바라보라고 한다.

- 태아기, 출생 그리고 아동기에 가질 수 있는 즐거움과 슬픔을 상상해 보도록 안내하는 것으로 시작한다. "배우자의 어머니와 아버지가 임신 사실에 대해서 알게 되었을 때 느꼈을 감정을 상상해 보세요. 하나의 꿈이 이루어졌다는 커다란 기쁨을 느꼈을 수 있고, 어떻게 아이를 부양할 것인지에 대한 걱정하는 마음도 있었을 것이며, 자신의 직업, 관계 혹은 가족에 대해 염려하는 마음도 있을 수 있습니다. 당신 배우자의 부모님이 출생을 기다리며 느꼈을 많은 생각과 감정을 상상해 보세요."
- "몇 시간의 산통을 겪고 당신 배우자의 어머니가 마침내 새로운 아기를 품에 안았을 때 어땠을지 상상해 보세요. 분명히 그녀의 눈에서는 기쁨의 눈물이 흘렀을 것입니다. 당신 배우자가 기적적으로 태어난 것에 대해 아버지와 가족도 매우 기뻐했을 것입니다. 또한 새로운 아이를 돌보느라 제대로 잠들지 못했던 밤들도 상상해 보세요. 부모가 된다는 것에 대한 그들의 두려움, 걱정, 희망 그리고 꿈도 말이죠. 또한 이 새로운 아기가 세상에 태어나서 주변의 수많은 풍경과 소리를 이해하려 애썼던 노

력들이 어떠했을지도 상상해 보세요. 만약 한쪽의 부모가 없었거나 지지적이지 않았을 경우라면, 어땠을지도 상상해 보세요."

- "다음에는 아동기를 상상해 보세요. 처음 먹었던 아이스크림, 공원에서 놀 때, 비눗방울을 볼 때, 처음으로 자전거를 탔을 때 등을 상상해 보세요. 다른 아이들에게 따돌림을 당하거나 백화점에서 길을 잃고 두려움에 떨었을 배우자에 대해, 처음 학교에 등교한 날 무서워했을 당신 배우자에 대해 상상해 보세요. 당신 배우자가 어린 시절에 가졌을 법한 기쁨과 시련들에 대해 상상해 보는 시간도 좀 가져 보세요."
- "자, 이제 당신 배우자가 청소년이었을 때 경험했을 법한 것들을 상상해 보세요. 친구들과 처음 외출하고, 운전을 배우고, 처음으로 큰 프로젝트를 끝내고 느낀 성취감 그리고 처음으로 사랑에 빠지는 것도 상상해 보세요. 당신 배우자가 십 대에 경험했을 힘든 시간도 상상해 보세요. 오해받고 있다고 느끼고 부모님과 싸울 때 감정, 친구들에게서 소외받는다고 느낄 때, 좋아하는 사람에게 거부당했다고 느낄 때의 느낌 혹은 이런 의미 없는 세상에 홀로 남겨져 있다고 느끼는 감정 등을 상상해 보세요. 이러한 몇 년간의 좋은 시기와 힘든 시기에 당신의 배우자는 어땠을지 상상하는 시간을 가져 보세요."
- "다음으로 당신 배우자의 성인 초기를 상상해 보세요. 대학에 진학하고, 독립하면서 홀가분함과 두려운 기분을 느꼈을 수도 있을 것입니다. 대학과 첫 직장에서 첫 강의 시간에 느꼈을 흥분감이나 처음으로 홀로서기를 하면서 겪게 되는 많은 어려움을 상상해 보세요. 사랑에 빠졌을 때의 흥분과 잘 풀리지 않았을 때 경험했을 비통함을 상상해 보세요. 당신 배우자의 성인 초기의 굴곡을 상상하는 시간을 가져 보세요."
- "자, 이제 당신 배우자의 성인기를 상상해 보세요. 흘러간 시간들과 앞으로 다가올 시간들을 상상해 보세요. 만약 당신 배우자가 일을 하고 있다면 새로운 직장을 시작하는 것에 대한 기대와 희망 그리고 일이 잘되었을 때 느끼는 자부심도 있다는 것을 기억하세요. 면접을 보고, 불편한 상사나 직장 동료와 함께 일해야 하고, 직장을 떠나는 등 불가피하고 계속되는 어려움도 있을 것입니다. 또 당신을 처음 만나기 시작했던 시기를 상상해 보세요. 희망과 기대가 있었을 것입니다. 당신과의 관

계에서 오는 즐거움과 어려움을 상대방의 입장에서 상상해 보세요. 만약 당신 배우자에게 자녀가 있다면, 그/그녀가 자녀의 출생에 대해 얼마나 기뻐했을지 그리고 부모가 된다는 것과 함께 오는 어려움을 상상해 보세요. 만약 당신 배우자에게 자녀가 없거나 자녀를 갖지 않기로 결정하였다면 그로 인해 경험했을 감정들을 불러일으켜 보세요. 잠재적인 기대감이나 상실이요. 시간을 좀 들여 당신 배우자의 성인기에 당신이 알고 있는 그리고 모르는 많은 행복과 슬픔을 상상해 보세요."

- "이제 당신 배우자 인생의 마지막을 상상해 보세요. 당신 배우자가 그 혹은 그녀가 사랑하는 사람들에게 둘러싸여 있는 모습을 상상해 보세요. 당신 배우자가 자신의 시간이 거의 끝나 간다는 것을 알고, 스스로의 인생, 선택, 성취의 순간들, 수치심의 순간들, 행복한 순간들 그리고 슬펐던 순간들을 되돌아보고 있다고 상상해 보세요. 이 과정에서 당신 배우자는 사랑, 아름다움 그리고 인생의 위대한 경험들을 깊은 감사로 느끼고, 또한 좋지 않은 선택들, 타인에게 상처를 준 것 그리고 놓친 기회들을 되돌아보며 후회도 하게 될 것입니다. 잠시 시간을 가지고 이런 과정이 당신의 배우자에게 어떻게 느껴질지 상상해 보고, 결국은 누구나 맞닥뜨리게 되는 이런 심오하고 인간적인 경험에 큰 연민을 가져 보세요. 당신의 배우자가 이 세상을 떠나는 순간에 그/그녀가 얼마나 그리울지 상상해 보세요."
- "마지막으로, 한걸음 물러서서 당신 배우자 인생의 충만함을 처음부터 끝까지 받아들여 보세요. 흥미진진한 시작, 인생이 흘러가면서 느낀 기쁨과 슬픔 그리고 어떻게 끝나는지 돌아보세요. 시간을 가지고 당신 배우자의 인생이 당신과 수많은 다른 사람들에게 어떻게 영향을 미쳤는지, 당신 배우자의 존재로 세상이 어떻게 달라졌는지를 돌아보세요. 당신 배우자가 세상에 존재함으로써 받게 된 선물에 감사하는 시간을 가져 보세요."

이 강렬한 훈련 후에 개인적인 시간을 갖고 다른 곳을 응시하며 이 경험에 관련된 자신의 감정을 경험해 보도록 허락한다. 그 후 한 명씩 이 경험이 자신들에게 어땠는지, 그들의 관계와 배우자에 대해 새로운 관점이 생겼는지 공유하도록 요청한다.

▌사랑의 대화

지난 백 년간 서양의 부부들은 사랑의 관계가 인생의 전 영역인 정서적, 심리적, 성적, 경제적, 가정적, 사회적 그리고 기본적인 생존까지 실질적으로 모든 영역에서 실현되기를 기대하는 방향으로 변해 왔다. 비록 이것들이 '좋은 관계'의 '당연한' 요소가 되었지만, 역사의 어떤 시기에서도 이 많고 다양한 욕구를 결혼이 충족시켜 준 적은 없었다(Schnarch, 1991). 더 나아가 21세기에 행해진 연구에 의하면, 절친한 친구들과 친밀한 사람들의 집단은 점점 줄어들고 있고 우리 조부모님들 세대에서 마을 사람들로부터 받았던 깊은 관심, 돌봄과 소속감을 이제는 연인관계에서 바랄 수밖에 없게 된 것으로 밝혀졌다(Johnson, 2008). 이러한 사회적 변화는 연인관계에 엄청난 압박을 주었고, 따라서 우리가 무엇을 기대해야 하는지 그 자체를 재평가해 보도록 만들고 있다.

마음챙김과 수용 훈련은 치료자들이 내담자들로 하여금 사랑과 애정관계에 대해 더 현실적이고 더 의미 있는 정의와 기대가 무엇인지에 관해 생산적인 토론을 할 수 있도록 도와주는 이론적 기반을 제공한다. 마음챙김 관점은 사랑이란 연민과 수용의 정신으로 서로를 위해 온전히 함께 존재해 주는 것임을 강조하고 있다. 부부관계가 보다 안정되면, 치료자는 부부에게 그들의 관계 속에서 어떻게 사랑을 정의하고 '실천'할 것인지 탐색하도록 요청할 수 있다.

사랑의 대화

치료자는 부부들에게 다음 몇 가지 혹은 전부를 사용하여 자신들이 어떻게 사랑을 '정의'하고 '실행'하고 싶은지에 대해 반영적인 대화를 해 보도록 한다.

1. **회기 중 자애명상:** 회기 내에서 부부에게 자애명상을 안내한다(위 참고).
2. **사랑에 대한 반영적 대화:** 명상이 끝난 후에, 부부에게 이 훈련 경험을 통해 사랑에 대한 이해와 서로 사랑하는 방법에 대해 알게 된 것들이 있는지 탐색해 보라고 요청한다.

- 이 활동에서 배우자와 타인에게 자애를 보내는 '훈련'을 하고 싶도록 만든 것은 무엇인가요? 사랑을 '훈련'으로 바라보는 것이 당신의 생각을 변화시키나요?
- 이 훈련에서 당신의 존재의 질은 어떤가요? 또한 당신이 사랑하는 사람들과 보낸 일상적인 상호작용과 비교했을 때 어떤가요? 당신의 일상적인 상호작용에서 이런 존재감을 더 가져올 수 있는 방법이 있을까요?
- 이 훈련에서 사랑을 보내는 경험이 평소 일상에서 당신이 사랑을 공유하는 것과 어떻게 다른가요? 일상적인 상호작용에서 이런 것을 더 할 수 있는 방법이 있을까요?
- 어떻게 하면 당신이 이 훈련에서 보낸 자애로운 생각들을 일상적인 상황 속에서 보편적으로 표현할 수 있을까요? 이것을 더 자주 혹은 다른 방법으로 표현할 수 있는 방법들이 있을까요?
- 사람을 있는 그대로 수용하는 것이 당신이 이해하는 사랑과 어떤 관련이 있을까요?
- 사랑은 당신이 느끼는 감정이라는 것과 당신이 하기로 결정하는 행동이라는 것 중 어떤 것이라고 믿으시나요? 혹은 이 두 가지 모습의 사랑이 어떻게 밀접한 연관이 있을까요?
- 어떻게 하면 당신의 일상생활에서 이 활동에서 경험한 사랑, 따뜻함 그리고 연민을 더 가질 수 있을까요?
- 더 나아가 어떻게 당신의 일상적인 관계에서 사랑을 정의하고 실행하고 싶은가요?

비폭력적인 표현

불교는 평화를 만드는 일에 많은 헌신을 해 왔다. 성직자든 평신도든, 독실한 불교 수행자는 다양한 형태의 비폭력 서약을 한다. 다른 살아 있는 존재를 살상하지 않고, 타인에게 고통을 주지 않으며, 비폭력적으로 말하고 행동하기로 서약한다(Hahn, 1997). 그들은 폭력적인 단어와 행동을 하지 않으려고 한다. 이상적인 목표로 바라보기보다 그들은 이 서약을 진지하게 받아들이고 폭력적인 표현과 행동을 하지 않으려고 매일 마음챙김과 수용 훈련을 한다.

치료를 진행하면서 부부에게 개인적으로든 부부로든 비폭력적인 표현을 하지 않겠다는 서약의 개념을 소개하는 것은 그들의 관계에 대한 기대와 문화를 재정의하는 데 도움이 될 수 있다. 비폭력적이라는 단어의 핵심 열쇠는 **비폭력적인 생각**이다. 주로 첫 갈등을 해결하는 도구인 마음챙김, 자애명상, 경청 등은 배우자에 대한 부정적인 해석의 반복을 멈추고 더 자애롭고 수용적인 시야를 만들어 내는 데 도움이 되도록 재구성할 수 있다.

부부들이 비폭력적인 표현을 촉진하는 데 사용하는 주된 기제는 어려운 대화를 멈추는 것('마음챙김 멈춤과 반영하기' 부분을 참고)을 허락하는 것과 존중과 사랑을 가지고 대화로 돌아올 것을 서약하는 것이다. 각 부부들은 자신의 특정 갈등 패턴을 탐색하여 긴장되는 대화에서 가장 좋은 멈춤과 '출구(exits)'의 방법과 위치를 결정하는 것뿐만 아니라 사랑의 태도를 가지고 주제로 돌아올 수 있는 가장 좋은 방법을 결정해야 한다. 비폭력적인 의사소통을 하겠다는 서약은 어느 누구도 치료자나 배우자로부터 강요받아서는 안 되고, 자유롭게 선택하고 원해서 하는, 개인적이고 일생의 훈련이다.

비폭력적인 의사소통을 위한 선택

비폭력적인 의사소통을 위해 부부들이 사용하는 몇 가지 선택은 다음과 같다.

- **휴식 시간을 갖는다:** 누군가가 화가 나거나 상처를 받고 있다고 느끼면 대화에서 잠시 휴식 시간을 요청하도록 한다. 부부는 흥분되기 전에 이러한 멈춤을 갖는 것에

꼭 동의해야 한다.

- **휴식 시간을 요청한다:** 만약 당신이 가혹한 지적을 받는 측의 입장이라면 부드럽게 휴식 시간을 달라고 요청하고 나중에 다시 토론의 장으로 되돌아온다.
- **조용히 반영하라:** 비폭력에 대한 서약은 부정적인 생각을 반복하기보다 상대방이 그런 행동이나 말을 한 이유와 동기를 상상해 보려고 노력하면서 자신의 초점을 타인에 대한 연민과 수용으로 옮기는 것을 포함한다. 마음챙김과 자애명상은 기어를 바꾸는 데 도움이 된다.
- **수행, 또 수행:** 비폭력적인 말의 실행에 전념하라. 이것은 평생 동안 해야 할 실행이고, 시간이 지나면 부부 모두 성장하고 깊어져 갈 것임을 기억하라.

함께 수행하기

제6장에서 논의했듯이 부부가 규칙적으로 함께 수행하는 시간을 갖게 되면 많은 도움이 된다. 힘든 시간을 보내거나 대화를 할 때 그런 훈련을 하게 하면, 부부치료로 도움을 받는 부부와 비슷한 도움을 받을 수 있다. 부부가 어려운 대화를 할 것을 알게 된 경우, 대화를 시작하기 전에 앉아서 5분에서 20분 정도 마음챙김 명상을 하도록 하면, 마음챙김이나 자애명상을 함께하는 것이 도움이 된다는 것을 알게 될 것이다. 자신들의 마음을 진정시키는 데 도움이 되고, 이런 훈련이 다른 잘 알려진 갈등 감소 전략들이 가지고 있는 효과들도 있다는 것을 알게 될 것이다.

- **'뭔가 다른 것을 하기'**: 전통적인 가족체계 접근에서 설명하듯 예기된 언쟁 전에 마음챙김을 하는 것은 '뭔가 다른 것을 하기'의 한 형태로, 문제시되고 있는 상호작용 패턴을 중단하고, 각자가 자신의 생각, 행동 그리고 감정을 변화시킬 기회를 만들어 준다(Watzlawick, Weakland, & Fisch, 1974). 문제시되

고 있는 상호작용 패턴을 중단시키는 것만으로도 새롭고 더 나은 결과를 만들어 낼 가능성이 있고, (위에서 다룬) 마음챙김 멈춤이 이런 방식으로 사용될 수 있다.

- **이완반응**: 마음챙김이 이완된 반응을 불러일으키기 때문에 어려운 대화를 하기 전에 이 마음챙김 훈련을 하면 더 좋은 결과를 얻을 수 있고 비생산적인 다툼을 피할 수 있다. 이전에 이야기했듯 고트먼(Gottman, 1999)은 언쟁이 일어나는 동안에 한 측이나 양측 배우자가 스트레스 반응을 유발하여 심장박동수가 분당 100회를 넘어가면, 그 대화는 생산적이지 않다는 것을 확인했다. 그런 이유 중 하나는 위협과 위험을 확인하는 데 전문화되어 있는 중뇌 영역이 과활성화되어 논리적인 생각과 공감을 가능하게 하는 대뇌의 상위 중추가 덜 활성화되기 때문이다. 긍정적인 결과가 나올 가능성이 훨씬 적어진다는 것은 충분히 상상할 수 있다. 따라서 부부 각자가 마음챙김을 사용하여 이완 상태에 이르면, 부부의 갈등을 해결하는 데 생산적이지 못한 스트레스 반응이 활성화될 가능성이 적어지거나 적어도 더 늦어질 것이다.
- **감정에 대한 알아차림 증가**: 어려운 대화를 하기 전에 마음챙김 명상을 하면 부부가 자신의 정서적 과정에 대해 더 큰 알아차림과 통찰을 얻고, 따라서 자신을 더 잘 표현할 수 있게 된다. 이런 알아차림을 통해 갈등을 해결하는 방향으로 문제를 거론할 수 있게 된다. 예를 들어, 만약 부부가 많은 돈을 들여 휴가 가는 문제로 갈등하고 있을 때 이 주제를 논의하기 전에 마음챙김 훈련을 하면, 부부 상호 간에 이 여행에서 돈을 쓰는 문제와 관련하여 덜 드러난 의미와 동기들, 즉 평생의 소원을 이루기 위해 성지순례를 하고 싶어 한다거나 '좋은 부양자'로서 의무를 다하기 위해 가족들에게 엄청나게 비싼 휴가에 데려가야 한다는 책임감 등을 확인할 수 있다.
- **수용과 연민**: 마음챙김 훈련은 있는 그대로 수용하고 연민을 느끼는 기본 훈련에 기반을 두고 있다. 따라서 마음챙김 훈련은 부부를 마음챙김의 핵심인 깊게 수용되고 있다는 느낌으로 연결시켜 준다. 이러한 수용 훈련은 주제에 대한 개인의 태도를 부드럽게 누그러뜨려서 더 큰 맥락에서 그 주제를 바

라볼 수 있게 해 준다. 예를 들어, 만약 부부가 인척관계 문제로 싸우고 있는 경우 먼저 마음챙김을 하면, 즉각적인 다툼에 집중하기보다 더 큰 맥락에서 (예, 남편 측 부모님의 건강이 급격히 나빠지고 있기 때문에 남편이 시댁 가족과 더 많은 시간을 보내고 싶어 한다.) 상황을 바라볼 수 있게 된다.

▌마음챙김 섹스와 애정표현

마음챙김 경험과 섹스 요법은 놀랍게도 많은 유사점을 가지고 있다. 비록 둘 다 표면적으로는 즉각적인 신체적 감각에 집중하고 있는 것 같지만, 두 가지 방법 중 어떤 것도 그것이 핵심은 아니다. 마음챙김의 경우 실제 초점은 개인의 경험에 대한 수용이다. 섹스요법의 경우 그 열쇠는 정서와 관계적 맥락이다. 따라서 비록 마음챙김은 관능집중기술 등의 고전적인 섹스요법훈련에도 사용될 수 있고(Masters & Johnson, 1974), **마음챙김 감각 훈련**이 신체적으로 성적 문제를 가지고 있는 부부들을 도와주는 데에도 사용할 수 있는 한편 마음챙김의 관점은 성 기능의 조건을 결정하는 관계적 맥락을 강조하는 현대적 섹스 요법 접근과 그 입장을 같이 하고 있다(Gottman, 2011; Schnarch, 1991).

낮은 성욕, 조루 혹은 단순하게는 다른 성적 취향 등 성적인 문제를 가진 부부를 돕는 보편적인 접근에는 다음과 같은 과정이 포함되어 있다.

1. **수용:** 인생의 모든 것이 그렇듯, 성적 차이에 대한 마음챙김적 첫걸음은 판단하지 않고 성욕의 차이나 성적 취향, 생각대로 몸이 반응하지 않는 것 등등을 있는 그대로 수용하는 것이다. 현대 문화에서 성적 문제들은 강렬한 수치심을 동반하고 과장된 미디어 이미지로 인해 잘못 인식되고 있기 때문에 수용을 키워 나가기가 유별나게 어려울 수 있다. 따라서 성적인 문제들을 수용하기 위해서는 현실적인 기대를 갖고 부드럽게 접근하여야만 한다. 성적인 문제에 대해 치료자가 솔직하고 개방적일수록 부부는 자신들이 어디에 있는지를 수용하기가 더 쉬워진다.

2. **연민:** 수용이 이루어진 후에 혹은 수용을 해 가면서, 치료자는 부부들에게 상대 배우자가 성 문제와 관련해서 느끼는 고통에 대해 연민을 불러일으켜 이를 표현해 보게 할 수 있다. 이성부부는 배우자의 고통에 대해 공감하기 더 어려울 수 있는데, 이는 각자가 다른 생리적 경험과 성 역할 관점을 지니고 있기 때문이다. 그에 반해, 상대 배우자의 생리적 경험에 대한 이해도가 높은 동성부부들은 불분명한 역할, 자신의 성 정체감에 대한 수용도의 변화, 중요한 타인이나 종교 기관들로부터 받게 되는 반감 그리고 성소수자와 관련된 수많은 다른 문제들로 분투한다. 대화의 속도를 늦추어 관련 문제를 확인하게 되면 섹스, 성 정체성 및 성 역할과 관련된 많은 형태의 고통에 연민을 가질 수 있도록 도와줄 수 있다.
3. **안전함과 신뢰:** 연민을 갖게 되면서, 부부들은 안전함과 신뢰를 경험하고 키워 나가게 된다. 많은 부부에게 있어서 성적 선호, 염려 및 소망들에 대해 신중하게 논의해 보는 것이 새로울 수 있다. 그래서 치료자는 각 배우자가 안전감과 신뢰를 키워 갈 수 있는 방식으로 논의해 가도록 도와주어야 한다.
4. **협력해서 문제를 정의해 보기:** 이상적으로는 치료자가 현대 진단범주를 사용하지 않고 부부로 하여금 좀 더 큰 관계적 · 정서적인 맥락에서 성적인 문제를 정의해 보도록 도울 수 있다. 일반적으로 개념적인 문제에는 다음의 주제가 포함된다.
   - **정서적 연결:** 관계에서 한 측 혹은 양측이 정서적으로 안전감과 연결감을 가지고 있지 못하다.
   - **불안감:** 한 측 혹은 양측이 개인 혹은 배우자의 (실제 혹은 상상된) 기대에 부응하기 위해 특정한 방식으로 행동해야 한다는 불안감을 가지고 있다.
   - **의사소통 회피하기:** 한 측 혹은 양측이 성적 욕구나 기대에 대해 명확하게 소통하기를 두려워해 왔다.
   - **외적 방해요인:** 자녀, 일 혹은 다른 스트레스 요인으로 인해 한 측 혹은 양측 배우자가 그들의 관계에 에너지를 쏟지 못하고 있다.

- **사회적 규범**: 지각된 사회적, 성별 혹은 성적 규범이 불안감이나 비현실적인 기대를 야기하고 있다.
- **의학적 문제**: 성적 기능에 영향을 주는 투약 내지 의학적 상태.

5. **협력해서 계획 구상하기**: 부부가 그들의 성적 관심들에 대해 이야기를 나누고 그들을 동기화하는 것이 무엇인지에 대해 이해했다면, 그것들을 다룰 수 있는 방법에 대해 계획을 세워 볼 수 있다. 마음챙김과 수용 훈련이 몇 가지 탁월한 대안들을 제공한다.
   - **마음챙김 안아주기**: 몇 분 동안 연민과 수용으로 서로를 마음챙김하면서 안아 주거나 포옹하는 방법은 양쪽 모두에게 신체적 · 정서적으로 안전하다는 느낌과 신체적으로 편안함을 느끼게 해 준다.
   - **마음챙김 감각 경험**: 개별적으로 혹은 함께, 오감 중 어떤 감각에 마음챙김 주의를 기울여 지금 이 순간 그 감각에 온전히 몰두해 보도록 할 수 있다. 그런 다음에 이 훈련을 성적 접촉(sexual encounter)으로 옮겨 갈 수 있다.
   - **마음챙김 접촉하기**: 감각집중훈련(sensate focus exercise)과 마찬가지로 부부들에게 그들의 손이나 깃털이나 실크 스카프같이 촉감을 느낄 수 있는 대상을 사용하여 상대방을 만져 보는 시간을 갖게 할 수 있다. 그들 문제의 특성에 따라 부부들은 이를 성적이지 않은 환경에서 옷을 입은 채로 아니면 옷을 벗은 채로 애무(foreplay)의 한 형태로 사용할 수 있다.
   - **마음챙김 섹스**: 마지막으로 마음챙김 주의가 성적인 접촉을 하는 동안 섹스 과정에서 경험하는 쾌락과 정서적 연결감을 증진시키는 데 사용할 수 있다.
   - **역설**: 성 기능과 기대는 종종 "우리는 성교는 안 하고 애무만 할 거야." 등과 같은 역설적 금지명령에 잘 반응한다. 이는 실행 불안이 문제일 때 특히 그러하다.

가족에게 마음챙김 적용하기

나는 특히 가족을 대상으로 마음챙김을 사용할 때, 이 방법이 매우 훌륭한 방법이라는 사실을 더 알게 되는데, 함께 존재해 주기와 수용이라는 기본 훈련은 전문적인 도움을 구하는 가족이 흔히 가지고 있는 문제를 빨리 개선시켜 주기 때문이다. 마음챙김은 부모가 치료자에게 '나쁜' 평가를 받고 있다는 기분을 느끼지 않으면서 부모와 자녀의 정서적 연결을 비교적 빨리 회복시켜 주는 비위협적인 접근방법이다. 치료자들이 가족을 대상으로 작업할 때 사용할 수 있는 몇 가지 대안에는 다음과 같은 것들이 있다.

- **마음챙김 부모–자녀 조율하기**(Mindful parent–child attunement)
- **속도를 늦춰서 지금 이 순간에 머무르기**(Slowing to the present moment)
- **외출하면서 마음챙김하기**(Out–the–door Mindfulness)
- **마음챙김 인형놀이**(Mindful puppet enactments)
- **있는 그대로 이야기하기**(Narrating what is)
- **'재우기' 마음챙김**('Rocking' mindfulness)
- **짧은 마음챙김과 수용 순간들**(Mini–mindfulness and acceptance moments)

추가적으로 앞에서 설명된 부부를 위한 수행 중 대부분은 가족에게도 사용할 수 있다.

- 자애명상
- 마음챙김 멈춤

어린 아동들과 더 폭넓게 작업하고자 하는 치료자는 그린란드(Greenland, 2010)와 윌러드(Willard, 2010)의 연구를 더 읽어 보길 바란다.

부모-자녀 조율하기

대인관계 신경생물학 연구자들과 이론가들은 아이의 인생 첫 3년뿐만이 아니라 아동기 때부터 성인이 될 때까지 안정적인 부모-자녀 관계의 중요성을 강조한다(Schore, 1994; Siegel, 1999). 우리는 이제 안정된 부모-자녀의 유대가 아동의 정서뿐만 아니라 최적의 대뇌, 자아감 및 정서조절 능력의 발달에 중요하다는 사실을 잘 알고 있다. 간단히 말해, 자녀의 신체적 · 정서적 · 심리적 발달이 잘 이루어지도록 하기 위해서 부모는 자녀와 안정된 애착관계를 맺을 필요가 있다. 불행히도 현대 삶이 이를 어렵게 만든다. 더 나아가 부부관계와 다르게 자녀와 안전한 유대를 맺는 과정에서 부모들 대부분은 부담을 느낀다. 자신 혹은 관계 속에 정서적으로 존재할 수 있는 한 개인의 능력을 향상시켜 주는 마음챙김은 부모가 자녀들에게 일관성 있게 정서적으로 조율할 수 있는 능력을 향상시켜 주는 아주 소중한 도구다.

다음에서 다루는 마음챙김 훈련들은 부모가 자녀에 정서적으로 더 잘 조율할 수 있을 만큼 충분히 속도를 늦추는 법을 배울 수 있는 풍부한 대안들을 제공한다. 어린 영아나 유아와의 상호작용에서는 이러한 것들이 늘 요구되기 때문에 많은 부모는 어린아이들과 이렇게 하는 것이 자연스럽다. 하지만 아이가 더 잘 개념화할 수 있게 되고 그들의 경험들과 '멀어지게' 되면서, 정서적으로 존재해 주는 데 노력이 요구된다. 마음챙김은 공식적인 훈련이든 비공식적인 훈련이든 부모가 그들 자녀들에게 정서적으로 이용 가능하게 존재해 주는 데 중요한 역할을 할 수 있다.

치료자들은 이 부분에서 소개된 훈련을 모두 사용할 수 있고, 그와 함께 마음챙김 의사소통 촉진하기와 주의 깊게 경청하기의 요소들을 사용하여 어린 자녀들에게 맞춰 잘 조율할 수 있도록 도와주면서, 부모들이 조금 더 큰 아이들과의 관계에서도 서로서로 잘 조율하도록 도와줄 수 있다. 아이들의 경우 조율 과정은 주로 비언어적인 형태를 띤다. 부모들이 비언어적인 조율에 익숙해지도록 도와주려면, 치료자들은 부모들에게 자녀가 하는 것과 관심을 가지는 것에 주목하면서 "자녀가 안내하는 대로 따라가도록" 격려해 주어야 한다(Wieder & Greenspan, 2003). 이때 행동이나 말로 격려해 줄 수 있다. 부모들이 스스로 자녀의 생각, 관심사 그리고 충동들이 안내해 주는 대로 따라가다 보면, 그들 자녀의 내면세계를 마음챙김으로 경험할 수 있게 되고, 자연스럽게 조율이 이루어진다. 비록 자녀가 안내하는 대로 따라간다는 것이 청소년 자녀들에겐 더 언어적인 형태를 띠지만, 전형적인 질풍노도의 시기에도 매우 가치 있는 관계 훈련이다.

▌속도를 늦춰서 지금 이 순간에 머무르기

만약 당신이 현재 학령기 자녀를 둔 가족을 혼란에 빠트리고 싶다면, 그들에게 더 적게 하라고 제안하라. 음악 수업, 운동 팀, 플레이데이트, 과외, 봉사활동, 영화, 도구, 게임 등을 덜 하게 하는 것이다. 대부분의 부모는 마치 자신의 자녀들을 영영 불구로 만들라는 말이냐고, 신체적 불구가 아니라 자녀를 대학에 보내지 말라는 말이냐고 반응할 것이다. 하지만 활동을 덜 하고 더 많이 존재해 주는 것이 종종 치료에 오는 가족을 돕는 중요열쇠가 되기도 한다. 현대 부모가 선한 의도로 그러기는 하지만, 뭔가를 끊임없이 하고, 하고, 또 해야 한다는 함정에 빠져 계속 일하면서 실제로 함께할 시간이 거의 없어서 서로 정서적으로 함께해 주지 못한다. 많은 사람이 만약 자녀들을 여러 가지 활동에 참여시키지 않으면 자녀의 미래가 위험하다고 생각한다. 그 대안으로 어떤 사람들은 일을 해야 한다는 압박감을 느끼고, 다른 사람보다 더 실질적인 생존 압력에 시달리는 사람들은 자녀들과 함께할 에너지나 시간이 남아 있지 않게 된다. 어떤 상황이든 가족이 서로와 함께 존재해 줄만큼 속도를 늦추도록 도와주는 것이 가족들을 재결합시키는 데 매우 효과적인 첫 단계다. 종종 나는 제시된 문제를 '다루기' 전부터 이 재결합의 과정을 시작하는데, 이는 이러한 전반적인 변화가 가족들이 경험하고 있는 문제의 심각성을 극적으로 낮춰 줄 수 있기 때문이다.

속도를 늦춰서 지금 이 순간에 머무르기

치료자들은 다음 2단계 과정을 사용하여 가족들이 서로서로 더 많이 함께할 수 있도록 도와줄 수 있다.

1. 하루 일정 그려보기: 시작하면서 가족들에게 통상적인 하루 일정을 이른 아침부터 시작하여 오후, 저녁까지 설명해 보도록 한다. 통상적인 갈등과 연결의 지점들을 확인한다.
2. 한 가지 작은 변화: 가족의 일과는 많은 부분을 옮기는 문제로 쉽게 변화시키기 어려울 수 있으므로 나는 가족에게, 예를 들어 식전 기도나 외출하면서 마음챙김하기 등과 같이(아래 참고) 하나의 작은 변화부터 시작해 보라고 권유한다. 매주 가족과 작업하면서 이러한 순간들을 잘 다룰 수 있는 방법을 찾고 그 한 주 동안 서로 정서적으로 함께하는 시간을 확장해 나가도록 돕는다. 일반적인 예들은 다음과 같다.

- 저녁 식사 시간에 식전 기도하기(1~2분)
- 저녁 식사 시간에 자신의 하루 일상에 대해 이야기하기(5~10분)
- 모두를 위한 고요하고 편안한 잠자리 의식 갖기(20~30분)
- 자리에 앉아서 아침 먹기(20~30분)
- 산책하기(10~20분)
- 애완동물과 놀기(2~10분)
- 함께 놀이나 스포츠 활동하기(10~30분)
- 함께 춤 추고 노래하거나 혹은 작곡하기(2~30분)
- 외출하면서 마음챙김하기(1~5분; 아래 참고)

가족이 얼마나 느리게 살아야 할까? 나는 가족 구성원이 서로에게 안전하게 연결되어 있다는 느낌을 가지고, 그러면서 시간에 쫓기면서 살고 있다는 느낌이 없을 때까지 속도를 늦추는 작업을 해야 한다고 믿고 있다. 어떤 경우에는 관계적 유대가 회복되고 갈등이 잦아들어야 그들의 일상에 더 많은 활동을 할 수 있을 것이다. 또 어떤 경우에는 가족들 스스로가 너무 무리해서 살아왔고, 애초에 느린 속도가 그들에게 필요했던 거의 모든 것이었다는 것을 발견하기도 한다.

▌외출하면서 마음챙김하기

집을 나서기 전 2~5분 동안 훈련하는 '**외출하면서 마음챙김하기**(Out-the-door Mindfulness)'는 ADHD로 진단받은 아이의 가정을 대상으로 마음챙김을 통해 약물 사용을 줄이거나 피하면서 학교에서 아이의 주의집중력을 향상시키고자 했던 나의 연구 작업을 발전시킨 것이다. 이 훈련은 한 가족을 대상으로 실생활 속에서 행한 마음챙김의 훌륭한 예다.

대부분의 가정에서 외출은 모두에게 도전이다. 부모들은 아무 관심 없는 것처럼 보이는 자녀들에게 소리 지르면서 명령한다. 결국 모두가 미친 듯이 급하게 이를 닦고, 숙제를 찾아 뒤지며, 가방을 낚아채고, 대충 한입 주워 먹고, 차로 뛰어 들어간다. 현관문에서부터 액셀러레이터 페달을 밟기 직전까지 어느 순간이든 누구나 스트레스 반응을 잠재우면서, 공부든 일이든 하루를 즐겁게 보내기 위한 마음을 갖고 마음챙김 훈련을 하는 것이 가장 이상적이다. 나는 가족들에게 일과 중에 시간과 장소를 정하여, 설사 가야 할 곳에 2~5분 정도 늦더라도 꼭 마음챙김 훈련을 한다고 서약하게 한다. 부모의 동의를 받는 것이 가장 어려운 일이기는 하지만, 특히 자녀들이 학교에서 훈련이나 다른 강의에 더 집중을 잘할 것이라고 믿게 되면, 부모 대부분은 2분 정도 늦는 것에 대해서는 동의할 것이다.

나는 이렇듯 간단해 보이는 일정의 변화가 그들의 아침 일정뿐만 아니라 일주일 내내 가족의 상호작용을 변화시키는 것을 자주 보아 왔다. 이 훈련이 부모와 자녀 모두를 고요하게 해 주어서 학교에 가는 도중뿐만 아니라 학교에 가기 위해 준비하는 몇 분에서 몇 시간 동안도 너무나 평화롭고 조화로웠다고 보고하였다. 마음챙김 훈련을 하게 될 것이라고 기대하는 것도 많은 가족이 자신들의 행로를 변화시키는 데 도움이 되고, 몇 주 후에는 가족 문화도 변화하였다. 부모들은 급히 서두르는 생활방식에서 더 쉽게 빠져나올 수 있었고, 자녀들은 더 쉽게 고요해지고 중심을 찾을 수 있었다. 내가 훈련을 하면서 달라진 것이 있냐고 물었을 때 어떤 한 아이는 "네, 엄마의 기분이 더 좋아졌어요. 그래서 학교 가는 길에 엄마랑 얘기하는 걸 즐기게 되었어요."라고 대답했다. 대부분의 가족이 노력도 거의 하지 않았는데 '우리 모두 기분이 꽤 좋아서' 갈등이 해결되어 버렸다고 보고했다. 개인적으로 나는 이것이 전문가인 나에게도 도움이 되고 자신을 돌보는 데에도 도움이 된다는 사실을 발견하였다(10장 참고).

마음챙김 인형놀이

앤더슨(Andersen, 1991)의 반영하기 팀 훈련에서 영감을 얻어 처음 개발된 개입방법인 인형놀이는 어떤 상황에 대해 여러 가지 관점에서 반영해 주는 훌륭한 기회를 제공한다(Gehart, 2007). 이 창의적인 실연은 아이들로 하여금 자신의 이야기를 자신에게 친숙한 매체인 놀이를 통해 이야기할 수 있도록 한다. 많은 아이가 정서적인 어려움을 마음속으로 상상하기보다는 그 이야기를 '보여 줄 수 있는' 인형이나 그림들을 가지고 논의하는 것이 훨씬 더 쉬워 보였다. 만약 치료자의 상담실에 있는 인형들이 충분히 마음을 끌 수 있다면 많은 청소년과 성인도 자신의 이야기를 더 흥미로운 방식으로 즐기면서 말하게 될 것이고, 그렇게 되면 이따금씩 주저하는 참가자들의 이야기도 더 이끌어 낼 수 있다. 게다가 인형들은 문제 시나리오에서 가족 구성원 간에 '역할바꾸기(switch)'라는 흔치 않은 선택을 할 수 있어서 상대방의 관점에 대해 더 큰 자비와 수용을 키워 나갈 수 있는 매우 좋은 기회를 제공한다.

마음챙김 인형놀이

인형놀이는 힘든 이야기를 나누고, 타인의 경험에 연민을 키우고, 새롭게 관계하는 방식을 확인하는데 여러 가지 방식으로 사용될 수 있다. 치료자는 내담자의 필요와 관심사에 따라 다음 대안 중에서 선택할 수 있다. 각 대안들은 각자가 자신을 대표할 인형을 고르는 배역 정하기로 시작한다. 만약 필요하다면 선생님이나 친구와 같은 핵심 배역을 대표할 인형을 추가로 정하고 그 역할을 할 사람을 배정한다.

대안

- **마음챙김적 재연(再演)**: 가족에게 특정 사건을 재연(再演)해 달라고 하거나 전형적인 관계 패턴을 보여 달라고 요청한다. 이야기를 하는 동안에도 중간중간 멈추도록 하여 마음챙김적으로 자신의 경험에 대해 반영하고 나누도록 한다.
  - 지금 이 순간 당신의 인형은 무엇을 생각하며 느끼고 있나요?
  - 당신의 인형은 지금 이 상황에서 안전하다고 느끼고 있나요?
- **역할 바꾸기**: 그 후 다른 이들에 대한 자비와 수용을 높이기 위해, 가족들에게 역할을 바꿔 이 상황을 다시 재연하되, 이번에는 다른 사람의 경험에 대해서 숙고해 볼 수 있도록 한다.
- 더 나쁜 결말: 대부분의 치료자가 생각하는 것과 달리 가족으로 하여금 이 상황이 어떻게 더 나빠질 수도 있었는지 역할놀이를 해 보는 것은 특히 무망감이나 비난받는 느낌을 갖고 있는 가족들에게 매우 강력한 개입방법이다. 더 나쁜 예는 지금 일어나고 있는 잘 되고 있는 부분들에 대한 감사한 마음을 키울 수 있도록 도와준다.
- 더 나은 결말: 더 관례적인 접근법으로 가족으로 하여금 더 선호하는 결말을 연기해 보도록 하는 것은 새로운 반응을 탐색하고 연습할 기회를 제공한다. 이는 어린아이들에게도 대단히 중요하지만 놀랍게도 자신의 아이들과 상호작용 패턴이 매우 깊이 확립된 부모들에게도 도움이 된다.

예를 들어, 나와 함께 작업하던 한 엄마는 아침마다 아들이 학교가기 전에 아들과 싸우고 하나하나 잔소리를 해야만 했다고 호소했는데, 그렇게 특별한 문제는 아니었다. 이 일곱 살짜리 아들인 대니(Danny)는 너무 피곤해서 엄마가 원하는 대로 빨리 움직일 수 없다고 우겼다. 그래서 나는 대니와 그 엄마인 수잔(Susan)에게 어떤 일들이 일어나는지 인형을 통해서 보여 달라고 부탁했다. 그들은 중간중간에 다양한 대안으로 인해서 조금 키득거리면서도 시간을 들여 알맞은 인형을 골랐고, 나는 그들에게 자신들의 인형을 침대에 눕혀 재우라고 지시했다. 항상 엄마가 먼저 일어났기에 나는 그녀에게 자신의 인형인 나비를 깨우고 대니가 일어나기 전에 하는 일상적인 일들을 해 보라고 했다. 대니는 엄마가 하는 모든 것, 즉 샤워하기, 옷 입기, 화장하기, 개밥주기, 커피 만들기 그리고 식사 준비하기를 알고는 조금 놀랐다. 그동안에 대니의 용은 코를 골며 자고 있었다. 엄마의 나비가 준비하는 동안 그가 뭘 하는지 꼭 확인하도록 했다. 재연을 하는 동안 나는 잠시 그들을 멈추게 하고 이 활동을 통해 각자 경험하고 있는 생각, 느낌 그리고 감각에 대해 성찰해 보도록 하여 더 마음챙김적인 관점을 가지도록 격려하였다.

그런 다음, 나비가 용을 깨울 시간이 되었다. 용은 분명하게 저항했고 그럴수록 나비는 점점 더 끈질겼다. 이런 줄다리기는 그들이 차를 타는 순간까지 계속되었다. 이 상호작용 중에서 나는 여러 번 그들을 멈추게 한 다음 이 반복적인 상호작용 패턴들에 대해 설명해 보도록 하면서 그 드라마가 일어나는 그 순간에 각자가 느끼는 것에 대해 성찰해 보도록 하였다.

그런 다음, 나는 그들에게 역할을 바꾸어 아들은 나비가 되고 엄마는 용이 돼 보라고 권유했다. 나는 대니에게 나비를 깨워 아침 일과를 해 보라고 지시했다. 그리고 용을 깨울 시간이 되자 용은 정말로 일어나고 싶어 하지 않았다. 대니는 조금 짜증이 났고, 나는 그에게 용이 어떻게 생각하고 어떤 것을 좋아하는지 매우 잘 알고 있으니, 용이 즐겁게 일어날 수 있도록 깨우는 새로운 방법들을 생각해 보는 것이 어떠냐고 물어보았다. 대니는 창의성을 발휘하여 아래층에서 용이 가장 좋아하는 만화영화를 틀어 그를 유인하고 그가 도저히 저항할 수 없는 계란요리를 만들었다. 마지막에 나는 각자가 이 새로운 역할에서 느끼는 내면적 관계 경험에 대해 성찰해 보도록 하고, 이들은 그 후 몇 주간 아침 일과를 바꾸는 데 이 방법을 사용하였다.

▌있는 그대로 이야기하기: 자기 이야기하기

철학자들과 과학자들 간에 동의하는 몇 안 되는 것 중 하나는 우리의 자아감(sense of self)이 내러티브(narrative), 즉 우리가 자신에게 자신에 대해 이야기를 함으로써 만들어진다는 것이다(Gergen, 1991, 1999; Siegel, 1999). 이 과정은 인생의 첫 몇 년간 자신과 타인의 의도, 정서, 사고 그리고 내면의 대화 등의 정신적인 경험을 이야기해 주고 설명해 주는 부모와 보호자들로 인해 시작된다(Siegel, 1999). 예를 들어, "미카엘(Michael)은 지금 슬픔을 느끼고 있어요. 왜냐하면 자기 친구가 떠나지 않았으면 좋겠거든요. 루이스(Luis)도 지금 슬퍼요. 왜냐하면 그는 가야 하거든요. 하지만 미카엘과 루이스는 둘 다 저녁에 가족이랑 밥 먹으면서 오늘 둘이서 뭐하면서 놀았는지 말하면 너무 재미있을 거예요. 둘 다 다음에도 같이 놀고 싶을 거예요."

좋든 싫든 혹은 인식하든 그렇지 않든, 부모들은 그들이 자신의 감정과 사고 과정과 관계하는 방식을 통해 그리고 자녀들의 감정 및 사고 과정과 관계하는 방식을 통해 자녀들의 자아감과 내면세계를 이해하는 깊은 틀을 만든다. 최근 존 고트먼(John Gottman) 외 여러 심리학자가 자녀의 정서지능을 증진시키기 위해서(Goleman, 2005), 부모에게 **감정코칭** 기술을 가르쳐야 한다는 사실을 강조해 왔다(Gottman, 1999). 자녀의 내적 대화를 성공적으로 코칭하고 안내하는 열쇠는 부모가 자신의 내면 과정을 고요히 관찰할 수 있는 능력에 있다. 이 능력은 마음챙김과 수용 훈련을 통해 촉진시킬 수 있는데, 이는 부모가 공식적으로 규칙적인 훈련을 통해서 혹은 촉진적 마음챙김 대화 및 다른 개입을 활용하여 자녀와 부모가 내적 생활에 대해 일관성 있는 느낌을 만들어 주게끔 도와주는 전문가의 도움을 받아서 촉진시킬 수 있다.

감정코칭훈련을 좀 더 확장한, 있는 그대로 이야기하기 과정은 아이들이 자신의 감정에 대해 더 많이 알게 되는 데 도움이 될 뿐만 아니라 자신의 감정에 대한 자신의 해석으로 정서, 사고, 동기, 기대, 관계 그리고 행동에 대한 이야기를 만듦으로써 '자기'가 드러난다는 사실을 알게 되는 데에도 도움이 된다. 어린아이들에게는 발달상 그들에게 이것을 하도록 도와주는 누군가가 필요하지만, 나이가 든 아이들이나 성인들은 일반적으로 누군가가 방금 일어난 자신들의 이야기, 더 명확하게는 자신의 이야기 속에서 드러나는 자신의 자아에 더 큰 일관성을 갖도록 누군가로부터 도움을 받는다. 이 과정은 치료 중에 시작되지만 더 이상적으로는 가정에서 부모가 지속적으로 아이들에게 일상생활 속에서 일어났던 일들에 대해 이야기하도록 도와주어야만 한다.

이 과정의 열쇠는 **이야기의 응집력**(narrative coherence), 즉 이야기하는 사람의 관점에서 그/그녀의 감정, 행동, 생각, 판단 그리고 줄거리의 발달이 듣고 있는 타인들에게 이해가 되도록 일관성 있게 이야기를 구성하는 것에 있다(Anderson, 1997). 이 훈련은 비록 그들이 빠르게 말로 표현하지 못한다 하더라도 '모든 사람의 내면세계가 그들 자신에게는 말이 된다'는 가정에 기반을 둔다. 조현병으로 진단받은 사람일지라도 '말이 된다', 다만 그것이 그 사람 혼자만 공유하고 있는 현실일 뿐이다. 그에 반해, 대부분의 사람은 '말이 된다'는 정의에 포함된 요소들을 자신의 가족과(소집단의 문화) 그들이 속해 있는 민족적 · 국가적 · 성별적 · 성적 · 종교적 · 사회적 · 언어적 · 직업적 및 다른 문화 집단과 공유한다. 비록 우리가 세상을 해석하는 데 타인과 많은 유사한 방식을 가지고 있을 수는 있지만 각 사람마다 의미를 만들어 내는 체계는 독특하다.

있는 그대로 이야기하기

치료자들은 다음 단계들을 사용하여 문제의 상호작용과 관련하여 각각의 가족 구성원들이 자신에게 '있는 그대로'를 이야기하도록 도울 수 있다. 부모들은 가정에서 일어나는 일상적인 상호작용에 대해서도 이런 과정들을 활용할 수 있다.

- 알지 못함의 자세를 취하라: 있는 그대로를 이야기하는 것은 알지 못함의 자세와 아무것도 추측하지 않겠다는 자세로 시작하는데, 이는 각 사람이 자신의 고유의 현실을 구성하고, 따라서 자신만의 독특한 해석적 논리를 가지고 있다는 전제에 기반을 두기 때문이다.
- 호기심을 가지고 경청하라: 화자가 자신의 이야기를 나눌 때 청자는 이야기의 각 요소들을 함께 연결시키고 있는 '해석'과 '내면논리'에 호기심을 가지고 주의를 기울인다.
- 화자의 관점에서 '말이 된다'로 질문을 하라: 이야기가 진행되면서 외부 출처의 이유를 통해서가 아니라 화자의 입장에서 '말이 되는' 이야기로 만드는 의미와 내면논리를 명료화해 보도록 요청한다. 예를 들어, 만약 이야기가 "오늘 공원에 갔어요."라고 시작한다면, 호기심 많은 청자는 공원에 간 동기가 무엇이었는지, 어떤 일이 일어날 것이라고 기대했는지, 그렇게 되기까지 관련되었던 사람은 누구인지 등에 대해 물어볼 수 있다.
- 통합하기: 마지막에 청자는 그 이야기에 동의하지 않더라도 내면논리, 가정, 의미 그리고 해석들을 연결시켜서 그런 요소들이 담긴 이야기를 다른 사람들에게 다시 '말이 된다'는 이야기로 할 수 있도록 도와준다.
- 반영하기: 마지막으로, 잠시 시간을 가지고 반영해 주면서 화자의 관점에서 그 이야기가 어떤 의미가 있는지에 대해 화자와 다른 사람의 생각에 대해 이야기를 나눌 수 있다.
  - 이야기에서 가장 두드러진 부분은 무엇인가요?
  - 이야기에서 당신에게 가장 의미 있게 다가온 점은 무엇이었나요? 어떤 점이 가장 의미가 덜 다가왔나요?
  - 가장 놀라웠던 것은 무엇이었나요? (종종 화자는 자신 세계의 내면논리를 단어로 표현하지 않는다.)

- 달랐으면 하고 바라는 부분들이 있었나요? 어떻게 달랐으면 했나요?
- 이 상황을 다르게 해석할 수 있는 방법이 있었나요? 다른 사람들은 다른 관점을 가지고 있고 당신은 그것을 이미 알고 있나요? 이 상황을 바라보는 다른 어떤 가능한 방법들이 있나요?

가족 안에서 너무 흔히 일어나는 일은, 부모가 세상을 이해하려는 자녀의 접근을 '틀렸다.' 혹은 '비현실적이다.'라고 이미 결정해 버리고(그리고 주로 어른의 관점으로 그렇게 해 버린다.), 이로 인해 아이의 관점에서 이해하려고 하는 시도조차 하지 않는다는 것이다. 하지만 그러한 이해야말로 아이로 하여금 자신의 세계와 자기에 대해 일관적인 개념을 갖도록 돕기 위한 전제 조건이다. 부모가 아동이나 청소년에게 일어나는 일들을 이해하는 좀 더 '합리적인' 방식을 알려 주는 것은 전혀 도움이 되지 않는다. 그럼에도 불구하고 많은 부모가 다른 방식을 알지 못하기 때문에 계속해서 그렇게 한다. 아이들이 필요로 하는 것은 자신의 세계를 해석함에 있어 도움을 받는 것이고, 가끔은 그들이 현재 있는 지점에서 일어나는 일들을 해석할 수 있는 좀 더 유용한 지점으로 넘어가는 다리(bridge)다. 치료자들은 부모들이 그들의 자녀들과 더 성공적으로 의사소통할 수 있도록 앞의 과정을 집에서도 사용하게끔 도와줄 수 있다.

▌아이들을 위한 '재우기' 마음챙김 훈련

어린아이들에게 마음챙김 훈련을 가르치는 데에는 약간의 창의력을 필요로 한다. 많은 점에서 아이들은 성인보다 마음챙김의 상태에 훨씬 더 쉽게 들어가는데, 어린아이들은 지금 이 순간으로부터 완전히 분리되어 살 수 있는 지적 능력이 없기 때문이다. 그들이 커 가면서 마음챙김 기술을 배우면 지금 이 순간을 살아가는 타고난 능력을 의식적으로 유지할 수 있다. 또한 이것은 부모와 자녀가 함께 명상할 수 있는 매우 좋은 기회를 만들어 주기도 한다.

내가 가장 좋아하는 아이들을 위한 마음챙김 훈련은 봉제인형을 '흔들며' 재우는 것인데, 그린란드(Greenland, 2010)와 마음챙김 훈련을 아이들에게 가르치는 전문기관인 Inner Kids Foundation의 동료들이 개발한 것이다. 아이들로 하여금 마음챙김을 이용하여 스스로 중심을 잡고 마음을 고요하게 만들 수 있는, 간단하지만 효율적인 접근법인 **'재우기' 마음챙김 훈련**은 자리에 누워 인형을 배 위에 놓고, 호흡의 흐름에 따라 배가 올라갔다 내려갔다 하면서 인형이 흔들거리는 것을 마음챙겨서 지켜보는 것이다. 대부분의 아이에게 누군가를 흔들어서 잠재우는 기회를 갖는 것은 재미있고 친숙한 과제다. 또한 이것은 긴장을 푸는 잠자리 의식이 잘 형성되어 있는 아동들에게는 조용하고 침착한 태도를 자연스럽게 만들어 낸다.

이 '재우기' 명상을 하기 위해서 아동과 부모는 콩 주머니나 봉제인형 등 잘 움직이지 않는 무엇인가와 등을 대고 눕는다. 치료자들은 다음의 단어들 혹은 그들이 선호하는 이야기로 그들을 안내할 수 있다.

재우기 명상

- **자세잡기:** 편안한 상태로 등을 기대고 누우세요. 필요하다면 베개를 사용하세요. 잠시 시간을 가지고 당신의 등에 느껴지는 느낌이 어떤지 느껴 보세요. 자, 이제 당신의 배가 당신의 호흡에 따라 올라갔다 내려갔다 하는 것을 알아차려 보세요. 당신이 아무것도 하지 않아도 자연스럽게 이렇게 하고 있습니다.
- **봉제인형을 내려놓기:** 준비가 되면 봉제인형을 당신의 배 중앙에 놓으세요. (주의: 잘 흘러내리지 않는 콩 주머니로 된 인형이 가장 좋다.)
- **알아차리기:** 당신의 자연스러운 호흡과 함께 당신의 인형이 올라갔다 내려갔다 하는 것을 알아차려 보세요. 호흡을 바꿀 필요는 없습니다. 자연스럽게 호흡하면 됩니다. 그리고 당신의 작은 친구는 당신의 호흡에 따라 자연스럽게 흔들거리다가 부드

럽게 잠이 들 것입니다.

- **이야기하기:** 당신이 숨을 들이마시면서 당신 배는 공기로 채워지고 당신의 인형이 흔들리며 올라갑니다. 숨을 내쉬면서 배에서 공기가 빠져나가고 당신의 인형이 흔들거리며 내려옵니다. 다른 것은 할 필요는 없습니다. 모든 것은 자연스럽게 일어납니다.
- **흔들거리며 재우기:** 잠시 시간을 가지고 당신의 인형이 흔들거리다가 잠이 드는 것을 가만히 살펴보세요. 당신의 자연스러운 호흡이 오르내리는 것을 지켜 봅니다.
- **관찰을 마치기:** 끝마치기 전에 당신의 호흡이 지금 어떤지 알아차리는 시간을 가져 보세요. 처음 시작했을 때와 같은가요 아니면 다른가요? 호흡 사이사이에 더 많은 공간이 있나요? 아니면 호흡이 깊어졌나요? 당신의 몸을 알아차려 보세요. 똑같은가요 아니면 무엇인가 다른가요? 좀 더 이완되거나, 아프거나, 혹은 피곤한가요? 당신의 마음을 알아차려 보세요. 똑같은가요 아니면 무엇인가 다른가요? 더 고요해졌나요? 명료해졌나요? 아니면 더 이완되었나요? 방 안에 어떤 일이 일어났는지 알아차려 보세요. 사람들이 똑같은가요 아니면 무엇인가 변했나요? 더 조용하거나 더 고요해졌나요? 당신이 지금 이 순간 경험하는 것들을 다만 알아차려 보세요.

재우기 명상은 부모와 어린아이들이 함께 마음챙김하면서 의미 있게 참가할 수 있기 때문에 가족 훈련을 위한 훌륭한 대안이다.

짧은 마음챙김과 수용 순간들(Mini-mindfulness and Acceptance Moments)

마음챙김과 수용이란 기술이라기보다 가족이 일상생활 및 경험들과 관계하는 방식을 만드는 태도와 가치다. 가족이 일단 마음챙김 의사소통과 다른 훈련들로 진전이 보인다면 그들의 매일의 일상에 짧은 마음챙김과 수용 순간들을 집어넣을 수 있는지 그 가능성을 확인해 볼 수 있다. 자녀가 있는 가족들은 부부나 개인보다 해야 할 일정들이 많다. 많은 가정에서 학교, 축구 연습, 음악 수업, 숙제 및 취침시간의 일정을 정해 놓고 있다. 이렇듯 잘 짜인 일상에 마음챙김과 수용 훈련 시간을 집어넣는 것이 가족에게 큰 영향을 불러일으킬 수 있는데, 이는 모든 구성원이 지속적인 훈련에 참여해야 규칙적인 일상으로 만들어 가면서 소집단 문화를 극적으로 재평가해 나갈 수 있기 때문이다.

가족의 일상 속에 마음챙김과 수용을 통합시키는 방법을 찾는 과정은 보통 모든 구성원으로 하여금 적극적인 역할을 하도록 만드는 재미있는 과정이다. 이상적으로 가족은 회기 중에 배운 것들을 토대로 자신만의 독특한 아이디어를 생각해 낸다. 마음챙김 순간들은 대부분 가족이 이미 하고 있는 활동들, 예를 들어 기상하기, 등교하기, 저녁 먹기 그리고 잠자리에 들 채비하기 등에 대부분 쉽게 통합된다. 이러한 통합에 성공하려면 마음챙김 순간이 짧아야 하고 그들이 이미 하고 있는 것보다 더 오래 걸리지 않아야 한다.

몇 가지 흔히 할 수 있는 것들은 다음과 같다.

- **마음챙김으로 날씨 확인하기**: 잠시 동안 바깥에 서 있으면서(혹은 추운 날씨라면 창 밖으로 손을 내밀어서) 마음챙김으로 공기의 온도, 바람, 햇살 혹은 비가 온다면 빗방울을 경험해 본다. 이것은 가족으로서 재미있게 하루를 시작하는 방법이기도 하고 더 실제적으로는 무엇을 입을지 결정할 수 있는 방법이기도 하다.
- **등교시 걷거나 무언가를 타고 가기**: 학교 가는 길에 각자가 하루를 자기 자신 그리고 누군가를 위해 더 나은 날로 만들어 줄 수 있는 한 가지를 생각해 내어 연민훈련을 한다.
- **하교시 걷거나 무언가를 타고 오기**: '있었던 일들'에 대해 이야기하면서(앞 부분 참고) 그 날 하루에 대한 일관된 감각을 만들어 내고 자신과 타인에 대한 연민과 수용을 훈련한다.
- **마음챙김하며 감사하기**: 저녁 식사 전에 마음챙김으로 경험하기, 연민 그리

고/혹은 수용을 요청하는 기도를 드린다.

- **마음챙김하며 먹기:** 저녁 식사하면서 처음 2분 동안 침묵 속에 마음챙김 먹기를 한다.
- **저녁 식사 중 대화:** 각 구성원이 오늘 하루 동안에 있었던 1~3가지 순간에 대한 마음챙김, 연민, 수용 혹은 다른 긍정적인 경험들을 식별해 가면서 식사 대화를 한다.
- **감사 훈련:** 저녁 식사나 잠들기 전에 하루 동안 자신을 풍요롭게 해 준 것에 마음챙김으로 주의를 한다. 감사기도를 드리는 훈련은 높은 수준의 행복과 상관이 있는 것으로 알려졌다(Seligman, 2002).
- **마음챙김하며 목욕 시간 갖기:** 목욕 시간의 첫 몇 분 동안 물, 거품 그리고 욕조 안에 들어가서 느껴지는 느낌들을 느껴 본다.
- **잠들기 전에 이야기 들려주기:** 그날의 이야기를 자신과 타인에 대한 수용, 마음챙김 그리고 연민을 수행하는 방식으로 다시 말해 준다.
- **잠들기 전에 축복기도 내지 하느님께 기도하기:** 종교적인 기도나 마음챙김 감사와 연민을 사용하여 가족이 하루에 마음챙김하는 순간을 가져 일어난 모든 좋은 일에 감사하고, 도전에 연민을 가지며, 이 모든 것이 함께 삶의 아름다움과 소중함을 이루고 있다는 것을 수용하면서 마무리할 수 있다.

그들의 방식을 존중하기

나는 부부나 가족을 그들이 열망하는 그들만의 가치관과 '선(goods)'을 가진 하나의 독창적인 소집단 문화로 생각하는 것이 도움이 된다는 사실을 알게 되었다. 마음챙김, 수용 그리고 연민 훈련을 다른 사람들에게 강요하지 않으려고 유의하면서 그들에게도 이것이 의미가 있을지 확인해 보라고 요청한다. 많은 사람이 이 훈련들 중 적어도 몇 가지는 매우 유용하다고 느꼈으며, 솔직히 치료에서 경험한 것보다 문제에 대해 더 주도적이고 적극적으로 참여하게 하는 접근이라서 더 매력적으로 느껴졌다는 사실도 알게 되었다. 아마도 현대사회의 속도 때문에 많은 부부와 가족은 이런 훈련들이 그들이 겪는 스트레스와 압박감을 덜어주는 데 꽤 적절하고 즉각적인 도움이 되어 실제로 상황들이 나아질 수 있고 더 나아질 것이라고 느꼈을 가능성도 높다.

제
3
부

훈련과 자기 돌봄

· 09 ·
수련과 슈퍼비전

더 나은 방법

새롭게 슈퍼바이저가 되어 실제 슈퍼비전을 하면서 경험한 것 가운데 곤혹스러웠던 일 중 한 가지는 내가 방금 설명한 것을 완벽히 알아들었던 똑똑하고 유능한 수련생들이 회기 중에 쉬는 시간을 가진 후 다시 회기로 돌아왔을 때, 내가 방금 해 준 이야기들뿐만 아니라 수업 중에 수없이 선보였던 기본적인 기술들을 하나도 기억하지 못했다는 점이다. 수련생들은 분명 똑똑하고, 뭘 해야 하는지 잘 알고, 수업 중에 행한 역할극에서는 필요한 기술을 정확히 사용했음에도, 정작 내담자 앞에서는 '얼이 빠져' 버렸다. 시간이 지나면서 나는 어떤 일이 일어나고 있는지 알아차렸다. 이 수련생들은 불안해지고, 그들의 스트레스 반응이 탄력을 받기 시작하면 그들이 이미 '알고 있는' 정보에 접근할 수 없었다. 왜냐하면 그 정보가 높은 스트레스하에서는 거의 접근이 불가능한 전전두피질의 고차 영역에 저장되어 있었기 때문이다.

많은 수련생은 이러한 역동을 알아차리지 못한 채 그들이 내담자를 상담할 만큼 수업에서 많이 배우지 못했다는 불만을 초반에 표현하곤 했다. 나는 이제 그것에 대한 대답으로 학생들에게 그들이 내담자를 처음 만날 때 느끼는 불안이 수업에서 배운 것을 사용하는 데에 영향을 미친다는 점을 설명한다. 즉, 240시간의 강의시간으로도 내담자를 만날 때 불안하지 않도록 대비할 수는 없다는 것이다. 뿐만 아니라 나는 또 다른 역동적인 것을 알아차렸다. 비록 한 수련생이 편안함을 유지한다 하더라도 많은 임상 기법은 오직 실제 상황에서 배울 수 있다는 것이다. 나는 이것을 수영을 배우는 것에 비교한다. 올림픽 코치가 제아무리 강의실에서 수영에 대해 설명해 준다 하더라도, 대부분의 배움은 수영장 안에서 이루어진다는 점이다. 치료 또한 마찬가지인 것 같다. 치료자들은 지겹도록 강의를 받고 대부분 실제로 그러하지만, 정작 중심이 되는 배움의 순간은 실제 내담자와 함께하는 치료실 안에서 이루어진다.

마음챙김은 스트레스 반응에 직접적인 영향을 미치기 때문에 수련생들로 하여금 자신들의 불안을 관리해 가며 수업에서 배운 점들을 더 잘 사용할 수 있고 내담자들에게 실제 노출되어 좀 더 빨리 익힐 수 있는 가능성을 제공한다. 이 장은 건강 분야의 여러 교육자가 마음챙김을 사용해서 전문가들을 어떻게 훈련시키기 시작했는지를 간략하게 돌아볼 것이다. 그 후에 마음챙김을 임상적 준비와 수련의 일환으로 사용할 수 있는 특별한 영상 훈련과 과제를 포함하여 세부적인 커리큘럼을 제공할 것이다.

수련 중인 전문가에게 왜 마음챙김을 교육시켜야 하는가

교육자들은 일관성 있게 수련 중인 전문가들에게 마음챙김을 가르치는 것에 대해 다음 두 가지 전제를 확인하곤 한다.

1. 수행과 전반적인 안녕감에 방해가 되는 수련생들의 개인적 스트레스 감소 (Bruce, Manber, Shapiro, & Constantino, 2010; Rimes & Wingrove, 2011).
2. 다음과 같은 핵심적인 관계적 · 치료적 기술 가르치기
   - **주의 기울이기**: 수련생들이 불안을 느낄 때조차도 회기에 집중할 수 있도록 돕는다(Fulton, 2005).
   - **주의 깊게 경청하기**: 수련생들이 알지 못함의 자세와 추측하지 않는 자세로 내담자의 말을 경청하는 능력을 향상시킨다(Shafir, 2008).

- 조율(attunement)과 공감: 수련생들이 자신에 대한 **자기-조율 능력**을 발달시켜 내담자들을 공감적으로 조율해 줄 수 있는 능력을 증진시킨다(Bruce et al., 2010; Rimes & Wingrove, 2011; Shapiro & Izett, 2008).
- 치료적 현존: 수련생들이 치료적 현존을 더욱 직접적이고 신속하게 발전시키는 법을 제공한다(Gehart & McCollum, 2008).
- 감정에 대한 인내력: 내담자들이 회기 중에 강한 감정을 표현하거나 수련생들 스스로가 불안을 느낄 때 불안해하지 않으면서 정서적으로 존재해 준다(Fulton, 2005; Rimes & Wingrove, 2011).
- 수용 훈련: 타인이나 상황을 판단하려는 자연스러운 경향은 줄이고 대신에 있는 그대로 수용하고, 자비를 갖도록 한다(Fulton, 2005; Rimes & Wingrove, 2011).
- 평정심과 유익함의 한계: 삶과 치료의 굴곡에 따라 움직일 수 있는 능력을 향상시키면서 치료가 삶을 살아가는 데 내포된 많은 유형의 고통을 치료해 주는 만병통치약이 아님을 수용한다(Fulton, 2005).
- 개념 구성 과정을 지켜보면서 배우기: 마음이 문제를 '구성'하는 방식을 이해하고 내담자의 문제해결을 돕는 자연스러운 과정과 상호작용하는 방식들에 대해 안다(Fulton, 2005).
- 부적절한 개인의 욕구를 노출하기: 자아존중감과 자아상을 고양시키는 방법으로 어떻게 치료자의 마음이 치료의 과정과 결과에 지나치게 그리고 부적절하게 집착하게 될 수 있는지에 대한 인식을 높인다(Fulton, 2005; Rimes & Wingrove, 2011).

마음챙김이 건강 전문가 수련에 의미 있는 기여를 할 수 있다는 이러한 제안을 입증하기 위해 교육자들이 의사, 치료자, 간호사 등 다양한 건강전문 수련생들을 대상으로 수많은 예비 연구와 통제 연구를 진행하였다(Bruce et al., 2010; Cohen-Katz, Wiley, Capuano, Baker, & Shapiro, 2005; Epstein, 2003a, 2003b; Jain et al., 2007; Shapiro, Astin, Bishop, & Cordova, 2005; Shapiro, Brown, & Biegel, 2007;

Shapiro & Carlson, 2009; Shapiro, Schwartz, & Bonner, 1998). 이러한 연구들에서 일관되게 마음챙김이 스트레스, 우울증, 불안, 반추 등을 감소시키고, 연민, 공감, 자기 연민 그리고 긍정적인 정서경험을 증진시키는 데 효과가 있음이 입증되고 있다. 더 나아가 라임즈와 윈그로브(Rimes & Wingrove, 2011)는 비록 반추를 덜하고 공감을 더 잘하게 되었다는 점에서 모든 수련생에게 도움이 되었음에도 오직 1년차 수련생들에서만 스트레스 수준이 유의미하게 감소했다는 점을 들어서 임상수련 첫 1년차에 마음챙김 훈련을 하는 것의 잠재적인 부수적 이득을 강조하고 있다는 사실을 밝혀냈다.

더 나아가 예비 연구들에서 치료자의 마음챙김 훈련을 측정 가능한 내담자 성과와 연결하기 시작했다. 독일에서 실시된 이중맹목 연구에서 치료 수련생들을 주기적으로 9주 동안 마음챙김 선(禪) 수행을 하는 치료집단이나 통제집단에 무작위로 할당하였다. 마음챙김 훈련을 한 치료자들의 내담자들이 간이정신진단검사(SCL-90-R)뿐만 아니라 다른 여러 임상적 변화에서 더 많은 호전을 보고했다(Grepmair et al., 2007). 유사하게도 치료자 특성 마음챙김을 살펴본 연구에서 파딜라(Padilla, 2011)는 대부분의 경우 **켄터키 마음챙김 기술척도(Kentucky Inventory of Mindfulness Skills)**에서 더 높은 점수를 받은 치료자의 내담자가 대부분의 측정 결과에서 더 좋은 치료적 동맹과 치료적 성과를 보고하였음을 발견하였다. 잘 입증된 스트레스 감소 및 자신과 타인에 대한 연민 증가와 더불어 이런 내담자의 성과에 관한 연구들이 전문가 수련생에게 마음챙김 훈련을 가르치는 것에 대한 관심의 증가를 뒷받침해 주는 경험적 지지 증거들을 제공한다.

묵상과 마음챙김 교육

마음챙김을 가르치는 것은 보다 최근의 묵상(Contemplative)과 마음챙김 교육의 패러다임과도 잘 맞아떨어진다(Bush, 2010; Lief, 2007; Shapiro, Warren, & Astin, 2008; Siegel, 2007). **묵상** 교육은 논리와 분석에 기반을 둔 비판적 사고를 가르치기보다 사고, 학습, 정서 그리고 관련 과정들에 대해 사고하는 2차적 혹은 메타인지 과정인 성찰적 사고를 가르치는 데 중점을 둔다. **마음챙김 교육 패러다임**은 새로운 것에 대한 개방성(알지 못함), 하나 이상의 관점에 대한 내면적 알아차림(구성주의자적 입장), 차이에 대한 깨어 있음(마음챙김 알아차림), 맥락에 대한 민감성(마음챙김 관찰) 그리고 지금 이 순간에 대한 지향을 강조한다.

묵상 가르침 전략은 마음챙김과 그 밖의 다른 지금 이 순간 알아차림 수행을 사용하여 학생들로 하여금 학습 과정 동안 자신의 정신적 또는 정서적 과정을 관찰하도록 돕는다. 모든 유형의 정신건강 훈련 프로그램 강의와 접목시킬 수 있는 몇 가지 묵상 교육 전략들이 있다.

- 무작위로 종소리 들려주기: 종소리와 같은 신호를 무작위로 혹은 일정표에 따라 들려 주어 수업을 듣는 모두가 몇 분간 자신의 마음속, 가슴속에서 그리고 신체 안에서 경험하고 있는 것을 마음챙김하는 시간을 가질 수 있다. 그런 다음에 수업은 굳이 멈춤에 대하여 언급하지 않고 다시 시작된다. 분명 말을 하고 있던 사람(주로 교수)에게는 이러한 중단이 갑작스럽고 더 나아가 도전적인 면도 있지만, 보편적으로 이것은 학습 경험의 질을 향상시킨다.
- 교수의 마음챙김: 교수들은 강의실에 들어가기 전에, 수업을 시작하면서 또는 수업 중에도 기회가 될 때마다 잠깐 마음챙김 훈련을 하는 것으로 강의실에서 마음챙김을 할 수 있다. 치료 회기에서 치료자의 현존이 치료 회기에 미치는 영향들과 마찬가지로 교수가 강의실에서 보여 주는 현존의 질이 수업 분위기, 학생 참여도의 질 및 수업의 흐름을 극적으로 변화시킬 수 있다.
- 묵상 과제: 연구 비평이나 이론 분석을 과제로 내주기보다 그 과제에 덧붙여서 교수들이 학생들에게 읽은 책, 수업 대화 혹은 온라인의 글에 대하여 의미 있는 묵상을 해 볼 수 있도록 설계된 과제들을 만들어서 내 줄 수 있다. 예를 들어, 학생들에게 특정 수업에 대한 그들의 내면적인 대화를 마음챙김으로 설명하고, 그들의 사고 과정의 일부분들이었던 다양한 관점, 의견 그리고 주장들의 출처가 무엇이었는지 식별하는 과제를 내줄 수 있다.

- **윤리적인 혹은 다른 딜레마:** 학생들에게 윤리적인 혹은 다른 어려운 딜레마에 대해 숙고해 보도록 하는 것이 묵상을 시작할 수 있는 매우 풍부한 기반을 만들어 준다. 이러한 활동은 전문가로서의 윤리 수업에 쉽게 통합될 수 있다. 예를 들어, 학생들에게 수업시간에 조용히 특정 딜레마에 대해 묵상하고 적게 한 다음에, 그것들을 다른 사람들과 나눠 보라고 하면 각자가 묵상의 시간을 가질 수 있다.
- **학습 과정에 대해 되돌아보기:** 학생들에게 그들의 개인적인 학습 과정, 특정 학습활동에 어떻게 반응하는지 그리고 자신은 어떤 방법으로 가장 잘 학습하는지에 대해 되돌아보는 과제를 내 주면 그들의 개인적인 반성과 학습 및 관계적 상호작용에 대한 알아차림의 역량 또한 향상될 수 있다.

임상 훈련에서의 마음챙김

다른 곳에서도 설명되었듯이(Gehart & McCollum, 2008; McCollum & Gehart, 2010), 에릭 매컬럼(Eric McCollum)과 나는 석사 수준의 치료자와 상담사들에게 그들의 치료적 현존을 발달시키기 위해 임상 훈련의 일환으로 마음챙김을 가르친다(제4장 참고). 우리는 거의 10년간 학생들에게 규칙적인 마음챙김과 묵상 훈련을 요구해 왔는데, 그러면서 우리의 훈련 방법과 학습 결과를 개선해 왔다(McCollum & Gehart, 2010). 학생들은 이 커리큘럼에서 내담자들과 함께하는 능력의 향상, 회기 중에 더 적은 내면의 소리, 자신과 내담자를 향한 더 큰 연민, 수면의 증가, 회기 중 침착성의 향상 등 수많은 개인적 · 임상적 · 관계적 혜택을 보고한다.

이 커리큘럼의 핵심적인 요소들은 다음과 같다.

- 개요: 커리큘럼은 언제, 어디서, 누가, 어떻게
- 읽을거리와 자료

- 수업 내 강의와 토의
- 수업 내 명상
- 온라인 모듈
- 마음챙김 수행
- 일기(journals)와 일지
- 공동체 만들기
- 말한 것을 실행하기

커리큘럼 개요

언제: 마음챙김을 소개할 타이밍 잡기

보편적으로 수련 초기에 수련 중인 치료자들에게 내담자를 처음 만나기 전 혹은 만나면서, 마음챙김을 소개해 줄 수 있다. 예비 연구에서 이런 시기에는 스트레스 감소라는 부가적인 이득을 얻을 수 있는 것으로 나타났다(Rimes & Wingrove, 2011). 만약 가능하다면 같은 교수와 학생이 참여하는 두 학기 강좌에 마음챙김을 포함시키는 것이 학습 및 훈련을 유의하게 심화시켜 줄 수 있다. 하지만 이 임상수련을 신청한 학생 대부분은 보편적으로 수련 중에는 적극적으로 마음챙김을 배우려고 한다.

어디서: 강의실 선택과 규모

비록 큰 강의실에서도 가르칠 수는 있지만, 더 개별화된 멘토링과 지도는 교수-학생 간 접촉이 좀 더 직접적으로 일어날 수 있는 슈퍼비전이나 다른 작은 수업에서 더 많이 이루어질 수 있다. 최소 10~15시간 정도의 수업시간이 마음챙김 훈련에 할애되어야 한다.

누가: 교수자 경험

치료하는 방법을 배우는 것과 마찬가지로 마음챙김 훈련을 배우는 것도 더 경험이 많은 훈련자로부터 일정한 정도의 멘토링과 지도를 받아야 한다. 따라서 수업에서 마음챙김을 가르치기를 희망하는 교수자는 적어도 1년, 이상적으로는 훨씬 더 오랫동안 안정된 명상 훈련을 하고 있는 사람이어야 한다. 그 후에야 교수자는 마음챙김 훈련을 규칙적으로 배우는 과정에서 생길 수 있는 여러 가지 어려움에 대해 지도해 줄 수 있다.

마음챙김을 어떻게 소개할 것인가

마음챙김은 여러 가지 방식으로 가르치고 훈련시킬 수 있기 때문에 마음챙김을 소개하는 방법은 크게 학습 맥락에 달려 있다. 고려해야 할 몇 가지 중요한 주제들은 다음과 같다.

- **관련이 있도록 만들기:** 교수자가 마음챙김을 학생들의 일상적인 임상 작업 및 개인적인 생활과 깊은 연관성을 가질 수 있도록 만들어 주면, 학생들은 마음챙김을 탐구하고 훈련해 보고자 하는 동기를 갖게 된다. 따라서 마음챙김 훈련을 소개할 때, 교수자들은 마음챙김이 그들을 더 나은 치료자로 만드는 데 여러 가지 점에서 도움이 된다는 점을 강조해야 한다.
  - 새로운 내담자를 만나면서 겪게 되는 스트레스에 대한 대처능력을 향상시켜 준다.
  - 그들이 치료적 현존감을 발달시키는 데 도움이 된다.
  - 그들의 연민감과 공감을 증진시켜 준다.
  - 인간의 마음이 어떻게 작용하는지(그리고 더 중요하게는 어떻게 작용되지 않는지)에 대한 이해를 심화시켜 준다.
  - 마음챙김을 전문 분야로 개발할 수 있도록 준비시켜 준다.
  - 회기에서나 공부를 할 때 집중하고 정보를 보존하는 능력을 향상시켜 준다.
  - 개인적인 관계들을 더 영유할 수 있도록 해 준다.
  - 임상 및 개인적인 상황에서 자기 자각과 통찰을 증진시킨다.

– 그들의 영성적 혹은 종교적인 수행의 깊이를 더해 준다(아래 '문화적 · 종교적' 분야 참고).

마음챙김은 여러 가지 점에서 새로운 전문가들에게 도움을 줄 가능성이 있기 때문에 대부분의 학생은 적어도 한 학기 동안 진지하게 시도를 해 보겠다는 높은 동기를 가지고 있다. 그렇지 않은 소수 몇 명의 학생들에 대해선 교수자가 마음챙김과 같거나 비슷한 결과를 낼 수 있는 다른 묵상 훈련과 부가적인 대안들에 대해 논의해 볼 수 있다. 주요 목표는 그들이 치료적 현존감을 발달시키고 성공적으로 스트레스를 관리할 수 있도록 돕는 데 있고, 또한 교수자가 의미보다 결과를 더 강조할 경우, 일반적으로 학생들은 기꺼이 자신에게 맞는 방법을 찾아 자신의 삶에 이러한 훈련들을 추가하려 한다.

- **문화적 · 종교적/영성적 맥락**: 수업에 참여하는 모든 학생에게 마음챙김을 소개할 때, 교수자는 학생들의 문화적, 종교적 그리고 영성적인 차원을 고려할 필요가 있으며, 이를 존중해 주는 공간이 만들어지도록 노력해야 한다. 학생이 자신의 종교 혹은 영성적인 전통과 얼마나 들어맞는다고 인식하는지가 종종 훈련에 대해 높은 동기를 가질지 아니면 저항할지를 예측할 수 있게 한다. 예를 들어, 전통을 중시하는 학생들을 가르칠 때는 전통적인 형태의 묵상 훈련에 대해 다루고 이러한 것들이 더 현대적인 형태의 마음챙김과 어떻게 다른지를 논의하는 시간이 필요하다. 그와 달리, 보다 진보적인 학생들을 유치한 과정에서는 교수자가 이미 대다수의 학생이 어떤 형태의 묵상 훈련을 받았던 경험이 있으므로 기존의 경험을 발판으로 삼아 이루어져야 한다는 것을 알게 될 것이다.

그리스도교나 유대교 혹은 이슬람교와 같이 종교적 전통과 밀접하게 연관된 학생들을 대상으로 작업할 때, 나는 그들의 신앙 안에 있는 묵상 전통을 찾아서 그것을 활용하라고 격려한다. 예를 들어, 가톨릭 수도자나 수녀들은 마음챙김 기술을 사용하여 하느님을 직접 대면했던 두 명의 그리스도교 신비주의자인 성자 십자가의 요한(St. John of the Cross)과 성녀 아빌라의 테레사(Teresa Avila)의 가르침에 기반을 둔 오랜 전통의 묵상기도를 한다(Keating, 2006). 비슷하게 유대교의 묵상 전통도 많은 유대교 회당에서 현재 명상과 묵상 집단을 제공하면서 다시 인기를 얻고 있다(Roth, 2009). 종교를 갖고 있는 많은 학생은 종교적인 수행의 깊이를 더하기 위해 마음챙김 훈련과 그들의 규칙적인 기도시간(전후에)을 연결한다. 게다가 자신을 종교적으로 보기보다 영성적으로 보는 많은 학생이 마음챙김 훈련이 이런 수행의 깊이를 더하는 데 도움이 되는 방법이라는 점을 알게 되었다. 따라서 학생들의 기존의 종교적 · 영성적인 전통과 마음챙김을 통합하는 것에 대해 대화를 나누면 그것이 그들의 삶 속에 마음챙김을 단단히 뿌리내려 수업이 끝나더라도 계속 지속할 수 있게 된다.

- **필수적 혹은 선택적:** 마음챙김을 필수 활동 또는 선택 활동으로 소개할 수 있다. 마음챙김을 효과적인 치료자가 되기 위해 필요한 기술들을 개발하는 데 사용하는 것이 도움이 된다는 연구 결과들이 급증하고 있어서 나는 임상 훈련 수업에서 마음챙김을 필수로 요구할 때 대학의 지지를 받는다. 그와 다르게 보다 전통적인 '강의' 방식의 수업에서는 학생들이 그들의 훈련의 깊이를 더하게 하는 방안으로 마음챙김에 대해 선택적인 '추가 학점'을 부여한다. 그리고 모든 실습과목이나 실습교수들이 그것을 가르치고 있지 않기 때문에 우리의 프로그램을 보다 널리 이용할 수 있도록 만들어 놓았다. 이런 수업들에서 나는 마음챙김 훈련을 위한 추가 모임이나 온라인 모듈을 제공하고, 훈련에 대한 주간 일지를 작성하게 하고, 최종 요약 보고서를 내도록 한다.

사회구성주의 교육법(Gehart, 2007)을 활용하는 고급 과정에서 학생들에게 협력해서 교수요목(syllabus)을 만들어 보도록 했을 때, 학생들은 놀랍게도 나에게 자주 마음챙김을 '필수' 과제로 넣어야 한다고 주장하였다. 그들은 훈련이 과목의 필수사항이 되면 더 확실하게 책임감을 가지고 훈련을 하기 때문에 지속적으로 훈련하게 될 것이라고 주장했다. 많은 이가 하고는 싶지만 너무 자주 우선순위에 밀려서 그렇게 하지 못했다고 보고했다. 과제로 해야 되면 할 수밖에 없다는 것이다.

읽을거리와 자료

교수자들이 학생들의 마음챙김 훈련을 지원하기 위해 선택할 수 있는 책들은 수없이 많다. 한 가지 방법만을 가르쳐 주기보다 나는 한두 개의 필독서를 알려 주고 학생 자신이 특히 관심이 가는 대안, 예를 들어 그리스도교의 묵상기도나 유대교의 명상 등을 탐구해 보라고 권장한다. 고려해 볼 만한 훌륭한 자료들 중 일부를 소개해 보면 다음과 같다.

- **마음챙김에 기반을 둔 스트레스 감소 프로그램 워크북(A Mindfulness-Based Stress Reduction Workbook**; Stahl & Goldstein, 2010): MBSR 커리큘럼을 위한 통합적인 워크북이다(명상 CD 포함).
- 허수아비를 위한 명상, 2판(Meditation for Dummies, 2nd edition; Bodin, 2006): 다른 학자들은 제목에 눈살을 찌푸릴 수 있지만 이 책은 다양한 종교적, 비종교적 명상수행을 다루고 있어서 명상에 대한 균형 잡힌 접근을 제공한다(명상 CD 포함).
- 마음에서 빠져나와 삶 속으로 들어가라: 새로운 수용전념치료[Get Out of Your Mind and into Your Life: The New Acceptance and Commitment Therapy; Hayes & Smith, 2005(이 ACT 워크북은 학생들에게 마음챙김 훈련을 보완해 주는 수많은 쓰기 활동을 제공한다.)]
- **경청하기의 선(The Zen of Listening**; Shafir, 2000): 치료를 포함해서 다양한 사업 및 전문적인 맥락에서의 마음챙김 경청하기를 사용하는 실제적으로 접근하는 방식을 소개하고 있다.
- **마음챙김 치료자(The Mindful Therapist**, Siegel, 2010b): 치료자가 어떻게 마

음챙김과 대인 관계적 신경생물학을 사용하여 내담자에게 그들의 훈련에 관한 정보를 제공하고 개입할 수 있는지에 대해 깊이 있게 서술하고 있다.

- **온전히 현존하기**: 과학, 예술 그리고 마음챙김 훈련[Fully Present: The Science, Art, and Practice of Mindfulness; Smalley & Winston, 2010(UCLA의 마음챙김 프로그램에 기반을 두고 마음챙김을 매력적으로 소개하고 있다.)]
- 발걸음마다 평화(Peace is every step; Hahn, 1992): 일상 활동 속에서 불교적 마음챙김하는 방법에 대해 재미있게 소개하고 있다.
- 모든 것이 산산이 무너질 때(When Things Fall Apart; Chödrön, 1997): 고통에 대해 불교적으로 접근하는 방식을 훌륭하게 소개하고 있다.

일반적으로 나는 이렇게 과제로 내준 책으로 포괄적인 강의는 하지 않고, 대신에 그들이 읽고 성찰한 것들을 그들의 온라인이나 다른 일기에 적도록 한다. 책은 그들의 훈련과 묵상 및 마음챙김 훈련을 발달시키는 데 도움을 준다. 각자가 적합하다고 느끼는 대로 사용하면 된다.

수업 내 강의와 토의

3시간 수업 중 대략 10~60분은 강의와 토의에 할애하고, 학기가 진행될수록 학생 대 학생, 학생 대 교수 간의 대화에 점점 더 많은 시간을 할애한다. 이 시간 동안에 학생들은 읽어 온 책의 핵심 내용들을 탐구하고 개인적 그리고 임상적인 응용에 대한 토론과정에 적극 참여할 수 있도록 격려한다. 흔히 학생들은 본문을 읽으면서 얻게 된 통찰이나, 마음챙김 훈련이 어떻게 자신을 내담자들과 더 잘 연결시켜 주었는지 아니면 다른 방식으로 더 잘 서비스할 수 있었는지에 대한 예를 공유한다. 추가적으로 매주 집에서 하는 훈련 경험과 어려움을 토론하는 시간을 가진다. 이 시간은 정보를 전달하는 데뿐만 아니라 학습 과정에서 함께하는 공동체 의식과 일체감을 만드는 데 사용된다.

수업 내 명상

수업 내 수행의 길이

마음챙김을 가르칠 때는 일반적인 수업 시간의 한 부분으로 어떤 형식의 마음챙김 활동이든 매 수업에 포함되어야 한다. 나는 수업에 따라서 10~60분의 시간은 토론과 활동에 할애하고, 그중 평균 10~20분을 훈련에 사용한다. 처음 훈련을 소개하는 6~8번의 수업에서는 더 많은 시간을 마음챙김에 사용하여, 강의, 훈련 그리고 토의가 가능하도록 시간을 사용하였다. 학생들이 더 능숙해질수록 토론 시간은 줄이고 훈련 시간은 5~20분 정도로 이루어졌다.

수행 타이밍

수업 초반, 중반, 후반에 성공적으로 마음챙김을 훈련시킨다. 훈련으로 수업을 시작하면 이로 인해 수업 시간을 확실히 확보할 수 있다는 이점(利點)이 있다. 많은 학생이 수업을 시작하면서 명상을 하면 분주했던 등굣길이나 일에서 수업으로 전환할 수 있어 더 수업 시간에 집중할 수 있다. 수업을 마치면서 마음챙김을 하는 것은 특히 그 수업이 그 날의 마지막 저녁 수업일 때가 좋으며, 학생들로 하여금 완전히 이완되어서(다음 수업에 대해 걱정하지 않아도 되니) 그들의 저녁 일정으로 전환할 수 있다. 수업 중간에 마음챙김을 하는 경우, 이 시간이 마음챙김과 휴식시간(간주곡)을 구분하는 시간이 되면 좋다.

수업 내 명상 안내

동료인 에릭 맥컬럼과 나는(Gehart & McCollum, 2008) 학생들이 집에서 할 수 있고 그리고/혹은 마음챙김에 대한 그들의 전반적인 이해를 넓히기 위해 다양한 형태의 마음챙김과 관련된 묵상 훈련을 수업 중에 학생들에게 사용해 왔다. 이런 훈련들은 다음과 같다(비고: 각 자세한 훈련 지시문은 이 장 후반부나 표시된 장에서 찾을 수 있다.).

- **마음챙김 호흡명상(제6장 참고)**: 호흡에 초점을 맞춘 마음챙김 명상, 가장 일반적인 형태의 마음챙김(안내 버전과 안내하지 않는 버전 둘 다 수업 중에 사용된다.)
- **자애명상(제8, 10장 참고)**: 자신, 친밀한 타인, 중립적인 타인, 적대자나 불편 관계를 맺고 있는 타인, 내담자 그리고 수업 동료들을 위한 자애명상
- **자비로운 마음으로 인생 돌아보기(제8장 참고)**: 파트너와 함께하는 명상으로, 그 기쁨과 슬픔이 담겨 있는 배우자의 출생, 현재 그리고 미래의 삶 상상하기
- **마음챙김 먹기**: 모든 감각에 집중하면서 건포도나 포도 초콜릿을 먹는 마음챙김 안내 명상(이 장 후반부 참고).
- **마음챙김 서기/걷기**: 안내에 따라 서 있거나 걸으면서 신체적 감각 경험하기(제6장 참고).
- **마음챙김 요가 스트레칭**: 수업 시간에 의자나 가능하다면 트인 공간에서 매우 기본적인 요가 스트레칭을 하면서 하는 신체적 감각에 대한 안내된 마음챙김 훈련(이 장 후반부 참고).
- **마음챙김 보디스캔**: 이완하거나 바꾸려 하지 않으면서 몸의 각 부분에 마음챙김 주의 기울이기(제6장 참고).
- **얼음명상(고통스러운 감각에)**: 얼음을 잡고 있으면서 마음이 약한 고통 감각에 반응하는 것을 바라보는 안내된 마음챙김 경험(이 장 후반부 참고).
- **마음챙김 듣기**: 우리의 일상적인 환경의 소리들을 마음챙김으로 알아차리도록 권유하는 외부 활동(이 장 후반부 참고).
- **'보여주기' 묵상적인 연기 활동**: 각 멤버들이 순서대로 자신을 집단에게 보여주는 활동(이 장 후반부 참고).
- **일상 활동 마음챙김**: 평범한 일상적인 활동에 마음챙기면서 참여하기(제6장 참고).
- **3분 호흡공간**: MBCT의 간단한 명상으로서 마음챙김을 사용하여 분주한 날에 그들의 집중과 중심 감각을 다시 갖게 해 주는 활동(제6장 참고).
- **스트레스 감소 시각화**: 스트레스 상황이 관리 가능한 규모로 줄이는 시각화

활동(이 장 후반부 참고).

많은 마음챙김 집단 커리큘럼에서 마음챙김 먹기 그리고/혹은 보디스캔은 보다 단련된 호흡명상 훈련에 대한 교육을 하기 전에, 마음챙김을 소개하기 위해 사용된다.

집에서 하는 마음챙김 훈련

수업 활동에 참여하는 것과 더불어 학생들이 마음챙김 훈련으로부터 온전한 도움을 받으려면 집에서 규칙적으로 어떤 형태의 마음챙김 혹은 묵상 훈련을 해야 한다. 약 10년간 학생과 내담자들에게 마음챙김을 교육해 왔는데 적지만 길게 훈련 회기를 갖는 것보다 자주 훈련하는 것이 장기적으로는 더 좋은 결과를 가져온다는 전제하에(그리고 이는 최근 연구에서 지지된 바 있다; Rimes & Wingrove, 2011), 내가 일주일에 5일간 2~5분씩 훈련하라는 최소한의 요구로 시작했을 때 가장 성공적이었다. 한때 집에서 훈련했던 많은 학생도 20분 명상 훈련을 해야 한다고 생각했던 때보다 단 5분 정도만 훈련해야겠다고 마음먹었을 때 더 자주 훈련할 수 있었다고 보고했다.

나는 학생들에게 동기가 생기고 그렇게 할 준비가 되었다고 느낄 때 훈련 시간을 연장하라고 권한다. 대부분의 학생은 첫 몇 달 동안 매일 평균 10분 이상 훈련을 한다. 학생들이 규칙적으로 5분 훈련을 유지하는 것도 힘들어하면 나는 그들에게 그 이유와 가능한 해결책을 탐색해 보라고 권유한다. 비록 수업의 일환이기는 하지만 학생들이 규칙적으로 훈련하지 않는 것으로는 감점하지 않고, 명상 일기와 일지를 완료하지 않았을 때만 감점을 한다(아래 참고).

많은 학생이 시작할 때 만트라, 숫자 세기 혹은 이미지를 사용하는 것이 도움이 된다고 보고하였다. 따라서 나는 점점 호흡명상을 소개할 때 함께 이런 대안들에 대해 토론을 많이 하게 되었다.

- **숫자 세기**: 숨을 하나하나 센다. 1부터 시작하여 10까지 셌다가 다시 1로 돌아가서 10까지 센다. 이것은 전체 호흡 수를 세는 것보다 더 효과적인데, 전체 호흡 수를 세면 마음챙김 훈련에 집중하는 데 방해가 되기 때문이다.
- **만트라**: 숨을 쉴 때마다 반복할 단어나 숙어를 정한다. 예를 들면, '평화가 들어온다/평화가 나간다' '아멘' 혹은 훈련자가 마음을 고요히 하는 데 도움이 되는 단어들을 사용할 수 있다.
- **이미지**: 자신을 분주한 표면 아래의 평온하고 든든한 산이나 강으로 상상하거나 자신의 생각들에 주의가 가면 떠다니는 비눗방울을 상상한다.

▌마음챙김 일기, 블로그 혹은 일지

일기(혹은 저널; Journal)

학생들을 면담하고 몇 년간 내 교육 방식을 개선한 결과, 나는 학생들의 첫 8주 동안의 성찰 일기가 무엇이 잘 되거나 잘 되지 않는지에 대한 알아차림을 향상시키고 그들의 일상적인 일정과 마음챙김을 통합하는 효율적인 방법을 찾으려는 동기를 부여한다는 것을 알게 되었다. 학생들에게 주기적으로 그들의 일기를 제출하게 하거나 온라인에 게시하게 하여 그들의 과정을 지켜보면서 수업 내 토의나 강의를 필요에 따라 조절한다. 나는 그들의 일기에 다음과 같이 촉구한다.

처음 반 학기 동안 여러분은 매주 한 주마다 자신의 마음챙김이나 묵상 훈련을 돌아보는 한 페이지의 일기(혹은 블로그 글)를 쓰게 될 것입니다. 일기는 컴퓨터로 작성해야 하며, 다음의 내용들이 담겨 있어야 합니다.

- 당신은 이 주에 5일 동안 최소 5분씩 훈련할 수 있었나요? 만약 그렇다면 무엇이 이 목표를 이루는 데 도움을 주었나요? 만약 그러지 못했다면 방해물은 무엇이었나요?

- 당신의 마음챙김이나 묵상 훈련을 기술해 보십시오(초점, 시간, 장소 등).
- 정신을 집중하기 위해 당신이 사용한 전략에 대해 기술해 보십시오. 당신은 훈련을 하면서 잘 견디어 낼 수 있었나요?
- 당신의 마음을 관찰하면서 얻은 어떤 통찰이 있었다면 그것이 무엇이든 기술해 보십시오.
- 이 훈련을 통해 당신의 일상생활에서 달라진 것이 있다면 기술해 보십시오.
- 이 훈련을 통해 당신의 직무 현장에서 달라진 것이 있다면 기술해 보십시오.
- 치료적 존재감을 개발하는 것과 관련된 새로운 통찰, 수행 혹은 경험이 있다면 기술해 보십시오(Gehart & McCollum, 2008, p. 184).

직접 글을 작성하는 방법과 온라인 블로그를 사용하는 방법을 둘 다 실험해 본 결과, 나는 온라인으로 일기를 쓰는 것이 더 좋았다. 이는 외로운 활동에 공동체 의식과 지지를 만들어 주기 때문이다. 온라인 블로그에 일기를 쓰면서, 사람들이 규칙적으로 훈련하는 법을 배우는 과정에서 경험하는, 자신의 성공과 고난을 공유하면서 자극과 힘을 얻게 된다. 이러한 온라인 일기는 같은 훈련이 다른 사람들에게, 비교적 비슷한 상황의 삶을 살아가고 있는 사람들마저도(예, 수련 중인 치료자) 얼마나 다르게 영향을 미치고 있는지를 생생하게 느끼게 해 준다. 예를 들어, 몇몇의 학생들은 훈련이 자신의 결혼생활이나 부모 역할을 개선하는 데 도움을 주었다고 하고, 어떤 이들은 어떻게 운전을 다르게 하고 있는지에 대해 설명하고, 또 다른 이들은 만성적인 질병이 어떻게 나아졌는지를 설명한다. 또 대단히 흥미로운 점은 각 학생들이 누군가는 아침에, 누군가는 차 안에서, 누군가는 직장에서 그리고 다른 이들은 밤에 훈련을 하는 등 매우 다른 전략을 찾아낸다는 것이었다. 더 나아가 온라인 포럼에서 학생들은 자신들이 경험하고 있는 어려움이 아닌 여러 다른 방해물에 대해서 배우게 되고 이는 후에 내담자들과 마음챙김을 하려고 하는 이들에게는 훌륭한 학습경험을 제공한다. 다른 사람들이 어떻게 마음챙김 훈련의 방해물을 성공적으로 극복하는지에 대한 상세한 보고서를 읽으면서, 훈련생들은 이후에 만나게 될 내담자들의 마음챙김 훈련 과정에서 생길 수 있는 매우 다양한 일반적인 사안들을 극복해 나갈 수 있도록 더 잘 도와줄 수 있다.

일지

학생들이 8주간의 일기 과정을 마치고 나면 우리는 해결-중심(다시 말해, 죄책감 없는) 접근법을 이용하여 주간 일지 작성을 하는 것으로 전환한다(샘플 일지를 확인하려면 제6장 참고; www.dianegehart.com에서 다운로드 가능). 일지에는 한 주 7일을 포함하고 훈련 길이를 적거나 (없음이라고 하기보다) 훈련하지 않기로 선택한 것에 대해 판단하지 않고 존중하기 위해서 '휴일'이라고 적을 수 있는 칸이 마련되어 있다. 각각의 숙고 질문은 다음 한 주간의 유용한 훈련 목표를 정할 수 있도록 구성되었고, 그 질문들은 다음과 같다.

- 어떤 전략(시간대, 장소, 타이머 등)이 이번 주 훈련을 가장 쉽게 만들었는가?
- 어떤 전략(집중 방식, 재집중 전략 등)이 훈련의 질을 향상시키는 데 도움을 주었는가?
- 훈련과 관련하여 나의 최근 생활에 어떤 긍정적인 변화가 있다고 느껴지는가?
- 훈련을 개선하고 이러한 혜택들을 극대화하기 위해 다음 주 훈련에 내가 할 수 있는 한 가지는 무엇인가?

▌온라인 모듈

수업 내 강의와 읽을거리 과제에 더해, 교수자는 학생들에게 집에서 훈련할 때 이용할 수 있는 마음챙김에 대한 이론과 실제를 개관한 온라인 모듈에 접속하게 한다. 수업 시간이 넉넉하지 않을 때 나는 강의를 보충하는 방법으로 모듈을 사용한다(www.dianegehart.com에 게시됨). 비엔나 대학교의 토비아스 글뤼크(Tobias Glück)와 그의 동료 취리히 매르커(Zurich Maercker, 2011)가 행한 최근의 무선 통제 연구에서 인터넷으로도 마음챙김 훈련을 성공적으로 가르칠 수 있고,

그 효과도 3개월간 유지되는 것으로 밝혀졌다.

▌공동체 만들기

커리큘럼에서 마음챙김과 묵상 훈련을 소개할 때 발전시켜야 할 가장 중요한 요소는 훈련을 지지하는 공동체 의식을 키우는 것이다. 역사적으로 교육은 개인에게 초점이 맞춰져 왔다. 학습이란 공동체적인 행사라기보다는 개인적인 노력으로 여겨져 왔다. 비록 이러한 교육학 모델을 대부분의 대학에서 독점하고 있고 그래서 학문적 지식을 배우는 데 여전히 훌륭한 선택일 수도 있지만, 마음챙김 문헌들을 조금만 살펴보아도 대부분의 증거-기반 치료는 집단치료라는 것을 알 수 있다. 아이러니하게도, 아니 어쩌면 그렇기 때문에 마음챙김은 인간의 활동 중 가장 홀로 해야 하는 활동 중 하나이지만 명상이란 집단 상황에서 가장 잘 학습되는 것 같다. 이렇게 개인적인 활동으로 훈련을 할 때 공동체와 함께한다는 느낌은, 새로운 훈련자가 훈련을 할 동기를 찾거나 관련된 어려움을 헤쳐 나갈 때 매우 귀중한 격려와 지지를 제공한다.

이상적으로 강한 훈련공동체를 만들기 위해 전 수업과정을 마음챙김에 할애하는 프로그램을 만들 수 있다. 하지만 많은 프로그램에서 (나의 프로그램도 마찬가지로) 그런 수업을 할 만한 입장이 아니고, 따라서 마음챙김은 다른 수업, 예를 들어 현장 연구나 실습 과목과 합쳐지기 때문에 수업에서 갖게 된 마음챙김 공동체의 느낌은 짧은 토막 시간 동안 대면하는 만남이나 온라인 공동체에서 개발되어야 한다. 비록 짧다고 하더라도, 특히 초반의 몇 주간 주기적으로 수업 내 토의를 하면 지속된다는 느낌이 생긴다. 거기다 온라인 일기, 블로그 그리고 토의 포럼이 학생들에게 사적인 경험을 공유하고 도움이 되는 다른 자료들을 교환하는 기회를 제공해 주면서 마음챙김을 위한 제한된 시간이 교실 내 공동체라는 보다 중요한 차원이 보태져서 이 훈련을 발전시켜 나갈 수 있다.

말한 대로 실천하기

어쩌면 마음챙김을 가르치는 데 있어서 가장 어려운 문제는 말한 대로 실천하는 것이다. 지속적으로 마음챙김과 수용의 위치에서 학생들과 교류하는 것. 나는 이것이 매일 매 순간을 걱정 없이 살아가는 흠 없는 아이콘적인 존재가 되라는 것도, 아니면 테레사 수녀님처럼 모든 살아 있는 존재에 대해 연민을 느끼면서 다니라는 의미라고도 생각하지 않는다. 이와 다르게, 말한 대로 실천한다는 것은 당신이 삶을 살아가면서 더 나은 균형, 마음 그리고 통찰을 얻기 위해 마음챙김을 지속적으로 삶의 여정의 한 부분으로 만들 필요가 있다는 의미다. 개인적으로 나는 마음챙김이 힘들이지 않고 될 때와 마음챙김하는 것은 내버려두고라도 훈련을 해야 한다는 것조차 기억하지 못하는 힘든 시간을 왔다갔다 한다는 것을 알고 있다. 나는 학생들과 함께 **마음챙김 생활양식**의 좋은 점과 힘든 점 등에 대해 이야기를 나누면서, 일생동안의 훈련이 동화같은 행복한 평온을 보장해 주는 것은 아니라고 설명한다. 이는 당신이 훈련을 규칙적으로 한다고 해도 여러 가지 일이 계속해서 일어나기 때문이다. 상실도 있을 것이고, 건강 문제, 직장에서의 장시간 근무 그리고 힘든 관계도 있을 수 있다. 그 어떤 것도 자신의 인생에 고통이 들이닥치는 것을 막아 주지 못하기 때문에 마음챙김은 만병통치약이 아니라 생활양식이라는 사실을 분명히 설명해 주어야 학생들은 마음챙김에 대해 더 많은 헌신과 현실적인 기대를 가지고 접근할 수 있다.

수련 활동의 세부적인 설명

마음챙김 먹기: 초콜릿 명상

마음챙김 먹기는 보편적으로 건포도를 사용하여 소개되며(Stahl & Goldstein, 2010), 이는 포도나 아몬드와 더불어 훌륭한 선택이다. 하지만 초콜릿을 좋아하는 사람으로서 나는 초콜릿으로 가르치는 것을 좋아하며, 그러면서 초콜릿이 건포도보다 더 재미있고 매력 있는 매개체라는 사실을 알게 되었다(Gehart & McCollum, 2008). 또한 내가 발견하기로는 초콜릿은 소리, 시각, 냄새, 맛 그리고 촉각을 마음챙김으로 경험할 수 있고, 더 풍부한 경험을 할 수 있는 포장지가 있다는 점에서 큰 장점이 있다. 그렇긴 하지만 봉투에 들어 있는 아몬드나 박스에 들어 있는 건포도 등을 사용하면 청중들 중 최소 한 명에게는 환영받는다.

대부분의 마음챙김 기반 프로그램은 훈련을 소개하기 위해 첫 회기에 먹기 명상을 안내하고 있는데, 이는 이것이 지금 이 순간에 존재하기의 원칙과 마음챙김이 어떻게 일반적인, 일상의 경험을 변화시킬 수 있는지를 보여 주는 가장 좋고 쉬운 방법 중 하나이기 때문이다. 다른 여러 가지 방식이 있지만(Stahl & Goldstein, 2010을 참고) 나는 보편적으로 다음과 같이 안내한다.

안내된 마음챙김 먹기

- 이 음식(초콜릿, 건포도 등)을 당신이 주로 사용하지 않는 손으로 잡고 시작하세요(참고: 보편적으로 이 손을 사용하는 것이 사물을 다른 관점으로 보기 더 쉽다.).
- 잠시 시간을 갖고 이 음식을 한 번도 본 적이 없는 것처럼 관찰해 보세요. 만약 도움이 된다면, 당신이 미래에서 온 고고학자나 외계 문화에서 왔다고 상상해 볼 수도 있습니다(마음챙김 관찰).
  - 음식의 색깔 그리고 빛이 어떻게 반사되는지를 알아차려 보세요.
  - 음식의 모양과 윤곽 그리고 선들이 어떻게 만나는지 알아차려 보세요.
  - 만약 글자가 쓰여 있다면, 그것들이 다만 모양일 뿐인 것처럼 관찰하려고 노력해 보세요. 단순히 글자의 선과 모양을 알아차리면서 그 단어를 읽으려고 하지 마세요. 당신이 볼 수 있는 그림에도 똑같이 해 보세요.
  - 음식의 감촉과 단단함도 알아차려 보세요. 그것은 단단한가요? 아니면 부드럽나요?(촉각 마음챙김)

- 자, 이제 잠시 시간을 갖고 그것을 코 쪽으로 가져가, 향을 느낄 수 있는지 알아차려 보세요. 느낄 수도 있고 아닐 수도 있습니다. 그 감각을 좋다거나 나쁘다거나 판단하지 말고 또 당신의 마음이 그 생각과 관련된 기억으로 흘러가지 않도록 하면서, 단순히 그 향기를 알아차리기만 하면 됩니다(후각 마음챙김).
- 음식을 이 손에서 다른 손으로 옮겨보고 한쪽 손에 더 가볍거나 더 무겁게 느껴지는지 알아차려 보세요. 다만, 알아차리기만 합니다. 다를 수도, 아니면 다르지 않을 수도 있습니다.
- 잠시 후 저는 당신에게 그 음식의 포장을 벗기라고 할 것입니다. 그렇게 하면서 어떠한 소리가 만들어지는지, 다만 알아차리기만 하면 됩니다. 자, 그럼 지금 그 음식의 포장을 벗겨 보세요(잠시 침묵을 준다. 마음챙김 침묵).
- 다시 한 번 당신의 손에 있는 음식을 관찰하는 시간을 가져 보기 바랍니다. 음식의 색, 빛이 어떻게 반사되는지, 그것의 모양, 감촉 그리고 윤곽들을 알아차려 보세요. 잠시 시간을 갖고 물건을 한 번도 본 적이 없는 것처럼 관찰하여 보세요. 아름답다 혹은 못생겼다, 흥미롭다 혹은 진부하다 등 판단하지 않으면서 단순히 알아차려 보세요. 단순히 알아차립니다.
- 다시 한번 그 음식에 당신의 코를 대고 향을 감지할 수 있는지 알아차려 보세요. 느낄 수도 아닐 수도 있습니다. 좋거나 나쁘다, 쾌적하다 불쾌하다 등 판단하지 않으면서 단순히 알아차려 보세요.
- 잠시 후 저는 당신에게 그 음식을 입으로 가져가라고 요청할 것이지만, 아직 베어물지는 마세요. 당신이 그것을 입으로 가져갈 때 당신의 몸, 마음 그리고 정서가 어떻게 반응하는지 단순히 관찰하기만 하세요.
- 자, 이제 음식을 당신의 입 바로 앞까지 가져가 보세요. 몸이 어떻게 반응하는지 알아차려 보세요. 침이 나오는 것을 경험하거나 다른 신체적 반응이 있나요? 당신의 머릿속에는 어떤 유형의 생각들이 지나가나요? 어떤 감정이나 욕구가 경험되나요? 짜증이 나거나, 흥분, 기대 혹은 두려움 등이 느껴지나요? 다만, 당신의 안에서 일어나는 모든 생각과 감정 그리고 신체적 감정을 알아차려 봅니다(특별히 긴 멈춤).

- 자, 이제 조그맣게 한 입 베어 물어 보고 바로 씹으려 하지 말아 주세요. 그것이 당신의 혓바닥 위에서 굴러다니도록 하고, 당신의 입 안 다른 부분마다 맛이 다르거나 느낌이 다른지 알아차려 보세요. 음식이 당신의 입 안에 있는 경험을 단순히 알아차려 보세요.
- 준비가 되었다면 천천히 마음챙김하면서 그것을 씹어 보고, 특별히 그렇게 하는 경험에 주의를 기울여 보세요. 맛, 감각 그리고 풍미가 좋은지 나쁜지 판단하지 말고 그냥 알아차려 보세요. 다만, 알아차리기만 하면 됩니다.
- 자, 이제 계속해서 마음챙김하면서 남은 음식을 씹어 보세요.

이 활동이 끝나면 나는 수업 토론과 돌아보기할 시간을 허락하고 그들의 경험을 마음챙김 훈련과 연결시킨다.

마음챙김 요가

마음챙김 기반 스트레스 감소의 중요한 훈련(Kabat-Zinn, 1990; Stahl & Goldstein, 2010)인 마음챙김 요가는 기본적인 요가 스트레칭을 하는 동안의 신체적 감각을 마음챙김으로 알아차리는 것이다. 수업 장면에서 진행할 때는 학생들은 의자에 앉아서 하거나 가능하다면 트인 공간으로 이동할 수 있다. 대부분의 사람에게 마음챙김 요가는 비교적 재미있고 쉬운 마음챙김 훈련인데, 이는 더 내면적인 호흡에 집중하기보다 크고 눈에 보이는 신체 활동에 집중하기가 더 쉽기 때문이다. 더 나아가 스트레칭을 함으로써 오는 신체적 이완 또한 학생들에게 가장 사랑받는 이유 중 하나다. 나는 또한 내 학생들 중 많은 이가 (사실 다수가 그러하며, 나는 LA에서 가르친다.) 요가 경험이 있어서 이 훈련이 그들에게 익숙하다는 사실을 알게 되었다. 또한 치료가 많은 날 회기 중간에 의자에서 일어나 움직이면서 마음챙김 요가를 하면 혈액순환이 좋아지면서 마음이 진정된다는 사실을 알게 되었다.

다른 형태의 마음챙김과 마찬가지로 마음챙김 요가는 마음을 고요히 하면서 자신의 주의를 하나의 현상에 집중하는데, 이 상황에서는 스트레칭을 하는 동안의 신체적 느낌에 집중한다. 따라서 복잡한 요가 자세는 이 훈련에 추천되지도, 필요하지도 않다. 비록 능숙한 요가 경험자들은 일반적으로 보다 복잡한 자세에서도 마음챙김을 할 수 있지만, 수업 활동으로 할 때는 매우 간단해야 하고 무엇보다도 안전해야 한다. 몇 가지 보편적으로 수업에서 하는 자세들에는 다음과 같은 것들이 있다.

- 머리 위로 팔 뻗기
- 팔을 머리 위로 올렸다가 다시 내리기(혹은 밑으로 내리기, 심장 위로 기도하는 자세로 올 수도 있음)
- 앞으로 구부리기
- 앉아서 왼쪽과 오른쪽으로 허리 돌리기
- 목을 오른쪽, 왼쪽, 앞, 뒤로 풀기
- 목을 돌리기: 왼쪽과 오른쪽으로 원을 그리면서 돌리기
- 어깨를 위아래로 으쓱거리기
- 어깨를 돌리기: 앞으로 뒤로 원을 그리면서 돌리기
- 다리 스트레칭을 하고 가능한 공간에서 스트레이트로 뻗기
- 발 스트레칭: 앞, 뒤 그리고 원을 그리며서 쭉 뻗기

얼음명상

확실히 가장 난처한 명상인 얼음명상은 일회의 훈련으로도 가장 많은 통찰을 제공하는데, 이는 훈련자가 고통과 어떻게 관계하는지를 직접 대면하기 때문이다. 얼음명상은 얼음 한 조각을 잡고 그것을 잡고 있으면서 느껴지는 고통을 마음챙김으로 경험하는 것을 포함한다. 비록 규칙적으로 행해지는 훈련은 아니지

만, 이는 여러 가지 형태의 고통에 대처하는 사람들을 도와주고 싶은 수련 중인 치료자로 가득한 교실에서는 훌륭한 선택이다. 대부분의 사람에게는 고통이 어떻게 나타나고 옮겨가는지를 마음챙김으로 경험하는 것은 꽤나 경이롭다. 이는 만성적인 고통과 다른 관계를 개발하는 방법을 배우고자 하는 사람에게 특히 좋다. 또한 마음이 고통에 어떻게 반응하고 고통이 어떻게 경험되는지를 이해하고자 할 때도 도움이 된다. 만약 해 보지 않았다면, 수업에서 이 활동을 진행하기 전에 몇 번 시도해 보기를 권장한다.

얼음명상

준비: 이 명상은 준비를 위해 여러 가지 물품을 필요로 한다.

- 얼음(각빙) 한 양동이
- 종이수건(키친타월)
- 물이 떨어져도 괜찮은 바닥
- 가능하다면, 큰 집단에게 빠르게 얼음을 나눠 줄 수 있는 여러 조수(10명당 1명이 이상적이다)

도입: 잠시 후에 당신은 얼음 하나를 건네받을 겁니다. 그 후 저는 당신을 얼음 한 조각을 잡고 있는 느낌을 마음챙겨 알아차리는 활동으로 안내할 것입니다. 아마도 불편할 수도 있으며 경험하고 싶지 않은 신체적 느낌을 경험할 가능성도 높습니다. 저는 당신이 이 경험을 탐색하여 당신의 마음과 몸이 고통에 어떻게 반응하는지를 더 알아보도록 초대할 것입니다. 물론 만약 너무 참지 못하겠다거나 고통스러우면 활동을 멈추거나 바꿀 수도 있습니다. 이것의 목적은 마음과 몸이 고통에 어떻게 반응하는지를 탐색하여 당신이 다른 상황에서도 그것을 더 잘 다뤄 나갈 수 있도록 하는 것이지 신체적 혹은 다른 어떤 해를 끼치려고 하는 것이 아닙니다. 따라서 언제든지 자유롭게

멈추거나 그만두어도 됩니다.

활동: 얼음 한 조각을 받아 한 손에 쥐어 보세요. 시작하면서 손을 펴고 한곳에 가만히 놓아 보세요. 당신의 손에서 어떤 느낌이 드는지 알아차려 보세요. 신체적 감각과 당신의 머릿속에 지나가는 생각과 감정도 알아차려 보세요. 당신은 차갑거나, 뜨겁거나, 불타오른다거나, 간지럽다거나, 축축하다거나 아니면 마비된 듯한 느낌을 받을 수도 있습니다. 이 감각들은 순간순간마다 작아졌다가 커지기도 하면서 바뀔 수도 있습니다. 가만히 그곳에서 일어나는 것들을 알아차려 보세요. 이 불편함에 치열하게 호기심 많은 관찰자가 되어 보세요(5 영역마다 멈춤). 또한 당신의 마음속에 일어나는 것들에 대해 알아차려 보세요. 생각, 감정, 두려움, 기대……. 이러한 생각들을 알아차려 보고 그들이 흘러가도록 해 준 후 다시 당신의 주의를 당신 손에 있는 얼음으로 가져와 집중해 보세요. 준비가 되면 얼음이 당신의 손에서 조금씩 움직이도록 해 주세요. 당신이 경험하는 것을 단순히 알아차리기만 하면 됩니다. 달리 움직이거나 당신을 조절해 보려고 하지 마세요. 마음을 고요히 하고 당신 손의 감각을 알아차려 보세요(다시 5~10 영역을 위해 멈춘다). 얼음의 크기와 모양이 어떻게 되고 있는지 알아차려 보세요. 만약 물이 있다면 단순히 알아차리고, 그것이 어떻게 움직이고 손에서 어떤 느낌이 드는지 알아차려 보세요. 아무것도 바꾸려고 하지 말고 단순히 알아차리기만 하면 됩니다. 어떤 것을 좋거나 나쁘다고 판단하려고 애쓰지 않으면서 그 경험을 알아차려 봅니다. 당신의 마음, 몸, 감정이 어떻게 반응하고 싶어 하는지 알아차려 보세요. 잠시 시간을 더 가지고 침묵 속에서 알아차려 봅니다.

마치며: 이제 돌아다니며 휴지를 나눠 드릴 테니, 남은 얼음은 양동이에 넣어 주세요.

토론(파트너와 혹은 집단 전체와)

- 얼음 조각을 들고 있는 경험에 대해서 이야기해 보세요.
- 신체적인 감각은 어땠나요?

- 어떤 생각과 감정을 알아차릴 수 있었나요?
- 가장 어려운 부분이 무엇이었나요?
- 물이 떨어지는 것에 대한 당신의 반응은 무엇이었나요?
- 고통에 대한 당신의 반응으로 무엇을 배웠나요?

마음챙김 듣기

마음챙김 듣기는 실내나 실외에서 그리고 이상적으로는 외부 자연환경 속에서 진행할 수 있으면 좋다. 이 활동에서 참가자들은 자연적인 환경의 많은 소리를 마음챙김으로 들어 보도록 초대된다.

마음챙김 듣기

잠시 후 우리는 고요히 앉아 우리 주변의 소리를 들을 것입니다. 저는 당신이 눈을 감고 시작하기를 바라지만 당신은 눈을 감거나 뜨는 것을 실험해 볼 수 있습니다. 그리고 저는 당신이 듣는 소리들을 알아차려보기를 바랍니다. 멀리에서 들려오는 소리가 들리시나요? 자동차, 비행기, 잔디 깎는 기계, 혹은 누군가 소리치는 소리? 가까이에서 들리는 소리가 있나요? 당신의 시계, 누군가 이야기하는 소리, 히터나 에어컨의 소리? 당신의 몸에서부터 나는 소리가 들리시나요? 당신의 호흡이나 심장소리 같은? 들으면서 소리를 판단하거나 그 소리를 좋거나 나쁘게 만드는 것들에 대해 판단하려 하지 말고, 다만 들리는 것을 알아차려 보세요. 마음은 주기적으로 배경의 소리를 차단합니다만 앞으로 몇 분 동안 저는 당신이 그것에 귀를 기울이기를 바랍니다. 마지막에 여러분의 경험에 대해 토론하겠습니다.

▌'보여주기': 묵상적인 연기 활동

묵상적 연기 활동은 낯선 사람과 친밀한 관계를 만드는 방법을 배우려고 훈련받는 치료자에게 훌륭한 선택이다. 이 활동에서 집단의 각 사람들은 그들을 마음챙김하면서 관찰하는 다른 사람들을 가운데 놓여 있는 상상의 무대에서 순서대로 '보여주기'를 한다. 보기에는 간단해 보이는 이 활동이 강력한 감동을 줄 수 있다.

보여주기

준비: 상상의 무대를 준비한다.

이상적으로 길이가 3~4m, 높이는 2m 정도 되어야 한다. 테이프나 책 그리고 다른 물건들로 이 무대의 경계와 사람이 서야 하는 무대 중앙(선택적)을 표시할 수 있다. 집단의 모두가 무대를 향하여 서도록 하고 청중이 되게 한다.

지시사항: 다음의 구두 지시를 제공한다.

"우리는 각자 두 번씩 '보여주기'를 하겠습니다. 이 활동을 위해서는 우리 모두가 무대 왼쪽으로 들어가서 천천히 무대 중앙으로 걸어간 후 멈출 것입니다. 무대에 있는 사람은 마음챙김하면서 서 있으면 되고, 침묵 속에서 자신을 청중에게 보여 주면 됩니다. 무대에 올라갈 차례가 되면 보여 주는 것이 어떠한지 마음챙김하면서 경험해 보세요. 60초 정도 서 있고 난 다음, 무대에 서 있는 사람은 무대 오른편으로 퇴장합니다. 그러고 나면 다음 사람이 잠시 후에 무대의 왼편에서 입장합니다. 우리는 일단 한 번 쭉 진행을 하고(특정한 순서로 갈 것인지 아니면 자발적으로 한 명씩 나갈 것인지를 명시하라; 자발적으로 하는 것이 보편적으로 선호된다), 그리고 한 번 더 진행할 것입니다. 이 활동이 진행되는 동안에는 우리 모두 침묵합니다. 시범을 위해 제가 먼저 시작하겠습니다."

활동: 그 후 활동은 침묵 속에 이루어지며 모든 집단원이 두 번씩 한다.

토론: 그 후 활동을 돌아보고 토론하는 시간을 가진다.

- 처음 보여주기 활동이 어땠나요? 두 번째는 어땠나요? 만약 차이가 있었다면 무엇 때문이라고 생각하나요?
- 다른 사람들을 관찰하는 것은 어땠나요?
- 이 활동을 하는 동안에 다른 사람들과 가졌던 관계적인 경험에 대해 설명해 보세요.
- 당신을 더 안전하거나 취약하게 느끼게 했던 집단역동이나 과정의 어떤 요소들이 있었나요?
- 당신이 이 활동을 통해 배운 것이 내담자를 '보는' 것과 내담자에게 '보여지는' 것에 어떻게 적용이 될까요?

스트레스 크기를 줄여 가는 시각화

스트레스 상황을 다룰 수 있는 규모로 줄이는 시각화 활동인 스트레스 크기를 줄여 가는 시각화 활동이다. 이는 정식 마음챙김 명상은 아니지만 자주 높은 수준의 스트레스를 경험하고 있는 학생에게 유용하다(참고: 만약 당신이 정식 마음챙김 수업을 하고 싶다면 이 활동은 포함시키지 않아야 한다.). 교수자는 여러 가지 형태로 변형시켜 사용할 수 있지만 핵심적인 요소는 스트레스 상황에 대한 시각적인 그림 혹은 상징을 개발한 다음, 이를 다룰 수 있는 크기로 줄이고, 이 작아진 이미지와 관계하는 자신을 경험해 보게 하는 것이다. 대안적인, 선호하는 결말을 시각화해 보는 것도 추가해 볼 수 있다.

스트레스 크기를 줄여 가는 시각화

- 현재 스트레스를 받고 있는 일이나 상황을 마음속으로 떠올려 보세요. 만약 많은 것이 떠오른다면, 그중에서 한 가지만 골라 보세요. 지금 이 순간에 가장 많이 신경이 쓰이는 것을 선택해 보세요.
- 이 스트레스 상황에 대한 이미지나 상징을 마음속에 떠올려 보세요. 예를 들어, 만약 스트레스 상황이 작성해야 하는 리포트라면 종이의 이미지나 작문 과정을 마음속에 떠올려 보세요. 만약 내담자라면, 그 사람의 얼굴을 떠올려 볼 수 있을 것입니다. 이 이미지가 다른 사람들에게 논리적으로 보이지 않아도 되고 명확하지 않아도 됩니다. 다만, 당신에게 의미와 중요성을 갖는 것이면 됩니다.
- 잠시 시간을 갖고 이 그림에 더 가까이 다가가 살펴보세요. 색, 모양 그리고 윤곽 등을 알아차려 보세요. 자, 이제 당신이 그 이미지를 축소하기를 바랍니다. 작게, 작게, 더 작게. 만약 어딘가에서 걸려도 괜찮습니다. 그냥 잠시 기다렸다가 다시 부드럽게 작게 줄여 가면 됩니다. 더 작게, 작게, 작게(몇 초 동안 멈춘다.). 계속해서 그림을 축소하여 콩알이나 작은 씨앗만 하게 줄여갑니다. 작게, 작게, 작게.
- 당신이 그 상황과 관련하여 지금 어떤 느낌이 드는지 알아차려 보세요. 그 상황이 좀 더 다룰 수 있을 것처럼 느껴지나요? 아니면 똑같나요? 그것을 다루는 역량이 달라졌다고 느끼나요? 아니면 그렇지 않은가요? 다만, 이 문제의 그림이 작아진 후 이것을 경험하는 것이 어떤지 알아차려 보세요.
- 자, 이제 이 씨앗을 가지고 땅에 심어 보세요. 비가 내리고, 태양이 땅을 따뜻하게 내리쬐면서 이것을 보살펴 준다고 상상해 보세요. 태양과 비가 이것을 키워 가는 시간이 흐르도록 허락해 주세요.
- 자, 이제 봄이 오고 땅에서 이미지가 다시 나타나고 있다고 상상해 보세요. 하지만 이번에는 다릅니다. 상황은 변화하여 당신이 당신에 대해 그리고 당신의 반응에 대해 기분이 좋을 방식으로 반응합니다. 이미지가 실물 크기로 커 가면서, 당신 자신과 자신의 반응에 대해 기분이 좋게 느껴지는 새롭게 다시 나타난 상황에 대해 어떤

느낌이 드는지 알아차려 보세요. 혹시 당신이 상황을 다뤄 나가는 것에서 온전함, 희망, 내면적 평화 그리고 자부심마저 느껴지는지 알아차려 보세요. 다른 사람들은 어떻게 반응하는지 알아차려 보세요. 마지막으로 잠시 시간을 갖고 변화된 상황이 어떻게 느껴지는지 경험해 보세요.

· 10 ·
치료자의 자기 돌봄과 생활양식

진솔한 대화

이 장에서는 여러분을 초대하여 치료자로서 잘 살아가는 방법에 대해 보다 성찰적인 대화를 나눠 보고 싶다. 이 장에서는 나 자신에게 더 솔직하고 싶은데, 그 이유는 전문가로서가 아니라 한 개인 다이앤(Diane)으로서 그렇게 하고 싶기 때문이다. 나의 개인적인 생각이 여러분 개인의 삶에 도움이 되었으면 좋겠다.

비록 내가 어디에서 그런 말을 들어 보거나 읽어 본 적은 없지만, 내 경험에 의하면 치료자들은 약간 다르게 살아가야 한다고 생각한다. 인간관계, 미디어와의 관계, 오락의 선택, 스트레스 관리 기법 모두 우리의 전문적인 역할에 의해 영향을 받을 수 있고, 우리의 전문적 역할은 삶의 다른 측면들과의 관계 방식에도 영향을 준다. 치료자로서 잘 살아가는 방법에 대한 대답의 일부로서 마음챙김과 수용 훈련들을 이 방정식의 우측에 넣는다. 내담자들에게 마음챙김을 가르쳐 주고 싶은 치료자들이라면, 규칙적으로 마음챙김 훈련을 행하는 것이 윤리적 필수사항이다(Kabat-Zinn, 1990). 규칙적으로 자비, 수용 그리고 내적 평화를 만들어 내는 어떤 형태의 훈련 없이 임상적 작업을 실행한다는 것은 상상하기도 어려운 일이라는 점을 덧붙이고 싶다. 만약 당신이 이 책을 읽는 중이라면, 여러분도 나의 의견에 동의할 것이라고 생각한다.

이 장에서는 치료자들이 자신의 전반적인 안녕과 삶의 질을 향상시킬 수 있고 전문가로서 그들의 삶을 늘 새롭게 만들어 갈 수 있는 마음챙김과 수용 훈련에 대해 다룬다. 좀 더 쉽게 지속적으로 마음챙김과 수용 훈련을 해 나갈 수 있도록 여러분 개인의 삶 속에 그리고 전문가로서의 삶 속에 이런 훈련을 통합할 수 있는 계획에 대해 간략하게 설명할 것이다. 마지막으로, 정신건강 전문가로서 삶의 과정에 더 잘 관여하는 방법에 대해서도 다룰 것이다.

마음챙김과 당신

대략 20여 년간 치료자로 살아오면서 나는 마음챙김이 전문 영역에서 효과적인 역할을 행할 수 있는 가장 실제적이고 강력한 도구들 중 하나라는 사실을 알게 되었다. 왜냐하면 직업에서 이야기되지 않는 무언의 진실을 다룰 수 있는 자원을 제공해 주기 때문인데, 여기에는 개인 세계와 전문적인 임상 세계 간의 균형을 유지하는 것도 포함된다. 그것이 대중의 신화에 반하는 진실이기는 하지만, 치료자에게도 그런 삶이 벌어진다. 사람은 죽고, 관계들에는 적기(適期)가 있고, 아이들은 아이들이 하는 것들을 한다. 나는 전문 직종에 종사하는 많은 사람이 은연중에—적어도 가끔씩은—다른 사람을 위한 조력 기술 훈련들이 자신의 삶을 보다 더 나은 삶으로 만들어 줄 것이라는 기대를 하고 있다고 생각한다. 그리고 어느 정도는 그렇다. 전문가가 되려고 하는 많은 사람이 전문 지식과 과중한 개인 일과에 대한 요구로 인해 많은 스트레스와 부담을 느낀다.

이전에 논의했던 것처럼 마음챙김 훈련은 평균적인 수준에 있는 훈련자들에게도 신체적 · 정신적 · 관계적 이점(利點)이 많으며(1장), 치료실에 머무르는 치료자의 현존의 질을 향상시키기 위해 마음챙김을 사용할 때도 도움이 된다(9장). 이와 함께 마음챙김과 수용 훈련은 전문가들에게도 다른 복합적인 이점(利點)을 가져다준다. 다음은 이런 이점을 요약 · 정리해 놓은 것이다.

전문적인 일에서 얻을 수 있는 마음챙김의 직접적인 이점(利點)

• 치료적 현존 및 내담자들을 위해 '그곳에 존재하고 있다'는 보다 강한 느낌

- 보다 진실하고 효과적인 치료 관계
- 인간 마음이 작용하는 방식에 대한 이해 증가
- 내담자 문제 및 내담자와의 관계에 대한 더 높은 자기 인식
- 내담자에 대한 높은 공감 및 수용 능력
- 회기 내에서 초점을 맞추는 능력의 증가
- 전문 지식에 더 잘 접근하고 활용할 수 있는 능력
- 회기 간 그리고/혹은 일을 시작하기 전이나 끝내면서 '재부팅'하는 방법
- 소진 감소

개인 생활에서의 이점(利點)

- 전반적인 안녕감 향상
- 자신을 빠르게 안정시키고 진정시키는 능력의 증가
- 더 높은 자기 인식, 자기수용 및 자기연민
- 개인관계에서 더 높은 친밀감과 연민
- 스트레스 감소
- 더 좋은 수면

경험을 통해서 얻게 되는 이점이 이렇게 많이 있으므로 하루에 10~20분 훈련을 하는 것이 대부분의 전문가에게 어려운 일이 아닐 것도 같다. 간단하다! 오, 그렇지만 대뇌와 몸에 밴 습관이 문제다. 내담자들과 마찬가지로 대부분의 치료자에게 있어서, 문제는 그들이 마음챙김 훈련을 하는 것이 좋다고 생각하는지가 아니라 그것을 바쁜 현대생활에 맞추는 방법이다.

치료자가 자기 돌봄의 도구로 마음챙김을 사용할 때 중요한 것은 항구(恒久)함(consistency)이다. 어떤 형태의 훈련을 1년 내내 지속하는 것이다. 간단히 말하면, 마음챙김과 수용이 삶의 접근방법이 되어야만 한다. 지겔(Siegel)이 설명한 것처럼 "시간이 흐르면서 마음챙김 알아차림이 단지 일시적인 마음 상태를 주도하는 훈련이 아니라, 개인의 존재 방식 혹은 특성이 되어야만 한다"(2007,

p. 118). 개인이 평소 삶의 존재 방식으로 마음챙김 알아차림을 하게 되면, 개인 및 관계 안녕감에서 중요한 변화가 일어난다. 즉, 시시각각으로 변화하는 삶의 흐름 속에서 탄력성, 통합감, 적응 가능성이 더 많이 높아지게 된다.

치료자 개인의 마음챙김 훈련

치료자들은 아마도 가장 오래되고 가장 널리 알려져 있는 접근방법인 존 카밧진(Jon Kabat-Zinn)의 마음챙김에 기반을 둔 스트레스 완화(MBSR) 프로그램으로 마음챙김 훈련을 배울 수 있는 많은 자원을 가지고 있다. 수많은 조직을 가지고 있는 지역공동체, 병원, 요가 스튜디오 및 마음챙김 훈련을 하는 종교집단들에서 관심 있는 임상가들이 공식 훈련을 위해 평판 좋은 프로그램을 찾는 일은 그다지 어렵지 않을 것이다. 이상적으로는 공식적인 훈련 이후에도 치료자들은 적어도 처음 6개월 동안은 규칙적이고 잘 다듬어진 훈련으로 자리매김할 수 있도록 그들을 지원해 줄 교사로서 마음챙김 훈련 집단에 정기적으로 참여해야만 한다. 능숙한 지도자는 훈련자들이 마음챙김을 배우면서 생길 수 있는 전형적인 문제들, 즉 훈련 시간을 마련하지 못하는 것, 옴짝달싹 할 수 없다는 느낌, 아무런 느낌도 일어나지 않는 것, 그것이 당신에게는 잘 맞지 않는다는 느낌, 분심, 일정 변동, 잡념, 기대 등에 대해 잘 다뤄 나갈 수 있도록 안내해 줄 수 있다. 공식적인 훈련과 공동체 소속감이 마음챙김을 한 번의 강렬한 학습경험으로 끝내기보다 평생 동안 지속해야 하는 훈련으로 만들어 가는 것이 중요하다. 마음챙김 훈련 수료증을 받는 것은 그 여정의 시작일 뿐이다. 몇 년간에 걸친 나의 삶에서 마음챙김과 명상 훈련은 다양한 형태로 이루어졌는데, 독신일 때는 침묵피정에 들어가서 오랜 시간 훈련에 참여하였고, 결혼하고 나서는 아내로서 그리고 어머니로서 더 짧은 '일상생활' 훈련을 하였다. 당신의 훈련에서도 이런 유사한 시기들이 있게 될 것이라고 생각된다.

치료자를 위한 마음챙김 자기 돌봄 계획

이 장 후반부에서는 치료자들이 통합된 자기 돌봄 접근방법을 개발하는 데 사용할 수 있는 마음챙김 및 수용 훈련의 특별한 방법에 대한 개요가 설명되어 있다. 돌봄 계획은 집, 사무실 그리고 공동체에서 할 수 있는 공식적 · 비공식적 훈련에 관한 것이다. 당신에게 잘 맞는 지속 가능한 접근방법이 될 수 있는 요소들을 통합하고 선택해야 한다.

개관 : 마음챙김 자기 돌봄 계획

- 공식적인 명상 훈련
  - 자애명상
  - 위파사나 명상
  - 규칙적인 훈련을 위한 전략
- 직장에서 하는 비공식적인 훈련
  - 마음챙김 호흡명상
  - 마음챙김 일상 활동
  - 마음챙김 요가
- 공동체와 관계 훈련
  - 부부 및 가족 훈련
  - 공동체 집단

치료자를 위한 명상

나는 특히 치료자의 공식적인 훈련 과정의 일부로 치료자가 훈련해야 할 명상법 두 가지를 추천한다.

- **자애명상**
- **위파사나** 혹은 **통찰명상**

자애명상

6장과 8장에 소개된, 자애명상 혹은 자비명상은 자기와 다른 사람에게 평화, 행복 그리고 안녕을 기원하는 바람을 보내는 것이다. 연민 피로가 정신건강 전문 분야에서 위기와 소진의 전조증상으로 간주되고 있는 만큼, 자애명상은 치료자에게 특히 적합하다. 아직까지는 논의된 문헌을 보지 못했으나, 보다 전통적인 마음챙김 명상을 지속적으로 하지 않았음에도, 적어도 나에게는 자애명상이 행복감과 안녕감을 향상시켜 주었다는 사실을 덧붙이고 싶다. 게다가 이 훈련은 어려운 관계 상황에서 빠르게 견지를 바꿔 임기응변 자원을 활용할 수 있도록 만들어 준다.

치료자들은 자애명상 훈련을 할 때 기본적으로 두 가지, 즉 전통적인 버전이나 그들의 임상 훈련과 더 직접적인 관계가 있는 버전 중에서 선택한다.

치료자를 위한 자애명상

자애명상을 위한 문구들

- X가 행복하고 기뻐하기를 빕니다.
- X가 고통에서 자유롭기를 빕니다.
- X가 건강해지기를 그리고 건강으로 밝아지기를 빕니다.

- X가 안녕감을 갖고 편안하게 살아가기를 빕니다.
- X가 삶 속에 만나는 사람들과 평화롭기를 빕니다.
- X가 평화 속에 머물기를 빕니다.

X= 자애 대상

버전 1: 훈련 촉진하기

- 내담자(개별적으로 혹은 전체로)
- 동료들
- 자기
- 모든 존재(예, 모든 사람)

혹은

버전 2: 전통적인 자애 훈련(8장을 보라)

- 중립적인 타인(예, 지인, 직장 동료)
- 의미있는 타인(예, 배우자, 가족)
- 까다로운 타인(예, 갈등이 있는 누군가)
- 자기
- 모든 존재 (예, 모든 사람)

위파사나 혹은 통찰명상

위파사나(Vipassana) 혹은 통찰명상은 더 진보된 형태의 마음챙김명상(samatha 혹은 **일점명상**, one-pointed meditation)이며, 마음챙김에 기반을 둔 스트레스 완화 프로그램에서 **무선택적 알아차림**(choiceless awareness)으로 가르치고 있다(Stahl & Goldstein, 2010). 위파사나 훈련에서는 호흡 마음챙김에서처럼 단일한 초점 대상을 갖기보다는 지금 이 순간에 자신의 의식 속에 떠오르는 것이 무엇이든지 초점의 대상이 된다(Goleman, 1997). 위파사나 훈련을 시작하기 전에, 전통적인 마음챙김 명상에서는 호흡이나 다른 단일한 주의 대상에 초점을 맞추는 능력이 중요하다. 안정된 관찰자 견지가 요구되는데, 훈련자는 호기심을 갖고, 측은한 마음을 가지면서도 식별력을 갖고 의식 안에서 일어나고 사라지는 생각, 느낌, 감각 그리고 어떤 다른 정신현상들을 바라본다. 훈련은 하늘에 떠가는 구름을 바라보는 것 혹은 흘러가는 강물을 바라보는 것과 같다. 즉, 흐름을 멈추거나 변화시키려고 하지 않으면서 흘러가는 것들을 그저 바라보는 것이다. 번역어가 의미하고 있는 것처럼 이 훈련은 심오한 영적 진실, 특히 자기와 현실이 가지고 있는 허구성, 모든 존재의 상호 의존성에 대한 통찰을 증진시키기 위해 고안된 것이다.

위파사나 훈련은 **오픈 포커스 대뇌**(open focus brain)라고 부르는 서구 연구실에서 개발된 명상기법과 많은 흥미로운 유사점이 있다. 페미(Fehmi)는 수많은 시각화와 경험을 대상으로 사람들이 이완과 높은 전반적 안녕감과 관련되어 있는 패턴인, **동시발생 알파 뇌파 상태**(synchronous alpha brain wave state)로 들어가도록 도와주는 실험을 행하였다(Fehmi & Robbins, 2007). 평화로운 장면을 상상하고, 자신이 좋아하는 음악을 듣고, 좋은 향을 맡고, 혹은 다채로운 불빛을 보는 것처럼 마음을 이완시켜 주는 이미지나 감각들 중에서 연구 참여자들이 동시발생적 알파 상태로 들어가도록 일관성 있게 도움을 준 한 가지는 아무것도 상상하지 않는 것이었다. 페미가 참여자들에게 자신의 두 눈 사이의 공간이나 귀 사이의 공간을 상상하도록 요청하자 그들은 빠르게 깊은 안녕감과 연관되어 있는 뇌파 패턴으로 들어갔다. 페미는 이것을 훈련가들에게 공간과 무(無, nothingness)를 시각화하는 명상기법으로 발전시켰다. 이런 훈련 중에서 가장 오래된 것은 아마도 위파사나 명상임에 틀림없으며, 연구에서도 숙련된 명상가들이 우리 보통 사람들보다 훨씬 더 많은 시간을 동시발생적 알파 상태에서 보내는 것으로 밝혀지고 있다.

치료자들에게 있어서 위파사나 훈련은 인간의 마음이 어떻게 작용하는지 그리고 작용하지 않는지에 대한 이해의 깊이를 더해 준다. 우리가 관습적으로 어떤 사람이 '결심을 한다' 혹은 '그렇게 하기로 마음먹었다'와 같은 말을 하더라도, 마음이 실제로 어떻게 작용하는지를 주의 깊게 관찰해 보고 나면, 그런 말들은 의미가 없어진다. 마음에서 일어나는 끊임없는 동요와 모순들을 보다 정확하게 알게 되면서 겸손해지고, 뿐만 아니라 내담자들이 자주 보고하는 혼란, '옴짝달싹할 수 없음(stuckness)', 비일관성 그리고 평화의 결여에 대해 커다란 자비를 갖게 된다. 마음(psyche)의 '치료자'가 되기 위해서는 마음과 궁극적으로는 그것이 만들어 낸 현실에 대한 그런 강렬한 경험지식이 중요하고, 자신의 훈련을 헤아릴 수 없을 정도로 변형시켜 준다고 믿고 있다.

▌실현하기

명상법을 아는 일은 쉬운 일이다. 어려운 일은 명상하기 위해 시간을 내는 것이다. 1주일에 2~5분 정도씩 5번 훈련하는 것을 목표로 할 때조차 나 자신을 포함하여 내가 치료에서 만났던 사람들 대부분이 빠르게 변화하는 우리 사회의 수많은 요구 때문에 따로 훈련 시간을 내는 데 어려움을 느꼈다. 우리 대부분은 '아무 일도 하지 않으면서' 시간을 보내는 것에 대해 문화적 혹은 사회적 강화를 거의 받지 못하고 있으며 오히려 그 반대 방향으로, 즉 좀 더 많은 것을 행하고, 생산해야 한다는 강한 압박감을 느끼고 있다. '빨리 더 빨리'라는 말에는 두 가지 허용 속도가 있다. 실제로 문제는 5분이라는 시간이 아니라 속도를 늦춰서 하루의 나머지 시간의 탄력(momentum)을 잃어버리는 것이다. 진실은 마음챙김 훈련으로 5분, 10분, 20분을 보내는 것이 나중에는 당신을 느긋하게 만들어 준다는 것이다. 그것이 당신을 변화시켜 현대사회의 표준 속도에 대해 편하게 받아들이지 않게 된다. 파블로프(Pavlov)가 그의 개들에게 어떻게 벨소리와 함께 타액 분비를 하게 만들었는지 분명히 기억하고 있을 것이다. 그는 계속해서 벨소리와 음식을 짝지어 제시해 주었다. 시간이 지나자 개들은 타액 분비를 학습했는데, 왜냐하면 벨소리가 음식이 올 것이라는 것을 일관성 있게 예측해 주었기 때문이다. 마찬가지로 매일(혹은 적어도 1주에 5일 간의 근무일 동안 규칙적인 일정을 갖게 될 때는) 같은 시간에 훈련을 하게 되면 서서히 마음에서 명상할 준비를 하게 된다. 나는 내 두뇌를 아침 일정 중 같은 시점에, 대개는 샤워한 다음에 마음챙김을 할 것이라고 기대하도록 훈련시켰다. 의식적으로 이런 연합을 만들어 냄으로써 나의 마음과 몸은 날마다 이를 예측하고 갈망하게 되고, 차츰 실제로 훈련할 확률이 증가하고 있다. 내가 훈련할 기회를 갖게 되었던 때는 그렇게 하려고 애를 써도 그런 일이 거의 일어나지 않는다.

내가 사용하는 다른 행동 책략은 정적 강화물이다. 나는 내가 해야 할 행동 목록에서 훈련한 항목들을 지워 나가는 데 기쁨을 얻는 사람들 중 하나라서, 때때로 목록에 들어가 있지 않은 항목들을 해야 할 행동 목록에 집어넣고, 나 자신에게 점수를 부여한다. 정적 보상을 즐기면서 '안전망'을 마련하기 위해, 나는 내 컴퓨터의 스케줄 관리 프로그램에 매일 해야 할 일들의 목록 맨 위에 명상 훈련을 넣어 두었다. 내가 이미 그것을 했으면 목록에서 지우고, 그렇지 않으면 근무를 시작하면서 훈련 시간을 갖는다. 만약 당신이 특별하게 바쁜 생활을 하지 않아 훈련 시간을 내는 것이 쉽다면, 다음과 같은 것들이 필요 없다. 그러나 그렇지 않다면, 바쁜 일정에 맞게 마음챙김할 시간을 만들어 내려면 다음 단계들을 따라서 해 보라.

바쁜 치료자를 위한 지속적인 훈련 프로그램 개발 단계

- 1 단계: 다른 규칙적인 활동에 곁들이기
  - 전이나 후에 5~20분 정도의 마음챙김 훈련을 할 수 있는 일상 활동들(일어나기, 옷 입기, 아침식사, 사무실에 출근하기, 퇴근하기 등)을 확인한다.
  - 나는 (규칙적인, 일상 활동) □ 전, □ 후에 ______분 동안 훈련을 할 것이다.

- 2 단계: 여유 공간 만들기
  - 앉아서 훈련할 수 있는 공간을 만들고, 훈련을 상기시켜 주는 것 그리고/혹은 훈련의 이득이나 훈련해야 하는 이유를 알려 줄 상징물을 적어도 하나 정도 그 공간에 놔 두라.
  - 나의 명상 공간: ____________________, 그 공간에 둘 기억도구 /상징: ____________________

- 3 단계: 정적 강화물 추가하기
  - 훈련 후에 당신 스스로에게 훈련에 대한 작은 보상을 주어라. 보상은 목록에 훈련 여부 체크하기, 마음챙김 훈련 일지 쓰기, 좋아하는 차 한 잔 마시거나 초콜릿 한 조각 먹기 등과 같이 간단한 것들일 수 있다. 어떤 것이든 간에, 최적의 효과를 위해 강화는 훈련 직후에 주어져야 한다.
  - 내가 선택한 강화물: ____________________

- 4 단계: 안전망 만들기
  - 휴대전화 알람, 해야 할 일 목록에 넣기, 대시보드에 적어두기 등 당신의 훈련을 상기시켜 줄 수 있는 것을 만들라.
  - 나의 예비 기억도구 시스템: ____________________

- 5 단계: 기록하거나 일지 쓰기
  - 당신의 훈련과 훈련을 통해 당신이 배운 것들을 추적하기 위해 마음챙김 기록(제6장 참조)이나 일지를 쓰게 되면 훈련 동기를 극적으로 높이면서 훈련을 지속할 수 있다. 일지는 명상 공간 내에 혹은 가까이에 두어야만 한다.
  - 나의 기록/일지를 보관할 장소: ____________________

일터에서 마음챙김

사무실 업무 활동과 짧은-마음챙김 명상을 접목시키면 치료자들이 그들의 임상적 역할 훈련 방식을 극적으로 변화시킬 수 있을 뿐만 아니라 하루를 마쳤을 때 전체적인 스트레스 수준을 감소시켜서, 보다 많은 에너지와 정서적 가용성을 가지고 집으로 돌아갈 수 있게 된다. 일터에서 치료자들이 사용할 수 있는 세 가지의 마음챙김 변형을 추천하는데, 이는 모두 6장에서 소개되었다.

- 마음챙김 호흡명상
- 마음챙김 일상 활동
- 마음챙김 요가

출퇴근 시에 짧은-마음챙김 호흡명상으로 함께하기

일터로 출근하고 일터에서 퇴근하면서 짧은-마음챙김 호흡명상을 하게 되면 두 전환기를 잘 준비할 수 있다. 일터에 도착했을 때나 내담자를 만나기 전에 2~10분 정도 마음챙김 훈련을 하면 마음도 맑아지고 정신집중도 잘 되어 보다 온전하게 내담자와 존재하면서 내담자에게 초점을 맞출 수 있게 된다. 혹은 신경학적 측면에서 보면, 치료자들이 통합된 신경상태로 들어가는 데 도움이 된다(Siegel, 2010b). 자신과 내담자에게로 분명하게 전환할 수 있고, 내담자 측면에서도 의미 있는 성과를 얻을 수 있게 된다(Grepmair et al., 2007; Padilla, 2011). 하루 일과를 마치면서 마음챙김 훈련을 하게 되면 자신과 가족에게 그 자체가 선물이 되는데, 그것이 당신으로 하여금 일터에서 가정생활로 돌아갈 수 있음에 더 많은 감사를 느끼게 해 주기 때문이다.

마음챙김 일상 활동

마음챙김 일상 활동이란 손을 씻는 동안 따뜻한 물과 거품의 감각을 느끼는 것과 같은 일상 활동에 대해 지금 이 순간 온전히 인식하는 것을 말한다. 마음챙김 훈련을 하면서 사무실에서 한두 가지의 지루한 일상 활동을 선택하여, 예를 들어 나는 한(Hahn, 1992)의 책, 『걸음걸음마다 평화(Peace is Every Step)』를 읽고 나서, 가장 지겨운 집안일 중 하나인 접시 닦기에 마음챙김을 가져와서 접시 닦기 명상을 시작하였다. 수년이 지난 다음에, 나는 접시를 닦거나 손을 씻을 때마다 이완되었는데, 이런 것들은 사무실에서도 긴 하루 동안 몇 번씩 할 수 있다. 이제는 손을 씻는 이런 짧은 순간들이 지금 이 순간을 떠올리고 지금 내가 어떻게 행동하고 있는지, 어떤 것을 느끼고 있는지 그리고 내 마음이 어디에 있는지에 주목하게 만들고, 내 마음을 비우고, 다음 내담자를 만날 준비를 하게 만들어 준다. 다른 보편적인 치료자 활동에는 다음과 같은 것들이 있다.

- 마음챙김 물 마시기
- 마음챙김 언덕 걸어 내려가기
- 마음챙김 문 손잡이 잡기
- 하루를 시작하고 끝내면서 마음챙김 파일 캐비닛 열고 닫기
- 마음챙김 치료 진전 기록 서명하기

마음챙김 요가

회기 사이에 내 경우에는 특히 내담자가 늦게 올 때 마음챙김 요가 훈련을 하곤 하는데, 그렇게 하면 나에게는 치료 시간 동안에 거의 움직이지 않는 나의 몸을 스트레칭할 수 있다. 스트레칭을 하면서 깊은 호흡을 하면 신체가 이완이 되면서 나의 주의와 존재를 치료실로 가져올 수 있게 된다.

지지 공동체

규칙적으로 훈련하고 일하면서, 이상적으로는 치료자들이 그들을 한 개인으로 지지해 줄 뿐만 아니라 마음챙김 훈련을 지지해 주는 관계와 공동체를 찾아내야 한다. 파트너들을 대상으로 하는 치료자들은 마음챙김과 가정생활을 접목시켜서 몇 가지 마음챙김 훈련이나 자애명상을 개발할 수 있다(8장을 보라). 마찬가지로 아동을 대상으로 하는 치료자는 많은 아동 친화적인 마음챙김 훈련들 중에서 규칙적으로 가족 일과 중에 할 수 있는 훈련 방법을 소개해 줄 수 있다. 종교 혹은 영성 지향적인 치료자들은 종교나 영성 조직들에서 운영하는 명상집단에 참여할 수도 있다.

지지 공동체를 만들었을 때의 일차적인 이득은 매일의 삶을 어떻게 움직여 갈 것인가에 대한 규준을 재설정하는 것이다. 현대 생활의 특징 중 하나인 만성적인 스트레스가 대다수 사람의 삶에서 온전하고 풍요로운 만족감을 빼앗아 가고 있다. 역사적으로 더 크고 더 빠른 것이 항상 좋다고 하던 시기에는 자신의 삶과 관계 속에 머무르는 것을 반문화적이었다고 말하곤 한다. 따라서 좀 더 인식하면서 생명력을 갖고 살아가고자 하는 공동체를 찾게—그것이 당신의 파트너이든 당신이 다니는 교회이든지 간에—하는 것이 쉬워진다. 햇빛, 꽃의 색깔, 과일의 풍미들에 주목하면서 기쁨을 느끼는 사람들과 함께하면 그것이 당신에게 힘이 되고, 당신도 똑같이 그렇게 하게 된다. 반면에, 당신의 하루를 여러 가지 일을 하면서 이 활동 저 활동으로 바쁘게 움직이면서 더 크고 더 좋은 것들을 갖고 있는 사람들과 비교하는 그런 사람들과 시간을 보내게 되면 당신도 서서히 당신의 경험과 멀어지기 시작한다.

영성 계발

나는 영성을 한 사람이 삶과 관계를 맺고 있는 방식으로 정의한다. 따라서 나는 무신론자들조차도 영성을 갖고 있다고 믿는다. 더 나은 치료자가 되거나 스트레스를 관리하는 것과 같은 실제적인 목적을 위해 훈련을 할 때라도, 규칙적인 마음챙김, 연민, 위파사나 훈련은 삶과의 연결감을 만들어 내고, 만약에 당신이 그렇게 만들어 낸다면, 신성을 깨닫고, 다시 만들어 내고 그리고 심오하게 만든다. 이런 훈련들은 현대 문화에서 좀처럼 언급되지 않는 존재의 상태—모든 살아 있는 존재들과 연결되어 있다는 느낌, 세속적인 삶에 대한 걱정으로부터의 해방감 그리고 신성한 존재와 맞닿아 있는 듯한 느낌—를 개인이 경험할 수 있게 해 준다. 이와 마찬가지로 고통을 기꺼이 받아들이게 되면 삶에 대한 작업가설, 삶의 목적, 당신의 목적 그리고 우리 삶에서 다른 사람의 역할과 그들 삶에서 우리 역할들이 변화한다. 규칙적으로 마음챙김 훈련을 하면 상상하기 어려운 정도로 당신을 안에서부터 밖으로 조각처럼 다듬어 줄 것이다. 비록 당신이 앉아서 아무것도 하지 않는 것처럼 보일지라도, 당신은 많은 방법으로 삶의 가장 심오한 탐색, 즉 삶의 신비 속에서 당신의 역할을 이해하는 과정에 참여하고 있는 것이다.

개인적 특질과 전문직업 생활 간 교차점

우리 중 많은 이가 집에서는 내담자에 대해 생각하지 않고 일터에서는 개인적인 생활에 대해 이야기하지 않는 것으로 개인적 생활과 치료적 작업 간의 '건강한 경계'를 유지할 필요가 있다고 말하곤 한다. 내 경험에서 보면, 이런 지침은 많은 핵심 문제를 놓치고 있고, 또 새로운 연구에서 그보다 더 미묘한 문제를 지적하고 있다. 치료적 현존에 관한 최근 연구들에서도 존재의 특성 혹은 치료자 현존이 내담자 결과를 예측하는 중요한 요인—가장 중요한 요인은 아니라고 할지라도—이라고 명확하게 지적하고 있다(Lambert & Simon, 2008; McDonough, Means, Kreitzer, & Bell, 2004; Miller, Duncan, & Hubble, 1997). 게다가 신경과학 연구에서는 우리의 정신상태가 우리가 만나는 내담자 및 외상을 극복하고 정서를 안정화하는 내담자의 능력에 유의미하게 영향을 미친다는 사실들이 시사되고 있다(Siegel, 2010b). 좀 더 자세하게 설명하자면, 통합된 신경상태로 들어가서 안전하고, 안정된 관계를 발달시키는 치료자의 능력이 차츰 치료 효과성의 핵심 요소로 고려되고 있다. 결정적인 변화 요소로 치료자 개인을 주목하게 되면서, 문제가 되는 것은 당신이 치료하는 사람이면서 밖에서는 또 다른 사람일 수 있는가다.

우리가 **단수적 자기**(singular self)를 갖고 있는 복합적 자기들이라는 포스트모던적 견해 쪽으로 더 기울어져 있든, 아니면 '무'나 **무아**(empty self)라는 불교 입장을 취하고 있든지 간에, 나는 대부분의 사람이 치료 밖의 자기가 치료 내의 자기와 밀접히 관련되어 있다는 데 동의할 것이라고 믿고 있다. 따라서 치료자가 치료 밖에서 하는 것, 즉 그들이 어떻게 시간을 보내고, 주의를 어디에 두고 있는지, 어떻게 관계를 맺고 있는지 등이 어떤 형태로든 치료에 영향을 준다. 예를 들어, 어떤 치료자가 혼란스럽고 안전하지 않은 관계에 오랫동안 머물러 있으면, 그런 치료자의 관계 속성이 그 치료자가 회기 내에서 내담자와 관계하는 방식에 어떤 식으로든지 영향을 줄 것이다. 마찬가지로 어떤 치료자가 만성적인 스트레스 상황 속에서 생활하고 있다면, 조용하고 통합된 정서적 및 정신적 기능의 결합이 그들의 전문적인 일에 흘러들어가게 될 것이다. 치료자들이 좋고, 안전한 관계를 맺지 못하는 사람들과 일을 하게 되면, 이것 역시도 회기 내에서 그들에게 영향을 주지 않겠는가?

치료자들은 개인생활에서도 정서적 균형, 낙관성 및 행복을 유지하는 데 도움이 되는 방식으로 그들의 시간과 에너지를 사용해야 한다. 모든 형태의 오락, 뉴스 쇼, 관계 혹은 취미가 자기감을 지지해 주면서, 치료적 현존을 증진시켜 주지는 않을 것이다. 예를 들어, 내 경우에는 인간성에 대한 비관적인 주제를 다룬 폭력 영화가 회기 내에서 나란 존재를 아주 작게 만들어 버린다는 사실을 알게 되면서 그런 영화들을 보지 않는다. 마음챙김 훈련은 회기 내에서, 그리고 삶 속에서 치료자들로서의 효과성을 떨어뜨리는 미묘한 삶의 요소들을 잘 조율할 수 있도록 도와준다.

자기 돌봄을 위한 허락

자기 돌봄은 중요하다. 내담자에 대한 돌봄만큼 혹은 더 중요할 수 있다. 자기 돌봄을 위한 질 좋은 시간을 갖지 않는 치료자들은 내담자들에 대해서 무기력해지게 된다(Shapiro & Carlson, 2009). 우리 대부분은 물질남용이나 개인적 문제로 일에 지장을 주지 않기 위해 윤리강령에 따라 일한다. 그러나 좋은 자기 돌봄은 그 이상을 요구한다. 의미 있는 자기 돌봄은 우리가 어떻게 하루를 보내고, 행동하는지, 스트레스가 어떻게 우리의 건강, 행복과 관계에 영향을 주는지, 우리가 어떻게 우리의 삶에서 중요한 타인과 관계하는지, 그리고 우리가 우리 자신에게 우리 삶의 사건들에 대해 어떤 의미가 있다고 말하는지에 대해 마음챙김 고찰을 하는 것이다. 또한 당신이 이런 것들을 마음챙김 고찰을 하지 않으면서, 그저 편안하게 살아가는 그런 날들도 있다.

그러나 내담자들의 고통과 우리 가족 및 친구들의 요구에 직면하였을 때 많은 조력 전문가들이 자신들을 잘 돌보지 못한다. 항상 우리의 궁극적인 상호 연결성의 깊이를 인식하고 있는 것은 아니지만, 치료자들은 그들 자신의 복지를 배양하는 데 필요한 시간을 갖기 위해 고민하기보다 그들이 어떻게 다른 사람에게 도움을 줄 수 있는가에 대해 더 많이 고민을 하는 것 같다. 우리가 매일 만나는 이들이 그런 요구를 해 올 때 자신에게 초점을 맞추는 것이 이기적인 것처럼 보인다. 이런 이유로, 연방항공국은 계속해서 부모에게 명백한 사실을 환기시키고 있다. 위급상황에서 부모 자신이 먼저 산소마스크를 쓰고 자녀들을 도와주라고 한다. 마찬가지로 치료자들도 자기 돌봄은 일을 하면서 누리는 사치가 아니라 필수라는 사실을 계속해서 상기할 필요가 있다. 솔직히 말하면, 나도 자살위기를 안정화하거나 도움을 필요로 하는 부부들을 정상 궤도로 돌려놓는 것보다 자기 돌봄이 훨씬 더 도전적이라는 사실을 잘 알고 있다. 그러나 자기 돌봄의 영역에서는 지침과 진부한 대안이 거의 없다. 비록 해가 갈수록 더 나은 것들이 나오고 있기는 하지만, 배워야만 하는 것들이 있다는 것도 잘 알고 있다. 나는 그 한 가지로, 마음챙김과 수용 훈련이 그 여정을 통합한 부분이라는 사실을 알게 되었다. 따라서 나는 여러분에게도 그렇게 할 것을 제안한다.

행복을 향한 여정

내가 만났던 몇몇 저명한 동료와 멘토는 뛰어난 사람들이었다. 왜냐하면 그들은 행복한 삶을 살면서 자신과 타인의 삶에도 그런 행복감을 전해 주고 있기 때문이다. 그들은 그 자체로 좋은 것을 나누면서 타인에게 좋은 것을 가져다주었기 때문이다. 여러분도 정신건강 분야에서 안녕감을 갖고 살아가고 있는 많은 사례가 떠오를 것이다. 아마도 긍정심리학자들이 언급했던 것처럼 우리는 건강, 즉 병리가 없는 상태를 건강한 상태(wellness) 및 최적의 기능과 동등하게 여기는 오류를 범하곤 한다(Seligman, 2002). 차츰 나는 치료자들이 내담자들과 자신을 위해 더 많이 행복해질 필요가 있다고 생각하게 되었다. 분명히 유일한 방법은 아닐지라도 마음챙김과 수용 훈련이 보다 풍요롭고 충만한 삶을 살아갈 수 있는 매우 효율적이고 유연한 방법들을 제공한다.

나는 이 책이 당신에게 모험, 사랑, 웃음이 가득한 생활을 추구하도록 해 주었으면 하는 바람을 갖고 있다. 마음챙김은 삶, 타인, 당신 자신과 더 효과적인 관계를 만들어 가는 도구일 뿐이다. 그 안에 특별한 마술이 들어 있는 것은 아니고, 단지 행복을 찾는 유용한 대안이다. 더 중요한 문제는 어떻게 당신이 하루를 보낼 것인지, 당신이 만나는 사람들을 대할 것인지, 당신 자신과 말을 할 것인지, 그리고 삶에서 만나는 도전들에 접근할 것인지 등의 여정이다. 명상의 목표를 가장 보편적으로는 '**깨달음**(enlightenment)'이라는 용어로 번역할 수 있지만, 나는 보다 큰 의미를 담고 있는 대안적인 용어인 '**해방**(liberation)'이라는 말로 번역하여 사용하고 있다. 몇 년간 훈련을 하면서, 깨달음을 통해 얻게 된 해방이라는 생각에는 명상의 신비롭고, 반 마술적인(semi-magical) 의미가 많이 사라지고, 대신에 내가 매일 만들어 내는 반복되는 고통으로부터 해방이라는 더 소중하고 귀중한 함축 의미가 담겨 있다. 사실, 우리 각자는 우리의 삶 속에서 많은 고통을 만들어 낼 수 있고, 없앨 수 있는 선택을 할 수 있다. 고통을 없앨 수 있는 선택을 하는 것이 쉽다고 말할 수는 없지만, 나는 마음챙김 훈련이 그것을 쉽게 만들어 준다는 것을 발견했다. 내가 나의 삶을 마음챙김하고 수용하면 할수록 불필요한 고통이 줄어들었고, 그 대신에 진정한 자유와 평화의 맛을 알게 되었다. 그런 자유는 돈, 올바른 관계, 혹은 특별한 훈련으로도 얻을 수가 없다. 의식적으로 새로운 날들을 선택해야만 한다. 우리 각자가 몇 번이고 그렇게 할 용기를 갖게 되기를 바란다.

참고문헌

Andersen, T. (1991). *The reflecting team: Dialogues and dialogues about the dialogues.* New York: Norton.

Andersen, T. (2007). Human participating. In H. Anderson & D. Gehart (Eds.), *Collaborative therapy* (pp. 81-98). New York: Routledge.

Anderson, H. (1997). *Conversation, language and possibility.* New York: Basic.

Anderson, H., & Gehart, D. R. (Eds.). (2007). *Collaborative therapy: Relationships and conversations that make a difference.* New York: Brunner-Routledge.

Anderson, H., & Goolishian, H. (1992). The client is the expert: A not-knowing approach to therapy. In S. McNamee & K. J. Gergen (Eds.), *Therapy as social construction* (pp. 25-39). Newbury Park, CA: Sage.

Aron, A., & Aron, E. N. (1997). Self-expansion motivation and including other in the self. In S. Duck (Ed.), *Handbook of personal relationships: Theory, research, and interventions* (pp. 251-270). Chichester, UK: Wiley.

Badenoch, B. (2008). *Being a brain-wise therapist: A practiccal guide to interpersonal neurobiology.* New York: Norton.

Baer, R. A. (2003). Mindfulness training as a clinical intervention: A conceptual and empirical review. *Clinical Psychology: Science and Practice, 10*(2), 125-143. doi: 10.1093/clipsy/bpg015.

Baer, R. A. (Ed.). (2006). *Mindfulness-based treatment approaches: Clinician's guide to evidence base and applications.* San Diego, CA: Elsevier Academic Press.

Baer, R. A. (2010). Self-compassion as a mechanism of change in mindfulness- and acceptance- based treatments. In R. A. Baer (Ed.), *Assessing mindfulness and acceptance processes in clients: Illuminating the theory and practice of change* (pp. 135-153). Oakland, CA: Context Press/New Harbinger Publications.

Barks, C. (2003). *Rumi: The book of love.* San Frnacisco, CA: Harper.

Barnes, S., Brown, K., Krusemark, E., Campbell, W., & Rogge, R. D. (2007). The role of mindfulness in romantic relationship satisfaction and responses to relationship stress. *Journal of Marital and Family Therapy, 33*(4), 482-500. doi: 10.1111/j.1752-0606.2007.00033.x.

Bateson, G. (1972). *Steps to an ecology of mind.* New York: Ballentine.

Bateson, G. (1991). *Sacred unity: Further steps in an ecology of mind* (R. Donaldson, Ed.). New York: Corneila and Michael Bessie.

Bateson, G. (1979/2002). *Mind and nature: A necessary unity.* Cresskill, NJ: Hampton.

Birnie, K., Garland, S. N., & Carlson, L. E. (2010). Psychological benefits for cancer patients and their partners participating in mindfulness-based stress reduction (MBSR). *Psycho-Oncology, 19*(9), 1004-1009. doi:10.1002/pon.1651.

Birnie, K., Speca, M., & Carlson, L. E. (2010). Exploring self-compassion and empathy in the context of mindfulness-based stress reduction (MBSR). *Stress and Health, 26*(5), 359-371. doi:10.1002/smi.1305.

Bishop, S. R., Lau, M., Shapiro, S., Carlson, L., Anderson, N. D., Carmody, J., et al. (2004). Mindfulness: A proposed operational definition. *Clinical Psychology: Science and Practice, 11*(3), 230-241. doi:10.1093/clipsy.bph077.

Black, D. S., Milam, J., & Sussman, S. (2009). Sitting meditation interventions with youth: A review of treatment efficacy. *Pediatrics, 124,* e532-e541.

Block-Lerner, J., Adair, C., Plumb, J. C., Rhatigan, D. L., & Orsillo, S. M. (2007). The case for mindfulness-based approaches in the cultivation of empathy: Does nonjudgmental, present-moment awareness increase capacity for perspective-taking and empathic concern? *Journal of Marital and Family Therapy, 33*(4), 501-516. doi:10.1111/j.1752-0606.2007.00034.x.

Bodin, S. (2006). *Meditation for dummies* (2nd ed.). New York, NY: Wiley.

Bögels, S., Hoogstad, B., van Dun, L., de Schutter, S., & Restifo, K. (2008). Mindfulness training for adolescents with externalizing disorders and their parents. *Behavioural and Cognitive Psychotherapy, 36*(2), 193-209. doi:10.1017/S1352465808004190.

Bowen, M. (1985). *Family therapy in clinical practice.* New York: Jason Aronson.

Brown, K., & Ryan, R. M. (2003). The benefits of being present: Mindfulness and its role in psychological well-being. *Journal of Personality and Social Psychology, 84*(4), 822-848. doi:10.1037/0022-3514.84.4.822.

Brown, K., Ryan, R. M., & Creswell, J. (2007). Mindfulness: Theoretical foundations and evidence for its salutary effects. *Psychological Inquiry, 18*(4), 211-237.

Bruce, N. G., Manber, R., Shapiro, S. L., & Constantino, M. J. (2010). Psychotherapist mindfulness and the psychotherapy process. *Psychotherapy: Theory, Research, Practice, Training, 47*(1), 83-97. doi:10.1037/a0018842.

Buber, M. (1958). *I and Thou.* Edinburgh: T & T Clark.

Burke, C. A. (2010). Mindfulness-based approaches with children and adolescents: A preliminary review of current research in an emergent field. *Journal of Child and Family Studies, 19*(2), 133-144. doi:10.1007/s10826-009-9282-x.

Burpee, L. C., & Langer, E. J. (2005). Mindfulness and marital satisfaction. *Journal of Adult Development, 12*(1), 43-51. doi:10.1007/s10804-005-1281-6.

Bush, M. (2010). *Contemplative higher education in contemporary America.* Retrieved from www.acmhe.org

Carmody, J., & Baer, R. A. (2008). Relationships between mindfulness practice and levels of mindfulness, medical and psychological symptoms and well-being in a mindfulness-based stress reduction program. *Journal of Behavioral Medicine, 31*(1), 23-33. doi:10.1007/s10865-007-9130-7.

Carson, J. W., Carson, K. M., Gil, K. M., & Baucom, D. H. (2004). Mindfulness-based relationship enhancement. *Behavior Therapy, 35*(3), 471-494. doi:10.1016/S0005-7894(04)80028-5.

Carson, J. W., Carson, K. M., Gil, K. M., & Baucom, D. H. (2004). Mindfulness-Based Relationship Enhancement (MBRE) in couples. In R. A. Baer (Ed.), *Mindfulness-based treatment approaches: Clinician's guide to evidence base and applications* (pp. 309-331). San Diego, CA: Elsevier Academic Press.

Carson, J. W., Carson, K. M., Gil, K. M., & Baucom, D. H. (2004). Self-expansion as a mediator of relationship improvements in a mindfulness intervention. *Journal of Marital and Family Therapy, 33*(4), 517-528. doi:10.1111/j.1752-0606.2007.00035.x.

Cecchin, G. (1987). Hypothesizing, circularity, and neutrality revisited: An invitation to curiosity. *Family Process, 26,* 405-413.

Chiesa, A. A., & Serretti, A. A. (2010). A systematic review of neurobiological and clinical features of mindfulness meditations. *Psychological Medicine, 40*(8), 1239-1252.

doi:10.1017/S0033291709991747.

Chödrön, P. (1997). *When things fall apart: Heart advice for difficult times.* Boston: Shambala.

Christensen, A., & Jacobson, N. (2000). *Reconcilable differences.* New York: Guilford Press.

Christensen, A., Sevier, M., Simpson, L. E., & Gattis, K. S. (2004). Acceptance, mindfulness, and change in couple therapy. In S. C. Hayes, V. M. Follette, & M. M. Linehan (Eds.), *Mindfulness and acceptance: Expanding the cognitive-behavioral tradition* (pp. 288-309). New York, NY: Guilford Press.

Ciarrochi, J., Bilich, L., & Godsell, C. (2010). Psychological flexibility as a mechanism of change in acceptance and commitment therapy. In R. A. Baer (Ed.), *Assessing mindfulness and acceptance processes in clients: Illuminating the theory and practice of change* (pp. 51-75). Oakland, CA: Context Press/New Harbinger Publications.

Coatsworth, J., Duncan, L. G., Greenberg, M. T., & Nix, R. L. (2010). Changing parent's mindfulness, child management skills and relationship quality with their youth: Results from a randomized pilot intervention trial. *Journal of Child and Family Studies, 19*(2), 203-217. doi:10.1007/s10826-009-9304-8.

Cohen-Katz, J., Wiley, S. D., Capuano, T., Baker, D. M., & Shapiro, S. (2005). The effects of mindfulness-based stress education on nurse stress and burnout, part II. A quantitative and qualitative study. *Holistic Nursing Practice, 18,* 302-308.

Dalai Lama. (1996). *The good heart: A Buddhist perspective on the teachings of Jesus* (T. Jinpa, Trans.). Boston: Wisdom.

Dalai Lama, Benson, H., Thurman, R. A. F., Gardner, H. E., & Goleman, D. (1991). *Mind science: An East-West dialogue.* London: Wisdom.

Davidson, R. J., Kabat-Zinn, J., Schumacher, J., Rosenkranz, M., Muller, D., Santorelli, S. F., et al. (2003). Alterations in brain and immune function produced by mindfulness meditation. *Psychosomatic Medicine, 65,* 564-570.

deShazer, S. (1988). *Clues: Investigating solutions in brief therapy.* New York: Norton.

Didonna, F. (Ed.). (2009). *Clinical handbook of mindfulness.* New York, NY: Springer. doi:10.1007/978-0-387-09593-6.

Dumas, J. E. (2005). Mindfulness-based parent training: Strategies to lessen the grip of automaticity in families with disruptive children. *Journal of Clinical Child and Adolescent Psychology, 34*(4), 779-791. doi:10.1207/s15374424jccp3404_20.

Duncan, L. G., & Bardacke, N. (2010). Mindfulness-based childbirth and parenting education: Promoting family mindfulness during the perinatal period. *Journal of Child and Family Studies, 19*(2), 190-202. doi:10.1007/s10826-009-9313-7.

Duncan, L. G., Coatsworth, J., & Greenberg, M. T. (2009a). A model of mindful parenting: Implications for parent-child relationships and prevention research. *Clinical Child and Family Psychology Review, 12*(3), 255-270. doi:10.1007/s10567-009-0046-3.

Duncan, L. G., Coatsworth, J., & Greenberg, M. T. (2009b). Pilot study to gauge acceptability of a mindfulness-based, family-focused preventive intervention. *The Journal of Primary Prevention, 30*(5), 605-618. doi:10.1007/s10935-009-0185-9.

Elkin, I., Shea, M., Watkins, J. T., & Imber, S. D. (1989). National Institute of Mental Health Treatment of Depression Collaborative Research Program: General effectiveness of treatments. *Archives of General Psychiatry, 46*(11), 971-982.

Epstein, M. (1995). *Thoughts without a thinker: Psychotherapy from a Buddhist perspective.* New York: Basic.

Epstein, M. (1999). *Going to pieces without falling apart: A Buddhist perspective on wholeness.* New York: Broadway.

Epstein, R. (2003a). Mindful practice in action I: Technical competence, evidence-based medicine, and relationship-centered care. *Families, Systems & Health, 21,* 1-9.

Epstein, R. (2003b). Mindful practice in action II: Cultivating habits of mind. *Families, Systems & Health, 21,* 11-17.

Fan, Y., Tang, Y., Ma, Y., & Posner, M. I. (2010). Mucosal immunity modulated by integrative meditation in a dose-dependent fashion. *Journal of Alternative and Complementary Medicine, 16*(2), 151-155. doi:10.1089/acm.2009.0234.

Fehmi, L., & Robbins, J. (2007). *The open-focus brain: Harnessing the power of attention to heal mind and body.* Boston: Trumpter Books.

Ferguson, J. K. (2010). Centering prayer: A method of Christian meditation for our time. In T. G. Plante (Ed.), *Contemplative practices in action: Spirituality, meditation, and health* (pp. 60-77). Santa Barbara, CA: Praeger.

Flemons, D. G. (1991). *Completing distinctions: Interweaving the ideas of Gregory Bateson and Taoism into a unique approach to therapy.* Boston: Shambhala.

Follette, V. M., & Vijay, A. (2009). Mindfulness for trauma and posttraumatic stress disorder. In F. Didonna (Ed.), *Clinical handbook of mindfulness* (pp. 299-317). New York, NY: Springer. doi:10.1007/978-0-387-09593-6_17.

Fredrickson, B. L., Cohn, M. A., Coffey, K. A., Pek, J., & Finkel, S. M. (2008). Open hearts build lives: Positive emotions, induced through loving-kindness meditation, build consequential personal resources. *Journal of Personality and Social Psychology, 95*(5), 1045-1062. doi:10.1037/a0013262.

Freedman, J., & Combs, G. (1996). *Narrative therapy: The social construction of preferred realities.* New York: Norton.

Fulton, P. R. (2005). Mindfulness as clinical training. In C. K. Germer, R. D. Siegel, & P. R. Fulton (Eds.), *Mindfulness and psychotherapy* (pp. 55-72). New York, NY: Guilford Press.

Gale, J. (2009). Meditation and relational connectedness: Practices for couples and families. In F. Walsh & F. Walsh (Eds.), *Spiritual resources in family therapy* (2nd ed., pp. 247-266). New York, NY: Guilford Press.

Gambrel, L., & Keeling, M. L. (2010). Relational aspects of mindfulness: Implications for the practice of marriage and family therapy. *Contemporary Family Therapy, 32*(4), 412-426. doi:10.1007/s10591-010-9129-z.

Gehart, D. (2004). Achtsamkeit in der therapie: Buddhistische Philosophie im postmoderner Praxis [Mindfulness in therapy: Buddhist philosophy in postmodern practice]. *Zeitschrift für Systemische Therapie [Journal for Systemic Therapy], 22,* 5-14.

Gehart, D. (2007). Process-as-content: Teaching postmodern therapy in a university context. *Journal of Systemic Therapies, 26,* 15-28.

Gehart, D. (2010). *Mastering competencies in family therapy: A practical approach to theory and clinical case documentation.* Pacific Grove, CA: Brooks/Cole.

Gehart, D. (2012). *Counseling and psychotherapy theories and treatment planning.* Pacific Grove, CA: Brooks/Cole.

Gehart, D., & Coffey, A. (2004). *Love in couple's therapy: A Buddhist approach.* In Workshop (2 hour) presented at the Texas Association for Marriage and Family Therapy annual conference, Houston, TX, January 2004.

Gehart, D., & McCollum, E. (2007). Engaging suffering: Towards a mindful re-visioning of marriage and family therapy practice. *Journal of Marital and Family Therapy, 33,* 214-226.

Gehart, D., & McCollum, E. (2008). Inviting therapeutic presence: A mindfulness-based approach. In S. Hick & T. Bien (Eds.), *Mindfulness and the healing relationship* (pp. 176-194). New York: Guilford.

Gehart, D., & Pare, D. (2009). Suffering and the relationship with the problem in postmodern therapies: A Buddhist re-visioning. *Journal of Family Psychotherapy, 19,* 299-319.

Gehart, D. R., & Lyle, R. R. (1999). Client and therapist perspectives of change in collaborative language systems: An interpretive ethnography. *Journal of Systemic Therapy, 18*(4), 78-97.

Gergen, K. (1991). *The saturated self.* New York: Basic Books.

Gergen, K. J. (1999). *An invitation to social construction.* Thousand Oaks, CA: Sage.

Glück, T., & Maercker, A. (2011). A randomized controlled pilot study of a brief, web-based mindfulness training [Abstract]. *International Journal of Integrated Care, 11.* Retrieved from http://www.ijic.org/index.php/ijic/article/viewArticle/701/1281

Goleman, D. (1997). *Healing emotions: Conversations with the Dalai Lama on mindfulness, emotions, and health.* Boston: Shambala.

Goleman, D. (2003). *Destructive emotions: How can we overcome them?* New York: Bantam.

Goleman, D. (2005). *Emotional intelligence* (10th ed.). New York: Bantam Books.

Goleman, D. J., & Schwartz, G. E. (1976). Meditation as an intervention in stress reactivity. *Journal of Consulting and Clinical Psychology, 44*(3), 456-466. doi:10.1037/0022-006X.44.3.456.

Goodman, T. A. (2005). Working with Children: Beginners mind. In C. K. Germer, R. D. Siegel, & P. R. Fulton (Eds.), *Mindfulness and psychotherapy* (pp. 197-219). New York, NY: Guilford Press.

Goodman, T. A., & Greenland, S. (2009). Mindfulness with children: Working with difficult emotions. In F. Didonna (Ed.), *Clinical handbook of mindfulness* (pp. 417-429). New York, NY: Springer. doi:10.1007/978-0-387-09593-6_23.

Gottman, J. M. (1999). *The marriage clinic: A scientifically based marital therapy.* New York: Norton.

Gottman, J. M. (2011). *The science of trust: Emotional attunement for couples.* New York: Norton.

Gratz, K. L., & Tull, M. T. (2010). Emotion regulation as a mechanism of change in acceptance-and mindfulness-based treatments. In R. A. Baer (Ed.), *Assessing mindfulness and acceptance processes in clients: Illuminating the theory and practice of change* (pp. 107-133). Oakland, CA: Context Press/New Harbinger Publications.

Greco, L. A., & Hayes, S. C. (Eds.). (2008). *Acceptance and mindfulness treatments for children and adolescents: A practitioner's guide.* Oakland, CA: New Harbinger Press.

Greenan, D. E. (2010). Therapy with a gay male couple: An unlikely multisystemic integration. In A. S. Gurman (Ed.), *Clinical casebook of couple therapy* (pp. 90-111). New York, NY: Guilford Press.

Greenland, S. K. (2010). *The mindful child.* New York: Free Press.

Greeson, J., & Brantley, J. (2009). Mindfulness and anxiety disorders: Developing a wise relationship with the inner experience of fear. In F. Didonna (Ed.), *Clinical handbook of mindfulness* (pp. 171-188). New York, NY: Springer. doi:10.1007/978-0-387-09593-6_11.

Grepmair, L., Mitterlehner, F., Loew, T., Bachler, E., Rother, W., & Nickel, M. (2007). Promoting mindfulness in psychotherapists in training influences the treatment results of their patients: A randomized, double-blind, controlled study. *Psychotherapy and Psychosomatics, 76*(6), 332-338. doi:10.1159/000107560.

Grossman, P., Niemann, L., Schmidt, S., & Walach, H. (2004). Mindfulness-based stress reduction and health benefits: A meta-analysis. *Journal of Psychosomatic Research, 57*(1), 35-43. doi:10.1016/S0022-3999(03)00573-7.

Gudmunsen, C. (1977). *Wittgenstein and Buddhism.* New York: Harper Row.

Gyeltsen, T. (2000). *Mirror of wisdom: Teachings on emptiness.* Boston, MA: Thubten Dhargye Ling Publications.

Hahn, T. N. (1992). *Peace is every step: The path of mindfulness in everyday life.* New York: Bantam.

Hahn, T. N. (1997). *Teachings on love.* Berkeley, CA: Parallax.

Hahn, T. N. (1998). *The heart of Buddha's teaching: Transforming suffering into peace, joy & liberation.* Berkeley, CA: Parallax.

Haley, J. (1987). *Problem-solving therapy* (2nd ed.). San Francisco: Jossey-Bass.

Halford, W. K., Markman, H. J., Kline, G. H., & Stanley, S. M. (2002). Best practices in couple relationship education. *Journal of Marital and Family Therapy, 29,* 385-406.

Hamdan, A. (2010). A comprehensive contemplative approach from the Islamic tradition. In T. G. Plante (Ed.), *Contemplative practices in action: Spirituality, meditation, and health* (pp. 122-142). Santa Barbara, CA: Praeger.

Hamilton, N. A., Kitzman, H., & Guyotte, S. (2006). Enhancing health and emotion: Mindfulness as a missing link between cognitive therapy and positive psychology. *Journal of Cognitive Psychotherapy, 20*(2), 123-134. doi:10.1891/jcop.20.2.123.

Hanson, R. (2009). *The Buddha's brain: The practical neuroscience of happiness, love, and wisdom.* Oakland, CA: New Harbinger.

Harris, R. (2009). *ACT with love: Stop struggling, reconcile your differences, and strengthen your relationship.* New York: New Harbinger.

Hayes, S. C. (2004). Acceptance and commitment therapy, relational frame theory, and the third wave of behavior therapy. *Behavior Therapeutic, 35,* 639-666.

Hayes, S. C., & Smith, S. (2005). *Get out of your mind and into your life.* Oakland, CA: New Harbinger.

Hayes, S. C., Strosahl, K. D., & Wilson, K. G. (1999). *Acceptance and commitment therapy: An experiential approach to behavior change.* New York: Guilford.

Hayward, J. W., & Varela, F. J. (1992). *Gentle bridges: Conversations with the Dali Lama on the sciences of the mind.* Boston: Shambhala.

Henggeler, S. W. (1998). *Multisystemic therapy.* Charleston, NC: Targeted Publications Group. Retrieved from www.addictionrecov.org/paradigm/P_PR_W99/mutisys_therapy.html

Hick, S., & Bien, T. (Eds.). (2008). *Mindfulness and the healing relationship.* New York: Guilford.

Hofman, S. G., Sawyer, A. T., Witt, A. A., & Oh, D. (2010). The effect of mindfulness-based therapy on anxiety and depression: A meta-analytic review. *Journal of Consulting and Clinical Psychology, 78*(2), 169-183. doi:10.1037/a0018555.

Hölzel, B. K., Carmody, J., Evans, K. C., Hoge, E. A., Dusek, J. A., Morgan, L., et al. (2010). Stress reduction correlates with structural changes in the amygdala. *Social Cognitive and Affective Neuroscience, 5*(1), 11-17. doi:10.1093/scan/nsp034.

Hölzel, B. K., Carmody, J., Vangel, M., Congleton, C., Yerramsetti, S. M., Gard, T., et al. (2011). Mindfulness practice leads to increases in regional brain gray matter density. *Psychiatry Research: Neuroimaging, 191*(1), 36-46. doi:10.1016/j.pscychresns.2010.08.006.

Imel, Z., Baldwin, S., Bonus, K., & MacCoon, D. (2008). Beyond the individual: Group effects in mindfulness-based stress reduction. *Psychotherapy Research, 18*(6), 735-742. doi:10.1080/10503300802326038.

Jain, S., Shapiro, S. L., Swanick, S., Roesch, S. C., Mills, P. J., Bell, I., et al. (2007). A randomized controlled trial of mindfulness meditation versus relaxation training: Effects on distress, positive states of mind, rumination, and distraction. *Annals of*

Behavioral Medicine, 33(1), 11-21. doi:10.1207/s15324796abm3301_2.

Jha, A. P., Stanley, E. A., & Baime, M. J. (2010). What does mindfulness training strengthen? Working memory capacity as a functional marker of training success. In R. A. Baer (Ed.), *Assessing mindfulness and acceptance processes in clients: Illuminating the theory and practice of change* (pp. 207-221). Oakland, CA: Context Press/New Harbinger Publications.

Johnson, S. M. (2002). The revolution in couple therapy: A practitioner-scientist perspective. *Journal of Marital and Family Therapy, 29,* 365-384.

Johnson, S. M. (2004). *The practice of emotionally focused marital therapy: Creating connection* (2nd ed.). New York: Brunner-Routledge.

Johnson, S. M. (2008). *Hold me tight.* New York: Little, Brown, and Co.

Johnson, S. M., Hunsley, J., Greenberg, L., & Schindler, D. (1999). Emotionally focused couples therapy: Status and challenges. *Clinical Psychology: Science and Practice, 6*(1), 67-79. doi:10.1093/clipsy/6.1.67.

Jung, C. G. (1927/1960). The Tibetan book of the dead: Psychological commentary (R. F. C. Hull, Trans.). In W. Y. Evans-Wentz (Eds.), *The Tibetan book of the dead* (pp. xxxv-lii). New York: Oxford University Press.

Kabat-Zinn, J. (1990). *Full catastrophe living: Using the wisdom of your body and mind to face stress, pain, and illness.* New York: Delta.

Kabat-Zinn, J. (2003). Mindfulness-based interventions in context: Past, present, and future. *Clinical Psychology: Science and Practice, 10*(2), 144-156. doi:10.1093/clipsy/bpg016.

Kabat-Zinn, M., & Kabat-Zinn, J. (1997). *Everyday blessings: The inner work of mindful parenting.* New York: Hyperion.

Keating, T. (2006). *Open mind open heart: The contemplative dimension of the gospel.* New York: Continuum International Publishing Group.

Keeney, B. (1996). *Everyday soul: Awakening the spirit in daily life.* New York: Riverhead.

Keeney, B. P. (1983). *Aesthetics of change.* New York: Guilford.

Kimbrough, E., Magyari, T., Langenberg, P., Chesney, M., & Berman, B. (2010). Mindfulness intervention for child abuse survivors. *Journal of Clinical Psychology, 66*(1), 17-33.

Kocovski, N. L., Segal, Z. V., & Battista, S. R. (2009). Mindfulness and psychopathology: Problem formulation. In F. Didonna (Ed.), *Clinical handbook of mindfulness* (pp. 85-98). New York, NY: Springer. doi:10.1007/978-0-387-09593-6_6.

Kornfield, J. (1993). *A path with heart: A guide through the perils and promises of spiritual life*. New York: Bantam.

Kristeller, J. L. (2010). Spiritual engagement as a mechanism of change in mindfulness- and acceptance-based therapies. In R. A. Baer (Ed.), *Assessing mindfulness and acceptance processes in clients: Illuminating the theory and practice of change* (pp. 155-184). Oakland, CA: Context Press/New Harbinger Publications.

Kristeller, J. L., Baer, R. A., & Quillian-Wolever, R. (2006). Mindfulness-base approaches to eating disorders. In R. A. Baer (Ed.), *Mindfulness-based treatment approaches: Clinician's guide to evidence base and applications* (pp. 75-91). San Diego, CA: Elsevier Academic Press.

Kristeller, J. L., & Wolever, R. Q. (2011). Mindfulness-based eating awareness training for treating binge eating disorder: The conceptual foundation. *Eating Disorders, 19*(1), 49-61. doi:10.1080/10640266.2011.533605.

Labbre, E. E. (2011). *Psychology moment by moment: A guide to enhancing your clinical practice with mindfulness and meditation*. Oakland, CA: New Harbinger.

Lambert, M. J., & Simon, W. (2008). The therapeutic relationship: Central and essential in psychotherapy outcome. In S. F. Hick & T. Bien (Eds.), *Mindfulness and the therapeutic relationship* (pp. 19-33). New York: Guilford.

Lax, W. D. (1996). Narrative, social constructionism, and Buddhism. In H. Rosen (Ed.), *Constructing realities: Meaning-making perspectives for psychotherapists* (pp. 195-220). San Francisco: Jossey-Bass.

Lee, J., Semple, R. J., Rosa, D., & Miller, L. (2008). Mindfulness-based cognitive therapy for children: Results of a pilot study. *Journal of Cognitive Psychotherapy, 22*(1), 15-28. doi:10.1891/0889.8391.22.1.15.

Levine, M. (2000). *The positive psychology of Buddhism and yoga: Paths to a mature happiness, with a special application to handling anger* (2nd ed.). New York, NY: Routledge/Taylor & Francis Group.

Lief, J. (2007). *Contemplative education: The spark of East of West working within*. Retrieved from http://www.naropa.edu/conted/conted_primer.cfm

Liehr, P., & Diaz, N. (2010). A pilot study examining the effect of mindfulness on depression and anxiety for minority children. *Archives of Psychiatric Nursing, 24*(1), 69-71. doi:10.1016/j.apnu.2009.10.001.

Linehan, M. M. (1993). *Cognitive-behavioral treatment of borderline personality disorder*.

New York: Guilford.

Ma, S., & Teasdale, J. D. (2004). Mindfulness-based cognitive therapy for depression: Replication and exploration of differential relapse prevention effects. *Journal of Consulting and Clinical Psychology, 72*(1), 31-40. doi:10.1037/0022-006X.72.1.31.

Macy, J. (1991). *Mutual causality in Buddhism and general systems theory.* Albany: SUNY.

Masters, W. H., & Johnson, V. E. (1974). *The pleasure bond.* New York: Bantam Books.

McCollum, E., & Gehart, D. (2010). Using mindfulness to teach therapeutic presence: A qualitative outcome study of a mindfulness-based curriculum for teaching therapeutic presence to master's level marriage and family therapy trainees. *Journal of Marital and Family Therapy, 36,* 347-360. doi:10.1111/j.1752-0606.2010.00214.x.

McDonough-Means, S. I., Kreitzer, M. J., & Bell, I. R. (2004). Fostering a healing presence and investigating its mediators. *Journal of Alternative and Complementary Medicine, 10,* S25-S41.

McWilliams, S. A. (2010). Inherent self, invented self, empty self: Constructivism, Buddhism, and psychotherapy. *Counseling and Values, 55*(1), 79-100.

Meckel, D. J., & Moore, R. L. (1992). *Self and liberation: The Jung/Buddhism dialogue.* New York: Paulist Press.

Mendelson, T., Greenberg, M. T., Dariotis, J. K., Gould, L., Rhoades, B. L., & Leaf, P. J. (2010). Feasibility and preliminary outcomes of a school-based mindfulness intervention for urban youth. *Journal of Abnormal Child Psychology, 38*(7), 985-994. doi:10.1007/s10802-010-9418-x.

Miller, S. D., Duncan, B. L., & Hubble, M. (1997). *Escape from Babel: Toward a unifying language for psychotherapy practice.* New York: Norton.

Minor, H. G., Carlson, L. E., Mackenzie, M. J., Zernicke, K., & Jones, L. (2006). Evaluation of a Mindfulness-Based Stress Reduction (MBSR) program for caregivers of children with chronic conditions. *Social Work in Health Care, 43*(1), 91-109. doi:10.1300/J010v43n01_06.

Moacanin, R. (1988). *Jung's psychology and Tibetan Buddhism.* London: Wisdom.

Modinos, G., Ormel, J., & Aleman, A. (2010). Individual differences in dispositional mindfulness and brain activity involved in reappraisal of emotion. *Social Cognitive and Affective Neuroscience, 5*(4), 369-377. doi:10.1093/scan/nsq006.

Monk, G., & Gehart, D. R. (2003). Conversational partner or socio-political activist: Distinguishing the position of the therapist in collaborative and narrative therapies.

Family Process, 42, 19-30.

Müller, F. M. (Trans.). (1898). *The sacred books of the East: Vol. 10, Part 1. The Dhammapada: A collection of verses* (2nd ed.). Oxford England: Clarendon Press.

Northey, W. F., Wells, K. C., Silverman, W. K., & Bailey, C. E. (2002). Childhood behavioral and emotional disorders. *Journal of Marital and Family Therapy, 29,* 523-546.

O'Hanlon, W. H., & Weiner-Davis, M. (1989). *In search of solutions: A new direction in psychotherapy.* New York: Norton.

Padilla, A. (2011). Mindfulness in therapeutic presence: How mindfulness of therapist impacts treatment outcome. *Dissertation Abstracts International, 71*(9), 5801.

Patterson, J. E., Miller, R. B., Carnes, S., & Wilson, S. (2004). Evidence-based practice for marriage and family therapists. *Journal of Marital and Family Therapy, 30,* 183-195.

Percy, I. (2008). Awareness and authoring: The idea of self in mindfulness and narrative therapy. *European Journal of Psychotherapy and Counselling, 10*(4), 355-367. doi:10.1080/13642530802577109.

Peterson, B. D., Eifert, G. H., Feingold, T., & Davidson, S. (2009). Using acceptance and commitment therapy to treat distressed couples: A case study with two couples. *Cognitive and Behavioral Practice, 16*(4), 430-442. doi:10.1016/j.cbpra.2008.12.009.

Philipsen, A., Richter, H., Peters, J., Alm, B., Sobanski, E., Colla, M., et al. (2007). Structured group psychotherapy in adults with attention deficit hyperactivity disorder: Results of an open multi-centre study. *The Journal of Nervous and Mental Disease, 195*(12), 1013-1019. doi:10.1097/NMD.0b013e31815c088b.

Pinto, A. (2009). Mindfulness and psychosis. In F. Didonna (Ed.), *Clinical handbook of mindfulness* (pp. 339-368). New York, NY: Springer. doi:10.1007/978-0-387-09593-6_19.

Pruitt, I. T., & McCollum, E. E. (2010). Voices of experienced meditators: The impact of meditation practice on intimate relationships. *Contemporary Family Therapy, 32*(2), 135-154. doi:10.1007/s10591-009-9112-8.

Rimes, K. A., & Wingrove, J. (2011). Pilot study of mindfulness-based cognitive therapy for trainee clinical psychologists. *Behavioral and Cognitive Psychotherapy, 39,* 235-241.

Rogers, C. (1961). *Onbecoming a person: A counselor's view of psychocounseling.* London: Constable.

Rogers, C. (1981). *Way of being.* Boston: Houghton Mifflin.

Rosenbaum, R., & Dyckman, J. (1996). No self? No problem!: Actualizing empty self in psychotherapy. In M. Hoyt (Ed.), *Constructive therapies, Vol. 2* (pp. 238-274). New York: Guilford.

Roth, B., & Calle-Mesa, L. (2006). Mindfulness-Based Stress Reduction (MBSR) with Spanish- and English-speaking inner-city medical patients. In R. A. Baer (Ed.), *Mindfulness-based treatment approaches: Clinician's guide to evidence base and applications* (pp. 263-284). San Diego, CA: Elsevier Academic Press.

Roth, J. (2009). *Jewish meditation practices for everyday life: Awakening your heart, connecting with God.* Woodstock, VT: Jewish Lights Publications.

Saavedra, M. C., Chapman, K. E., & Rogge, R. D. (2010). Clarifying links between attachment and relationship quality: Hostile conflict and mindfulness as moderators. *Journal of Family Psychology, 24*(4), 380-390. doi:10.1037/a0019872.

Sagamura, G., Haruki, Y., & Koshikawa, F. (2007). Building more soild bridges between Buddhism and Western psychology. *American Psychologist, 62*(9), 1080-1081. doi:10.1037/0003-066X.62.9.1080.

Salzburg, S. (1995). *Loving kindness: The revolutionary art of happiness.* Boston: Shambala.

Satir, V., Banmen, J., Gerber, J., & Gomori, M. (1991). *The Satir model: Family therapy and beyond.* Palo Alto, CA: Science and Behavior Books.

Sauer, S., & Baer, R. A. (2010). Mindfulness and decentering as mechanisms of change in mindfulness- and acceptance-based interventions. In R. A. Baer (Ed.), *Assessing mindfulness and acceptance processes in clientS: Illuminating the theory and practice of change* (pp. 25-50). Oakland, CA: Context Press/New Harbinger Publications.

Schnarch, D. M. (1991). *Constructing the sexual crucible: An integration of sexual and marital therapy.* New York: Norton.

Schore, A. N. (1994). *Affect regulation and the origin of the self: The neurobiology of emotional development.* Hillsdale, NJ: Lawrence Erlbaum Associates.

Schwartz, R. C. (1995). *Internal family systems therapy.* New York, NY: Guilford Press.

Segal, L. (1991). Brief therapy: The MRI approach. In A. S. Gurman & D. P. Kniskern (Eds.), *Handbook of family therapy* (pp. 171-199). New York: Brunner/Mazel.

Segal, Z. V., Williams, J. G., & Teasdale, J. D. (2002). *Mindfulness-based cognitive therapy for depression: A new approach to preventing relapse.* New York, NY: Guilford.

Selekman, M. D. (1997). *Solution-focused therapy with children: Harnessing family strengths for systemic change.* New York: Guilford.

Seligman, M. E. P. (2002). *Authentic happiness.* New York: Free Press.

Selvini Palazzoli, M., Boscolo, L., Cecchin, G., & Prata, G. (1978). *Paradox and counterparadox: A new model in the therapy of the family in schizophrenic transaction.* New York: Jason Aronson.

Semple, R. J., Lee, J., & Miller, L. F. (2006). Mindfulness-based cognitive therapy for children. In R. A. Baer (Ed.), *Mindfulness-based treatment approaches: Clinician's guide to evidence base and applications* (pp. 143-166). San Diego, CA: Elsevier Academic Press.

Semple, R. J., Lee, J., Rosa, D., & Miller, L. F. (2010). A randomized trial of mindfulness-based cognitive therapy for children: Promoting mindful attention to enhance social-emotional resiliency in children. *Journal of Child and Family Studies, 19*(2), 218-229. doi:10.1007/s10826-009-9301-y.

Shafir, R. Z. (2000). *The Zen of listening.* Wheaton, IL: Quest Books.

Shafir, R. Z. (2008). Mindful listening for better outcomes. In S. F. Hick & T. Bien (Eds.), *Mindfulness and the therapeutic relationships* (pp. 215-231). New York: Guilford.

Shapiro, S. L., Astin, J. A., Bishop, S. R., & Cordova, M. (2005). Mindfulness-based stress reduction for health care professionals: Results from a randomized trial. *International Journal of Stress Management, 12*(2), 164-176. doi:10.1037/1072-5245.12.2.164.

Shapiro, S. L., Brown, K., & Biegel, G. M. (2007). Teaching self-care to caregivers: Effects of mindfulness-based stress reduction on the mental health of therapists in training. *Training and Education in Professional Psychology, 1*(2), 105-115. doi:10.1037/1931-3918.1.2.105.

Shapiro, S. L., & Carlson, L. E. (2009). *The art and science of mindfulness: Integrating mindfulness into psychology and the helping professions.* Washington, DC: American Psychological Association.

Shapiro, S. L., & Izett, C. D. (2008). Meditation: A universal tool for cultivating empathy. In S. F. Hick & T. Bien (Eds.), *Mindfulness and the therapeutic relationships* (pp. 161-165). New York: Guilford.

Shapiro, S. L., Schwartz, G. E., & Bonner, G. (1998). Effects of mindfulness-based stress reduction on medical and premedical students. *Journal of Behavioral Medicine, 21*(6), 581-599. doi:10.1023/A:1018700829825.

Shapiro, S. L., Warren, K., & Astin, J. (2008). *Toward the integration of meditation into higher education: A review of research.* Retrieved from www.acmhe.org

Shaver, P. R., Lavy, S., Saron, C. D., & Mikulincer, M. (2007). Social foundations of the capacity for mindfulness: An attachemtn perspective. *Psychological Inquiry, 18*(4), 264-271.

Siegel, D. J. (1999). *The developing mind: How relationships and the brain interact to shape who we are.* New York: Guilford.

Siegel, D. J. (2006). An interpersonal neurobiology approach to psychotherapy: Awareness, mirror neurons, and neural plasticity in the development of well-being. *Psychiatric Annals, 36*(4), 248-256.

Siegel, D. J. (2007). *The mindful brain.* New York: Norton.

Siegel, D. J. (2009). Mindful awareness, mindsight, and neural integration. *Humanistic Psychologist, 37*(2), 137-158. doi:10.1080/08873260902892220.

Siegel, D. J. (2010a). *Mindsight: The new science of personal transformation.* New York, NY: Bantam Books.

Siegel, D. J. (2010b). *The mindful therapist: A clinician's guide to mindsight and neural integration.* New York, NY: Norton.

Singh, N. N., Lancioni, G. E., Joy, S., Winton, A. W., Sabaawi, M., Wahler, R. G., et al. (2007a). Adolescents with conduct disorder can be mindful of their aggressive behavior. *Journal of Emotional and Behavioral Disorders, 15*(1), 56-63. doi:10.1177/10634266070150010601.

Singh, N. N., Lancioni, G. E., Winton, A. W., Singh, J., Curtis, W., Wahler, R. G., et al. (2007b). Mindful parenting decreases aggression and increases social behavior in children with developmental disabilities. *Behavior Modification, 31*(6), 749-771. doi:10.1177/0145445507300924.

Singh, N. N., Singh, A. N., Lancioni, G. E., Singh, J., Winton, A. W., & Adkins, A. D. (2010). Mindfulness training for parents and their children with ADHD increases the children's compliance. *Journal of Child and Family Studies, 19*(2), 157-166. doi:10.1007/s10826-009-9272-z.

Smalley, S. L., Loo, S. K., Hale, T., Shrestha, A., McGough, J., Flook, L., et al. (2009). Mindfulness and attention deficit hyperactivity disorder. *Journal of Clinical Psychology, 65*(10), 1087-1098. doi:10.1002/jclp.20618.

Smalley, S. L., & Winston, D. (2010). *Fully present: The science, art, and practice of mindfulness.* Philadelphia, PA: Life Long Books.

South, S. C., Doss, B. D., & Christensen, A. (2010). Through the eyes of the beholder:

The mediating role of relationship acceptance in the impact of partner behavior. *Family Relations, 59*(5), 611-622. doi:10.1111/j.1741-3729.2010.00627.x.

Sprenkle, D. H., Davis, S. D., & Lebow, J. L. (2009). *Common factors in couple and family therapy: The overlooked foundation for effective practice.* New York: Guilford.

Stahl, B., & Goldstein, E. (2010). *A mindfulness-based stress reduction workbook.* Oakland, CA: New Harbinger.

Szapocznik, J., & Williams, R. A. (2000). Brief Strategic Family Therapy: Twenty-five years of interplay among theory, research and practice in adolescent behavior problems and drug abuse. *Clinical Child and Family Psychology Review, 3*(2), 117-134.

Tang, Y., Lu, Q., Geng, X., Stein, E. A., Yang, Y., & Posner, M. I. (2010). Short-term meditation induces white matter changes in the anterior cingulate. *PNAS Proceedings of the National Academy of Sciences of the United States of America, 107*(35), 15649-15652. doi:10.1073/pnas.1011043107.

Tang, Y., Ma, Y., Fan, Y., Feng, H., Wang, J., Feng, S., et al. (2009). Central and autonomic nervous system interaction is altered by short-term meditation. *PNAS Proceedings of the National Academy of Sciences of the United States of America, 106*(22), 8865-8870. doi:10.1073/pnas.0904031106.

Tang, Y., Ma, Y., Wang, J., Fan, Y., Feng, S., Lu, Q., et al. (2007). Short-term meditation training improves attention and self-regulation. *PNAS Proceedings of the National Academy of Sciences of the United States of America, 104*(43), 17152-17156. doi:10.1073/pnas.0707678104.

Thompson, M., & Gauntlett-Gilbert, J. (2008). Mindfulness with childrenand adolescents: Effective clinical application. *Clinical Child Psychology and Psychiatry, 13*(3), 395-407. doi:10.1177/1359104508090603.

Ting-Toomey, S. (2009). A mindful approach to managing conflict in intercultural intimate couples. In T. A. Karis & K. D. Killian (Eds.), *Intercultural couples: Exploring diversity in intimate relationships* (pp. 31-49). New York, NY: Routledge/Taylor & Francis Group.

Treadway, M. T., & Lazar, S. W. (2010). Meditation and neuroplasticity: Using mindfulness to change the brain. In R. A. Baer (Ed.), *Assessing mindfulness and acceptance processes in clients: Illuminating the theory and practice of change* (pp. 186-205). Oakland, CA: Context Press/New Harbinger Publications.

Trungpa, C. (1991). *Crazy wisdom.* Boston: Shambala.

Twohig, M. P., Hayes, S. C., & Berlin, K. S. (2008). Acceptance and commitment therapy for childhood externalizing disorders. In L. A. Greco & S. C. Hayes (Eds.), *Acceptance and mindfulness treatments for children and adolescents: A practitioner's guide* (pp. 163-186). Oakland, CA: New Harbinger Publications.

van den Hurk, P. M., Giommi, F., Gielen, S. C., Speckens, A. M., & Barendregt, H. P. (2010). Greater efficiency in attentional processing related to mindfulness meditation. *The Quarterly Journal of Experimental Psychology, 63*(6), 1168-1180. doi:10.1080/17470210903249365.

Vestergaard-Poulsen, P., van Beek, M., Skewes, J., Bjarkam, C. R., Stubberup, M., Bertelsen, J., et al. (2009). Long-term meditation is associated with increased gray matter density in the brain stem. *NeuroReport: For Rapid Communication of Neuroscience Research, 20*(2), 170-174. doi:10.1097/WNR.0b013e328320012a.

Wachs, K., & Cordova, J. V. (2007). Mindful relating: Exploring mindfulness and emotion repertoires in intimate relationships. *Journal of Marital and Family Therapy, 33*(4), 464-481. doi:10.1111/j.1752-0606.2007.00032.x.

Walsh, J. J., Balint, M. G., Smolira SJ, D. R., Fredricksen, L., & Madsen, S. (2009). Predicting individual differences in mindfulness: The role of trait anxiety, attachment anxiety and attentional control. *Personality and Individual Differences, 46*(2), 94-99. doi:10.1016/j.paid.2008.09.008.

Watts, A. (1961). *Psychotherapy East and West.* New York: Vintage.

Watzlawick, P. (Ed.). (1984). *The invented reality: How do we know what we believe we know?* New York: Norton.

Watzlawick, P., Bavelas, J. B., & Jackson, D. D. (1967). *Pragmatics of human communication: A study of interactional patterns, pathologies, and paradoxes.* New York: Norton.

Watzlawick, P., Weakland, J., & Fisch, R. (1974). *Change: Principles of problem formation and problem resolution.* New York: Norton.

Weber, B. B., Jermann, F. F., Gex-Fabry, M. M., Nallet, A. A., Bondolfi, G. G., & Aubry, J. M. (2010). Mindfulness-based cognitive therapyfor bipolar disorder: A feasibility trial. *European Psychiatry, 25*(6), 334-337. doi:10.1016/j.eurpsy.2010.03.007.

Weiss, Z., & Levy, D. (2010). 'The eternal is with me, I shall not fear': Jewish contemplative practices and well-being. In T. G. Plante (Ed.), *Contemplative practices in action: Spirituality, meditation, and health* (pp. 103-121). Santa Barbara, CA: Praeger.

White, M. (2007). *Maps of narrative practice.* New York: Norton.

White, M., & Epston, D. (1990). *Narrative means to therapeutic ends.* New York: Norton.

Wieder, S., & Greenspan, S. I. (2003). Climbing the symbolic ladder in the DIR model through floor time/interactive play. *Autism, 7*(4), 425-435. doi:10.1177/136236130300 7004008.

Willard, C. (2010). *Child's mindfulness: Mindfulness practices to help our children be more focused, calm, and relaxed.* Berkeley, CA: Parallax Press.

Wilson, K., Sandoz, E. K., Flynn, M. K., Slater, R. M., & DuFrene, T. (2010). Understanding, assessing, and treating values processes in mindfulness- and acceptance-based therapies. In R. A. Baer (Ed.), *Assessing mindfulness and acceptance processes in clients: Illuminating the theory and practice of change* (pp. 77-106). Oakland, CA: Context Press/New Harbinger Publications.

Witkiewitz, K., Marlatt, G., & Walker, D. (2005). Mindfulness-based relapse prevention for alcohol and substance use disorders. *Journal of Cognitive Psychotherapy, 19*(3), 211-228. doi:10.1891/jcop.2005.19.3.211.

Wolever, R. Q., & Best, J. L. (2009). Mindfulness-based approaches to eating disorders. In F. Didonna (Ed.), *Clinical handbook of mindfulness* (pp. 259-287). New York, NY: Springer. doi:10.1007/978-0-387-09593-6_15.

York, M. M. (2007). A qualitative study into the experience of individuals involved in a mindfulness group within an acute inpatient mental health unit. *Journal of Psychiatric and Mental Health Nursing, 14*(6), 603-608. doi:10.1111/j.1365-2850.2007.01148.x.

Young, M. (2005). *Learning the art of helping: Building blocks and techniques* (3rd ed.). Upper Saddle River, NJ: Pearson.

Zylowska, L., Ackerman, D. L., Yang, M. H., Futrell, J. L., Horton, N. L., Hale, T., et al. (2008). Mindfulness meditation training in adults and adolescents with ADHD: A feasibility study. *Journal of Attention Disorders, 11*(6), 737-746. doi:10.1177/1087054707308502.

Zylowska, L. L., Smalley, S. L., & Schwartz, J. M. (2009). Mindful awareness and ADHD. In F. Didonna (Ed.), *Clinical handbook of mindfulness* (pp. 319-338). New York, NY: Springer. doi:10.1007/978-0-387-09593-6_18.

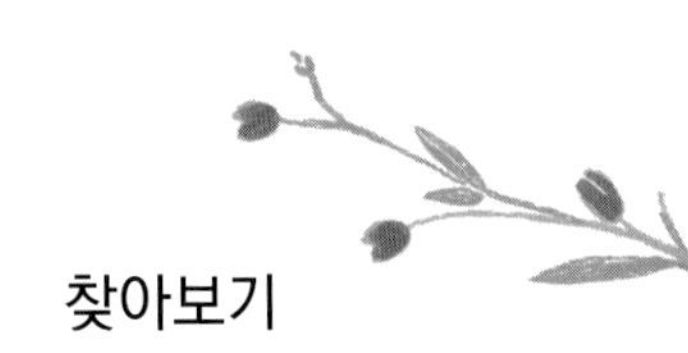

찾아보기

저자 소개

게하트(Diane R. Gehart) 박사는 캘리포니아 주립대학교 노스릿지에서 결혼과 가족치료를 담당하는 교수이다. 그녀는 『가족치료에서 유능감 숙달하기(Mastering Competencies in Family Therapy)』 『상담 및 심리치료에서 치료와 처치 계획(Therapy and Treatment Planing in Counseling and Psychotherapy)』 『완전한 결혼과 가족치료 및 상담 핵심역량 평가체계(The Complete MFT and Counseling Core Competency Assessment Systems)』를 포함해서 수많은 책을 저술하였다. 또한 『협력적 치료: 차이를 이끄는 관계와 대화(Collaborative Therapy: Relationships and Conversations That Make a difference)』라는 저서를 공동으로 편집하기도 했다.

연구 및 전공 영역으로는 포스트모던 치료, 마음챙김, 불교 심리학, 성적 학대, 성, 아동, 관계, 내담자 옹호, 정신건강 회복, 질적 연구, 가족치료 및 상담에서의 교육이 포함된다. 게다가 중국어와 티베트어로 고전 불교문학을 연구하기도 했다. 국제적으로는 미국, 캐나다, 유럽 그리고 멕시코에서 전문가 혹은 일반 대중을 상대로 워크숍을 하기도 했다. 신문, 라디오 프로그램 등에는 자신의 연구를 폭넓게 특집기사로 실은 바 있다. 타오스 연구소, 휴스톤 갈베스톤 연구소, 그리고 협력적 치료를 위한 독일의 매버그연구소 등에서는 부교수 회원이다. 또한 부부, 가족, 외상, 삶의 변천과정, 치료하기 힘든 사례들을 전문적으로 연구하면서 캘리포니아주 사우전드 오크스에서 개인 수행을 하고 있다. 일상에서는 재미삼아 도보여행, 가족과 함께 해변에 가기, 등산로 달리기, 요가, 명상, 요리, 여행 그리고 어떤 형태든 다크 초콜릿을 즐기는 편이다.

역자 소개

정정화

전남대학교 심리학과 박사(임상심리 전공)
임상심리전문가, 정신보건임상심리사1급,
중독심리전문가, 가족상담전문가, 국제 IMAGO부부상담전문가
전 한국임상심리학회 학술위원 및 광주전남지회장
현 박앤정 임상심리클리닉 원장
호남신학대학교 기독교상담대학원 겸임교수

이숙자

전남대학교 심리학과 박사(임상심리 전공)
청소년상담사1급, 재활심리치료사1급, 중독전문가2급
전 광주, 목포 장애인종합복지관 사무국장
현 동신대학종합사회복지관 관장
전남대학교 외래교수

부부 가족 치료를 위한

마음챙김과 수용

Mindfulness and Acceptance in Couple and Family Therapy

2019년 7월 10일 1판 1쇄 인쇄
2019년 7월 20일 1판 1쇄 발행

지은이 • Diane R. Gehart
옮긴이 • 정정화 · 이숙자
펴낸이 • 김진환
펴낸곳 • (주) 학지사
04031 서울특별시 마포구 양화로 15길 20 마인드월드빌딩
대표전화 • 02)330-5114 팩스 • 02)324-2345
등록번호 • 제313-2006-000265호

홈페이지 • http://www.hakjisa.co.kr
페이스북 • https://www.facebook.com/hakjisabook

ISBN 978-89-997-1843-4 93180

정가 19,000원

역자와의 협약으로 인지는 생략합니다.
파본은 구입처에서 교환해 드립니다.

이 도서의 국립중앙도서관 출판시도서목록(CIP)은 서지정보유통지원시스템 홈페이지(http://seoji.nl.go.kr)와 국가자료공동목록시스템(http://www.nl.go.kr/kolisnet)에서 이용하실 수 있습니다.
(CIP 제어번호: CIP2019002850)